Die C++-Standardbibliothek

Stefan Kuhlins · Martin Schader

Die C++-Standardbibliothek

Einführung und Nachschlagewerk

Vierte, durchgesehene Auflage

Mit 77 Abbildungen und 37 Tabellen

Dr. Stefan Kuhlins
Professor Dr. Martin Schader
Universität Mannheim
Lehrstuhl für Wirtschaftsinformatik III
Schloss
68131 Mannheim

Die 1. Auflage erschien 1999 in der Reihe Objekttechnologie
ISBN 3-540-65052-0

ISBN 3-540-25693-8 4. Auflage
Springer Berlin Heidelberg New York
ISBN 3-540-43212-4 3. Auflage Springer Berlin Heidelberg New York

Bibliografische Information Der Deutschen Bibliothek
Die Deutsche Bibliothek verzeichnet diese Publikation in der Deutschen Nationalbibliografie; detaillierte bibliografische Daten sind im Internet über <http://dnb.ddb.de> abrufbar.

Springer ist ein Unternehmen von Springer Science+Business Media

springer.de

Printed in Germany

SPIN 11418061 43/3153-5 4 3 2 1 0 – Gedruckt auf säurefreiem Papier

Vorwort

Warum wird eine Standardbibliothek für C++ gebraucht? Programmentwickler benötigen immer wieder die gleichen Datenstrukturen wie z. B. dynamische Felder. Aufgrund verschiedener konkreter Anforderungen werden einzelne Implementierungen aber in der Regel sehr unterschiedlich ausfallen. Dadurch werden Programme anderer Entwickler schwer verständlich, und beim Wechsel der eingesetzten Bibliotheken entsteht erheblicher Lernaufwand. Durch eine Standardbibliothek lassen sich diese Probleme in den Griff bekommen. Um sich an die verschiedenen Anforderungen, unter denen eine Bibliothek zum Einsatz kommt, anpassen zu können, ist eine wichtige Voraussetzung für den Erfolg einer Standardbibliothek, dass sie flexibel und erweiterbar ist. Mit der *Standard Template Library* (STL), dem Kernstück der aktuellen C++-Standardbibliothek, wird dieses Ziel erreicht.

Darüber hinaus ist die STL äußerst effizient, so dass sich eine hervorragende Performance erreichen lässt. Allerdings setzt ein Gewinn bringender Einsatz der STL ein tiefes Verständnis für das Design der STL voraus. Um die STL zu verstehen, genügt es nicht, lediglich eine Funktionsreferenz zu lesen. Deshalb haben wir in diesem Buch besonderen Wert darauf gelegt, die Konzepte und Funktionsweisen der STL zu erläutern sowie auf typische Stolpersteine hinzuweisen. In diesem Zusammenhang ist vor allem Kapitel 2 hervorzuheben, das sich mit der Konzeption und Entwicklung der STL beschäftigt.

Bei der Beschreibung der einzelnen Komponenten der STL – Container, Iteratoren, Algorithmen, Funktionsobjekte usw. – gehen wir auch auf Implementierungsdetails ein, die vom Standard zwar nicht festgeschrieben sind, sich in der Regel aber aufgrund von Vorgaben für die Komplexität automatisch ergeben. Das Wissen um Implementierungsdetails unterstützt eine effiziente Benutzung der STL. Ferner demonstrieren zahlreiche kleine Anwendungsbeispiele den Gebrauch.

Im Schatten der STL existieren viele weitere interessante Komponenten der C++-Standardbibliothek, zu denen unter anderem *Streams*, *Strings*, *Auto-Pointer*, *Bitsets* und komplexe Zahlen gehören. Auch für diese Klassen liefern wir die für den praktischen Einsatz notwendigen Informationen.

Unsere Ausführungen basieren auf dem aktuellen C++-Standard, der unter der Bezeichnung ISO/IEC 14882:2003, *International Standard for the C++ Programming Language* (*Second Edition*), erschienen ist. Das Dokument kann beim *American National Standards Institute* (ANSI) bezogen werden. Der Download einer elektronischen Version ist derzeit für $18 von http://www.ansi.org/ möglich. Eine ältere Version vom Dezember 1996 ist unter http://www.dkuug.dk/jtc1/sc22 /open/n2356/ frei zugänglich. Vom C++-Standardkomitee unter http://www.openstd.org/jtc1/sc22/wg21/ diskutierte Korrekturen und Verbesserungsvorschläge haben wir weitgehend berücksichtigt.

Gegenüber der Urfassung der STL, die von *Alexander Stepanov* und *Meng Lee* bei *Hewlett Packard* als Technischer Report HPL-94-34 mit dem Titel „*The Standard Template Library*" im April 1994 publiziert wurde, sind während der Standardisierung unzählige Änderungen vorgenommen worden. An Stellen, an denen es uns nützlich erscheint, weisen wir auf frühere Besonderheiten hin, damit sich unsere Programmbeispiele an ältere Versionen der STL anpassen lassen.

Da wir hier den C++-Standard beschreiben, sollten sich alle unsere Beispielprogramme mit jedem standardkonformen C++-Compiler erfolgreich übersetzen lassen. Zum Testen unserer Programmbeispiele haben wir die folgenden C++-Compiler eingesetzt (in alphabetischer Reihenfolge):

- Borland C++ unter Windows
- GNU g++ unter Linux und Solaris sowie Windows (cygwin)
- Kuck & Associates, Inc. KAI C++ unter Linux
- Microsoft Visual C++ unter Windows

Jedes Beispielprogramm lässt sich mit mindestens einem dieser Compiler erfolgreich übersetzen. Darüber hinaus decken die im Text angegebenen Definitionen für Klassen, Funktionen usw. einen Großteil der STL ab. Insbesondere älteren Implementierungen kann man damit auf die „Sprünge" helfen, so dass man seine Programme gemäß dem aktuellen Standard schreiben kann und späterer Umstellungsaufwand entfällt.

Im Internet existieren frei verfügbare Implementierungen der STL und interessante Erweiterungen. Derzeit erscheinen uns insbesondere *STLport* und *Boost* (http://www.stlport.org/ sowie http://www.boost.org/) erwähnenswert.

Die C++-Standardbibliothek reizt die Programmiersprache C++ voll aus. Das geht sogar so weit, dass die Sprache für die Bibliothek erweitert wurde; *Member-Templates* sind dafür ein Beispiel (siehe Seite 70). Um die in diesem Buch dargestellten Themen verstehen zu können, muss man über fundierte C++-Kenntnisse verfügen. Zum Erlernen der Sprache C++ und als Nachschlagewerk empfehlen wir gerne unser Buch „*Programmieren in C++*", das ebenfalls im Springer-Verlag erschienen ist.

Wir gehen davon aus, dass das Buch in der vorgegebenen Reihenfolge durchgearbeitet wird. Um langweilende Wiederholungen zu vermeiden, werden z. B. Elementfunktionen von Containerklassen nur beim ersten Auftreten im Text ausführlich und mit Beispielen erläutert.

Jeweils am Kapitelende haben wir einige Aufgaben zusammengestellt. Lösungsvorschläge befinden sich in Kapitel 15. Die meisten Aufgaben beschäftigen sich mit Themen, die über das im Text Gesagte hinausgehen. Dementsprechend ist der Schwierigkeitsgrad recht hoch, und ein Blick auf die Lösungen lohnt sich.

Für Informationen rund um das Buch haben wir im *World Wide Web* eine Homepage unter http://www.wifo.uni-mannheim.de/veroeff/stl/ eingerichtet. Dort finden Sie:

- den Sourcecode aller mit dem Diskettensymbol 🖫 gekennzeichneten Programme und Lösungen;
- sämtliche Programmfragmente – Sie brauchen also nichts abzutippen;
- aktuelle Ergänzungen und Korrekturen.

Außerdem können Sie sich dort in unsere *Mailing-Liste* eintragen, damit wir Sie mit den jeweils neuesten Informationen zum Buch auf dem Laufenden halten können.

Über Anregungen unserer Leserinnen und Leser an unsere Postanschrift oder als E-Mail an stlbuch@wifo.uni-mannheim.de würden wir uns freuen. Wer uns einen Fehler (gleichgültig welcher Art) zuerst mitteilt, den erwähnen wir namentlich im *World Wide Web* auf unseren Seiten zum Buch.

Wir danken unseren Lesern – und hier insbesondere Rüdiger Dreier, Frank Fasse, Christian Hoffmann, Wolfgang Kaisers, Arnold Ludwig, Thomas Mehring, Olaf Raeke und Peter Schatte – für hilfreiche Hinweise zu den ersten drei Auflagen. Außerdem gilt unser Dank dem Springer-Verlag für die, wie immer, sehr gute Zusammenarbeit.

Stefan Kuhlins, Martin Schader

Inhaltsverzeichnis

1 Vorbemerkungen

Vorab möchten wir auf einige Neuerungen wie den Namensbereich std und die Benennung von Header-Dateien aufmerksam machen. Außerdem stellen wir *kanonische* Klassen und die *O-Notation* vor.

1.1 namespace std

Für die Standardbibliothek ist der Namensbereich std reserviert. Alle Komponenten der Standardbibliothek und damit auch der STL sind im namespace std definiert. Der Klassiker "Hello, world!" sieht gemäß aktuellem C++-Standard so aus:

```
#include <iostream>

int main() {
	std::cout << "Hello, world!" << std::endl;
}
```

Bei regem Gebrauch der Standardbibliothek, wovon für die meisten C++-Programme auszugehen ist, wird die Angabe des Namensbereichs std schnell lästig. Abhilfe kann man mit einer using-Direktive schaffen:

```
#include <iostream>
using namespace std;

int main() {
	cout << "Hello, world!" << endl;
}
```

Wenn wie im Beispiel die Funktion main nicht mit einer return-Anweisung beendet wird, ergänzt der Compiler automatisch return 0; zum Signalisieren eines erfolgreichen Programmablaufs.

Im weiteren Text werden wir bei Definitionen von Komponenten der Standardbibliothek den Namensbereich std nicht mehr angeben. Beispielsweise schreiben wir bei der Definition der Containerklasse vector (vgl. Seite 62) einfach

```
template<class T, class Allocator = allocator<T> >
class vector {
	// ...
};
```

statt

```
namespace std {
    template<class T, class Allocator = allocator<T> >
    class vector {
        // ...
    };
    // ...
}
```

1.2 Header-Dateien

Wie das Beispielprogramm "Hello, world!" zeigt (siehe Seite 1), entfällt die Dateiendung .h beim Einbinden von Header-Dateien der Standardbibliothek. Aus Gründen der Abwärtskompatibilität können Header-Dateien auch noch in der früheren Form mit .h eingebunden werden. Dies hat den Effekt, dass die so eingebundenen Komponenten global deklariert sind und nicht in einem Namensbereich. Man sollte davon für zukünftige Projekte keinen Gebrauch mehr machen.

Die alten Header-Dateien der C-Bibliothek, wie z. B. <stdlib.h>, werden jetzt in der Form <cstdlib> angegeben, d. h. mit einem führenden c und ohne .h. Die Deklarationen sind dann (mit Ausnahme von Makros) in den Namensbereich std eingebettet.

Zum Instanzieren von Template-Klassen und –Funktionen muss der Compiler auf den Sourcecode zugreifen können. Die STL liegt daher komplett im Sourcecode vor, der über Header-Dateien eingebunden wird, die man sich mit jedem beliebigen Editor ansehen kann. Allerdings sollte man aufpassen, dass nicht versehentlich Änderungen gespeichert werden!

1.3 Eigenschaften

Um Wiederholungen in späteren Kapiteln zu vermeiden, führen wir in diesem Abschnitt einige Begriffe für besondere Eigenschaften ein, auf die dann verwiesen wird. Beim ersten Lesen kann dieser Abschnitt übersprungen werden.

Ein Typ T heißt *copy-constructible*, wenn Objekte des Typs in der üblichen Weise mittels Copy-Konstruktor erzeugt werden können. Formal gilt mit T t; und const T u; für den Copy-Konstruktor, dass t == T(t) und u == T(u) ist. Außerdem muss der Destruktor ~T() zum Zerstören der Objekte ausführbar sein. Damit eine selbst entwickelte Klasse X *copy-constructible* ist, sollten demnach der Copy-Konstruktor in der Form X(const X&) und der Destruktor ~X() definiert sein.

T ist darüber hinaus *assignable*, wenn nach Zuweisungen der Form t = u der Wert von t gleich dem von u ist. Der Rückgabetyp soll wie üblich T& sein. Für eine selbst entwickelte Klasse X ist also gegebenenfalls ein Zuweisungsoperator in der Form X& operator=(const X&) zu definieren.

Zum Sortieren von Objekten benutzt die Standardbibliothek den Operator <. Formal ausgedrückt wird ein Typ T *less-than-comparable* genannt, wenn für Objekte a und b des Typs T das Ergebnis von a < b in den Typ bool konvertierbar ist und < eine *Ordnungsrelation* definiert. Für den Operator < muss dabei gelten, dass

- a < a den Wert false liefert und
- aus a < b && b < c == true folgt, dass a < c == true ist.

Eine selbst entwickelte Klasse X kann man durch einen geeigneten überladenen Kleineroperator der Form bool operator<(const X&, const X&) oder mit einer entsprechenden Elementfunktion bool operator<(const X&) const *less-than-comparable* machen.

Eine weitere, flexiblere Möglichkeit zum Sortieren von Objekten stellen Vergleichsfunktionen beziehungsweise entsprechende Funktionsobjekte dar, die anstelle des Operators < eingesetzt werden. Wie Operator < soll auch eine Vergleichsfunktion namens comp eine Ordnungsrelation definieren. Für Objekte a, b und c des Typs T muss dann entsprechend gelten, dass

- comp(a, a) == false ist und
- aus comp(a, b) && comp(b, c) == true folgt, dass comp(a, c) == true ist.

Wenn außerdem eine Vergleichsfunktion equiv(a, b) als !comp(a, b) && !comp(b, a) definiert wird, dann verlangt man weiterhin, dass

- aus equiv(a, b) && equiv(b, c) == true folgt, dass equiv(a, c) == true ist.

Mit equiv(a, b) wird ausgedrückt, dass zwei Objekte a und b eines Typs T *äquivalent* sind. Bezogen auf den Standardfall, in dem comp dem Operator < entspricht, entspricht equiv dem Operator ==. Statt a == b kann dann auch !(a < b) && !(b < a) formuliert werden. Die Standardbibliothek benutzt derartige Ausdrücke unter anderem beim Suchen nach Objekten, wobei nur Operator < beziehungsweise eine entsprechende Vergleichsfunktion comp vorausgesetzt wird. Es wird nicht noch eine weitere Funktion für Äquivalenz beziehungsweise Gleichheit gefordert.

Ein Typ T heißt *equality-comparable*, wenn für ihn der Operator == so definiert ist, dass für Objekte a, b und c des Typs T das Ergebnis von a == b in den Typ bool konvertierbar ist und gilt, dass

- a == a den Wert true liefert,
- aus a == b folgt, dass b == a ist und
- aus a == b && b == c folgt, dass a == c ist.

Eine selbst entwickelte Klasse X kann man durch einen geeigneten überladenen Gleichheitsoperator der Form bool operator==(const X&, const X&) oder mit einer entsprechenden Elementfunktion bool operator==(const X&) const *equality-comparable* machen.

Bemerkung: Wenn für eine Vergleichsfunktion comp der Ausdruck !comp(a, b) && !comp(b, a) den Wert true liefert, heißt das im Allgemeinen nicht, dass a und b identisch sind. Zum Beispiel sind bei einer Sortierung von Zeichenketten, die keinen Unterschied zwischen großen und kleinen Buchstaben macht, die Objekte "max", "Max" und "MAX" äquivalent, obwohl sie offensichtlich nicht denselben Wert haben.

1.4 Kanonische Klassen

In C++ gibt es einige Elementfunktionen, die für die meisten Klassen und insbesondere für Klassen, die als Typ für Containerelemente vorgesehen sind, bereitgestellt werden sollten. Dazu gehören Standardkonstruktor, Destruktor, Copy-Konstruktor, Zuweisungsoperator und Vergleichsoperatoren. Eine Klasse, die diese Funktionen definiert, bezeichnen wir als *kanonische* Klasse. Sie besitzt die Eigenschaften *copy-constructible*, *assignable*, *less-than-comparable* und *equality-comparable*, z. B.

```
class X {
public:
	X();                                    // Standardkonstruktor
	~X() throw();                           // Destruktor
	X(const X&);                            // Copy-Konstruktor
	X& operator=(const X&);                 // Zuweisungsoperator
	bool operator==(const X&) const;        // Gleichheitsoperator
	bool operator<(const X&) const;         // Kleineroperator
	// ... je nach Bedarf weitere Elemente
};
```

Falls der Compiler geeignete Versionen für Standardkonstruktor, Destruktor, Copy-Konstruktor und Zuweisungsoperator automatisch generiert, kann auf explizite Definitionen verzichtet werden.

Ein Standardkonstruktor ist im Zusammenhang mit Containerklassen nicht zwingend notwendig, sofern dies nicht explizit anders angegeben wird. Allerdings benutzen einige Funktionen den Standardkonstruktor für die Deklaration von Standardargumenten, siehe z. B. Seite 69. Wenn solche Funktionen unter Benutzung von Standardargumenten aufgerufen werden, muss für einen Typ T der Ausdruck T() definiert sein.

Ein Destruktor sollte generell keine Ausnahmen auswerfen. Anderenfalls könnte ein Programm abrupt durch die Funktion terminate beendet werden, wenn beim *Stack-unwinding*, das Folge einer ausgeworfenen Ausnahme ist, eine weitere Ausnahme ausgeworfen wird.

Die Vergleichsoperatoren können auch als globale (dann meist friend-) Funktionen definiert werden. Wenn für die Objekte einer Klasse keine Ordnung besteht, kann der Kleineroperator entfallen. Die anderen Vergleichsoperatoren (!=, >, >= und <=) sind in wieder verwendbarer Form in der Header-Datei <utility>

definiert (siehe Abschnitt 4.1). Um Problemen mit älteren Compilern und Bibliotheksimplementierungen aus dem Weg zu gehen, kann man aber auch den vollständigen Satz an Vergleichsoperatoren definieren.

1.5 Komplexität und Aufwand

Für den effizienten Einsatz der STL-Komponenten muss man deren Komplexität kennen beziehungsweise wissen, wie viel Aufwand sie für die Erledigung ihrer Aufgaben im schlimmsten Fall benötigen. In der Informatik ist es üblich, die Komplexität in der so genannten *O-Notation* zu beschreiben. In Bezug auf die STL spielt die Anzahl der an einer Operation beteiligten Elemente die entscheidende Rolle.

Eine Operation, die unabhängig von der Anzahl der Elemente ist, verursacht *konstanten* Aufwand, d. h., ihre Komplexität ist $O(1)$. Es ist also beispielsweise gleichgültig, ob 100 oder eine Million Elemente in einer Liste enthalten sind, das Einfügen eines neuen Elements geht immer gleich schnell vonstatten. Solche Operationen sind „billig"; sie haben keine negativen Auswirkungen auf das Laufzeitverhalten eines Programms. Das Lesen des ersten Elements einer Liste ist z. B. mit konstantem Aufwand verbunden.

Ein *linearer* Aufwand entspricht einer Komplexität $O(n)$ und bedeutet, dass der Aufwand direkt proportional zur Anzahl der Elemente ist. Derartige Operationen sind „teuer" und können sich negativ auf das Laufzeitverhalten auswirken. Der Zugriff auf ein beliebiges Element einer Liste verursacht beispielsweise linearen Aufwand.

Die Komplexität $O(log(n))$ ist mit *logarithmischem* Aufwand verbunden und „billiger" als $O(n)$, aber „teurer" als $O(1)$. In diesem Zusammenhang steht *log* für den Logarithmus zur Basis *2*. Ein Beispiel für logarithmischen Aufwand stellt eine binäre Suche in einem sortierten Feld dar.

Weitere häufig in der Praxis auftretende Komplexitäten sind $O(n\,log(n))$ und $O(n^2)$ – beispielsweise zum Sortieren bzw. zwei ineinander geschachtelte for-Schleifen. Die Abbildung auf Seite 6 stellt die Funktionsgraphen der einzelnen Komplexitäten für Werte von n zwischen *10* und *30* gegenüber. Je flacher die Kurve, desto günstiger ist die Komplexität. Wie man sieht, ist das Laufzeitverhalten für $O(n^2)$ im Vergleich zu den anderen Komplexitäten geradezu katastrophal.

Da die O-Notation konstante Faktoren und Summanden nicht berücksichtigt, d. h., $O(n)$ und $O(100\,n + 50)$ werden gleichgesetzt, ist im konkreten Fall speziell bei kleinerem n Vorsicht geboten, weil z. B. ein Algorithmus mit $O(100\,log(n))$ mehr Zeit benötigen kann als einer mit $O(2\,n)$.

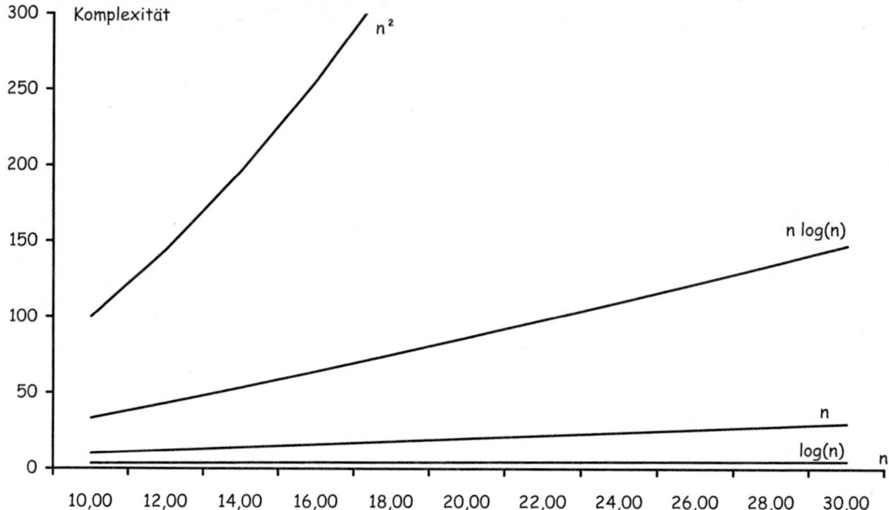
Komplexität
300
250
200
150
100
50
0
n²
n log(n)
n
log(n)
n
10,00
12,00
14,00
16,00
18,00
20,00
22,00
24,00
26,00
28,00
30,00

2 Konzeption und Entwicklung der STL

Die *Standard Template Library* (STL) ist zwar nur ein Teil der C++-Standardbibliothek, aber sicherlich der interessanteste. Zum Verständnis der Arbeitsweise und des Zusammenspiels der einzelnen Bausteine der STL ist die eingehende Betrachtung eines möglichen Entwicklungsweges äußerst hilfreich. Im Folgenden werden wir deshalb zwei einfache Containerklassen Feld und Liste implementieren, in denen nach bestimmten Objekten gesucht werden kann. Ausgehend von einem objektorientierten Entwurf wird der schrittweise Übergang zur „generischen" Programmierung im Sinne der STL nachvollzogen.

2.1 Eine Feldklasse

Eine Containerklasse Feld zeichnet sich durch einen schnellen Zugriff auf einzelne Komponenten per Indexangabe aus. Da es uns hier lediglich auf das Suchen innerhalb eines solchen Feldes ankommt, lassen wir die für eine Bibliotheksklasse typischen Funktionen wie z. B. den Copy-Konstruktor unberücksichtigt und konzentrieren uns auf die Datenelemente und eine Suchfunktion.

```
template<class T>
class Feld {
public:
	explicit Feld(int groesse = 0) : n(groesse), t(new T[groesse]) { }
	int suchen(const T& x) const;
	// ...
private:
	int n;
	T* t;
};
```

Die Klasse verwaltet n Komponenten mit Hilfe eines dynamischen Feldes auf dem *Heap*. Der Zeiger t verweist auf die Anfangsadresse des Feldes.

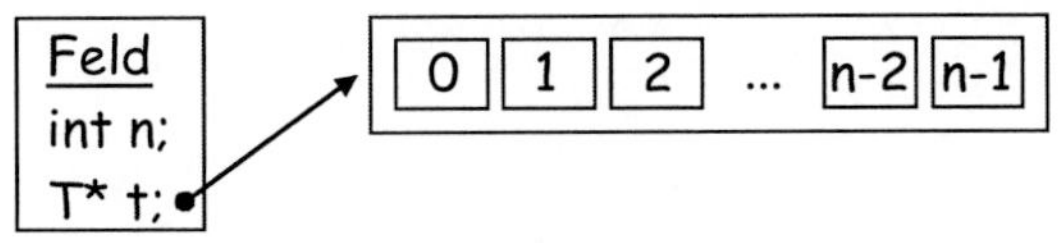

Die Suche nach einer Feldkomponente mit dem Wert x liefert den Index der ersten Komponente, die gleich x ist, oder -1, wenn keine Komponente mit dem Wert x gefunden wird.

```
template<class T>
int Feld<T>::suchen(const T& x) const {
	for (int i = 0; i < n; ++i)
		if (t[i] == x)
			return i;
	return -1;
}
```

Der Einsatz des Feldes gestaltet sich damit wie folgt:

```
Feld<int> fi(10);
// ... fi mit Werten füllen
int i = fi.suchen(25);
if (i != -1) /* gefunden */;
```

Als Nächstes werden wir analog zur Feldklasse eine Listenklasse entwickeln.

2.2 Eine Listenklasse

Eine Containerklasse Liste ist dadurch charakterisiert, dass Einfüge- und Löschoperationen effizient erfolgen können. Da es uns auch hier lediglich auf das Suchen innerhalb einer solchen Liste ankommt, lassen wir die üblichen Funktionen unberücksichtigt und konzentrieren uns wieder auf die Datenelemente und eine Suchfunktion.

```
template<class T>
class Liste {
	struct Elem {
		Elem(const T& tt, Elem* nn) : t(tt), n(nn) { }
		T t;
		Elem* n;
	} *kopf;
public:
	Liste() : kopf(0) { }
	T* suchen(const T& x);
	// ...
};
```

Die Klasse ist als einfach verkettete Liste implementiert. Auf den Kopf der Liste, das erste Element, verweist der Zeiger kopf. Die einzelnen Listenelemente sind jeweils über den Zeiger n miteinander verbunden.

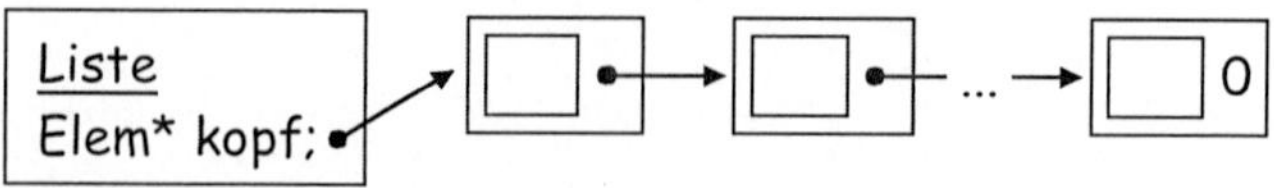

Die Suche nach einem Listenelement mit dem Wert x liefert einen Zeiger auf das erste Element, das gleich x ist, oder 0, wenn kein Element mit dem Wert x gefunden wird.

```
template<class T>
T* Liste<T>::suchen(const T& x) {
	for (Elem* z = kopf; z != 0; z = z->n)
		if (z->t == x)
			return &z->t;
	return 0;
}
```

Damit kann wie folgt in einer Liste, die Werte des Typs int enthält, gesucht werden:

```
Liste<int> li;
// ... Elemente in die Liste aufnehmen
int* z = li.suchen(25);
if (z != 0) /* gefunden */;
```

2.3 Folgerungen

Anhand dieser beiden einfachen Containerklassen können bereits jetzt allgemeine Schlussfolgerungen gezogen werden: Jede der beiden Klassen besitzt eine eigene Elementfunktion zum Suchen, die speziell auf die Klasse zugeschnitten ist. Würden wir weitere Containerklassen entwickeln, so müssten wir auch für diese Klassen jeweils eine eigene Suchfunktion implementieren. Für n Klassen erhält man demnach n Suchfunktionen.

Neben Suchfunktionen werden für Containerklassen weitere gängige Elementfunktionen benötigt. Auch diese Elementfunktionen sind jeweils für jede Klasse bereitzustellen, so dass bei n Klassen und m Elementfunktionen insgesamt $n \times m$ Elementfunktionen zu definieren sind. Gibt es eine Möglichkeit, diesen Aufwand zu reduzieren?

Die Anzahl n der Klassen kann kaum vermindert werden, und auch die benötigte Funktionalität m lässt sich nicht ohne weiteres einschränken, aber die Anzahl der zu definierenden Funktionen könnte von $n \times m$ auf m reduziert werden, wenn statt n ähnlicher Elementfunktionen jeweils nur *eine* globale Funktion benutzt werden könnte. Dies setzt allerdings voraus, dass es gelingt, diese Funktion so zu standardisieren, dass sie mit allen Containerklassen korrekt arbeitet.

2.4 Standardisierung der Suchfunktion

Wie könnte eine derart standardisierte Suchfunktion für unsere beiden Containerklassen aussehen? Wie werden die zu durchsuchenden Containerobjekte an die Funktion übergeben? Welchen Rückgabetyp soll die Funktion besitzen? Was wird zurückgegeben, wenn das Gesuchte nicht gefunden wurde? Zur Beantwortung dieser Fragen werfen wir einen Blick auf die von C++ zur Verfügung gestellten Datentypen. In der Sprache bereits verankerte Konzepte sind mitunter übertragbar. Als primitiver Containertyp kommt der Feldtyp in Frage.

```
int f[] = { 0, 1, 4, 9, 16, 25, 36, 49, 64, 81 };
const int n = sizeof f / sizeof *f;    // Anzahl der Feldkomponenten
```

Zum Suchen kann entweder wie oben bei der Feldklasse verfahren werden, oder man nutzt die enge Verwandtschaft von Zeigern zu Feldern aus:

```
int* z = f;    // f entspricht &f[0]
while (z != f + n && *z != 25) ++z;
if (z != f + n) /* gefunden */;
```

Wenn der gesuchte Wert 25 nicht gefunden wird, hat z am Ende der Schleife den Wert f + n. Obwohl nur n Feldkomponenten mit den Indizes 0 bis n - 1 tatsächlich vorhanden sind, ist die Adresse f + n beziehungsweise &f[n] definiert – sie darf allerdings nicht dereferenziert werden.

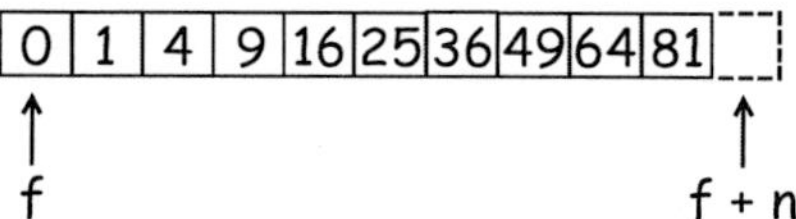

Damit auch in Feldern anderer Datentypen gesucht werden kann, definieren wir eine parametrisierte Funktion:

```
template<class T>
T* suchen(T* start, T* ende, T x) {
    T* z = start;
    while (z != ende && *z != x) ++z;
    return z;
}
```

Aufgerufen wird die Funktion dann wie folgt:

```
int* z = suchen(f, f + n, 25);
if (z != f + n) /* gefunden */;
```

Die Funktion benutzt die zwei Typen T* und T, wobei T* für einen Zeiger benutzt wird, der über die einzelnen Komponenten des Feldes „iteriert". Dies kann durch einen zweiten Template-Parameter für T* verdeutlicht werden, den wir Iter (abgekürzt für „Iterator") nennen. Das unter Umständen aufwändige Kopieren des gesuchten Objekts x kann vermieden werden, wenn wir const T& statt T als Parametertyp verwenden. Den lokalen Hilfszeiger z können wir einsparen, wenn direkt mit dem Parameter start gearbeitet wird, der eine Kopie des übergebenen Arguments ist. Ohne Änderung des Aufrufs der Funktion, lässt sie sich damit wie folgt definieren:

```
template<class Iter, class T>
Iter suchen(Iter start, Iter ende, const T& x) {
    while (start != ende && *start != x) ++start;
    return start;
}
```

Als Nächstes schauen wir uns die Operationen an, die die Suchfunktion benutzt. Die beiden Iteratorargumente werden per Copy-Konstruktor übergeben. Sie markieren den Anfang und das Ende des Suchbereichs.

Solche *Bereiche* werden in der STL sehr häufig verwendet. Angelehnt an die mathematische Schreibweise ist es üblich, den Suchbereich als halb offenes Intervall [start, ende) auszudrücken. Zum Bereich gehören demnach ab start alle Elemente bis ende, wobei ende selbst nicht bearbeitet wird. In der folgenden Abbildung beinhaltet der Bereich [start, ende) die Elemente 3, 4 und 5.

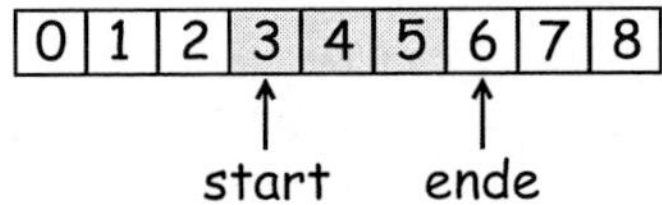

In der Abbruchbedingung der while-Schleife werden zuerst zwei Iteratoren miteinander verglichen, um festzustellen, ob das Ende des zu durchsuchenden Bereichs erreicht ist. Dann wird der Iterator start dereferenziert, um auf das aktuelle Element zuzugreifen. Anschließend werden zwei Objekte des Typs T verglichen, um zu prüfen, ob das gesuchte Element gefunden wurde. Dazu muss der Ungleichheitsoperator für den Typ T definiert sein. Im Rumpf der Schleife wird der Iterator start inkrementiert, um zum nächsten Element zu gelangen. Danach wird der Wert des Iterators start per Copy-Konstruktor zurückgegeben. Der Rückgabewert ist gleich ende, wenn x nicht gefunden wurde. Zuletzt werden implizit die Destruktoren für start und ende aufgerufen.

2.5 Die Schnittstelle eines Iterators

Wenn wir den Template-Parameter Iter als Klasse formulieren, erhalten wir aufgrund der genannten Operationen die folgende minimale Schnittstelle:

```
class Iter {
public:
    Iter(const Iter&);
    bool operator!=(const Iter& i) const;
    T& operator*() const;
    Iter& operator++();
    ~Iter();
    // ...
};
```

Der Dereferenzierungsoperator * ist als const Elementfunktion spezifiziert, damit er auch für einen const Iter aufrufbar ist. Ein const Iter kann in Analogie zu einem Zeiger selbst nicht bewegt werden. Es ist aber zulässig, das Objekt, auf das er verweist, zu modifizieren. Deshalb ist der Rückgabewert eine Referenz auf den Typ T, der für den Typ der Containerelemente steht.

2.6 Ein Iterator für die Feldklasse

Die Implementierung einer Iteratorklasse hängt entscheidend vom zugehörigen Container ab. Deshalb müssen wir für jede unserer beiden Containerklassen eine eigene Iteratorklasse entwickeln. Weil die Iteratorklasse dadurch ein Teil der Containerklasse wird, definieren wir sie eingebettet in die Containerklasse.

```
template<class T>
class Feld {
public:
	explicit Feld(int groesse = 0) : n(groesse), t(new T[groesse]) { }
	class Iter {
	public:
		Iter(T* cc) : c(cc) { }
		bool operator!=(Iter i) const { return c != i.c; }
		T& operator*() const { return *c; }
		Iter& operator++() { ++c; return *this; }
		// ...
	private:
		T* c;	// Cursor
	};
	Iter start() { return t; }
	Iter ende() { return t + n; }
	// ...
private:
	int n;
	T* t;
};
```

Als Datenelement benötigt der Iterator einen „Cursor“ c, der die aktuelle Position im Container angibt. Für die Feldklasse drängt sich dabei ein Zeiger auf. Die Verbindung zwischen Container und Iterator wird mit den Elementfunktionen start und ende hergestellt, die einen Iterator auf die erste beziehungsweise hinter die letzte Feldkomponente liefern. Zur Umwandlung eines Zeigers in einen Iterator wird ein entsprechender Konstruktor bereitgestellt. Copy-Konstruktor und Destruktor werden automatisch vom Compiler korrekt generiert und müssen daher nicht explizit definiert werden. Da beim Kopieren eines Iter-Objekts lediglich ein Zeiger zu kopieren ist, verwendet operator!= als Parametertyp einfach Iter statt const Iter&. Die Benutzung der Iteratorklasse gestaltet sich wie folgt:

```
Feld<int> fi(10);
// ... fi mit Werten füllen
```

```
Feld<int>::Iter i = suchen(fi.start(), fi.ende(), 25);
if (i != fi.ende()) /* gefunden */;
```

2.7 Ein Iterator für die Listenklasse

Bei einer Liste existiert im Gegensatz zu einem Feld keine Adresse hinter der letzten Komponente beziehungsweise dem letzten Element. Für die Abbruchbedingung der Suchfunktion genügt einfach die Angabe eines Nullzeigers. Wir beschränken uns hier auf die einfache Implementierung und lassen Fehlerprüfungen und Ähnliches unberücksichtigt.

```
template<class T>
class Liste {
	struct Elem {
		Elem(const T& tt, Elem* nn) : t(tt), n(nn) { }
		T t;
		Elem* n;
	} *kopf;
public:
	Liste() : kopf(0) { }
	class Iter {
	public:
		Iter(Elem* cc) : c(cc) { }
		bool operator!=(Iter i) const { return c != i.c; }
		T& operator*() const { return c->t; }
		Iter& operator++() { c = c->n; return *this; }
		// ...
	private:
		Elem* c;	// Cursor
	};
	Iter start() { return kopf; }
	Iter ende() { return 0; }
	// ...
};
```

Beim Aufruf der Suchfunktion unterscheidet sich die Listenklasse nun nicht mehr von der Feldklasse.

```
Liste<int> li;
// ... Elemente in die Liste aufnehmen
Liste<int>::Iter i = suchen(li.start(), li.ende(), 25);
if (i != li.ende()) /* gefunden */;
```

2.8 Zusammenfassung

Was haben wir bis jetzt erreicht? Wir verfügen über eine Suchfunktion, die nicht nur mit den beiden Containerklassen korrekt arbeitet, sondern auch mit dem vordefinierten Feldtyp. Darüber hinaus kann die Suchfunktion für alle Containerklassen eingesetzt werden, für die ein geeigneter Iterator definiert ist. Die Suchfunktion ist so formuliert, dass sie ausschließlich auf den Iterator zugreift – der zugehörige Container spielt keine Rolle.

```
template<class Iter, class T>
Iter suchen(Iter start, Iter ende, const T& x) {
	while (start != ende && *start != x) ++start;
	return start;
}
```

In der Terminologie der STL wird statt von einer „Suchfunktion" von einem „Suchalgorithmus" gesprochen. Damit erhalten wir die drei für die STL charakteristischen Komponenten

- Container,
- Iteratoren und
- Algorithmen.

Die Iteratoren bilden die Verbindung zwischen Algorithmen und Containern. Da Iteratoren auf die spezifischen Eigenschaften des zugehörigen Containers zugeschnitten sind, ist die Kopplung zwischen Iterator und Container sehr eng.

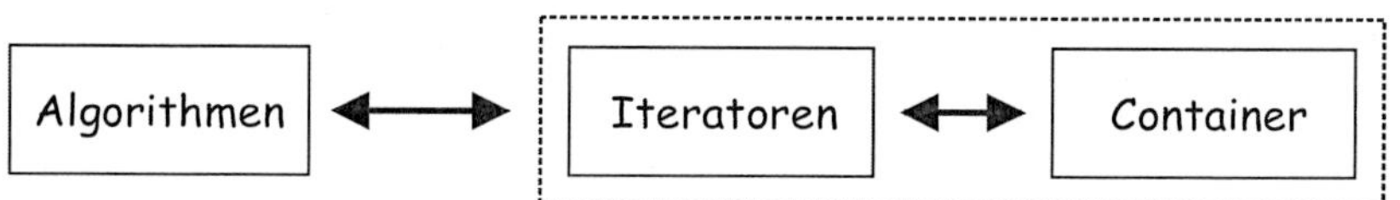

Ein Iterator sollte nur solche Operationen zur Verfügung stellen, die vom zugehörigen Container effizient unterstützt werden. Beispielsweise könnte der Indexoperator operator[] für den Zugriff auf ein bestimmtes Containerelement effizient für unseren Felditerator, aber nur verhältnismäßig aufwändig für den Listeniterator definiert werden. Ein Container bestimmt somit die Fähigkeiten seines Iterators, und die Iteratoren können anhand der Operationen, die sie unterstützen, in Kategorien eingeteilt werden (siehe Kapitel 8). Auf der anderen Seite verlangt jeder Algorithmus bestimmte Iteratorfähigkeiten, d. h., er arbeitet im Allgemeinen nicht mit allen Iteratorkategorien zusammen (siehe Kapitel 9). Ein Sortieralgorithmus wie *Quicksort* lässt sich z. B. mit dem Feld-, aber nicht gut mit dem Listeniterator realisieren.

2.9 const-Korrektheit

Da weder der Container selbst noch die in ihm gespeicherten Elemente bei einer Suche modifiziert werden, sollte auch in einem als const deklarierten Container gesucht werden können. Die folgende Funktion test wird jedoch von (standardkonformen) C++-Compilern nicht übersetzt:

```
void test(const Feld<int>& cf) {
    Feld<int>::Iter i = suchen(cf.start(), cf.ende(), 25);    // Fehler
}
```

Es wird versucht, die nicht const deklarierten Elementfunktionen start und ende für ein const Objekt aufzurufen. Vordergründig lässt sich der Fehler durch die Deklarationen der Elementfunktionen start und ende als const beheben – zumindest übersetzt der Compiler die Funktion test dann.

```
template<class T>
class Feld {
public:
    // ... wie bisher
    Iter start() const { return t; }    // Schlecht!
    Iter ende() const { return t + n; }
};
```

Aber es taucht sogleich ein neues Problem auf:

```
void test(const Feld<int>& cf) {
    *cf.start() = 666;    // Das soll nicht zulässig sein!
}
```

Die Elementfunktion start liefert einen Iterator auf das erste Element, das im Container enthalten ist. Über den dereferenzierten Iterator wird dem Element anschließend ein neuer Wert zugewiesen. Dies steht im krassen Gegensatz zu der Erwartung, dass ein const Container keine Modifikationen an sich selbst und an den von ihm verwalteten Elementen über seine öffentliche Schnittstelle zulässt.

Der nächste Versuch besteht in der Definition von zwei const und zwei nicht const Elementfunktionen, die entsprechend einen const Iter beziehungsweise Iter liefern.

```
template<class T>
class Feld {
public:
    // ... wie bisher
    const Iter start() const { return t; }
    const Iter ende() const { return t + n; }
    Iter start() { return t; }
    Iter ende() { return t + n; }
};
```

In Analogie zu einem Zeiger ist ein const Iter ein konstanter Zeiger, der immer auf dieselbe Adresse verweist, aber das Objekt, das dort gespeichert ist, modifizieren kann. Ein Iterator, der von einer const Elementfunktion geliefert wird, sollte aber ausschließlich lesenden Zugriff gestatten. Wir benötigen demzufolge eine zweite Iteratorklasse, die wir Const_Iter nennen. Sie unterscheidet sich von der Klasse Iter dadurch, dass ein Zeiger auf const T verwaltet wird.

```
template<class T>
class Feld {
public:
    class Iter { /* wie bisher */ };
    Iter start() { return t; }
    Iter ende() { return t + n; }
    class Const_Iter {
    public:
        Const_Iter(const T* t) : c(t) { }
        bool operator!=(Const_Iter i) const { return c != i.c; }
        const T& operator*() const { return *c; }
        Const_Iter& operator++() { ++c; return *this; }
    private:
        const T* c;
    };
    Const_Iter start() const { return t; }
    Const_Iter ende() const { return t + n; }
    // ...
};
```

Mit einem Const_Iter-Objekt sind nun reine Lesezugriffe, bei denen die Elemente des zugehörigen Containers nicht modifiziert werden, realisierbar. Die Aufgaben 3 und 4 am Ende des Kapitels greifen das Thema nochmals auf.

2.10 Flexible Suche mit Funktionsobjekten

Unser Suchalgorithmus behandelt einen Spezialfall, der als *„Liefere einen Iterator auf das erste Element, das gleich* x *ist!"* ausgedrückt werden kann. Allgemeiner lässt sich aber auch formulieren: *„Liefere einen Iterator auf das erste Element, für das irgendeine vorgegebene Bedingung zutrifft!"* Damit wird es z. B. möglich, nach ungeraden Zahlen oder Kunden, deren Postleitzahl mit 68 beginnt, zu suchen. Um dieses Ziel zu erreichen, ist die Abbruchbedingung der Suche zu verallgemeinern. Statt *start != x müsste eine Funktion f in der Form !f(*start) aufgerufen werden. Die Funktion prüft, ob das Objekt, auf das der Iterator start verweist, eine bestimmte Eigenschaft erfüllt. Ist das der Fall, wird true zurückgegeben. Suchen wir z. B. nach dem ersten Wert, der größer als 50 ist.

```
inline bool intGroesserAls50(int x) { return x > 50; }

template<class Iter>
Iter suchen_f(Iter start, Iter ende, bool (*f)(int)) {
    while (start != ende && !f(*start)) ++start;
    return start;
}
```

Der Aufruf lautet suchen_f(fi.start(), fi.ende(), intGroesserAls50), wobei wir wieder Feld<int> fi(10); voraussetzen. Zur Unterscheidung von der bisherigen Suchfunktion suchen nennen wir diese Funktion suchen_f (siehe auch Aufgabe 6). Dieser Ansatz ist noch recht starr, weil der Typ der Funktion festgelegt ist. Wären statt Werten des Typs int z. B. Werte des Typs double im Container, müsste neben einer neuen Vergleichsfunktion doubleGroesserAls50 auch eine neue Suchfunktion definiert werden. Flexibler ist deshalb der Einsatz eines Template-Parameters für die Funktion.

```
template<class Iter, class Funktion>
Iter suchen_f(Iter start, Iter ende, Funktion f) {
    while (start != ende && !f(*start)) ++start;
    return start;
}
```

Am Aufruf suchen_f(fi.start(), fi.ende(), intGroesserAls50) ändert sich dadurch nichts. Für eine Suche nach Werten größer als 100 oder 1374 müssen bei diesem Ansatz jeweils entsprechende Funktionen neu definiert werden. Wird erst zur Laufzeit ermittelt, wonach zu suchen ist, scheitert dieser Ansatz kläglich. Deshalb müssen wir versuchen, die 50 geeignet zu „parametrisieren“, d. h., der Aufruf soll z. B.

```
suchen_f(fi.start(), fi.ende(), intGroesserAls(50))
```

lauten, wobei statt 50 auch andere Werte eingesetzt werden können. Wenn beim Aufruf der Suchfunktion ein Funktionszeiger übergeben wird, ist das nicht möglich. Deswegen entwerfen wir ein so genanntes *Funktionsobjekt*. Das ist ein Objekt einer Klasse, für die der Funktionsaufrufoperator operator() überladen ist.

```
class intGroesserAls {
public:
    intGroesserAls(int ii) : i(ii) { }
    bool operator()(int x) const { return x > i; }
private:
    const int i;
};
```

Beim Aufruf der Suchfunktion wird zunächst mittels Konstruktor ein Objekt der Klasse intGroesserAls erzeugt, wobei das Argument 50 im Datenelement i gespeichert wird. Beim Aufruf des Funktionsobjekts f in der Suchfunktion steht der Parameter dann für den Vergleich zur Verfügung.

Unser Funktionsobjekt arbeitet bis jetzt lediglich mit dem Typ int. Im nächsten Schritt werden wir daher aus der Klasse eine Template-Klasse machen, damit auch andere Typen eingesetzt werden können.

```
template<class T>
class GroesserAls {
public:
    GroesserAls(const T& tt) : t(tt) { }
    bool operator()(const T& x) const { return x > t; }
private:
```

```
        const T t;
    };
```

Beim Aufruf ist dann der Typ anzugeben:

```
    suchen_f(fi.start(), fi.ende(), GroesserAls<int>(50))
```

2.11 Kleinste Bausteine

Eine Template-Funktion zur Bestimmung des Maximums zweier Objekte wird typischerweise wie folgt definiert:

```
template<class T> inline
const T& maximum(const T& a, const T& b) {
    return a > b ? a : b;
}
```

Während die Funktion für gewöhnliche Objekte wie gewünscht arbeitet, ist das Ergebnis für Zeiger auf Objekte unter Umständen unbefriedigend, weil hier die Zeigerwerte (Adressen) und nicht die Objekte, auf die die Zeiger verweisen, verglichen werden. Beispielsweise erhält m im folgenden Programmfragment den Wert von y.

```
int f[] = { 2, 1 };
int *x = &f[0], *y = &f[1];
int* m = maximum(x, y);
```

Formulieren wir die Funktion maximum deshalb allgemeiner, so dass statt des Operators > eine Funktion, die der Benutzer angibt, für den Vergleich aufgerufen wird.

```
template<class T, class Funktion> inline
const T& maximum(const T& a, const T& b, Funktion gr) {
    return gr(a, b) ? a : b;
}
```

Mit der speziellen Vergleichsfunktion

```
inline bool intZgrGroesser(const int* a, const int* b) { return *a > *b; }
```

liefert der Aufruf maximum(x, y, intZgrGroesser) das gewünschte Ergebnis x. Um die zweite Version der Funktion maximum in analoger Weise auch für vordefinierte Datentypen wie z. B. int oder float benutzen zu können, benötigen wir eine entsprechende Template-Funktion groesser.

```
template<class T> inline
bool groesser(const T& x, const T& y) { return x > y; }
```

Beim Einsatz dieser Funktion ist der Typ T explizit zu spezifizieren, weil er beim Aufruf der Template-Funktion maximum nicht automatisch vom Compiler bestimmt werden kann. (Erst innerhalb des Funktionsrumpfs könnte der Typ fixiert werden.)

```
int i = 2, j = 1;
int m = maximum(i, j, groesser<int>);
```

Da Funktionsaufrufe mittels „Zeiger auf Funktion“ für Compiler nur schwer inline umsetzbar sind, weil zur Übersetzungszeit im Allgemeinen noch nicht klar ist, auf welche Funktion der Zeiger zeigt, definieren wir ein gleichwertiges Funktionsobjekt Groesser.

```
template<class T>
struct Groesser {
      bool operator()(const T& x, const T& y) const { return x > y; }
};
```

Der Aufruf ändert sich damit zu maximum(i, j, Groesser<int>()), wobei die runden Klammern bei Groesser<int>() für den Standardkonstruktor stehen, mit dem ein temporäres Objekt erzeugt wird. Dieses Funktionsobjekt gleicht dem im vorhergehenden Abschnitt für die Suchfunktion entwickelten Funktionsobjekt GroesserAls.

```
template<class T>
class GroesserAls {
public:
      GroesserAls(const T& tt) : t(tt) { }
      bool operator()(const T& x) const { return x > t; }
private:
      const T t;
};
```

Im Unterschied zu Groesser erwartet der Funktionsaufrufoperator von GroesserAls nur ein Argument. Wenn wir ähnliche Funktionsobjekte wie z. B. Kleiner und KleinerAls ebenso definieren würden, erhielten wir für jede Operation jeweils zwei Funktionsobjekte. Versuchen wir also, mit nur einem Funktionsobjekt pro Operation auszukommen.

Die einstellige Form ist ein Spezialfall der zweistelligen, bei der der zweite Operand für den Vergleichsoperator ein Datenelement ist, das über den Konstruktor initialisiert wurde. Wir haben demnach ein Funktionsobjekt zu entwickeln, das aus einem zweistelligen Funktionsobjekt ein einstelliges macht, indem es einen Operanden beim Aufruf des zweistelligen Funktionsobjekts einsetzt oder „bindet“.

```
template<class Operation, class T>
class Binder {
public:
      Binder(const Operation& o, const T& t) : op(o), y(t) { }
      bool operator()(const T& x) const { return op(x, y); }
private:
```

```
        const Operation op;
        const T y;
};
```

Der Aufruf unserer Suchfunktion, der vorher

```
suchen_f(fi.start(), fi.ende(), GroesserAls<int>(50))
```

lautete, wird damit zu:

```
suchen_f(fi.start(), fi.ende(), Binder<Groesser<int>, int>(Groesser<int>(), 50))
```

Aufgrund der vielen Typangaben ist der Aufruf recht komplex. Unter Verwendung einer Hilfsfunktion

```
template<class Operation, class T> inline
Binder<Operation, T> binden(const Operation& op, const T& t) {
        return Binder<Operation, T>(op, t);
}
```

vereinfacht sich die Benutzung zu:

```
suchen_f(fi.start(), fi.ende(), binden(Groesser<int>(), 50))
```

Die gezeigte Technik macht es möglich, mit nur einem Satz zweistelliger Funktionsobjekte wie Groesser, Kleiner usw. auszukommen. Ohne die Klasse Binder müssten zusätzlich einstellige Funktionsobjekte in der Art GroesserAls, KleinerAls usw. definiert werden.

Mit Hilfe von Funktionsobjekten ist es nunmehr gelungen, die Suche sehr flexibel und mächtig zu gestalten. Funktionsobjekte spielen deshalb innerhalb der STL eine wichtige Rolle.

2.12 Programmübersetzungs- und -laufzeit

Bei einem Aufruf wie suchen_f(fi.start(), fi.ende(), binden(Groesser<int>(), 50)) wird unter anderem zunächst ein temporäres Funktionsobjekt mit dem Standardkonstruktor der Klasse Groesser kreiert. Anschließend wird die Hilfsfunktion binden aufgerufen, die ein temporäres Funktionsobjekt mit dem Konstruktor der Klasse Binder anlegt. Dann übernimmt die Funktion suchen_f die Kontrolle, in der unter anderem der Funktionsaufrufoperator der Klasse Binder ausgeführt wird, der wiederum auf den Funktionsaufrufoperator der Klasse Groesser zurückgreift. Wie wirkt sich diese Komplexität auf die Programmlaufzeit aus?

Bei der Entwicklung der STL standen auch Geschwindigkeitsaspekte im Vordergrund. Die ausführbaren Programme sollen möglichst schnell sein. Deshalb wird einerseits auf aufwändige Fehlerprüfungen und virtuelle Elementfunktionen weitgehend verzichtet und andererseits massiver Gebrauch von inline-Funktionen gemacht.

Allein anhand des C++-Programmcodes ist zu erkennen, dass abgesehen von der Funktion suchen_f alle anderen Funktionen (explizit oder implizit) inline deklariert sind und auch inline umgesetzt werden können. Deshalb ist die STL in Bezug auf die Programmlaufzeit sehr effizient. Der Compiler muss dagegen beim Übersetzen des Programmcodes Schwerstarbeit leisten.

Um eine Vorstellung davon zu bekommen, wie effizient die Mechanismen der STL umgesetzt werden, kann man einen typischen Funktionsaufruf mit handgeschriebenem Code vergleichen, indem man mit einem „Profiler" die Laufzeit misst oder den vom Compiler generierten Assemblercode analysiert. Letzteres haben wir für die folgende Funktion main getan:

konzeption/test.cpp

```
int main() {
	Feld<int> fi(10);
	Feld<int>::Iter i = suchen_f(fi.start(), fi.ende(), binden(Groesser<int>(), 50));
	return i != fi.ende();
}
```

Die meisten C++-Compiler bieten Optionen zur Optimierung des Programmcodes und zur Ausgabe des Assemblercodes an. Für den Microsoft C++-Compiler lautet der Aufruf: cl /Ox /Fa test.cpp. Das Übersetzungsergebnis steht danach in der Assemblerdatei test.asm. Der für das Beispiel relevante Ausschnitt kann sich sehen lassen:

```
_main		PROC NEAR
; File test.cpp
; Feld<int> fi(10);
	push	40				; 00000028H
	call	??2@YAPAXI@Z			; operator new
; Feld<int>::Iter i = suchen_f(fi.start(), fi.ende(), binden(Groesser<int>(), 50));
	lea	ecx, DWORD PTR [eax+40]
	add	esp, 4
	cmp	eax, ecx
	je	SHORT $L496
$L467:
	cmp	DWORD PTR [eax], 50		; 00000032H
	jg	SHORT $L468
	add	eax, 4
	cmp	eax, ecx
	jne	SHORT $L467
$L468:
; return i != fi.ende();
	cmp	eax, ecx
$L496:
	setne	al
	and	eax, 255			; 000000ffH
; }
	ret	0
_main		ENDP
```

Es gibt nur noch einen Funktionsaufruf, den des Operators new. Sogar die Suchfunktion selbst hat der Compiler inline umgesetzt. Die mit dem C++-Programm erzielte Qualität des Assemblercodes ist die gleiche, die mit entsprechendem C-Code zu erreichen wäre:

konzeption/test.c

```
#include <stdlib.h>

int main() {
   int *t = (int*) malloc(10 * sizeof(int));      // C-Code!
   int *start = t, *ende = t + 10;
   while (start != ende && !(*t > 50)) ++start;
   return start != ende;
}
```

2.13 Der Rückgabetyp für eine Zählfunktion

In diesem Abschnitt werden wir anhand eines einfachen Algorithmus eine spezielle Implementierungstechnik zur Bereitstellung von Typen vorstellen. Dazu entwickeln wir einen Algorithmus, der zählt, wie viele Elemente eines Bereichs einen vorgegebenen Wert besitzen. Starten wir mit einem ersten Versuch analog zur Funktion suchen.

```
template<class Iter, class T>
int zaehlen(Iter start, Iter ende, const T& x) {
      int n = 0;
      while (start != ende) {
            if (*start == x)
                  ++n;
            ++start;
      }
      return n;
}
```

Zum Zählen aller Elemente mit dem Wert 1 eines Feldobjekts fi lautet der Funktionsaufruf dann zaehlen(fi.start(), fi.ende(), 1). Als Rückgabetyp und Zählvariable benutzt die Funktion int, was in den meisten Fällen korrekte Ergebnisse liefern wird. Es ist allerdings möglich, dass die Anzahl der gezählten Elemente den Wertebereich eines ints übersteigt.

Der größtmögliche Wert entspricht dem maximalen *Abstand* zweier Iteratoren eines Containers. Unter dem Abstand zweier Iteratoren wird die Anzahl der zwischen ihnen liegenden Elemente verstanden. Der Wert kann auch negativ sein. Dient ein gewöhnliches Feld als Container, dann sind Zeiger, die auf Komponenten dieses Feldes verweisen, die zugehörigen Iteratoren. Der Abstand kann in diesem Fall als Zeigerdifferenz berechnet werden. Der Ergebnistyp ist systemabhängig und als ptrdiff_t in der Header-Datei <cstddef> definiert (vgl. Seite 240).

Der Typ für den Abstand zweiter Iteratoren hängt direkt von der Definition der Iteratoren ab. Deshalb bietet es sich an, einen entsprechenden Typ namens Abstandstyp als typedef innerhalb aller Iteratorklassen zu vereinbaren. Da der Iterator unserer Feldklasse intern einen Zeiger verwendet, ist ptrdiff_t die richtige Wahl für Abstandstyp.

```
template<class T>
class Feld {
public:
	class Iter {
	public:
		typedef ptrdiff_t Abstandstyp;
		// ...
	private:
		T* c;	// Cursor
	};
	// ...
};
```

Eine einfache Möglichkeit, die Funktion zaehlen in Bezug auf den Abstandstyp zu parametrisieren, besteht in der Verwendung eines entsprechenden Template-Parameters Abstandstyp. Damit der Typ automatisch vom Compiler bestimmt werden kann, wird ein vierter Funktionsparameter n eingeführt. Die Funktionsdefinition wird damit zu:

```
template<class Iter, class T, class Abstandstyp>
void zaehlen(Iter start, Iter ende, const T& x, Abstandstyp& n) {
	while (start != ende) {
		if (*start == x)
			++n;
		++start;
	}
}
```

Das Ergebnis wird im Referenzparameter n zurückgegeben, der vor dem Funktionsaufruf geeignet zu initialisieren ist, z. B.

```
Feld<int>::Iter::Abstandstyp n = 0;
zaehlen(fi.start(), fi.ende(), 1, n);
```

Die ersten Implementierungen der STL haben tatsächlich diese Technik eingesetzt. Die natürliche Verwendung einer Zählfunktion setzt jedoch einen Rückgabewert voraus. Deshalb wollen wir versuchen, die Funktion wieder mit Rückgabewert zu formulieren.

```
template<class Iter, class T>
typename Iter::Abstandstyp zaehlen(Iter start, Iter ende, const T& x) {
	typename Iter::Abstandstyp n = 0;
	while (start != ende) {
		if (*start == x)
```

```
                ++n;
            ++start;
        }
        return n;
    }
```

Bemerkung: Das Schlüsselwort typename weist den Compiler darauf hin, dass Iter::Abstandstyp ein Typ ist, damit der Compiler eine Syntaxprüfung auch ohne Instanzierung vornehmen kann. Als es das Schlüsselwort noch nicht gab, war z. B. im Fall von

```
int Y;

template<class T>
void f(const T& t) {
    T::X * Y;
    // ...
}
```

nicht klar, ob es sich bei T::X * Y; um eine Multiplikation, deren Ergebnis verworfen wird, oder die Definition eines Zeigers handelt. Jetzt kann man dies mit typename steuern: T::X * Y; ist eine Multiplikation, und typename T::X * Y; ist die Definition eines Zeigers. Bei Konstrukten der Art Feld<int>::Iter::Abstandstyp erkennt der Compiler demgegenüber auch ohne typename, dass es ein Typ ist. In Definitionen von Template-Klassen kann statt template<class T> auch template<typename T> geschrieben werden.

Sofern alle Iteratortypen Iter, für die die Zählfunktion aufgerufen wird, einen Typ namens Abstandstyp definieren, arbeitet die Funktion nun korrekt. Der Funktionsaufruf zaehlen(fi.start(), fi.ende(), 1) liefert dann wieder das gewünschte Ergebnis. Versucht man jedoch die Funktion mit Zeigern aufzurufen, stellt sich ein Problem:

```
int f[] = { 1, 3, 1, 2, 6, 1, 4, 5 };
int n = zaehlen(f, f + 8, 1);    // Fehler, siehe Text
```

Der Template-Parameter Iter der Funktion zaehlen wird hier mit dem Typ int* instanziert. Anschließend wird versucht, den Typ int*::Abstandstyp zu benutzen, was zu einem Syntaxfehler führt. Dieses Problem lässt sich mit einer parametrisierten Hilfsklasse IterHilf lösen, die Abstandstyp in Abhängigkeit eines Iteratortyps Iter definiert und für Zeiger spezialisiert wird.

```
template<class Iter>
struct IterHilf {
    typedef typename Iter::Abstandstyp Abstandstyp;
};

template<class T>
struct IterHilf<T*> {  // partial specialization
```

```
        typedef ptrdiff_t Abstandstyp;
};
```

Diese Art der Spezialisierung einer Template-Klasse (*partial specialization*), die selbst wieder Template-Parameter benutzt, gehört erst seit kurzem zum C++-Sprachumfang. Viele Compiler können solche Konstrukte derzeit nicht fehlerfrei übersetzen. Die Spezialisierung muss nach der Definition der Template-Klasse (*primary template*) und vor der ersten Verwendung erfolgen.

Unsere Zählfunktion benutzt nun IterHilf<Iter> statt Iter.

```
template<class Iter, class T>
typename IterHilf<Iter>::Abstandstyp
zaehlen(Iter start, Iter ende, const T& x) {
        typename IterHilf<Iter>::Abstandstyp n = 0;
        while (start != ende) {
                if (*start == x)
                        ++n;
                ++start;
        }
        return n;
}
```

Am Funktionsaufruf zaehlen(fi.start(), fi.ende(), 1) für ein Feldobjekt fi ändert sich dadurch nichts, und auch zaehlen(f, f + 8, 1) für ein Feld f arbeitet jetzt wie gewünscht.

Die in diesem Abschnitt vorgestellte Implementierungstechnik, bei der über eine parametrisierte Hilfsklasse und zusätzliche Spezialisierungen Typen bereitgestellt werden, wird von der Standardbibliothek des Öfteren eingesetzt. Die damit zu lösenden Probleme beschränken sich nicht auf so einfache Fälle wie die hier beschriebenen Zählfunktion, bei der man als Rückgabetyp genauso gut den größtmöglichen ganzzahligen Typ long einsetzen könnte.

2.14 Fehlerquellen

Zu Beginn unserer Betrachtungen stand der Aufruf von Elementfunktionen zum Suchen, wobei Programmierfehler bei der Benutzung nahezu ausgeschlossen sind, weil nur ein Argument zu übergeben ist und der Compiler eine Typprüfung vornimmt.

```
Feld<int> fi(10);
// ... fi mit Werten füllen
int i = fi.suchen(25);
```

Beim Aufruf des globalen Suchalgorithmus eröffnen sich dagegen gleich zwei Fehlerquellen, die beim Übersetzen vom Compiler nicht entdeckt werden. Man kann die Iteratoren für den Anfang und das Ende des Suchbereichs vertauschen: suchen(a.ende(), a.start(), 25), und man kann nicht zusammengehörende Iteratoren mischen: suchen(a.start(), b.ende(), 25), wobei a und b z. B. Objekte des Typs Feld<int> sind. Solche Fehler machen sich zur Laufzeit meist sehr drastisch durch Programmabstürze bemerkbar.

Es gibt auch Fehler, die vom Compiler zwar gemeldet werden, aber trotzdem nur mühsam zu lokalisieren sind, weil sich die Fehlermeldungen auf Zeilen in den Header-Dateien der Standardbibliothek beziehen. Beispielsweise führen die beiden folgenden Funktionsaufrufe (wobei a wieder ein Objekt des Typs Feld<int> ist) zu Übersetzungsfehlern:

```
suchen(a.start(), a.ende(), binden(Groesser<int>(), 50));
suchen_f(a.start(), a.ende(), 25);
```

Der erste Funktionsaufruf führt zu einer Meldung der Art *„Illegal structure operation"* in der Zeile

```
while (start != ende && *start != x) ++start;
```

der Funktion suchen, weil versucht wird, mit *start != x einen Wert des Typs int mit einem Funktionsobjekt x des Typs Groesser<int> zu vergleichen.

Der zweite Funktionsaufruf hat eine Fehlermeldung der Art *„Call of nonfunction"* zur Folge, die für die Zeile

```
while (start != ende && !f(*start)) ++start;
```

der Funktion suchen_f signalisiert wird. Hier wird probiert, für das Objekt f vom Typ int einen Funktionsaufruf zu tätigen.

Wenn der Compiler in solchen Fällen nicht mitteilt, in welcher Zeile des Programms sich der Funktionsaufruf befindet, der für den Fehler verantwortlich ist, kann man lediglich darauf schließen, dass nach einem Funktionsaufruf der Funktion suchen beziehungsweise suchen_f zu forschen ist, bei dem der Typ des dritten Arguments nicht passt.

Beim Entwurf von Elementfunktionen werden die spezifischen Eigenschaften der zugehörigen Klasse ausgenutzt, um eine möglichst große Effizienz zu erreichen. Der Benutzer der Klasse ruft einfach die zur Verfügung stehenden Elementfunktionen auf und erhält automatisch gute Ergebnisse. Im Gegensatz dazu kann ein allgemeiner Suchalgorithmus zwar für jeden Container eingesetzt werden, der einen geeigneten Iterator bereitstellt, aber Effizienz ist dadurch nicht garantiert. Beispielsweise kommt man in einem „geordneten binären Baum", in dem die verwalteten Elemente sortiert sind, mittels binärer Suche erheblich schneller zum Ziel als mit unserem Suchalgorithmus, der auf einer linearen Suche basiert (vgl. Aufgabe 9). Dies führt dann dazu, dass in der STL neben den allgemeinen Algorithmen auch spezielle Elementfunktionen existieren und der Benutzer für die richtige Wahl der Mittel verantwortlich ist, was wiederum ausgezeichnete Kenntnisse der Bibliothek voraussetzt. Deshalb weisen wir bei der Beschreibung von Algorithmen gegebenenfalls darauf hin, für welche Containerklassen effizientere Elementfunktionen existieren (siehe z. B. Seite 160).

2.15 Ist die STL objektorientiert?

Ein Kennzeichen objektorientierter Programmierung ist die Zusammenfassung von Daten und Funktionen. In C++ wird dies durch Klassen unterstützt, die Datenelemente und Elementfunktionen beinhalten. Das Prinzip der Datenkapselung wird verwirklicht, indem ein direkter Zugriff auf die Datenelemente einer Klasse dadurch verhindert wird, dass die Datenelemente als private deklariert werden. Ein Zugriff ist dann nur noch über die von den public Elementfunktionen gebildete Schnittstelle möglich.

Die Klassen der STL wie z. B. Container und Iteratoren erfüllen diese Designprinzipien, denn die internen Implementierungen der Klassen sind geschützt. Allerdings steckt der größte Teil der Funktionalität, die die STL stark macht, in den Algorithmen, die als globale Funktionen definiert sind. Die Vorteile dieses generischen Ansatzes haben wir in den vorangegangenen Abschnitten dieses Kapitels herausgestellt. Der größte Pluspunkt ist, dass ein Algorithmus so nicht für jede Containerklasse als eigene Elementfunktion zu implementieren ist, sondern nur einmal für alle Klassen. Objektorientiert im engeren Sinne ist dies jedoch nicht.

Ein weiteres Merkmal objektorientierter Programmierung ist Vererbung im Zusammenspiel mit Polymorphismus – in C++ durch virtuelle Elementfunktionen realisiert. Die STL verzichtet (wie wir in den folgenden Kapiteln noch sehen werden) völlig auf virtuelle Elementfunktionen. Stattdessen werden Anforderungen formuliert, die von den Komponenten der STL zu erfüllen sind. Virtuelle Funktionen sind aufgrund des *virtual-table-pointer*-Mechanismus mit einem gewissen Overhead beim Funktionsaufruf verbunden. Außerdem können sie in der Regel vom Compiler nicht inline umgesetzt werden, weil zur Übersetzungszeit im Allgemeinen nicht bekannt ist, welche Funktion aufzurufen ist. Durch den Verzicht auf virtuelle Elementfunktionen ist die STL deshalb besonders effizient. Als Basisklassen eignen sich die Klassen der STL so aber nicht. (Abgesehen von speziellen Basisklassen wie z. B. unary_function für die Bereitstellung von Typnamen.)

Der von der STL eingeschlagene Weg, bei dem zu erfüllende Anforderungen formuliert werden, basiert auf der Idee der *Ersetzbarkeit* (Substitution). Das zugrunde liegende Prinzip ist das gleiche wie bei der Vererbung, bei der ein Objekt einer public abgeleiteten Klasse überall dort einsetzbar ist, wo auch ein Objekt der Basisklasse eingesetzt werden kann, da beide über die Elementfunktionen der Basisklasse verfügen. Die Anweisungen, die beim Aufruf einer virtuellen Elementfunktion ausgeführt werden, hängen jedoch vom Typ des vorliegenden Objekts ab.

Im Gegensatz dazu sorgt die STL dadurch für Ersetzbarkeit von Objekten unterschiedlicher Klassen, dass die Klassen die gleichen Anforderungen zu erfüllen haben. Es wird also die Signatur von Elementfunktionen vorgegeben, aber die Funktionsrümpfe können sich unterscheiden. Im Folgenden wollen wir die beiden Ansätze anhand eines simplen Beispiels gegenüberstellen.

```
class B {
public:
    void f() { cout << "1\n"; }
    virtual void g() { cout << "2\n"; }
};

class A : public B {
public:

    void g() { cout << "3\n"; }
};
```

```
class X {
public:
    void f() { cout << "1\n"; }
    void g() { cout << "2\n"; }
};

class Y {
public:
    void f() { cout << "1\n"; }
    void g() { cout << "3\n"; }
};
```

Auf der linken Seite definieren die beiden Klassen A und B eine Vererbungsstruktur. Weil die Klasse A die Elementfunktion f von B erbt, muss sie die Funktion nicht wie Y neu definieren.

```
void algorithmus(B& r) {
    r.f();
    r.g();
}
```

```
template<class T>
void algorithmus(T r) {
    r.f();
    r.g();
}
```

Bei der Vererbungsstruktur muss ein Algorithmus nur für die Basisklasse definiert werden. Aufgrund der Standardkonversion einer abgeleiteten Klasse auf die Basisklasse ist die Funktion auch für Objekte abgeleiteter Klassen aufrufbar. Damit der virtuelle Funktionsaufruf wie gewünscht umgesetzt wird, ist als Parameter eine Referenz oder ein Zeiger zu verwenden.

Ohne Vererbungsstruktur wird dagegen für jede Klasse eine Funktion benötigt, so dass eine entsprechende Template-Funktion zu definieren ist. Unter Umständen vorteilhaft fällt dabei ins Gewicht, dass der Template-Mechanismus auch mit Kopien funktioniert, so dass als Parametertypen nicht nur T& und T* in Frage kommen, sondern auch T. Außerdem kann der Aufruf der Elementfunktion g vom Compiler problemlos inline umgesetzt werden, was für eine virtuelle Funktion im Allgemeinen nicht möglich ist.

```
B b;
A a;
algorithmus(b);
algorithmus(a);
```

```
X x;
Y y;
algorithmus(x);
algorithmus(y);
```

Wie man sieht, unterscheiden sich die beiden Ansätze bei der Benutzung nicht. Der dargestellte Sachverhalt lässt sich ohne Einschränkungen auf überladene Operatoren an Stelle der Elementfunktionen f und g übertragen.

Bemerkung: Die beim oben geschilderten Vergleich angesprochenen Performancenachteile virtueller Elementfunktionen im Vergleich zu inline Funktionen sollten keinesfalls überbewertet werden. Auch wenn die STL zum Teil einen anderen Weg einschlägt, bietet ein sauberes objektorientiertes Programmdesign viele Vorteile. Demgegenüber fallen potenzielle Performanceeinbußen meist nicht ins Gewicht. Denn nach der gängigen *„90:10-Regel“*, die besagt, dass 90 % der Programmlaufzeit von nur 10 % des Programmcodes verursacht werden, sollten sich Anstrengungen zur Optimierung des Laufzeitverhaltens lediglich auf die kritischen 10 % des Programmcodes konzentrieren. (Beim Vergleich eines objektorientierten Entwurfs mit einem herkömmlichen, funktionalen Entwurf darf darüber hinaus nicht vergessen werden, dass zur Realisierung der gleichen Funktionalität eine nicht objektorientierte Implementierung an den Stellen auf Typunterscheidungen angewiesen ist, an denen sonst virtuelle Funktionen aufgerufen werden.)

2.16 Einsatz der Standardbibliothek

Zum Abschluss der Einführung in die Konzeption der Standardbibliothek wollen wir die Verbindung zwischen unseren Beispielen und der Bibliothek herstellen. Die folgende Tabelle zeigt zu den von uns gewählten Namen die Bezeichner der Bibliothek.

Unser Beispiel	Bibliothek
Feld	vector
Liste	list
Iter	iterator
Const_Iter	const_iterator
Abstandstyp	difference_type
IterHilf	iterator_traits
start	begin
ende	end
suchen	find
suchen_f	find_if
zaehlen	count
Groesser	greater
Binder	binder2nd
binden	bind2nd

Das folgende Programm demonstriert vorab schon einmal den Einsatz einiger Elemente der Bibliothek. In den nachfolgenden Kapiteln werden wir noch detailliert auf sie eingehen.

Die mit dem Diskettensymbol 🖫 gekennzeichneten Programme können, wie im Vorwort beschrieben, von unserer Homepage zum Buch geladen werden. Nach dem Diskettensymbol sind der Pfad und der Dateiname des Programms angegeben. Der Pfad wird jeweils aus dem zugehörigen Kapitelnamen abgeleitet, und der Dateiname bezieht sich auf den Lerninhalt des Programms.

🖫 ***konzeption/stlbsp.cpp***

```
#include <iostream>
#include <algorithm>
#include <functional>
#include <vector>
using namespace std;

int main() {
   // vordefinierter Feldtyp, suchen mit find
   const int f[] = { 0, 1, 4, 9, 16, 25, 36, 49, 64, 81 };
   const int n = sizeof f / sizeof *f;
   const int* z = find(f, f + n, 25);
   if (z != f + n)
      cout << "25 in f gefunden\n";

   // Container vector, suchen mit find_if
   vector<int> v(f, f + n);    // v wird mit den Werten von f initialisiert
   vector<int>::iterator
      i = find_if(v.begin(), v.end(), bind2nd(greater<int>(), 50));
   if (i != v.end())
      cout << *i << " ist der erste Wert > 50" << endl;
}
```

2.17 Aufgaben

1. Welche Elementfunktionen müssen für eine benutzerdefinierte Klasse `X` implementiert sein, damit die zugehörigen Objekte mit `Feld` oder `Liste` verwaltet werden können und mit `suchen` oder `suchen_f` nach ihnen gesucht werden kann?

2. Unsere Suchfunktionen `suchen` und `suchen_f` benutzen Parameter der Typen `Iter` und `Funktion`. Wäre es vorteilhaft, stattdessen `const Iter&` und `const Funktion&` zu benutzen, um das Kopieren der Argumente zu vermeiden?

3. Entwickeln Sie analog zu `Const_Iter` für `Feld` eine Klasse `Const_Iter` für `Liste`. Sollten Konvertierungen von `Const_Iter` nach `Iter` und umgekehrt von `Iter` nach `Const_Iter` ermöglicht werden? Testen Sie Ihre Implementierung mit der folgenden Funktion:

```
bool vgl(Liste<int>::Iter i, Liste<int>::Const_Iter ci) {
    return i == ci && ci == i;
}
```

4. In die Liste soll eine Elementfunktion einfuegen aufgenommen werden, die als Parameter einen Iterator auf die Einfügeposition sowie das einzufügende Element erwartet. Welchen Typ sollte der Parameter für die Einfügeposition besitzen: Iter oder Const_Iter?

5. Da in der Regel alle Elemente eines Containers c durchsucht werden, könnte die Suchfunktion so formuliert werden, dass statt der beiden Iteratorargumente lediglich der Container übergeben wird. Der Aufruf würde dann z. B. in der Form i = suchen(c, 25) statt i = suchen(c.start(), c.ende(), 25) erfolgen, wobei i ein passendes Iteratorobjekt sein soll. Versuchen Sie die Funktion entsprechend zu definieren, und schreiben Sie ein kleines Testprogramm, in dem die Funktion aufgerufen wird.

6. Warum kann der Name suchen nicht für beide Suchfunktionen überladen werden, statt suchen und suchen_f zu benutzen?

7. Entwickeln Sie zur Funktion zaehlen eine Funktion zaehlen_f, die analog zu suchen_f mit Hilfe eines Funktionsobjekts zählt. Testen Sie Ihre Implementierung, indem Sie z. B. zählen lassen, wie viele Werte von fi größer als 25 sind.

8. Diskutieren Sie die Vor- und Nachteile von Funktionen und Funktionszeigern auf der einen Seite gegenüber Funktionsobjekten auf der anderen.

9. Entwerfen Sie eine Klasse BinBaum, die als geordneter binärer Baum zu implementieren ist. Definieren Sie einen passenden Iterator, so dass mit den Suchfunktionen in dem Baum gesucht werden kann. Könnte mit einer entsprechenden Elementfunktion schneller gesucht werden? Was bieten die Suchfunktionen gegenüber einer Elementfunktion?

3 Funktionsobjekte

Ein Funktionsobjekt ist ein Objekt, für das der Funktionsaufrufoperator operator() definiert ist. Somit sind Zeiger auf Funktionen und Objekte von Klassen, die operator() überladen, Funktionsobjekte. In diesem Zusammenhang werden Klassen, die operator() überladen, auch vereinfacht als „Funktionsobjekte" bezeichnet. Ein erstes Beispiel ist uns bereits in den Abschnitten 2.10 und 2.11 begegnet:

```
template<class T>
struct Groesser {
	bool operator()(const T& x, const T& y) const { return x > y; }
};
```

Elementare Funktionsobjekte dieser Art stellt auch die Standardbibliothek in der Header-Datei <functional> zur Verfügung. Dort heißt das entsprechende Funktionsobjekt greater und ist wie folgt definiert:

```
template<class T>
struct greater : public binary_function<T, T, bool> {
	bool operator()(const T& x, const T& y) const { return x > y; }
};
```

Wozu die Ableitung von binary_function dient, wird im nächsten Abschnitt geklärt.

3.1 Basisklassen für Funktionsobjekte

Die Standardbibliothek unterstützt ein- und zweistellige Funktionsobjekte. Bei einstelligen Funktionsobjekten erwartet der Funktionsaufrufoperator ein Argument und bei zweistelligen dementsprechend zwei Argumente. Beide Arten können einen Rückgabewert besitzen. Die allgemeinen Formen lauten somit:

- result_type operator()(argument_type) für einstellige und
- result_type operator()(first_argument_type, second_argument_type) für zweistellige Funktionsobjekte.

Einige Funktionen wie beispielsweise not1 und not2 (siehe Abschnitt 3.4) sowie andere Komponenten der Bibliothek benutzen die Typbezeichner result_type, argument_type, first_argument_type und second_argument_type. Deshalb müssen Funktionsobjekte entsprechende typedef-Deklarationen bereitstellen, damit keine Fehler bei der Programmübersetzung auftreten. Zur Vereinfachung der typedef-Deklarationen bietet die Standardbibliothek die Basisklassen unary_function für einstellige und binary_function für zweistellige Funktionsobjekte an.

```
template<class Arg, class Result>
struct unary_function {
	typedef Arg argument_type;
	typedef Result result_type;
};

template<class Arg1, class Arg2, class Result>
struct binary_function {
	typedef Arg1 first_argument_type;
	typedef Arg2 second_argument_type;
	typedef Result result_type;
};
```

Da greater ein zweistelliges Funktionsobjekt ist, wird es von binary_function abgeleitet.

```
template<class T>
struct greater : public binary_function<T, T, bool> {
	bool operator()(const T& x, const T& y) const { return x > y; }
};
```

Aufgrund der Ableitung stehen für greater nun die Typen first_argument_type, second_argument_type und result_type mit den Werten T, T und bool zur Verfügung.

Um Probleme mit „Referenzen auf Referenzen“ zu vermeiden, wird der Parametertyp const T& einfach als T an binary_function übergeben. Zeigertypen wie beispielsweise const T* werden indessen vollständig angegeben (siehe auch **mem_fun_t** auf Seite 49).

Auch selbst definierte Funktionsobjekte sind von unary_function beziehungsweise binary_function abzuleiten, damit Bibliotheksfunktionen wie beispielsweise not1 beziehungsweise not2 (siehe Abschnitt 3.4) mit ihnen arbeiten können. Ein Funktionsobjekt, das prüft, ob ein Wert innerhalb eines Bereichs liegt, kann folgendermaßen definiert werden:

```
template<class T>
class Bereich : public unary_function<T, bool> {
public:
	Bereich(const T& u, const T& o) : unten(u), oben(o) { }
	bool operator()(const T& x) const { return !(x < unten) && !(oben < x); }
private:
	const T unten, oben;
};
```

Bereich ist ein einstelliges Funktionsobjekt, weil operator() nur ein Argument erwartet. Wie üblich wird nur der operator< benutzt, anstatt die Bedingung beispielsweise in der Form unten <= x && x <= oben auszudrücken. Nach Ausführung des folgenden Programmfragments hat z den Wert f + 5.

```
int f[] = { 0, 1, 4, 9, 16, 25, 36, 49, 64, 81 };
int* z = find_if(f, f + 10, Bereich<int>(20, 30));
```

Der zum Suchen eingesetzte Algorithmus find_if entspricht unserem suchen_f von Seite 17.

3.2 Arithmetische, logische und Vergleichsoperationen

Für alle arithmetischen und logischen Operationen sowie sämtliche Vergleichsoperationen von C++ gibt es entsprechende Funktionsobjekte in der Standardbibliothek. Mit Hilfe des Standardkonstruktors können jeweils Objekte erzeugt werden, für die später operator() aufrufbar ist. Beim Aufruf ist für einstellige Funktionsobjekte ein Argument und für zweistellige sind zwei Argumente zu übergeben. Die folgende Tabelle listet in der ersten Spalte die Namen der Funktionsobjekte, in der zweiten die Anzahl der Argumente, in der dritten Spalte die ausgeführte Operation und in der vierten Spalte den Rückgabetyp auf.

Funktionsobjekt	Argumente	Operation	Rückgabetyp
plus	2	x + y	T
minus	2	x - y	T
multiplies[1]	2	x * y	T
divides	2	x / y	T
modulus	2	x % y	T
negate	1	- x	T
equal_to	2	x == y	bool
not_equal_to	2	x != y	bool
greater	2	x > y	bool
greater_equal	2	x >= y	bool
less	2	x < y	bool
less_equal	2	x <= y	bool
logical_and	2	x && y	bool
logical_or	2	x || y	bool
logical_not	1	! x	bool

Die in der Tabelle aufgeführten Funktionsobjekte sind Template-Klassen mit einem Typparameter. Bei zweistelligen Funktionsobjekten sind demnach beide

[1] multiplies hieß in früheren Versionen times.

Parameter vom selben Typ. Funktionsobjekte, die den Rückgabetyp bool besitzen, werden in Anlehnung an die Aussagen der Prädikatenlogik auch als *Prädikate* (engl. *predicate*) bezeichnet. Ihr Aufrufoperator sollte als const Elementfunktion definiert werden und somit den internen Zustand des Objekts nicht modifizieren.

Das Funktionsobjekt minus könnte z. B. wie folgt benutzt werden:

funktionsobjekte/minus.cpp

```
#include <functional>
using namespace std;

int main() {
   int x = 7, y = 3;
   minus<int> f;
   int diff = f(x, y);
   // oder ohne das Hilfsobjekt f
   diff = minus<int>()(x, y);
}
```

Dies wäre allerdings lediglich eine sehr umständliche Art, diff = x - y; auszudrücken. Ihre volle Kraft entfalten Funktionsobjekte erst im Zusammenhang mit Algorithmen; z. B. können zwei Felder mit einer einzigen Anweisung komponentenweise addiert und ausgegeben werden. (Der Algorithmus transform – siehe Abschnitt 9.3.6 – verknüpft hier über das Funktionsobjekt plus jedes Element des Feldes v mit jedem Element aus w. Das Ergebnis der Addition wird mit Hilfe des Iteratoradapters ostream_iterator – siehe Abschnitt 8.11.2 – auf cout ausgegeben.)

funktionsobjekte/plus.cpp

```
#include <iostream>
#include <algorithm>
#include <functional>
#include <iterator>
using namespace std;

int main() {
   const int v[3] = { 1, 2, 3 }, w[3] = { 6, 5, 4 };
   transform(v, v + 3, w, ostream_iterator<int>(cout, "  "), plus<int>());
}
```

Die Ausgabe des Programms ist:

```
7 7 7
```

Der Vollständigkeit halber geben wir im Folgenden die Definitionen der Funktionsobjekte für arithmetische, logische und Vergleichsoperationen an. (Im C++-Standard sind streng genommen nur die Klassendefinitionen ohne die Funktionsrümpfe für den operator() festgelegt. Aus der Spezifikation der Funktionsweise ergeben sich die Funktionsrümpfe aber ganz automatisch. Zur Unterscheidung von den festgeschriebenen Teilen setzen wir solche nicht standardisierten Implementierungsdetails kursiv.)

```
template<class T> struct plus : binary_function<T, T, T> {
    T operator()(const T& x, const T& y) const { return x + y; }
};

template<class T> struct minus : binary_function<T, T, T> {
    T operator()(const T& x, const T& y) const { return x - y; }
};

template<class T> struct multiplies : binary_function<T, T, T> {
    T operator()(const T& x, const T& y) const { return x * y; }
};

template<class T> struct divides : binary_function<T, T, T> {
    T operator()(const T& x, const T& y) const { return x / y; }
};

template<class T> struct modulus : binary_function<T, T, T> {
    T operator()(const T& x, const T& y) const { return x % y; }
};

template<class T> struct negate : unary_function<T, T> {
    T operator()(const T& x) const { return -x; }
};

template<class T> struct equal_to : binary_function<T, T, bool> {
    bool operator()(const T& x, const T& y) const { return x == y; }
};

template<class T> struct not_equal_to : binary_function<T, T, bool> {
    bool operator()(const T& x, const T& y) const { return x != y; }
};

template<class T> struct greater : binary_function<T, T, bool> {
    bool operator()(const T& x, const T& y) const { return x > y; }
};

template<class T> struct less : binary_function<T, T, bool> {
    bool operator()(const T& x, const T& y) const { return x < y; }
};

template<class T> struct greater_equal : binary_function<T, T, bool> {
    bool operator()(const T& x, const T& y) const { return x >= y; }
};

template<class T> struct less_equal : binary_function<T, T, bool> {
    bool operator()(const T& x, const T& y) const { return x <= y; }
};
```

```
template<class T> struct logical_and : binary_function<T, T, bool> {
	bool operator()(const T& x, const T& y) const { return x && y; }
};

template<class T> struct logical_or : binary_function<T, T, bool> {
	bool operator()(const T& x, const T& y) const { return x || y; }
};

template<class T> struct logical_not : unary_function<T, bool> {
	bool operator()(const T& x) const { return !x; }
};
```

Beispiele für den Einsatz der Funktionsobjekte finden sich im weiteren Text.

3.3 Projektionen

Mit Hilfe einer Projektion kann man aus einem zweistelligen Funktionsobjekt ein einstelliges machen, indem einer der beiden Operanden an einen festen Wert gebunden wird (siehe auch Seite 19). Um den ersten (linken) Operanden zu binden, wird binder1st benutzt und für den zweiten (rechten) binder2nd. Zur Vereinfachung des Aufrufs stehen die beiden Hilfsfunktionen bind1st und bind2nd zur Verfügung.

Im Jargon der C++-Standardbibliothek werden Funktionsobjekte, die andere Funktionsobjekte als Argument übernehmen und neue Funktionsobjekte daraus zusammensetzen, *Adapter* genannt. Die Kombination von bereits definierten Funktionsobjekten mit Hilfe von Adaptern macht häufig die Entwicklung neuer Funktionsobjekte überflüssig. So kommt die Standardbibliothek z. B. mit nur einem Satz zweistelliger Funktionsobjekte wie greater, less usw. aus, weil entsprechende einstellige Funktionsobjekte mit Hilfe der Adapter binder1st und binder2nd gebildet werden können.

3.3.1 binder1st

```
template<class Operation>
class binder1st
	: public unary_function<typename Operation::second_argument_type,
		typename Operation::result_type> {
public:
	binder1st(const Operation& o,
		const typename Operation::first_argument_type& v)
			: op(o), value(v) { }
	typename Operation::result_type operator()
		(const typename Operation::second_argument_type& x) const
			{ return op(value, x); }
protected:
	Operation op;
```

```
        typename Operation::first_argument_type value;
};
```

Der Konstruktor initialisiert op mit o und value mit v. Der Funktionsaufrufoperator liefert op(value, x). Die zugehörige Hilfsfunktion ist bind1st.

3.3.2 bind1st

```
template<class Operation, class T> inline
binder1st<Operation>
bind1st(const Operation& op, const T& x)
        { return binder1st<Operation>(op, static_cast<typename
Operation::first_argument_type>(x)); }
```

bind1st liefert binder1st<Operation>(op, static_cast<typename Operation ::first_argument_type>(x)). Durch die explizite Konversion von T nach Operation ::first_argument_type werden Aufrufe auch für Typen möglich, die implizit nicht konvertiert werden können, was beispielsweise der Fall ist, wenn der dazu benötigte Konstruktor wie bei unserer Feldklasse (vgl. Seite 7) als explicit deklariert ist, z. B.:

```
template<class T>
class Feld {
public:
        explicit Feld(int groesse = 0) : n(groesse), t(new T[groesse]) { }
        friend bool operator>(const Feld<T>& x, const Feld<T>& y) { return x.n > y.n; }
        // ...
private:
        int n;
        T* t;
};
```

Mit dem folgenden Programmfragment kann nun in f nach dem ersten Feldobjekt gesucht werden, das mehr als 100 Elemente besitzt, wobei eine Konversion des int-Werts 100 nach Feld<int> vorgenommen wird.

```
Feld<int> f[] = { Feld<int>(10), Feld<int>(100), Feld<int>(1000), Feld<int>(10000) };
Feld<int>* z = find_if(f, f + 4, bind2nd(greater<Feld<int> >(), 100));
```

Ob dieses verdeckte „Aushebeln“ von explicit sinnvoll ist, hängt vom Einsatzzweck ab. Deutlicher kann der gleiche Effekt wie folgt erzielt werden:

```
Feld<int>* z = find_if(f, f + 4, bind2nd(greater<Feld<int> >(), Feld<int>(100)));
```

3.3.3 binder2nd

```
template<class Operation>
class binder2nd
        : public unary_function<typename Operation::first_argument_type,
                typename Operation::result_type> {
```

```
public:
    binder2nd(const Operation& o,
        const typename Operation::second_argument_type& v)
            : op(o), value(v) { }
    typename Operation::result_type operator()
        (const typename Operation::first_argument_type& x) const
            { return op(x, value); }
protected:
    Operation op;
    typename Operation::second_argument_type value;
};
```

Der Konstruktor initialisiert op mit o und value mit v. Der Funktionsaufrufoperator liefert op(x, value). Verglichen mit dem Aufruf von op in binder1st sind die Argumente x und value vertauscht. Die zugehörige Hilfsfunktion ist bind2nd.

3.3.4 bind2nd

```
template<class Operation, class T> inline
binder2nd<Operation>
bind2nd(const Operation& op, const T& x)
    { return binder2nd<Operation>(op, static_cast<typename
Operation::second_argument_type>(x)); }
```

bind2nd liefert binder2nd<Operation>(op, static_cast<typename Operation ::second_argument_type>(x)). Die oben gemachten Anmerkungen zu bind1st (siehe Abschnitt 3.3.2) gelten entsprechend auch für bind2nd.

3.3.5 Beispiel

Wie das folgende Programm demonstriert, macht es bei einem Funktionsobjekt wie less einen Unterschied, ob der erste (50 < x) oder zweite (x < 50) Operand an denselben Wert gebunden wird. Bei plus ist es dagegen gleichgültig, ob 1 + x oder x + 1 berechnet wird. Ist ein Operator kommutativ, liefern bind1st und bind2nd dasselbe Resultat.

funktionsobjekte/binder.cpp

```
#include <iostream>
#include <algorithm>
#include <functional>
#include <iterator>
using namespace std;

int main() {
  int f[] = { 0, 1, 4, 9, 16, 25, 36, 49, 64, 81 };
  const int n = sizeof f / sizeof *f;
  int* z = find_if(f, f + n, bind2nd(greater<int>(), 50));
  if (z != f + n)
    cout << *z << " ist der erste Wert größer 50" << endl;
```

```
    z = find_if(f, f + n, bind1st(greater<int>(), 50));
    if (z != f + n)
        cout << *z << " ist der erste Wert kleiner 50" << endl;
    transform(f, f + n, ostream_iterator<int>(cout, " "),
        bind1st(plus<int>(), 1));
    cout << '\n';
    transform(f, f + n, ostream_iterator<int>(cout, " "),
        bind2nd(plus<int>(), 1));
}
```

Die Ausgabe des Programms ist:

```
64 ist der erste Wert größer 50
0 ist der erste Wert kleiner 50
1  2  5  10  17  26  37  50  65  82
1  2  5  10  17  26  37  50  65  82
```

3.4 Negativierer

Als Beispielproblem für Negativierer wollen wir in einem Feld f mit Komponenten des Typs int die erste ungerade beziehungsweise gerade Zahl finden. Für eine ungerade Zahl x ergibt x % 2 den Wert 1, was nach Konversion in den Typ bool den Wert true liefert.

```
int f[] = { 0, 1, 4, 9, 16, 25, 36, 49, 64, 81 };
const int n = sizeof f / sizeof *f;
int* z = find_if(f, f + n, bind2nd(modulus<int>(), 2));
```

Um auf ähnliche Weise die erste gerade Zahl zu finden, muss das Ergebnis des Funktionsobjekts bind2nd(modulus<int>(), 2) negiert werden. Diesem Zweck dient das Funktionsobjekt unary_negate.

3.4.1 unary_negate

```
template<class Predicate>
class unary_negate
        : public unary_function<typename Predicate::argument_type, bool> {
public:
        explicit unary_negate(const Predicate& pred) : p(pred) { }
        bool operator()(const typename Predicate::argument_type& x) const
                { return !p(x); }
protected:
        Predicate p;
};
```

Zur Lösung der gestellten Aufgabe können wir damit schreiben:

```
find_if(f, f + n, unary_negate<binder2nd<modulus<int> > >
    (bind2nd(modulus<int>(), 2)))
```

Dabei ist insbesondere die Herleitung des Template-Typs schwierig. Wir können die Herleitung jedoch dem Compiler überlassen, indem wir die Hilfsfunktion not1 verwenden.

3.4.2 not1

```
template<class Predicate> inline
unary_negate<Predicate>
not1(const Predicate& pred)
    { return unary_negate<Predicate>(pred); }
```

Hier ermittelt der Compiler den Typ Predicate des Arguments pred selbstständig. Der Aufruf vereinfacht sich damit zu:

```
find_if(f, f + n, not1(bind2nd(modulus<int>(), 2)))
```

unary_negate und not1 sind für einstellige Funktionsobjekte gedacht. Für zweistellige gibt es binary_negate und not2.

3.4.3 binary_negate

```
template<class Predicate>
class binary_negate
    : public binary_function<typename Predicate::first_argument_type,
        typename Predicate::second_argument_type, bool> {
public:
    explicit binary_negate(const Predicate& pred) : p(pred) { }
    bool operator()(const typename Predicate::first_argument_type& x,
        const typename Predicate::second_argument_type& y) const
            { return !p(x, y); }
protected:
    Predicate p;
};
```

operator() liefert hier mit den Parameternamen aus der Klassendefinition !pred(x, y).

3.4.4 not2

```
template<class Predicate> inline
binary_negate<Predicate>
not2(const Predicate& pred)
    { return binary_negate<Predicate>(pred); }
```

not2 erzeugt binary_negate<Predicate>(pred).

3.5 Adapter für Funktionszeiger

Zur Motivation von Adaptern für Funktionszeiger wollen wir aus einem Feld p mit acht Werten des Typs unsigned int die Primzahlen heraussuchen.

```
const unsigned int p[] = { 101, 103, 107, 109, 111, 113, 117, 119 };
```

Eine Primzahl lässt sich ohne Rest nur durch 1 und sich selbst teilen. Um festzustellen, ob eine Zahl eine Primzahl ist, definieren wir die Funktion istPrimzahl.

```
bool istPrimzahl(unsigned int z) {
    const unsigned int stop = sqrt(static_cast<double>(z));
    for (unsigned int i = 2; i <= stop; ++i)
        if (z % i == 0) return false;
    return true;
}
```

Mit dem Algorithmus remove_copy_if (siehe Abschnitt 9.3.11) werden alle Objekte kopiert, die ein Prädikat nicht erfüllen. Der Aufruf

```
remove_copy_if(p, p + 8, ostream_iterator<unsigned int>(cout, "  "), istPrimzahl);
```

liefert daher die Ausgabe 111 117 119. Wir müssen das Ergebnis des Prädikats demnach negieren, um die Primzahlen zu erhalten. Der Versuch, not1(istPrimzahl) statt istPrimzahl einzusetzen, scheitert, weil istPrimzahl eine Funktion ist und deshalb der von unary_negate benutzte Typ argument_type nicht zur Verfügung steht (siehe Seite 41). Benötigt wird infolgedessen ein Funktionsobjekt, das von unary_function abgeleitet ist.

```
struct IstPrimzahl : public unary_function<unsigned int, bool> {
    bool operator()(unsigned int i) const { return istPrimzahl(i); }
};
```

Der Aufruf zur Ausgabe der Primzahlen lautet damit:

```
remove_copy_if(p, p + 8, ostream_iterator<unsigned int>(cout, "  "),
    not1(IstPrimzahl()));
```

Die Ausgabe ist 101 103 107 109 113.

In allen derartigen Fällen, in denen eine Funktion vorhanden ist, aber ein Funktionsobjekt mit den üblichen Typdefinitionen benötigt wird, wäre ein geeignetes Funktionsobjekt neu zu definieren. In der Standardbibliothek gibt es deshalb Adapter für Funktionszeiger, die Zeigern auf ein- beziehungsweise zweistellige Funktionen die Zusammenarbeit mit Bibliotheksfunktionen wie beispielsweise not1 erlauben.

3.5.1 pointer_to_unary_function

```
template<class Arg, class Result>
class pointer_to_unary_function : public unary_function<Arg, Result> {
public:
    explicit pointer_to_unary_function(Result (*f)(Arg)) : func(f) { }
    Result operator()(Arg x) const { return func(x); }
protected:
    Result (*func)(Arg);
};
```

In unserem Beispiel wird das Funktionsobjekt IstPrimzahl damit nicht mehr benötigt und der Aufruf wird zu:

```
remove_copy_if(p, p + 8, ostream_iterator<unsigned int>(cout, "  "),
    not1(pointer_to_unary_function<unsigned int, bool>(istPrimzahl)));
```

Die Template-Argumente können automatisch anhand des Funktionstyps vom Compiler ermittelt werden. Die zugehörige Hilfsfunktion heißt ptr_fun.

3.5.2 ptr_fun für einstellige Funktionen

```
template<class Arg, class Result> inline
pointer_to_unary_function<Arg, Result>
ptr_fun(Result (*f)(Arg))
    { return pointer_to_unary_function<Arg, Result>(f); }
```

Unser Aufruf vereinfacht sich dadurch zu:

```
remove_copy_if(p, p + 8, ostream_iterator<unsigned int>(cout, "  "),
    not1(ptr_fun(istPrimzahl)));
```

Auch für zweistellige Funktionen ist gesorgt.

3.5.3 pointer_to_binary_function

```
template<class Arg1, class Arg2, class Result>
class pointer_to_binary_function
    : public binary_function<Arg1, Arg2, Result> {
public:
    explicit pointer_to_binary_function(Result (*f)(Arg1, Arg2)) : func(f) { }
    Result operator()(Arg1 x, Arg2 y) const { return func(x, y); }
protected:
    Result (*func)(Arg1, Arg2);
};
```

Der operator() der Klasse pointer_to_binary_function liefert mit den Parameternamen der Klassendefinition f(x, y). Die zugehörige Hilfsfunktion heißt ebenfalls ptr_fun, besitzt aber einen anderen Argumenttyp.

3.5.4 ptr_fun für zweistellige Funktionen

```
template<class Arg1, class Arg2, class Result> inline
pointer_to_binary_function<Arg1, Arg2, Result>
ptr_fun(Result (*f)(Arg1, Arg2))
	{ return pointer_to_binary_function<Arg1, Arg2, Result>(f); }
```

Das folgende Programmfragment benutzt die Funktion pow aus der Header-Datei <cmath> (früher <math.h>), um für jede Komponente x des Feldes f zuerst pow(x, 2) und dann pow(2, x) zu berechnen. Die Ausgabe ist 1 4 9 und 2 4 8.

```
const int f[] = { 1, 2, 3 };
double (*p)(double, double) = pow;
transform(f, f + 3, ostream_iterator<double>(cout, " "), bind2nd(ptr_fun(p), 2));
transform(f, f + 3, ostream_iterator<double>(cout, " "), bind1st(ptr_fun(p), 2));
```

Mit Hilfe des Zeigers p wird eine der überladenen Funktionen pow ausgewählt. Eine andere Möglichkeit ist die Benutzung von pointer_to_binary_function<double, double, double>(pow) statt ptr_fun(p).

Ähnlich zu den Adaptern für gewöhnliche Funktionszeiger gibt es auch Adapter für Zeiger auf Elementfunktionen, die im nächsten Abschnitt vorgestellt werden.

3.6 Adapter für Zeiger auf Elementfunktionen

Wozu Adapter für Zeiger auf Elementfunktionen gut sind, wird verständlich, wenn man sieht, wie umständlich es ist, ohne sie auszukommen. Als Beispiel definieren wir eine Klasse X, die ein Datenelement z besitzt, das der Konstruktor initialisiert. Anhand der Elementfunktion g soll ein typischer Funktionsaufruf demonstriert werden.

```
class X {
public:
	explicit X(float zz) : z(zz) { }
	void g() const { cout << "X::g " << z << endl; }
private:
	const float z;
};
```

Als Nächstes legen wir ein Feld w mit fünf X-Objekten an.

```
const X w[] = { X(1.1F), X(2.2F), X(3.3F), X(4.4F), X(5.5F) };
```

Nun soll für jedes Objekt die Elementfunktion g aufgerufen werden. Dazu möchten wir den Algorithmus for_each benutzen (siehe Abschnitt 9.2.1), der ein Funktionsobjekt verlangt. Als Funktionsobjekt übergeben wir die Hilfsfunktion call_g, die die Elementfunktion g für ein X-Objekt aufruft.

```
inline void call_g(const X& x) { x.g(); }
```

Der Aufruf lautet damit:

```
for_each(w, w + 5, call_g);
```

Es ist jedoch lästig, für jede derart aufzurufende Elementfunktion eine Hilfsfunktion zu schreiben. Deshalb entwickeln wir eine geeignete Template-Klasse EltFkt.

```
template<class T>
class EltFkt : public unary_function<T, void> {
public:
	explicit EltFkt(void (T::*z)() const) : ef(z) { }
	void operator()(const T& r) const { (r.*ef)(); }
private:
	void (T::* const ef)() const;
};
```

Bei EltFkt handelt es sich um ein einstelliges Funktionsobjekt, dessen Aufrufoperator für den Parameter r die const Elementfunktion z, die vom Konstruktor im Datenelement ef gespeichert wird, aufruft. Die Benutzung gestaltet sich wie folgt:

```
for_each(w, w + 5, EltFkt<X>(&X::g));
```

Um den Einsatz etwas zu vereinfachen, schreiben wir eine Hilfsfunktion eltfkt, die die Ermittlung des Template-Arguments dem Compiler überlässt.

```
template<class T> inline
EltFkt<T> eltfkt(void (T::*z)() const) { return EltFkt<T>(z); }
```

Damit resultiert ein kompakter Aufruf:

```
for_each(w, w + 5, eltfkt(&X::g));
```

Die Standardbibliothek stellt ähnlich zu unserer Klasse EltFkt eine Klasse const_mem_fun_ref_t und analog zu unserer Hilfsfunktion eltfkt die Funktion mem_fun_ref zur Verfügung. Darüber hinaus gibt es Varianten für Zeiger, ein Argument und nicht const Elementfunktionen. Die folgende Tabelle enthält die jeweiligen Klassennamen und in der erste Spalte die Namen der zugehörigen Hilfsfunktionen.[1]

[1] Bei älteren Implementierungen fehlen die vier const-Versionen und die Hilfsfunktionen sind nicht überladen, stattdessen werden mem_fun1 und mem_fun1_ref für Versionen mit einem Argument zur Verfügung gestellt.

	const	ohne Argument	mit Argument
Zeiger	nein	mem_fun_t	mem_fun1_t
mem_fun	ja	const_mem_fun_t	const_mem_fun1_t
Referenz	nein	mem_fun_ref_t	mem_fun1_ref_t
mem_fun_ref	ja	const_mem_fun_ref_t	const_mem_fun1_ref_t

Elementfunktionen mit mehr als einem Argument werden nicht bereitgestellt, weil kein Algorithmus der Standardbibliothek mit Funktionen arbeitet, die mehr als zwei Argumente besitzen. Eines dieser beiden Argumente ist aber für die Referenz beziehungsweise den Zeiger auf das Objekt, für das die Elementfunktion aufgerufen werden soll, reserviert.

3.6.1 mem_fun_ref_t und const_mem_fun_ref_t

Wie die Klassendefinition zeigt, wird im Gegensatz zu unserer Implementierung ein Rückgabetyp ungleich void erwartet (siehe auch Aufgabe 3).

```
template<class S, class T>
class mem_fun_ref_t
	: public unary_function<T, S> {
public:
	explicit mem_fun_ref_t(S (T::*mf)()) : func(mf) { }
	S operator()(T& r) const { return (r.*func)(); }
protected:
	S (T::*func)();
};

template<class S, class T>
class const_mem_fun_ref_t
	: public unary_function<T, S> {
public:
	explicit const_mem_fun_ref_t(S (T::*mf)() const) : func(mf) { }
	S operator()(const T& r) const { return (r.*func)(); }
protected:
	S (T::*func)() const;
};
```

Der Aufrufoperator von mem_fun_ref_t beziehungsweise const_mem_fun_ref_t ruft die Elementfunktion, mit der das Funktionsobjekt initialisiert wurde, für ein Referenzargument r auf. Die zugehörigen Hilfsfunktionen heißen mem_fun_ref.

3.6.2 mem_fun_ref für Elementfunktionen ohne Argument

```
template<class S, class T> inline
mem_fun_ref_t<S, T>
```

```
mem_fun_ref(S (T::*mf)())
        { return mem_fun_ref_t<S, T>(mf); }

template<class S, class T> inline
const_mem_fun_ref_t<S, T>
mem_fun_ref(S (T::*mf)() const)
        { return const_mem_fun_ref_t<S, T>(mf); }
```

mem_fun_ref(&X::f) gibt ein Funktionsobjekt zurück, mit dem X::f für eine Referenz auf ein X-Objekt beziehungsweise const X-Objekt aufgerufen werden kann. Unsere Klasse X ist für den Einsatz von mem_fun_ref um eine Elementfunktion f zu erweitern, die einen anderen Rückgabetyp als void aufweist.

```
inline int X::f() const {    // zusätzlich innerhalb der Klasse X deklarieren
        cout << z << ", ";
        return 0;
}
```

Der Aufruf sieht damit wie folgt aus:

```
for_each(w, w + 5, mem_fun_ref(&X::f));
```

Die Ausgabe ist: 1.1, 2.2, 3.3, 4.4, 5.5,

3.6.3 mem_fun1_ref_t und const_mem_fun1_ref_t

Soll beim Aufruf der Elementfunktion ein Argument übergeben werden, ist statt mem_fun_ref_t die Klasse mem_fun1_ref_t beziehungsweise für const Elementfunktionen statt const_mem_fun_ref_t die Klasse const_mem_fun1_ref_t zu verwenden.

```
template<class S, class T, class A>
class mem_fun1_ref_t : public binary_function<T, A, S> {
public:
        explicit mem_fun1_ref_t(S (T::*mf)(A)) : func(mf) { }
        S operator()(T& r, A x) const { return (r.*func)(x); }
protected:
        S (T::*func)(A);
};

template<class S, class T, class A>
class const_mem_fun1_ref_t : public binary_function<T, A, S> {
public:
        explicit const_mem_fun1_ref_t(S (T::*mf)(A) const) : func(mf) { }
        S operator()(const T& r, A x) const { return (r.*func)(x); }
protected:
        S (T::*func)(A) const;
};
```

Der Aufrufoperator von mem_fun1_ref_t beziehungsweise const_mem_fun1_ref_t ruft die Elementfunktion, mit der das Objekt initialisiert wurde, für eine Referenz auf, wobei zusätzlich ein Argument übergeben wird. Die zugehörigen Hilfsfunktionen heißen wieder mem_fun_ref.

3.6.4 mem_fun_ref für Elementfunktionen mit Argument

```
template<class S, class T, class A> inline
mem_fun1_ref_t<S, T, A>
mem_fun_ref(S (T::*mf)(A))
    { return mem_fun1_ref_t<S, T, A>(mf); }

template<class S, class T, class A> inline
const_mem_fun1_ref_t<S, T, A>
mem_fun_ref(S (T::*mf)(A) const)
    { return const_mem_fun1_ref_t<S, T, A>(mf); }
```

mem_fun_ref(&X::f) gibt ein Funktionsobjekt zurück, mit dem X::f für eine Referenz auf ein X-Objekt beziehungsweise const X-Objekt aufgerufen werden kann, wobei ein Argument übergeben wird. Wir ergänzen unsere Klasse X zur Demonstration um eine Elementfunktion f1, die ein Argument erwartet.

```
inline double X::f1(int i) const { return z + i; }
```

Für die Argumente definieren wir ein Feld a, womit ein Aufruf des Algorithmus transform (siehe Abschnitt 9.3.6) in der folgenden Art möglich ist:

```
const int a[] = { 1, 2, 3, 4, 5 };
transform(w, w + 5, a, ostream_iterator<double>(cout, ", "), mem_fun_ref(&X::f1));
```

Es wird die Ausgabe 2.1, 4.2, 6.3, 8.4, 10.5, erzeugt.

Ähnlich zur Gruppe „mem_fun_ref“ gibt es eine Gruppe „mem_fun“, in der statt einer Referenz jeweils ein Zeiger für den Aufruf der Elementfunktion verwendet wird.

3.6.5 mem_fun_t und const_mem_fun_t

```
template<class S, class T>
class mem_fun_t : public unary_function<T*, S> {
public:
    explicit mem_fun_t(S (T::*mf)()) : func(mf) { }
    S operator()(T* p) const { return (p->*func)(); }
protected:
    S (T::*func)();
};

template<class S, class T>
class const_mem_fun_t : public unary_function<T*, S> {
public:
    explicit const_mem_fun_t(S (T::*mf)() const) : func(mf) { }
    S operator()(const T* p) const { return (p->*func)(); }
```

```
protected:
        S (T::*func)() const;
};
```

Der Aufrufoperator von mem_fun_t beziehungsweise const_mem_fun_t ruft die Elementfunktion, mit der das Funktionsobjekt initialisiert wurde, für ein Zeigerargument auf. Die zugehörigen Hilfsfunktionen heißen mem_fun.

3.6.6 mem_fun für Elementfunktionen ohne Argument

```
template<class S, class T> inline
mem_fun_t<S, T>
mem_fun(S (T::*mf)())
        { return mem_fun_t<S, T>(mf); }

template<class S, class T> inline
const_mem_fun_t<S, T>
mem_fun(S (T::*mf)() const)
        { return const_mem_fun_t<S, T>(mf); }
```

mem_fun(&X::f) gibt ein Funktionsobjekt zurück, mit dem X::f für einen Zeiger auf ein X-Objekt beziehungsweise const X-Objekt aufgerufen werden kann. Für den Einsatz in unserem Beispiel (analog zu 3.6.2) ist ein Feld von Zeigern geeignet.

```
const X* v[] = { new X(1.9F), new X(2.9F), new X(3.9F), new X(4.9F) };
for_each(v, v + 4, mem_fun(&X::f));
```

3.6.7 mem_fun1_t und const_mem_fun1_t

Soll beim Aufruf der Elementfunktion über einen Zeiger ein Argument übergeben werden, ist statt mem_fun_t die Klasse mem_fun1_t beziehungsweise für const Elementfunktionen statt const_mem_fun_t die Klasse const_mem_fun1_t einzusetzen.

```
template<class S, class T, class A>
class mem_fun1_t : public binary_function<T*, A, S> {
public:
        explicit mem_fun1_t(S (T::*mf)(A)) : func(mf) { }
        S operator()(T* p, A x) const { return (p->*func)(x); }
protected:
        S (T::*func)(A);
};

template<class S, class T, class A>
class const_mem_fun1_t : public binary_function<T*, A, S> {
public:
        explicit const_mem_fun1_t(S (T::*mf)(A) const) : func(mf) { }
        S operator()(const T* p, A x) const { return (p->*func)(x); }
protected:
```

```
        S (T::*func)(A) const;
};
```

Der Aufrufoperator von mem_fun1_t beziehungsweise const_mem_fun1_t ruft die Elementfunktion, mit der das Objekt initialisiert wurde, für einen Zeiger auf, wobei zusätzlich ein Argument übergeben wird. Die zugehörigen Hilfsfunktionen heißen wieder mem_fun.

3.6.8 mem_fun für Elementfunktionen mit Argument

```
template<class S, class T, class A> inline
mem_fun1_t<S, T, A>
mem_fun(S (T::*mf)(A))
        { return mem_fun1_t<S, T, A>(mf); }

template<class S, class T, class A> inline
const_mem_fun1_t<S, T, A>
mem_fun(S (T::*mf)(A) const)
        { return const_mem_fun1_t<S, T, A>(mf); }
```

mem_fun(&X::f) gibt ein Funktionsobjekt zurück, mit dem X::f für einen Zeiger auf ein X-Objekt beziehungsweise const X-Objekt aufgerufen werden kann, wobei ein Argument übergeben wird. Für unser Beispiel lautet der Aufruf (analog zu Abschnitt 3.6.4):

```
transform(v, v + 4, a, ostream_iterator<double>(cout, ", "), mem_fun(&X::f1));
```

3.7 Funktionen zusammensetzen

Als komplexeres Beispiel für ein selbst definiertes Funktionsobjekt wollen wir hier ein Funktionsobjekt unary_compose vorstellen, mit dem zwei Funktionsobjekte zusammengesetzt werden können. Damit können dann z. B. alle Werte eines Feldes gezählt werden, die geteilt durch 3 den Rest 2 ergeben.

```
template<class Operation1, class Operation2>
class unary_compose
        : public unary_function<typename Operation2::argument_type,
                typename Operation1::result_type> {
public:
        unary_compose(Operation1 o1, Operation2 o2)
                : op1(o1), op2(o2) { }
        typename Operation1::result_type operator()
                (const typename Operation2::argument_type& x) const
                        { return op1(op2(x)); }
private:
        Operation1 op1;
        Operation2 op2;
};
```

Operation2::result_type muss in Operation1::argument_type konvertierbar sein. Die zugehörige Hilfsfunktion nennen wir compose.

```
template<class Operation1, class Operation2> inline
unary_compose<Operation1, Operation2>
compose(Operation1 o1, Operation2 o2)
    { return unary_compose<Operation1, Operation2>(o1, o2); }
```

Der Aufruf für ein Feld f lautet damit:

```
const int f[] = { 4, 5, 6, 7, 8 };
const int n = count_if(f, f + 5, compose(bind2nd(equal_to<int>(), 2),
    bind2nd(modulus<int>(), 3)));
cout << n << endl;
```

Für jeden Wert x des Feldes wird (x % 3) == 2 berechnet. Alle x, für die das Ergebnis true ist, werden gezählt, und die Ausgabe ist 2.

Wie dieses Beispiel zeigt, sind mit compose gebildete Konstrukte recht komplex und dadurch nicht auf den ersten Blick verständlich, so dass die Definition eines geeigneten Funktionsobjekts Rest die Lesbarkeit des Programmcodes verbessert.

```
template<class T>
class Rest : public unary_function<T, bool> {
public:
    Rest(T divisor, T rest) : d(divisor), r(rest) { }
    bool operator()(T x) const { return (x % d) == r; }
private:
    const T d, r;
};
```

Der Aufruf vereinfacht sich damit zu count_if(f, f + 5, Rest<int>(3, 2)).

3.8 Aufgaben

1. Warum gibt es für Negativierer zwei Hilfsfunktionen (not1 und not2), aber für Funktionszeiger nur eine (ptr_fun)?

2. Weshalb gibt das folgende Programmfragment Lothar statt Rudi aus? Welches Problem könnte im Zusammenhang mit der C-Funktion strcmp auftreten?

```
const char* s[] = { "Lothar", "Rudi", "Oliver", "Dieter" };
const char** z = find_if(s, s + 4, bind2nd(ptr_fun(strcmp), "Rudi"));
if (z != s + 4) cout << *z << endl;
```

3. Warum scheitert der Versuch, den Rückgabetyp void z. B. in der Form mem_fun_ref_t<void, X>(&X::f) für eine Elementfunktion void X::f() zu benutzen?

4. Erklären Sie anhand eines Beispiels, wie mittels Adaptern auf Funktionszeiger Codeduplizierung vermieden werden kann.

5. Welche Vor- und Nachteile sind mit der Deklaration von Datenelementen wie EltFkt::ef als const verbunden (siehe Seite 46)?

6. Definieren Sie ein Funktionsobjekt, mit dem in einem Feld mit Jahreszahlen die Schaltjahre gezählt werden können.

7. Warum definieren Basisklassen der Art unary_function und binary_function keinen virtuellen Destruktor?

8. Mit der letzten Anweisung des folgenden Programms wird versucht, das Gehalt aller Angestellten um 100 EUR zu erhöhen. Welches Problem innerhalb der Klasse binder2nd offenbart sich dabei? Wie könnte die Klasse binder2nd geändert werden, um das Problem zu beheben?

funktionsobjekte/fehler/gehaltserhoehung.cpp

```
#include <functional>
#include <algorithm>
using namespace std;

class Angestellter {
public:
	explicit Angestellter(double g) : gehalt(g) { }
	double erhoeheGehalt(double x) { return gehalt += x; }
private:
	double gehalt;
};

int main() {
	Angestellter* angestellte[] =
		{ new Angestellter(2000), new Angestellter(3000) };
	const int n = sizeof angestellte / sizeof *angestellte;
	for_each(angestellte, angestellte + n,
		bind2nd(mem_fun(&Angestellter::erhoeheGehalt), 100));
}
```

4 Hilfsmittel

In diesem Kapitel werden mit den parametrisierten Vergleichsoperatoren und der Klasse pair einige grundlegende Komponenten der Standardbibliothek vorgestellt, die von anderen Bibliothekskomponenten benutzt werden.

4.1 Vergleichsoperatoren

Um redundante Definitionen für Vergleichsoperatoren zu vermeiden, stellt die Standardbibliothek in der Header-Datei <utility> vier Template-Funktionen zur Verfügung: operator!= basiert auf operator==, und die Operatoren >, >= und <= werden gestützt auf operator< definiert.

```
template<class T> inline bool operator!=(const T& x, const T& y)
        { return !(x == y); }
```

Damit die Funktion wie gewünscht arbeitet, muss der Typ T *equality-comparable* sein (siehe Seite 3). Die drei folgenden Funktionen werden mit Hilfe von operator< ausgedrückt.

```
template<class T> inline bool operator>(const T& x, const T& y)
        { return y < x; }

template<class T> inline bool operator<=(const T& x, const T& y)
        { return !(y < x); }

template<class T> inline bool operator>=(const T& x, const T& y)
        { return !(x < y); }
```

Für eine korrekte Funktionsweise muss der Typ T *less-than-comparable* sein (siehe Seite 3).

Die vier vorgestellten Funktionen sind in den Namensbereich std::rel_ops eingebettet, damit von Fall zu Fall über den Einsatz entschieden werden kann. Es treten sogar dann keine Kollisionen mit Definitionen im globalen Namensraum auf, wenn using namespace std; benutzt wird. Für selbst definierte Klassen stehen sie zur Verfügung, wenn z. B. eine entsprechende using-Direktive angegeben wird. Es ist dann – wie im folgenden Beispiel – ausreichend, nur operator== und operator< selbst zu definieren.

```
#include <utility>

class X {
public:
        bool operator==(const X& x) const;
```

```
        bool operator<(const X& x) const;
        // ...
};

bool mit(const X& a, const X& b) {
        using namespace std::rel_ops;
        return a > b;
}

bool ohne(const X& a, const X& b) {
        return a != b;    // Fehler
}
```

Es ist auch möglich, exakt anzugeben, welcher Operator benötigt wird:

```
using std::rel_ops::operator>;
```

Bemerkung: Da ältere Compiler und Bibliotheksimplementierungen häufig noch nicht wie gewünscht arbeiten, sollte man für eigene Klassen sicherheitshalber alle Vergleichsoperatoren definieren, die sinnvoll anwendbar sind.

4.2 pair

Zum Bilden von Wertepaaren beliebiger Typen dient die Template-Klasse pair aus der Header-Datei <utility>. Sie wird beispielsweise von den assoziativen Containern map sowie multimap (siehe Abschnitt 7.1 beziehungsweise 7.4) und von Funktionen, die zwei Rückgabewerte in einem pair-Objekt liefern, wie z. B. mismatch (siehe Abschnitt 9.2.7), benutzt. Die hier angegebenen Funktionsrümpfe können auch anders definiert werden, der Effekt muss allerdings der gleiche sein.

```
template<class T1, class T2>
struct pair {
        typedef T1 first_type;
        typedef T2 second_type;
        T1 first;
        T2 second;
        pair() : first(), second() { }
        pair(const T1& x, const T2& y) : first(x), second(y) { }
        template<class U, class V>
                pair(const pair<U, V>& p) : first(p.first), second(p.second) { }
};

template<class T1, class T2> inline
bool operator==(const pair<T1, T2>& x, const pair<T1, T2>& y)
        { return x.first == y.first && x.second == y.second; }
```

```
template<class T1, class T2> inline
bool operator<(const pair<T1, T2>& x, const pair<T1, T2>& y)
        { return x.first < y.first || (!(y.first < x.first) && x.second < y.second); }

template<class T1, class T2> inline
bool operator!=(const pair<T1, T2>& x, const pair<T1, T2>& y)
        { return !(x == y); }

template<class T1, class T2> inline
bool operator>(const pair<T1, T2>& x, const pair<T1, T2>& y)
        { return y < x; }

template<class T1, class T2> inline
bool operator<=(const pair<T1, T2>& x, const pair<T1, T2>& y)
        { return !(y < x); }

template<class T1, class T2> inline
bool operator>=(const pair<T1, T2>& x, const pair<T1, T2>& y)
        { return !(x < y); }

template<class T1, class T2> inline
pair<T1, T2> make_pair(T1 x, T2 y)
        { return pair<T1, T2>(x, y); }
```

Der dritte Konstruktor, der als *Member-Template* definiert ist, ermöglicht Typkonversionen zwischen pair-Objekten, z. B.

```
pair<int, float> f(char c, short s) { return pair<char, short>(c, s); }
```

Der Kleineroperator liefert x.second < y.second, wenn x.first und y.first äquivalent sind. Die anderen relationalen Operatoren >, >=, <= und != werden wie üblich mit Hilfe von < und == gebildet.

Die Hilfsfunktion make_pair erleichtert das Erzeugen eines pair-Objekts. Damit kann z. B. statt pair<char, float>('p', 3.14F) einfach make_pair('p', 3.14F) geschrieben werden, wobei der Compiler den Typ der Argumente automatisch ermittelt. Siehe auch Aufgabe 2.

4.3 Aufgaben

1. Eine benutzerdefinierte Klasse muss operator== und operator< definieren, damit die Vergleichsoperatoren aus der Header-Datei <utility> benutzt werden können. Hätte es nicht ausgereicht, nur operator< zu verlangen und a == b als !(a < b) && !(b < a) und a != b als a < b || b < a auszudrücken?

2. Ist die folgende Initialisierung zulässig?

   ```
   pair<string, int> p = make_pair("Eins", 1);
   ```

3. Versuchen Sie, für die Klasse pair einen Ausgabeoperator zu definieren.

5 Container

Container sind Behälter, die Objekte des gleichen Typs aufnehmen und verwalten können. Bei der Aufnahme eines Objekts in einen Container der Standardbibliothek wird das Objekt kopiert, dazu muss es *copy-constructible* und *assignable* sein (siehe Seite 2). Die Kopie befindet sich dann im Besitz des Containers und kann nicht länger existieren als der Container selbst. Dies bietet die Vorteile, dass die Speicherverwaltung automatisch erfolgt und dass die Typsicherheit gewährleistet ist. Nachteilig wirkt sich aus, dass ein Objekt nicht im „Original" in einem Container enthalten sein kann, dass Kopien großer Objekte aufwändig sind und dass mit Kopien kein Polymorphismus möglich ist – dafür benötigt man Zeiger oder Referenzen. Wie wir in Kapitel 14 zeigen werden, können aber auch Zeiger verwaltet werden, so dass sich diese Einschränkungen umgehen lassen und neben Wert- auch Referenzsemantik realisierbar ist.

Die Elementfunktionen der Containerklassen definieren eine einheitliche Schnittstelle, auf der andere Komponenten der Standardbibliothek wie z. B. die Algorithmen aufsetzen. Die Funktionalität der Elementfunktionen allein ist daher eher dürftig. Erst zusammen mit den Algorithmen entfalten die Container ihre volle Kraft.

Das Kopieren von Containern ist im Allgemeinen sehr aufwändig. Deshalb sollten Containerobjekte ebenso wie andere große Objekte möglichst per Referenz an Funktionen übergeben werden.

```
template<class Container> void schnell(const Container&);
template<class Container> void langsam(Container);
```

Bis auf sehr wenige Ausnahmen, wie z. B. die Elementfunktion at von vector (siehe Seite 74), nehmen Container – wie auch die meisten anderen Bibliothekskomponenten – aus Effizienzgründen keine Prüfungen vor, ob Funktionsaufrufe sinnvoll sind. Wird z. B. versucht, auf Elemente zuzugreifen, die nicht vorhanden sind, resultiert daraus in der Regel ein undefiniertes Programmverhalten.

Wenn bei der Beschreibung von Element- und Bibliotheksfunktionen keine gegenteiligen Angaben gemacht werden, hat ein Funktionsaufruf für ein Containerobjekt keine Auswirkungen auf die im Container gespeicherten Objekte, und Iteratoren, die auf Objekte des Containers verweisen, bleiben gültig.

Die Containerklassen der Standardbibliothek lassen sich in *sequenzielle* Container (vector, deque und list), *assoziative* Container (set, multiset, map und multimap) sowie *Containeradapter* (stack, queue und priority_queue) einteilen.

Im Folgenden werden wir zunächst die von der Standardbibliothek gestellten Anforderungen an Container aufführen, wobei die Klasse vector als typisches

Beispiel dient. Anschließend werden die anderen Containerklassen behandelt. Die Containeranforderungen sind einerseits so formuliert, dass sie zur Entwicklung eigener Containerklassen herangezogen werden können und andererseits die Containerklassen der Standardbibliothek erklären.

5.1 vector

Die Verwaltung dynamischen Speichers mit new und delete birgt zahlreiche Tücken. Zu jedem new muss später ein passendes delete folgen. Felder, die mit new[] erzeugt wurden, sind mit delete[] wieder zu zerstören. Einerseits ist darauf zu achten, dass sämtlicher Speicher, der reserviert wurde, auch wieder freigegeben wird. Andererseits darf delete nicht für bereits zerstörte Objekte nochmals aufgerufen werden. Wenn die Reservierung und Freigabe von Speicher nicht mehr innerhalb derselben Funktion erfolgt und wenn darüber hinaus Ausnahmen ins Spiel kommen, wird es unübersichtlich und fehlerträchtig – abstürzende Programme sind die Folge. In Anbetracht dessen vereinfachen Containerklassen, die den Speicher für ihre Elemente selbstständig verwalten, die Programmierung erheblich. Wenn Sie also das nächste Mal über eine Anweisung der Art new T[n] nachdenken, ziehen Sie den Einsatz einer Containerklasse wie vector in Betracht.

Die Containerklasse vector entspricht im Wesentlichen einem dynamischen Feld, das automatisch seine Größe anpasst, wenn neue Elemente aufgenommen werden. Mittels gezielter Hinweise ist die Speicherverwaltung darüber hinaus optimierbar. Auf beliebige Elemente kann sehr effizient, d. h. mit konstantem Aufwand, indiziert zugegriffen werden. Die Klasse vector unterstützt demnach *Random-Access-Iteratoren* (siehe Abschnitt 8.6), so dass der Einsatz von Algorithmen nicht eingeschränkt ist. Einfügen und Entfernen von Elementen ist effizient am Ende (konstanter Aufwand), aber aufwändig am Anfang und in der Mitte (linearer Aufwand).

Die Elemente eines vector-Objekts werden in einem zusammenhängendem Speicherbereich abgelegt, d. h., für ein vector-Objekt v, dessen Elemente einen beliebigen Typ mit Ausnahme von bool besitzen (für vector<bool> siehe Abschnitt 13.3), gilt &v[n] == &v[0] + n für alle 0 <= n < v.size(). Ein Einsatzbeispiel dafür liefert Aufgabe 8.

Ein vector erfüllt die allgemeinen Anforderungen an Container (siehe Abschnitt 5.2), die Anforderungen an reversible (5.3) und sequenzielle Container (5.4) inklusive der meisten optionalen Anforderungen (5.5) mit Ausnahme der Elementfunktionen push_front und pop_front.

Auch wenn der Name dies fälschlicherweise vermuten lässt, hat die Klasse vector nur sehr wenig mit mathematischen Vektoren zu tun. Zum Rechnen mit solchen Vektoren ist die Klasse valarray (siehe Abschnitt 13.6) besser geeignet.

Die Implementierung der Klasse vector ist durch den Standard nicht festgelegt. Zum Verständnis der Funktionsweise ist es dennoch hilfreich, sich vorzustellen, dass die Definition der Klasse auf drei Datenelementen basiert:

```
T* daten;
unsigned int groesse, kapazitaet;
```

Der Speicherplatz für die Elemente könnte dann mittels daten = new T[kapazitaet] reserviert werden. groesse steht für die Anzahl der tatsächlich im Container enthalten Elemente und ist kleiner oder gleich kapazitaet. In der folgenden Abbildung hat kapazitaet den Wert 8, und groesse ist 5.

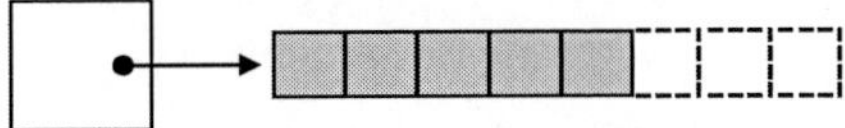

Per Indexoperator ist der Zugriff auf einzelne Elemente sehr effizient. Solange noch freie Plätze am Ende des Feldes vorhanden sind, können neue Elemente dort effizient untergebracht werden; und auch das Löschen des letzten Elements kann einfach durch Vermindern von groesse um 1 erledigt werden. Wenn der Speicher zum Anhängen nicht mehr ausreicht, entsteht großer Aufwand dadurch, dass neuer Speicher zu reservieren und das gesamte Feld umzukopieren ist. Beim Einfügen und Löschen von Elementen am Anfang oder in der Mitte müssen alle nachfolgenden Elemente verschoben werden, was wiederum sehr aufwändig ist. Wie viel Speicher bei einer Vergrößerung reserviert wird, hängt von der Implementierung ab, aber aus Effizienzgründen wird es meist mehr sein, als eigentlich benötigt wird. Als Iteratoren für vector-Objekte bieten sich einfache Zeiger an.

Die folgende Abbildung stellt die charakteristischen Funktionen der Klasse vector abstrakt dar.

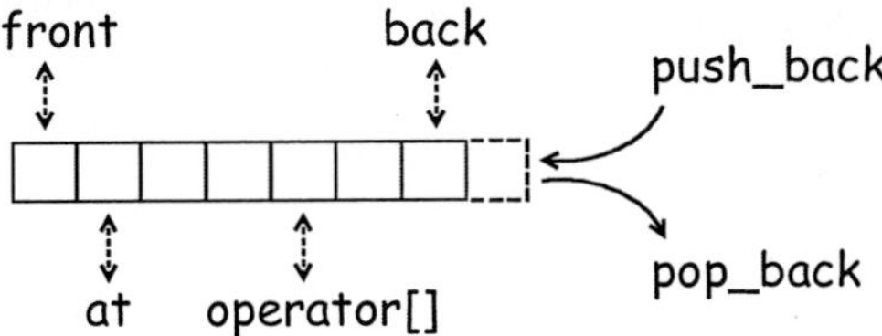

Die Klasse vector ist in der gleichnamigen Header-Datei <vector> definiert und besitzt die zwei Template-Parameter T für den Typ der Elemente und Allocator für den Speichermanager (siehe Kapitel 10). Das Standardargument für den Allokator ist in nahezu allen Fällen passend, so dass man sich in der Regel nicht weiter darum kümmern muss.[1]

[1] Bei Implementierungen für C++-Compiler, die komplexe Standardargumente für Templates nicht beherrschen, fehlt meistens der zweite Template-Parameter.

```
template<class T, class Allocator = allocator<T> >
class vector {
public:
	// ...
};
```

Wenn einem vector der Speicher ausgeht, d. h. für neue Elemente kein Speicher mehr reserviert werden kann, wird bei Benutzung des Standardallokators allocator eine Ausnahme des Typs bad_alloc ausgeworfen, weil der Standardallokator zur Speicherreservierung new einsetzt. (Beim Einsatz eines anderen Allokators ist dies allerdings nicht gewährleistet.)

Die in den nächsten Abschnitten 5.2 bis 5.6 folgenden Elemente zählen zur Klasse vector und gehören anstelle von // ... in die Klassendefinition. Ausgenommen sind lediglich die Operatoren ==, !=, <, >, <= und >= sowie die Spezialisierung von swap, die als globale Funktionen außerhalb der Klasse definiert werden.

5.2 Allgemeine Anforderungen an Container

Alle Container müssen einen Satz von Typnamen zur Verfügung stellen, der von anderen Komponenten der Bibliothek für deren Funktionalität erforderlich ist. Für vector sind diese Typen wie folgt definiert:

```
typedef T value_type;
```

Dies ist der Typ der Containerelemente, d. h. der im Container enthaltenen Objekte. Für diesen Typ müssen Zuweisungen definiert sein.

```
typedef Allocator allocator_type;
```

Der Typ des Allokators, der für die Speicherverwaltung zuständig ist (siehe Kapitel 10).

```
typedef typename Allocator::reference reference;
```

L-Wert für T. Entspricht normalerweise T&.

```
typedef typename Allocator::const_reference const_reference;
```

Nicht modifizierbarer L-Wert für T. Entspricht normalerweise const T&.

```
typedef typename Allocator::pointer pointer;
```

Zeiger auf einen L-Wert für T. Entspricht normalerweise T*.

```
typedef typename Allocator::const_pointer const_pointer;
```

Zeiger auf einen nicht modifizierbaren L-Wert für T. Entspricht normalerweise const T*.

```
typedef typename Allocator::pointer iterator;
```

Iteratortyp, der auf ein Objekt des Typs value_type verweist. Der Typ ist implementierungsabhängig und kann für Container zu einer beliebigen Iteratorkategorie gehören mit Ausnahme von *Output-Iterator*. Typischerweise benutzt vector den Typ T*.

```
typedef typename Allocator::const_pointer const_iterator;
```

Iteratortyp, mit dem nur lesend auf Containerelemente zugegriffen werden kann. Verweist auf ein Objekt des Typs const value_type. Der Typ ist implementierungsabhängig und kann für Container mit Ausnahme von *Output-Iterator* zu einer beliebigen Iteratorkategorie gehören. Typischerweise benutzt vector den Typ const T*. iterator ist in const_iterator konvertierbar.

```
typedef typename Allocator::difference_type difference_type;
```

Ein vorzeichenbehafteter ganzzahliger Typ, der mit dem gleichnamigen Abstandstyp für iterator sowie const_iterator übereinstimmt und implementierungsabhängig ist. Vom Typ difference_type ist beispielsweise das Ergebnis einer Subtraktion von Iteratoren, mit der der Abstand ermittelt werden kann.

```
typedef typename Allocator::size_type size_type;
```

Vorzeichenloser ganzzahliger Typ, der alle nicht negativen Werte von difference_type aufnehmen kann und z. B. als Index auf Containerelemente benutzbar ist. Auch dieser Typ ist implementierungsabhängig.

Jeder Container verfügt über einen Standardkonstruktor, der zum Erzeugen eines Objekts konstanten Aufwand benötigt. Die Deklaration für vector lautet:

```
explicit vector(const Allocator& = Allocator());
```

Der Standardkonstruktor kann in der Form X u; mit der Wirkung u.size() == 0 und als X() mit X().size() == 0 benutzt werden, wobei X für den Typ des Containers steht, z. B. vector<int>. (Die Elementfunktion size liefert die Anzahl der Elemente, siehe Seite 65.)

Des Weiteren besitzen alle Container einen Copy-Konstruktor, der zum Erzeugen eines Objekts linearen Aufwand benötigt. Die Deklaration für vector lautet:

```
vector(const vector& x);
```

Er kann in den Formen X(a); mit der Wirkung a == X(a) sowie X u(a); mit u == a und X u = a; mit dem gleichen Effekt wie X u; u = a; eingesetzt werden. Dabei ist a ein Objekt des Containertyps X. Der Vergleich von Containern wird auf Seite 66 definiert.

Bis auf den Copy-Konstruktor, der den Allokator vom zu kopierenden Objekt übernimmt, besitzen alle Konstruktoren einen Parameter des Typs Allocator (siehe Kapitel 10). Eine Kopie des Allokatorarguments steuert sämtliche Speicherreservierungen im Konstruktor und in den Elementfunktionen eines Containerobjekts über dessen gesamte Lebenszeit.

```
allocator_type get_allocator() const;
```

get_allocator liefert eine Kopie des Allokatorobjekts, mit dem das Containerobjekt initialisiert wurde. Damit kann dann z. B. der Speicher für zum Container gehörende Daten auf die gleiche Weise verwaltet werden wie der Container selbst. (Die Funktion get_allocator gehört zwar nicht zu den Containeranforderungen, wird aber von allen Bibliotheksklassen bereitgestellt.)

Für Containerklassen steht ein Destruktor zur Verfügung, der zum Zerstören eines Objekts linearen Aufwand benötigt.

```
~vector();
```

Der Destruktor veranlasst einen Destruktoraufruf für jedes im Container enthaltene Element. Der gesamte durch den Container belegte Speicher wird freigegeben.

Zuweisungen zwischen Containerobjekten sollen mittels Zuweisungsoperator und linearem Aufwand möglich sein.

```
vector& operator=(const vector&);
```

Der Ausdruck r = a soll den Rückgabetyp X& besitzen, und anschließend soll r == a gelten. Dabei ist X ein Containertyp, r vom Typ X& und a vom Typ X.

Da das Kopieren eines Containers eine aufwändige Operation ist, sollte man prüfen, ob der Wert des Containers auf der rechten Seite der Zuweisung noch benötigt wird. Wenn nicht, kann statt einer Zuweisung ein Tausch mit der Elementfunktion swap durchgeführt werden, der lediglich konstanten Aufwand verursacht (siehe Seite 65).

Um Iteratoren für Container zu erhalten, sind Iteratorfunktionen mit konstantem Aufwand vorhanden.

```
iterator begin();
const_iterator begin() const;
```

Liefert const_iterator für einen const Container und sonst iterator. Der Iterator verweist auf das erste Element des Containers.

```
iterator end();
const_iterator end() const;
```

Liefert const_iterator für einen const Container und sonst iterator. Der Iterator zeigt hinter das letzte Element des Containers. Für einen leeren Container ist begin() == end().

Die Größe eines Containers, das ist die Anzahl der in einem Container enthaltenen Elemente, ist mit size feststellbar. size gibt aber nicht an, wie viel Speicher reserviert ist (siehe capacity auf Seite 77).

```
size_type size() const;
```

Das Ergebnis entspricht end() - begin(). Der Aufwand *soll* konstant sein. (Wenn die Größe einer list nicht in einem Datenelement protokolliert wird, dessen Wert bei jeder Größenänderung aktualisiert wird, wäre der Aufwand zur Bestimmung der Listengröße linear. Andererseits würde ein solcher Zähler dazu führen, dass die Elementfunktion splice (siehe Seite 87) linearen Aufwand zur Bestimmung der Anzahl der verschobenen Elemente benötigen würde. Man kann also nur eine der beiden Funktionen mit konstantem Aufwand realisieren.)

Bemerkung: Der Ausdruck end() - begin() ist nur für *Random-Access-Iteratoren* definiert. Trotzdem werden wir der Einfachheit halber solche Ausdrücke im Folgenden auch für *Forward-* und *Bidirectional-Iteratoren* benutzen, für die die Anzahl der Elemente im Bereich [begin(), end()) mit distance(begin(), end()) bestimmt werden müsste.

Die maximal mögliche Größe eines Containers lässt sich mit max_size ermitteln.

```
size_type max_size() const;
```

Die Funktion liefert size() für den größtmöglichen Container. Der Wert wird in der Regel durch die Systemgrenzen bestimmt, d. h., er hängt beispielsweise davon ab, welchen Wertebereich size_type besitzt. Wie viel Speicher zum Zeitpunkt des Aufrufs tatsächlich noch frei ist, spielt keine Rolle. Der Aufwand soll konstant sein.

Ob ein Container leer ist, lässt sich mit empty feststellen.

```
bool empty() const;
```

Der Rückgabewert ist true, wenn der Container keine Elemente enthält. Der Aufwand ist konstant. Obwohl empty() und size() == 0 dasselbe Ergebnis liefern, ist es deshalb besser, empty zu benutzen.

Zum Vertauschen der Inhalte zweier Container gibt es die Elementfunktion swap.

```
void swap(vector&);
```

In der Wirkung entspricht der Aufruf a.swap(b); für zwei Containerobjekte a und b dem Aufruf des Algorithmus swap(a, b); (siehe Abschnitt 9.3.3). Der Aufwand ist konstant, weil nur die Verwaltungsdaten zweier Container getauscht werden, anstatt die einzelnen Elemente umzukopieren. Sämtliche Referenzen, Zeiger und Iteratoren auf Elemente der getauschten Container behalten ihre Gültigkeit. Sofern Copy-Konstruktor und Zuweisungsoperator des Containervergleichsobjekts keine Ausnahme auswerfen, wird auch durch swap keine Ausnahme ausgeworfen.

Für jeden Container sind die Vergleichsoperatoren definiert. Es können nur Container desselben Typs verglichen werden (siehe auch Aufgabe 1).

```
template<class T, class Allocator>
bool operator==(const vector<T, Allocator>& a, const vector<T, Allocator>& b);
```

Das Ergebnis ist vom Typ bool – oder zumindest in bool konvertierbar – und entspricht für zwei Containerobjekte a und b dem Ausdruck a.size() == b.size() && equal(a.begin(), a.end(), b.begin()), wobei der Algorithmus equal aus Abschnitt 9.2.8 benutzt wird. Zwei Container sind demnach gleich, wenn sie dieselbe Anzahl von Elementen beherbergen und alle korrespondierenden Elemente in Bezug auf operator== gleich sind. Der Aufwand ist linear.

```
template<class T, class Allocator>
bool operator!=(const vector<T, Allocator>& a, const vector<T, Allocator>& b);
```

Das Ergebnis ist vom Typ bool – oder zumindest in bool konvertierbar – und entspricht !(a == b). Damit ist der Aufwand wie für operator== linear.

Für Container sind auch die relationalen Operatoren definiert.

```
template<class T, class Allocator>
bool operator<(const vector<T, Allocator>& a, const vector<T, Allocator>& b);
```

Das Ergebnis entspricht dem Aufruf lexicographical_compare(a.begin(), a.end(), b.begin(), b.end()) (siehe Abschnitt 9.10.1), vorausgesetzt < ist für den Typ T definiert. Der Aufwand ist linear.

```
template<class T, class Allocator>
bool operator>(const vector<T, Allocator>& a, const vector<T, Allocator>& b);
```

Liefert b < a. Der Aufwand ist linear.

```
template<class T, class Allocator>
bool operator<=(const vector<T, Allocator>& a, const vector<T, Allocator>& b);
```

Liefert !(b < a). Der Aufwand ist linear.

```
template<class T, class Allocator>
bool operator>=(const vector<T, Allocator>& a, const vector<T, Allocator>& b);
```

Liefert !(a < b). Der Aufwand ist linear.

Wie die Funktionsspezifikationen zeigen, ist es ausreichend, lediglich die Operatoren == und < zu definieren. Die anderen Operatoren (!=, >, <= und >=) können als globale Template-Funktionen bereitgestellt werden (siehe Abschnitt 4.1).

Das folgende Beispiel demonstriert den Einsatz einiger der oben genannten Typen und Funktionen. Zum Anhängen von Werten wird die Elementfunktion push_back von Seite 74 benutzt.

container/vector_allgemein.cpp

```
#include <vector>
#include <iostream>
using namespace std;

template<class T>
ostream& operator<<(ostream& os, const vector<T>& v) {
   for (typename vector<T>::const_iterator i = v.begin(); i != v.end(); ++i)
      os << *i << "  ";
   return os;
}

int main() {
   vector<int> v;
   if (v.empty()) cout << "v ist noch leer.\n";
   for (int i = 1; i <= 5; ++i) v.push_back(i);
   cout << "v =  " << v << endl;
   cout << "v enthält " << v.size() << " Elemente.\n";
   cout << "v könnte maximal " << v.max_size() << " Elemente beinhalten.\n";
   vector<int> w(v);
   w.push_back(9);
   if (v < w) cout << "v ist kleiner als w.\n";
   v.swap(w);
   cout << "v und w haben ihre Elemente getauscht.\n";
   cout << "w =  " << w << endl;
}
```

Die Ausgabe des Programms ist:

```
v ist noch leer.
v =  1  2  3  4  5
v enthält 5 Elemente.
v könnte maximal 1073741823 Elemente beinhalten.
v ist kleiner als w.
v und w haben ihre Elemente getauscht.
w =  1  2  3  4  5
```

Der von max_size gelieferte Wert – hier 1073741823 – ist systemabhängig.

5.3 Anforderungen an reversible Container

Container, die über einen Iterator der Kategorien *Bidirectional* oder *Random-Access* verfügen, gehören zu den *Reversiblen Containern*, d. h., sie können in umgekehrter Richtung (rückwärts) durchlaufen werden (vgl. Abschnitt 8.9). Solche Container erfüllen ebenso wie vector die im Folgenden angegebenen zusätzlichen Anforderungen.

```
typedef std::reverse_iterator<iterator> reverse_iterator;
```

Iteratortyp, der auf ein Objekt des Typs T verweist.

```
typedef std::reverse_iterator<const_iterator> const_reverse_iterator;
```

Iteratortyp, der auf ein Objekt des Typs const T verweist.

```
reverse_iterator rbegin();
const_reverse_iterator rbegin() const;
```

Liefert const_reverse_iterator für ein const Containerobjekt und sonst reverse_iterator. Der zurückgegebene Iterator entspricht reverse_iterator(end()) beziehungsweise const_reverse_iterator(end()), d. h., er markiert den Beginn eines Durchlaufs in umgekehrter Richtung. Der Aufwand ist konstant.

```
reverse_iterator rend();
const_reverse_iterator rend() const;
```

Liefert const_reverse_iterator für ein const Containerobjekt und sonst reverse_iterator. Der zurückgegebene Iterator entspricht reverse_iterator(begin()) beziehungsweise const_reverse_iterator(begin()), d. h., er markiert das Ende eines Durchlaufs in umgekehrter Richtung. Der Aufwand ist konstant.

Im folgenden Beispiel wird die Funktion ausgabe_rueckwaerts definiert, die die Werte eines Containers in umgekehrter Richtung ausgibt.

```
template<class Container>
void ausgabe_rueckwaerts(const Container& c) {
	for (Container::const_reverse_iterator r = c.rbegin(); r != c.rend(); ++r)
		cout << *r << ' ';
}
```

5.4 Anforderungen an sequenzielle Container

Sequenzielle Container beherbergen eine endliche Anzahl von Objekten, die alle vom selben Typ und innerhalb des Containers sequenziell angeordnet sind. Die konkrete Position der Objekte in einem Container hängt vom Zeitpunkt und vom Ort der Einfügeoperation, aber nicht vom Wert ab. Zur Standardbibliothek gehören die sequenziellen Container vector, deque und list. Im Folgenden werden die Anforderungen genannt, die von sequenziellen Containern zusätzlich zu den allgemeinen Containeranforderungen zu erfüllen sind. Dabei hängt der Aufwand vom jeweiligen Container ab.

Die vom Container unterstützten Iteratoren, d. h. die Typen iterator und const_iterator, müssen mindestens zur Kategorie der *Forward-Iteratoren* gehören.

Für Sequenzen sollen zwei spezielle Konstruktoren existieren. Der erste kann in den Formen X(n, t) und X a(n, t); benutzt werden. Er erzeugt ein Sequenzobjekt, das mit n Kopien von t gefüllt wird, so dass hinterher size() == n ist. Die Kapazität ist nicht festgelegt, hat aber mindestens den Wert n. Der Aufwand ist für vector, deque und list linear. Die Deklaration für vector lautet:

```
explicit vector(size_type n, const T& t = T(), const Allocator& = Allocator());
```

Mit Hilfe dieses Konstruktors erzeugt z. B. vector<int> v(5); einen vector mit fünf Elementen des Typs int, die aufgrund des Standardarguments für den Parameter t alle den Wert 0 besitzen. (Für vordefinierte Typen wie int liefert int() den Wert 0.) Da der Konstruktor explicit deklariert ist, sind in der Regel unerwünschte implizite Typkonversionen wie z. B. bei v = 5; nicht erlaubt.

Der zweite Konstruktor kann in den Formen X(i, j) und X a(i, j); eingesetzt werden. Er erzeugt ein Sequenzobjekt, das mit den Werten des Bereichs [i, j) gefüllt wird, so dass size() == j - i ist.

```
template<class InputIterator>
vector(InputIterator i, InputIterator j, const Allocator& a = Allocator());
```

Wenn i und j mindestens *Forward-Iteratoren* sind, gilt für vector, dass n = j - i Aufrufe des Copy-Konstruktors von T benötigt werden, weil der erforderliche Speicher vorab berechnet und reserviert werden kann. Anderenfalls sind i und j *Input-Iteratoren*, und die Anzahl der Elemente im Bereich [i, j) kann nicht vorab berechnet werden. Es sind dann bis zu $2 \cdot n$ Aufrufe des Copy-Konstruktors von T und $log(n)$ neue Speicherzuteilungen notwendig. Für deque werden n Aufrufe des Copy-Konstruktors von T benötigt. Für list ist der Aufwand für jede Iteratorkategorie linear in Bezug auf n.

Um z. B. die Werte eines Feldes f in einen vector v zu übernehmen, kann folgender Konstruktoraufruf verwendet werden:

```
const int f[] = { 1, 2, 3, 4, 5 };
vector<int> v(f, f + 5);
```

Bei einem Konstruktoraufruf der Form

```
vector<int> w(100, 99);    // 100-mal den Wert 99 aufnehmen
```

soll nicht etwa der zweite spezielle Konstruktor benutzt werden, indem der Template-Parameter InputIterator mit int instanziert wird, sondern der Aufruf ist als

```
typedef vector<int> X;
X w(static_cast<typename X::size_type>(100),
      static_cast<typename X::value_type>(99));
```

zu realisieren, wobei der erste spezielle Konstruktor eingesetzt wird. Falls eine ältere Bibliotheksimplementierung vector<int> w(100, 99); nicht übersetzt, kann man 100U statt 100 übergeben, damit die Typen der beiden Argumente unterschiedlich sind und nicht mehr als *Input-Iteratoren* missverstanden werden können.

Bemerkung: Dieser Konstruktor ist als *Member-Template* definiert, d. h. als Elementfunktion mit eigenen Template-Parametern. Bibliotheksimplementierungen für C++-Compiler, die *Member-Templates* nicht unterstützen, bieten aus dieser Funktionsfamilie in der Regel lediglich zwei konkrete Definitionen für const_iterator und const T* an. Damit ist die Initialisierung eines Containers mit den Elementen eines anderen nicht möglich:

```
list<int> x;
vector<int> y(x.begin(), x.end());    // wird ohne Member-Templates nicht übersetzt
```

Im Zusammenhang mit anderen *Member-Templates* wie assign und insert (siehe unten) gelten die gleichen Einschränkungen.

Zum Einfügen von Elementen in Sequenzen gibt es drei Elementfunktionen. Für vector ist allen gemeinsam, dass eine neue Speicherzuteilung (*reallocation*) stattfindet, wenn die neue Größe die bisherige Kapazität übersteigt. Dadurch verlieren alle Referenzen, Zeiger und Iteratoren auf Elemente ihre Gültigkeit. (Für ein Objekt v des Typs vector<int> erhält man z. B. mit int& r = *v.begin(); eine Referenz auf ein Element.) Ist dagegen keine neue Speicherzuteilung notwendig, bleiben nur Referenzen, Zeiger und Iteratoren auf Elemente vor der Einfügeposition gültig. Das Einfügen von Elementen an beliebigen Positionen ist für vector und deque (vgl. Seite 82) im Vergleich zu list (vgl. Seite 86) mit sehr großem Aufwand verbunden.

Die erste Einfügefunktion wird für ein Containerobjekt a in der Form a.insert(p, t) aufgerufen und fügt eine Kopie des Objekts t vor der Iteratorposition p ein. Der Rückgabewert ist ein Iterator, der auf den eingefügten Wert verweist.

```
iterator insert(iterator p, const T& t);
```

Wenn beim Einfügen eines einzelnen Objekts mittels insert eine Ausnahme ausgeworfen wird, hat der Aufruf keinen Effekt.

Die zweite Einfügefunktion hat die Form a.insert(p, n, t) und fügt n Kopien von t vor p ein.

```
void insert(iterator p, size_type n, const T& t);
```

Die dritte Einfügefunktion wird in der Form a.insert(p, i, j) benutzt und fügt Kopien der Elemente des Bereichs [i, j) vor p ein, wobei i und j nicht auf Elemente von a verweisen dürfen. (Wenn sie dies dennoch tun, führt das zu undefiniertem Programmverhalten.)

```
template<class InputIterator>
      void insert(iterator p, InputIterator i, InputIterator j);
```

Für vector ist der Aufwand linear in Bezug auf die Anzahl j - i der eingefügten Elemente zuzüglich des Abstands der Einfügeposition zum Ende des vectors, wenn i und j mindestens *Forward-Iteratoren* sind. Anderenfalls ist der Aufwand proportional zur Anzahl der eingefügten Elemente multipliziert mit dem Abstand der Einfügeposition zum Ende des vectors.

Im Gegensatz zur ersten Einfügefunktion geben die beiden anderen keinen Iterator auf das erste eingefügte Element zurück. Benötigt man einen derartigen Iterator für nachfolgende Aktionen, ist einiger Aufwand zu treiben (siehe Aufgabe 5).

Wie bei den speziellen Konstruktoren (siehe Seite 69) gilt auch für die Elementfunktion insert, dass ein Aufruf der Form

```
vector<int> v;
v.insert(v.begin(), 100, 99);    // 100-mal den Wert 99 einfügen
```

wie folgt umgesetzt wird:

```
typedef vector<int> X;
X v;
v.insert(v.begin(), static_cast<typename X::size_type>(100),
      static_cast<typename X::value_type>(99));
```

Das folgende Programm demonstriert den Einsatz der drei Einfügefunktionen. Für die Ausgabe der Containerelemente benutzt das Programm den Algorithmus copy (siehe Abschnitt 9.3.1), der ein Element nach dem anderen über einen ostream_iterator (siehe Abschnitt 8.11.2) nach cout kopiert, wobei zwischen zwei Elementen " " ausgegeben wird.

container/vector_insert.cpp

```
#include <vector>
#include <iterator>
#include <iostream>
using namespace std;

int main() {
   vector<double> v;
   v.insert(v.end(), 3, 1.1);
   const double f[] = { 2.1, 2.2 };
   v.insert(v.begin(), f, f + 2);
   vector<double>::iterator i = v.begin() + 2;
   for (double x = 3.1; x < 3.3; x += 0.1) {
      i = v.insert(i, x);
```

```
        ++i;
    }
    copy(v.begin(), v.end(), ostream_iterator<double>(cout, " "));
}
```

Die Ausgabe des Programms ist:

```
2.1 2.2 3.1 3.2 1.1 1.1 1.1
```

Bemerkung: Wie anhand der Elementfunktionen erase und insert zu sehen ist, sind die Elementfunktionen der Containerklassen nur für iterator, unverständlicherweise aber nicht für const_iterator definiert. Das führt dazu, dass Programmcode der folgenden Art nicht übersetzt wird:

```
vector<int> v(10);
vector<int>::const_iterator ci = v.begin();
v.insert(ci, 1);   // Fehler
```

Zum Löschen von Elementen aus einer Sequenz sind zwei Elementfunktionen vorgesehen. Für vector gilt, dass alle Referenzen, Zeiger und Iteratoren auf Elemente nach dem gelöschten Element beziehungsweise Bereich ihre Gültigkeit verlieren. Das Löschen von Elementen ist für vector und deque (vgl. Seite 83) im Vergleich zu list (vgl. Seite 86) mit sehr großem Aufwand verbunden.

```
iterator erase(iterator q);
```

Die erste Löschfunktion wird für ein Containerobjekt a in der Form a.erase(q) eingesetzt und löscht das Element, auf das der Iterator q verweist. Es wird ein Iterator zurückgegeben, der auf das Element verweist, das vor dem Löschen direkt nach q folgte. Ist kein solches Element vorhanden, d. h., q ist das letzte Element der Sequenz, wird end() geliefert.

```
iterator erase(iterator q1, iterator q2);
```

Die zweite Löschfunktion ermöglicht Aufrufe der Form a.erase(q1, q2), womit die Elemente des Bereichs [q1, q2) gelöscht werden. Es wird ein Iterator zurückgegeben, der auf das Element verweist, auf das vor dem Löschen q2 zeigte. Ist kein solches Element vorhanden, weil q2 == end() war, wird end() geliefert.

Die Implementierung der beiden Löschfunktionen für vector ruft für jedes gelöschte Element den Destruktor auf. Zusätzlich wird der Zuweisungsoperator für jedes Element nach dem beziehungsweise den gelöschten ausgeführt, weil die entstandene „Lücke“ dadurch wieder geschlossen wird, dass nachfolgende Elemente nach vorn kopiert werden. Keine der Löschfunktionen wirft eine Ausnahme aus, sofern nicht der Copy-Konstruktor oder Zuweisungsoperator von value_type eine Ausnahme auswerfen.

Bemerkungen: Mit erase werden zwar die Elemente aus einem vector gelöscht, aber die Kapazität (siehe Seite 77) bleibt unverändert, d. h., der vector belegt nicht weniger Speicher. Sollen mehrere Elemente mit bestimmten Eigenschaften entfernt werden, kommt der Algorithmus remove in Frage (siehe Seite 183).

Im folgenden Beispielprogramm werden die Löschfunktionen eingesetzt.

container/vector_erase.cpp

```
#include <vector>
#include <iterator>
#include <iostream>
using namespace std;

int main() {
   const int f[] = { 1, 2, 3, 4, 5, 6 };
   vector<int> v(f, f + 6);
   v.erase(v.begin() + 1, v.end() - 3);
   vector<int>::iterator i = v.end() - 2;
   while (i != v.end())
      i = v.erase(i);
   copy(v.begin(), v.end(), ostream_iterator<int>(cout, " "));
}
```

Die Ausgabe des Programms ist:

```
1 4
```

Zum Leeren einer Sequenz dient die Elementfunktion clear.

```
void clear();
```

clear wird in der Form a.clear() benutzt und hat den gleichen Effekt wie a.erase(a.begin(), a.end()), so dass nach dem Aufruf a.size() == 0 ist, also alle Elemente gelöscht sind.

5.5 Optionale Anforderungen an sequenzielle Container

Zusätzlich zu den im vorhergehenden Abschnitt genannten gibt es optionale Anforderungen, die nur von einigen, aber nicht allen sequenziellen Containern bereitzustellen sind. Gemeinsames Merkmal dieser Operationen ist, dass sie nur konstanten Aufwand verursachen dürfen.

```
reference front();
const_reference front() const;
```

Einen Zugriff auf das erste Element einer Sequenz a bietet a.front(). Wenn das Containerobjekt a const ist, wird const T& geliefert, sonst T&. Der Aufruf hat den gleichen Effekt wie *a.begin().

```
reference back();
const_reference back() const;
```

Einen Zugriff auf das letzte Element einer Sequenz a bietet a.back(). Wenn a const ist, wird const T& geliefert, sonst T&. Der Aufruf ist gleichbedeutend mit *--a.end().

```
void push_back(const T& x);
```

Das Anhängen eines Elements am Ende einer Sequenz a kann mit a.push_back(x) bewerkstelligt werden. Dies entspricht in der Wirkung a.insert(a.end(), x). Wenn eine Ausnahme ausgeworfen wird, hat der Aufruf keinen Effekt.

```
void pop_back();
```

Zum Löschen eines Elements am Ende einer Sequenz a dient a.pop_back(), was den gleichen Effekt wie a.erase(--a.end()) hat. Da pop_back keinen Rückgabewert liefert, ist gegebenenfalls vorher mit back der Wert zu holen. Es wird keine Ausnahme ausgeworfen.

```
reference operator[](size_type n);
const_reference operator[](size_type n) const;

reference at(size_type n);
const_reference at(size_type n) const;
```

Ein indizierter Zugriff auf beliebige Elemente einer Sequenz a ist mit a[n] und a.at(n) möglich. Wenn a const ist, liefern beide const T&, sonst T&. Der Aufruf ist jeweils gleichbedeutend mit *(a.begin() + n). Um mit konstantem Aufwand auszukommen, muss der Container *Random-Access-Iteratoren* unterstützen. Deshalb stehen Indexzugriffe zwar für vector und deque, aber nicht für list zur Verfügung.

Im Unterschied zu operator[] nimmt at eine Bereichsprüfung für n vor. Wenn n >= a.size() ist, wirft at die Ausnahme out_of_range aus. (n >= 0 ist dadurch sichergestellt, dass size_type ein vorzeichenloser Typ ist.) Es bietet sich daher an, operator[] zu benutzen, wenn der Index mit Sicherheit im zulässigen Bereich liegt. Anderenfalls verwendet man – wie im folgenden Beispielprogramm – at.

container/vector_optional.cpp

```
#include <stdexcept>
#include <iterator>
#include <vector>
#include <iostream>
using namespace std;

inline int v5(const vector<int>& v) throw(out_of_range) { return v.at(5); }

int main() {
  vector<int> v(5);
```

```
    for (vector<int>::size_type i = 0; i < v.size(); ++i)
      v[i] = i + 1;
    v.push_back(9);
    if (v.back() != 9)
      cout << "Hier stimmt etwas nicht.\n";
    v.pop_back();
    v.front() = 0;
    copy(v.begin(), v.end(), ostream_iterator<int>(cout, " "));
    try {
      cout << v5(v);
    } catch(out_of_range x) {
      cout << "\nAusnahme out_of_range: " << x.what();
    }
}
```

Das Programm erzeugt die Ausgabe:

```
0 2 3 4 5
Ausnahme out_of_range: invalid vector<T> subscript
```

Die beiden folgenden Elementfunktionen werden von der Klasse vector im Gegensatz zu deque und list nicht bereitgestellt, weil sie für vector nicht mit konstantem Aufwand implementierbar sind.

```
void push_front(const T& x);
```

Mit a.push_front(x) kann ein Element am Beginn einer Sequenz a eingefügt werden. Dies entspricht in der Wirkung a.insert(a.begin(), x). Wenn eine Ausnahme ausgeworfen wird, hat der Aufruf keinen Effekt.

```
void pop_front();
```

Zum Löschen eines Elements am Beginn einer Sequenz a dient a.pop_front(), was den gleichen Effekt wie a.erase(a.begin()) hat. Es wird keine Ausnahme ausgeworfen.

Das folgende Beispiel demonstriert die beiden Funktionen für die Klasse deque (vgl. Abschnitt 5.7).

```
deque<int> d(3, 1);        // d = 1 1 1
d.push_front(0);           // d = 0 1 1 1
d.pop_front();             // d = 1 1 1
```

Bemerkung: Inwiefern bei push_back, pop_back, push_front und pop_front die Gültigkeit von Iteratoren, Zeigern sowie Referenzen auf Containerelemente beeinflusst wird und ob Ausnahmen ausgeworfen werden, hängt von den für die Umsetzung angegebenen Funktionen insert beziehungsweise erase ab.

Eine Übersicht darüber, welcher sequenzielle Container der Standardbibliothek welche optionalen Sequenzanforderungen erfüllt, enthält die folgende Tabelle.

	vector	deque	list
front	✓	✓	✓
back	✓	✓	✓
push_back	✓	✓	✓
pop_back	✓	✓	✓
push_front		✓	✓
pop_front		✓	✓
at	✓	✓	
operator[]	✓	✓	

Danach erfüllt deque sämtliche Anforderungen. vector verzichtet auf push_front und pop_front. Bei list fehlen die Indexfunktionen at und operator[].

Die Vorstellung der Anforderungen an Container ist damit abgeschlossen.

5.6 Weitere Funktionen

Die in diesem Abschnitt aufgeführten Funktionen können, müssen aber nicht von Containern bereitgestellt werden. Sie werden komplett von vector, aber nur teilweise von deque und list unterstützt.

Zuweisungen mehrerer Werte können für vector, deque und list mittels assign bewerkstelligt werden.

```
template<class InputIterator>
    void assign(InputIterator first, InputIterator last);
```

Hat den gleichen Effekt wie die beiden Anweisungen:

```
erase(begin(), end());
insert(begin(), first, last);
```

Der Container enthält anschließend Kopien der Elemente des Bereichs [first, last).

```
void assign(size_type n, const T& t);
```

Hat den gleichen Effekt wie die beiden Anweisungen:

```
erase(begin(), end());
insert(begin(), n, t);
```

Der Container enthält nach dem Aufruf n Kopien des Werts t.

Wie bei den speziellen Konstruktoren (siehe Seite 69) gilt auch für die Elementfunktion assign, dass ein Aufruf der Form

```
vector<int> v;
v.assign(100, 99);    // 100-mal den Wert 99 zuweisen
```

wie folgt umgesetzt wird:

```
typedef vector<int> X;
X v;
v.assign(static_cast<typename X::size_type>(100),
        static_cast<typename X::value_type>(99));
```

Das Festlegen der Größe für vector, deque und list ist mit resize möglich:

```
void resize(size_type sz, T c = T());
```

resize hat den gleichen Effekt wie:

```
if (sz > size())
        insert(end(), sz - size(), c);
else if (sz < size())
        erase(begin() + sz, end());
```

Mit resize werden demnach sz - size() Elemente mit dem Wert c angehängt, wenn sz größer als size() ist. Ist dagegen sz kleiner als size(), werden die überzähligen Elemente ab begin() + sz entfernt. Nach dem Aufruf besitzt der Container in jedem Fall genau sz Elemente.

Die Auswirkungen auf Iteratoren, Zeiger und Referenzen ergeben sich durch den Einsatz von insert (vgl. Seite 70) beziehungsweise erase (vgl. Seite 72). Insbesondere wird beim Verkleinern eines vector-Objekts kein Speicher freigegeben; nur die Anzahl der enthaltenen Elemente verringert sich. Um den Speicher für ein vector-Objekt v auf das benötigte Maß zu reduzieren, kann die Anweisung v.swap(vector<int>(v)); benutzt werden, wobei die in v enthaltenen Elemente in ein temporäres Vektorobjekt kopiert werden. Anschließend wird der Inhalt beider Vektoren vertauscht, so dass v seine Elemente wieder zurück erhält. Iteratoren, Zeiger und Referenzen auf Elemente von v verlieren dabei allerdings ihre Gültigkeit. Diese Technik wird auch als „*shrink-to-fit*“ bezeichnet (vgl. Seite 250). Wie viel Speicher anschließend für v reserviert ist, hängt von der konkreten Implementierung ab. Es kann auch etwas mehr als v.size() sein.

Die Kapazität eines vectors lässt sich mit capacity abfragen.

```
size_type capacity() const;
```

Das Ergebnis ist die Anzahl der Elemente, die der vector insgesamt, d. h. inklusive der bereits enthaltenen, aufnehmen kann, ohne neuen Speicher anzufordern. Mit capacity() - size() erhält man die Anzahl der freien Plätze.

Zum Reservieren von Speicherplatz für vector dient reserve.

```
void reserve(size_type n);
```

Mit reserve kann man sicherstellen, dass der vector hinterher mindestens Platz für n Elemente besitzt, so dass capacity() >= n ist. Nur wenn die Kapazität vorher kleiner als n ist, findet eine neue Speicherzuteilung statt. Sonst bleibt die Kapazität unverändert, wird also insbesondere nicht reduziert. In jedem Fall bleiben die Elemente im vector erhalten, und es kommen keine neuen Elemente hinzu. Durch eine neue Speicherzuteilung verlieren alle Referenzen, Zeiger und Iteratoren auf Elemente ihre Gültigkeit.

Wenn n > max_size() ist, wird eine Ausnahme des Typs length_error ausgeworfen. Falls nicht ausreichend Speicher zur Verfügung steht, kann eine Ausnahme durch die Elementfunktion Allocator::allocate (siehe Seite 241) ausgeworfen werden.

Es wird garantiert, dass für nachfolgendes Einfügen von Elementen solange keine neue Speicherzuteilung durchgeführt wird, wie die Größe kleiner oder gleich der angegebenen Kapazität n des letzten Aufrufs von reserve ist. Durch geschickten Einsatz von reserve kann folglich einerseits das Laufzeitverhalten verbessert werden, und andererseits lässt sich die Gültigkeit von Iteratoren, Zeigern und Referenzen auf Containerelemente sichern (siehe auch Aufgabe 10-3). Wenn die tatsächlich benötigte Kapazität zum Zeitpunkt der Reservierung nicht bekannt ist, sollte man im Zweifel zunächst etwas mehr Speicher reservieren und später den zu viel reservierten Speicher wieder freigeben (siehe Seite 77).

Das folgende Beispielprogramm demonstriert den Einsatz der genannten Funktionen für vector.

container/vector_weitere.cpp

```
#include <vector>
#include <iomanip>
#include <iostream>
#include <iterator>
using namespace std;

void info(const vector<int>& v) {
   cout << v.size() << "  " << setw(2) << v.capacity() << ":  ";
   copy(v.begin(), v.end(), ostream_iterator<int>(cout, "  "));
   cout << endl;
}

int main() {
   vector<int> v;
   info(v);
   v.reserve(6);
   info(v);
   const int f[] = { 1, 2, 3, 4, 5, 6, 7 };
   v.assign(f, f + 4);
```

```
    info(v);
    v.resize(2);
    info(v);
    v.assign(3U, 9);
    info(v);
    v.resize(5, 7);
    info(v);
    v.insert(v.end(), f, f + 2);
    info(v);
}
```

Anhand der Ausgabe des Programms sieht man, dass die eingesetzte Implementierung beim letzten Einfügen mehr Platz reserviert, als für die Elemente eigentlich notwendig ist.

```
0  0:
0  6:
4  6: 1 2 3 4
2  6: 1 2
3  6: 9 9 9
5  6: 9 9 9 7 7
7 10: 9 9 9 7 7 1 2
```

Zum Vertauschen existiert für vector, deque und list jeweils eine spezielle Version des Algorithmus swap (siehe Abschnitt 9.3.3), die effizienter als der Standardalgorithmus arbeitet. Die Deklaration für vector lautet:

```
template<class T, class Allocator>
void swap(vector<T, Allocator>& x, vector<T, Allocator>& y);
```

Die Funktion hat den gleichen Effekt wie x.swap(y), d. h., sie ruft die gleichnamige Elementfunktion auf (siehe Seite 65). Allgemein formulierte Algorithmen können somit swap(x, y); benutzen, ohne Performanceeinbußen bei Containerobjekten befürchten zu müssen.

Die Erörterung der Containerklasse vector ist damit abgeschlossen. Die Spezialisierung vector<bool> für logische Werte wird in Abschnitt 13.3 behandelt.

5.7 deque

Der Klassenname deque wird *„deck"* gesprochen und steht für *„double ended queue"*. Die Klasse deque ist in der gleichnamigen Header-Datei <deque> definiert und hat viel mit einem vector gemeinsam. Sie gehört zu den sequenziellen Containern und unterstützt *Random-Access-Iteratoren*. Im Gegensatz zu vector können Elemente aber nicht nur am Ende, sondern auch am Beginn effizient eingefügt und gelöscht werden. Einfügen und Löschen von Elementen in der Mitte ist jedoch wie für vector sehr aufwändig.

Um effiziente Einfüge- und Löschoperationen am Beginn zu ermöglichen, ist die Klasse deque intern komplexer konzipiert als die Klasse vector. Bei gleicher Funktionalität ist das Laufzeitverhalten bei Verwendung von deque statt vector deshalb etwas schlechter.

Bei deque fehlen im Gegensatz zu vector die beiden Elementfunktionen capacity und reserve, weil mit ihnen aufgrund der internen Struktur einer deque keine Verbesserung der Performance zu erreichen wäre. Wenn reserve für vector eingesetzt wurde, damit bei nachfolgenden Einfüge- und Löschoperationen Iteratoren ihre Gültigkeit behalten, so ist dies bei einer eventuellen Umstellung von Programmcode von vector auf deque entsprechend zu berücksichtigen.

Eine mögliche Implementierung für die Klasse deque könnte auf einer zweistufigen Speicherstruktur mit mehreren gleich großen Blöcken basieren, deren Adressen in einem Verzeichnis verwaltet werden. In der folgenden Abbildung ist links eine solche Struktur mit sechs gespeicherten Elementen (graue Kästchen) dargestellt. Am Ende des letzten Blocks ist noch Platz für zwei weitere Elemente. Außerdem hat das Verzeichnis noch einen freien Platz, mit dem ein weiterer Block adressierbar ist.

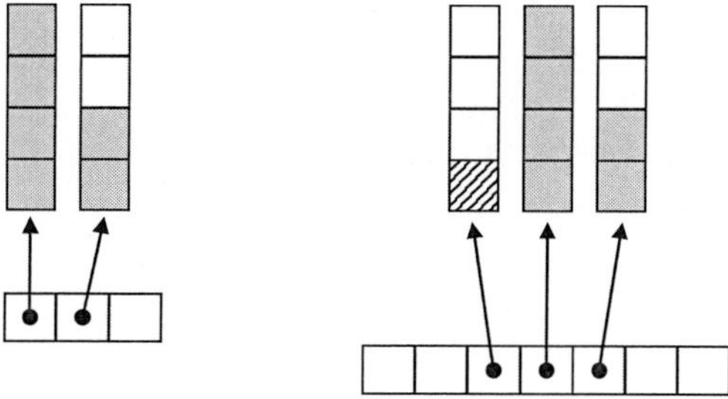

Beim Einfügen eines neuen Elements (gestricheltes Kästchen) am Beginn wird ein neuer Speicherblock angefordert, weil im ersten Block kein Platz mehr frei ist. Die Adresse des neuen Speicherblocks kann im Verzeichnis nicht eingetragen werden, weil auch dort vorne kein freier Platz zur Verfügung steht. Deshalb ist ein größeres Verzeichnis neu anzulegen, in das die beiden alten Blockadressen kopiert werden. Die sechs in der deque bereits enthaltenen Elemente bleiben davon unberührt, so dass externe Zeiger und Referenzen auf diese Elemente nach wie vor gültig sind. Die nach dem Einfügen resultierende Struktur ist im rechten Teil der Abbildung dargestellt.

Eine abstrakte Darstellung einer deque mit den charakteristischen Funktionen zeigt die folgende Abbildung.

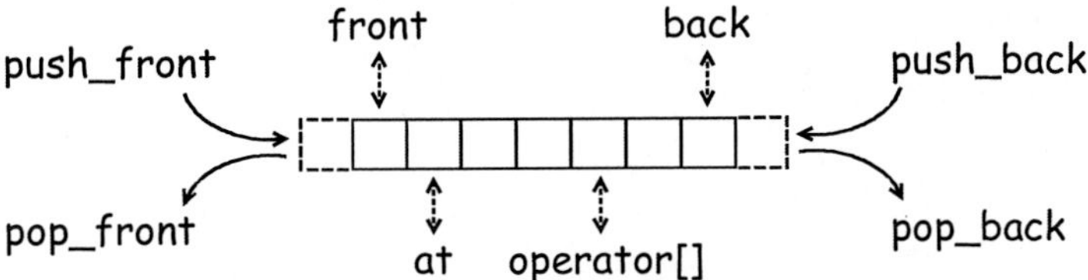

Eine deque erfüllt die allgemeinen Anforderungen an Container (siehe Abschnitt 5.2) sowie die Anforderungen an reversible (5.3) und sequenzielle Container (5.4) inklusive aller optionalen Anforderungen (5.5). Außerdem definiert die Klasse deque einige der in Abschnitt 5.6 aufgeführten Funktionen. Die public Schnittstelle der Klasse deque stimmt daher weitestgehend mit derjenigen der Klasse vector überein. Um Wiederholungen zu vermeiden, versehen wir deshalb die Klassendefinition mit den Seitenzahlen, auf denen die Erklärungen für vector, die für deque ebenfalls gelten, stehen. Im Anschluss behandeln wir die Unterschiede zwischen deque und vector.

```
template<class T, class Allocator = allocator<T> >
class deque {
public:
    typedef typename Allocator::reference reference;                  // S. 62
    typedef typename Allocator::const_reference const_reference;      // S. 62
    typedef typename Allocator::pointer pointer;                      // S. 62
    typedef typename Allocator::const_pointer const_pointer;          // S. 62
    typedef implementierungsspezifisch iterator;                      // S. 63
    typedef implementierungsspezifisch const_iterator;                // S. 63
    typedef implementierungsspezifisch size_type;                     // S. 63
    typedef implementierungsspezifisch difference_type;               // S. 63
    typedef T value_type;                                             // S. 62
    explicit deque(const Allocator& = Allocator());                   // S. 63
    deque(const deque& x);                                            // S. 63
    typedef Allocator allocator_type;                                 // S. 62
    allocator_type get_allocator() const;                             // S. 64
    ~deque();                                                         // S. 64
    deque& operator=(const deque& x);                                 // S. 64
    iterator begin();                                                 // S. 64
    const_iterator begin() const;                                     // S. 64
    iterator end();                                                   // S. 64
    const_iterator end() const;                                       // S. 64
    size_type size() const;                                           // S. 65
    size_type max_size() const;                                       // S. 65
    bool empty() const;                                               // S. 65
    void swap(deque&);                                                // S. 65
    typedef std::reverse_iterator<iterator> reverse_iterator;         // S. 68
    typedef std::reverse_iterator<const_iterator>
        const_reverse_iterator;                                       // S. 68
    reverse_iterator rbegin();                                        // S. 68
    const_reverse_iterator rbegin() const;                            // S. 68
```

```
        reverse_iterator rend();                                        // S. 68
        const_reverse_iterator rend() const;                            // S. 68
        explicit deque(size_type n, const T& value = T(),               // S. 69
                const Allocator& = Allocator());
        template<class InputIterator>
                deque(InputIterator first, InputIterator last,          // S. 69
                        const Allocator& = Allocator());
        iterator insert(iterator position, const T& x);                 // S. 70
        void insert(iterator position, size_type n, const T& x);        // S. 70
        template<class InputIterator>
                void insert(iterator position,                          // S. 71
                        InputIterator first, InputIterator last);
        iterator erase(iterator position);                              // S. 72
        iterator erase(iterator first, iterator last);                  // S. 72
        void clear();                                                   // S. 73
        reference front();                                              // S. 73
        const_reference front() const;                                  // S. 73
        reference back();                                               // S. 74
        const_reference back() const;                                   // S. 74
        void push_front(const T& x);                                    // S. 75
        void push_back(const T& x);                                     // S. 74
        void pop_front();                                               // S. 75
        void pop_back();                                                // S. 74
        reference operator[](size_type n);                              // S. 74
        const_reference operator[](size_type n) const;                  // S. 74
        reference at(size_type n);                                      // S. 74
        const_reference at(size_type n) const;                          // S. 74
        template<class InputIterator>
                void assign(InputIterator first, InputIterator last);   // S. 76
        void assign(size_type n, const T& t);                           // S. 76
        void resize(size_type sz, T c = T());                           // S. 77
};

template<class T, class Allocator>
bool operator==(const deque<T, Allocator>& x,                           // S. 66
        const deque<T, Allocator>& y);
// ... und die anderen Vergleichsoperatoren: !=, <, <=, >=, >

template<class T, class Allocator>
void swap(deque<T, Allocator>& x, deque<T, Allocator>& y);              // S. 79
```

Unterschiede zwischen deque und vector betreffen die Elementfunktionen zum Einfügen (insert) und Löschen (erase) von Elementen.

Durch Einfügen von neuen Elementen in der Mitte einer deque werden alle Referenzen, Zeiger und Iteratoren auf (alte) Elemente in der deque ungültig. Beim Einfügen von neuen Elementen am Beginn oder Ende verlieren zwar alle Iteratoren ihre Gültigkeit, nicht aber Referenzen und Zeiger.

Zum Einfügen eines einzelnen Elements ist im schlechtesten Fall der Aufwand linear in Bezug auf das Minimum der Elementanzahl von der Einfügeposition bis zum Beginn beziehungsweise Ende der deque. Das Einfügen eines Elements am Beginn oder Ende ist stets mit konstantem Aufwand verbunden und verursacht einen Aufruf des Copy-Konstruktors von T.

Durch das Löschen von Elementen in der Mitte einer deque werden alle Referenzen, Zeiger und Iteratoren auf Elemente der deque ungültig. Wird ein Element am Beginn oder Ende gelöscht, verlieren nur die Referenzen, Zeiger und Iteratoren auf das gelöschte Element ihre Gültigkeit.

Für jedes gelöschte Element wird der Destruktor aufgerufen. Die Anzahl der Aufrufe des Zuweisungsoperators ist höchstens gleich dem Minimum der Elementanzahl vor beziehungsweise nach der Löschposition.

Das folgende Beispielprogramm demonstriert die Verwendung einer deque:

container/deque.cpp

```
#include <iostream>
#include <deque>
using namespace std;

int main() {
   deque<int> d;
   for (int i = 0; i <= 18; ++i) {
      if (i % 3)
         d.push_back(i);
      else if (!d.empty()) {
         cout << d.front() << " bedient, Schlange: ";
         d.pop_front();
         for (deque<int>::size_type j = 0; j < d.size(); ++j) cout << d[j] << "  ";
         cout << '\n';
      }
   }
}
```

Die Ausgabe des Programms ist:

```
1 bedient, Schlange: 2
2 bedient, Schlange: 4  5
4 bedient, Schlange: 5  7  8
5 bedient, Schlange: 7  8  10  11
7 bedient, Schlange: 8  10  11  13  14
8 bedient, Schlange: 10  11  13  14  16  17
```

5.8 list

Die Klasse list gehört zu den sequenziellen Containern und unterstützt nur *Bidirectional-Iteratoren*. Im Gegensatz zu vector und deque sind Indexzugriffe deshalb nicht möglich. Dafür erlaubt die Klasse list effizientes Einfügen und Löschen von Elementen an beliebigen Positionen. Algorithmen, die *Random-Access-Iteratoren* benötigen, wie z. B. sort, können für list nicht eingesetzt werden. Stattdessen werden in der Regel entsprechende Elementfunktionen bereitgestellt.

Die Klasse list erfüllt die allgemeinen Anforderungen an Container (siehe Abschnitt 5.2) sowie die Anforderungen an reversible (5.3) und sequenzielle Container (5.4) inklusive der meisten optionalen Anforderungen (5.5) mit Ausnahme von operator[] und at. Außerdem definiert list einige der weiteren Funktionen (5.6): nämlich assign, resize und swap.

Als Implementierung, die durch den Standard nicht festgelegt ist, kommt eine doppelt verkettete Liste in Betracht. Für einen effizienten Zugriff auf das erste und letzte Element können z. B. – wie in der folgenden Abbildung dargestellt – zwei Zeiger verwendet werden.

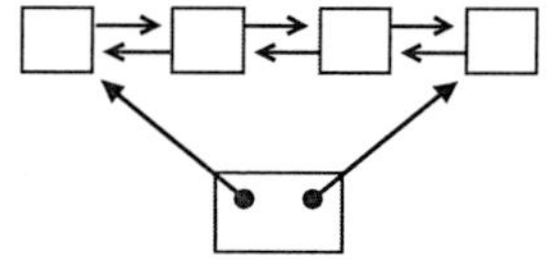

Die folgende Abbildung zeigt eine abstrakte Darstellung mit den charakteristischen Elementfunktionen.

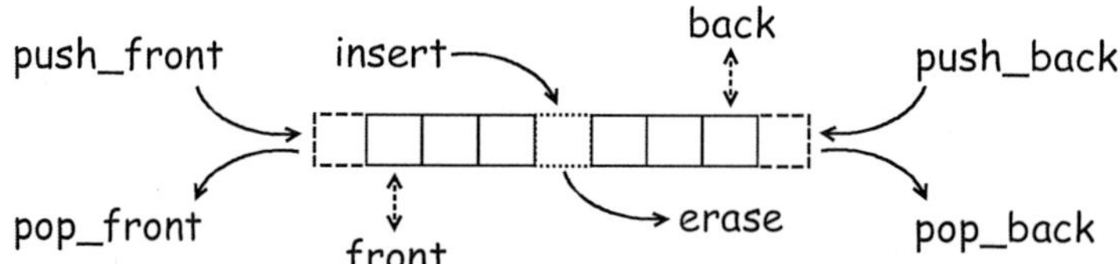

Die public Schnittstelle der Klasse list stimmt weitgehend mit derjenigen der Klassen vector und deque überein. Wir versehen die Klassendefinition, die in der Header-Datei <list> zu finden ist, deshalb wieder mit den Seitenzahlen, auf denen die Erklärungen für vector, die für list ebenfalls gelten, stehen. Im Anschluss behandeln wir die Unterschiede zwischen list und vector.

```
template<class T, class Allocator = allocator<T> >
class list {
public:
    typedef typename Allocator::reference reference;                // S. 62
    typedef typename Allocator::const_reference const_reference;    // S. 62
```

```
typedef implementierungsspezifisch iterator;                        // S. 63
typedef implementierungsspezifisch const_iterator;                  // S. 63
typedef implementierungsspezifisch size_type;                       // S. 63
typedef implementierungsspezifisch difference_type;                 // S. 63
typedef T value_type;                                               // S. 62
typedef Allocator allocator_type;                                   // S. 62
typedef typename Allocator::pointer pointer;                        // S. 62
typedef typename Allocator::const_pointer const_pointer;            // S. 62
typedef std::reverse_iterator<iterator> reverse_iterator;           // S. 68
typedef std::reverse_iterator<const_iterator>
      const_reverse_iterator;                                       // S. 68
explicit list(const Allocator& = Allocator());                      // S. 63
explicit list(size_type n, const T& value = T(),                    // S. 69
      const Allocator& = Allocator());
template<class InputIterator>
      list(InputIterator first, InputIterator last,                 // S. 69
            const Allocator& = Allocator());
list(const list& x);                                                // S. 63
~list();                                                            // S. 64
list& operator=(const list& x);                                     // S. 64
template<class InputIterator>
      void assign(InputIterator first, InputIterator last);         // S. 76
void assign(size_type n, const T& t);                               // S. 76
allocator_type get_allocator() const;                               // S. 64
iterator begin();                                                   // S. 64
const_iterator begin() const;                                       // S. 64
iterator end();                                                     // S. 64
const_iterator end() const;                                         // S. 64
reverse_iterator rbegin();                                          // S. 68
const_reverse_iterator rbegin() const;                              // S. 68
reverse_iterator rend();                                            // S. 68
const_reverse_iterator rend() const;                                // S. 68
bool empty() const;                                                 // S. 65
size_type size() const;                                             // S. 65
size_type max_size() const;                                         // S. 65
void resize(size_type sz, T c = T());                               // S. 77
reference front();                                                  // S. 73
const_reference front() const;                                      // S. 73
reference back();                                                   // S. 74
const_reference back() const;                                       // S. 74
void push_front(const T& x);                                        // S. 75
void pop_front();                                                   // S. 75
void push_back(const T& x);                                         // S. 74
void pop_back();                                                    // S. 74
iterator insert(iterator position, const T& x);                     // S. 70
void insert(iterator position, size_type n, const T& x);            // S. 70
template<class InputIterator>
      void insert(iterator position,                                // S. 71
            InputIterator first, InputIterator last);
```

```
        iterator erase(iterator position);                                   // S. 72
        iterator erase(iterator position, iterator last);                    // S. 72
        void swap(list&);// S. 65
        void clear();                                                        // S. 73
        void splice(iterator position, list& x);
        void splice(iterator position, list& x, iterator i);
        void splice(iterator position, list& x, iterator first, iterator last);
        void remove(const T& value);
        template<class Predicate> void remove_if(Predicate pred);
        void unique();
        template<class BinaryPredicate> void unique(BinaryPredicate pred);
        void merge(list& x);
        template<class Compare> void merge(list& x, Compare comp);
        void sort();
        template<class Compare> void sort(Compare comp);
        void reverse();
};

template<class T, class Allocator> bool
operator==(const list<T, Allocator>&, const list<T, Allocator>&);           // S. 66
// ... und die anderen Vergleichsoperatoren: !=, <, <=, >=, >

template<class T, class Allocator> void
swap(list<T, Allocator>&, list<T, Allocator>&);                             // S. 79
```

Unterschiede zwischen list und vector betreffen zum einen die Elementfunktionen zum Einfügen (insert) und Löschen (erase) von Elementen und zum anderen spezielle Listenoperationen.

Das Einfügen von neuen Elementen hat keinen Einfluss auf die Gültigkeit von Iteratoren, Referenzen und Zeigern auf (alte) Elemente. Der Aufwand zum Einfügen eines Elements ist konstant und benötigt genau einen Aufruf des Copy-Konstruktors für T. Der Aufwand zum Einfügen mehrerer Elemente ist linear in Bezug auf die Anzahl der eingefügten Elemente n und verursacht n Aufrufe des Copy-Konstruktors von T.

Beim Löschen von Elementen verlieren nur die Iteratoren, Referenzen und Zeiger auf die gelöschten Elemente ihre Gültigkeit. Der Aufwand zum Löschen eines Elements ist konstant und benötigt genau einen Aufruf des Destruktors für T. Der Aufwand zum Löschen mehrerer Elemente ist linear in Bezug auf die Anzahl der gelöschten Elemente n und verursacht n Aufrufe des Destruktors von T.

Die speziellen Listenoperationen nutzen die besonderen Listeneigenschaften des effizienten Einfügens und Löschens von Elementen an beliebigen Positionen für Elementfunktionen, über die andere Container nicht verfügen und die gegebenenfalls effizienter arbeiten als gleichnamige Algorithmen. Einige der im Folgenden beschriebenen Funktionen kommen im Beispielprogramm am Ende dieses Abschnitts zum Einsatz.

Zum Verschieben von Elementen von einer Liste x in eine andere Liste dienen drei Versionen der Elementfunktion splice, die ihre Aufgaben durch neue Verzeigerungen der Listenelemente erfüllen. Iteratoren, Zeiger und Referenzen auf die Elemente, die aus der Liste x verschoben werden, können noch benutzt werden, gehören aber nun zur anderen Liste. (Voraussetzung dafür ist, dass die Allokatoren beider Listen gleich sind.) Ausnahmen werden von splice nicht ausgeworfen.

```
void splice(iterator position, list& x);
```

Die erste Funktion fügt die Elemente der Liste x vor dem Iterator position ein. x ist anschließend leer. Die folgende Abbildung stellt die Auswirkungen eines Funktionsaufrufs der Art y.splice(position, x); schematisch dar.

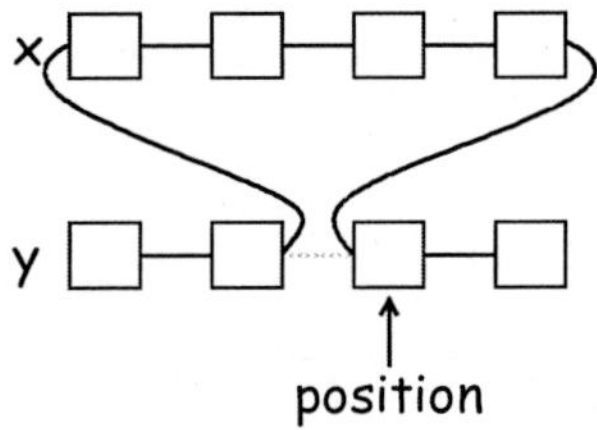

Der Aufwand ist konstant. Voraussetzung für eine korrekte Funktionsweise ist, dass zwei verschiedene Listen beteiligt sind, d. h. &x != this gilt.

```
void splice(iterator position, list& x, iterator i);
```

Die zweite Funktion entfernt das Element, auf das i zeigt, aus x und fügt es vor position ein. Die folgende Abbildung stellt die Auswirkungen eines Funktionsaufrufs der Art y.splice(position, x, i); schematisch dar.

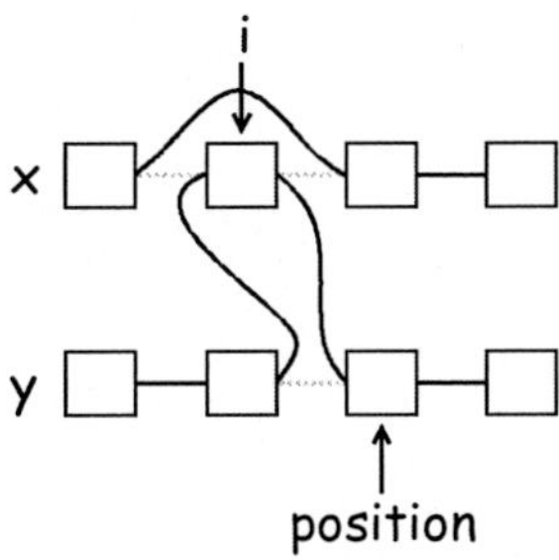

Der Aufwand ist konstant. Sollte position gleich i oder ++i sein, d. h. wird versucht ein Element innerhalb derselben Liste vor oder hinter sich selbst zu verschieben, bleibt die Liste unverändert.

```
void splice(iterator position, list& x, iterator first, iterator last);
```

Die dritte Funktion entfernt die Elemente des Bereichs [first, last) aus x und fügt sie vor position ein. Das Resultat ist nicht definiert, wenn position im Bereich [first, last) liegt. Die folgende Abbildung stellt die Auswirkungen eines Funktionsaufrufs der Art y.splice(position, x, first, last); schematisch dar.

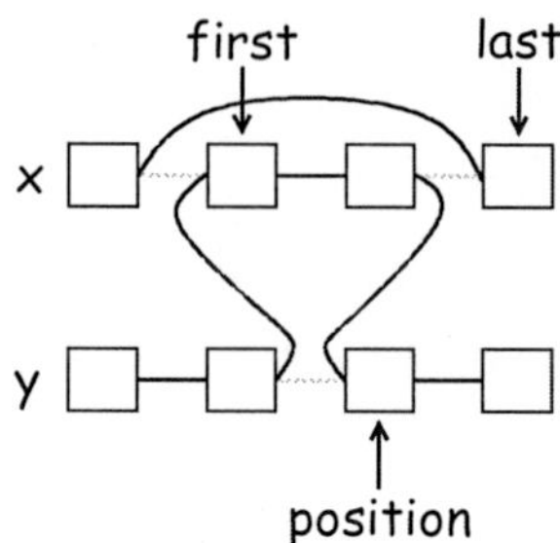

Der Aufwand ist konstant, wenn &x == this ist, d. h. Elemente innerhalb einer Liste verschoben werden. Sind zwei verschiedene Listen beteiligt, ist der Aufwand linear, weil die Anzahl der Elemente im Bereich [first, last) für die Aktualisierung der Listengröße bestimmt werden muss.

Zum Entfernen von Elementen stellen Listen zwei Elementfunktionen zur Verfügung, die effizienter arbeiten als die gleichnamigen Algorithmen (siehe Abschnitt 9.3.12, dort ist auch ein ausführliches Beispiel angegeben).

```
void remove(const T& value);
template<class Predicate> void remove_if(Predicate pred);
```

Die beiden Funktionen entfernen alle Elemente aus der Liste, für die mit einem Listeniterator i gilt, dass *i == value beziehungsweise pred(*i) == true ist. Die relative Reihenfolge der nicht entfernten Elemente bleibt erhalten. Es werden insgesamt size() Vergleiche beziehungsweise Aufrufe von pred benötigt.

unique entfernt aus Folgen mit gleichen Elementen alle bis auf das erste. Die beiden von list bereitgestellten Elementfunktionen arbeiten effizienter als die gleichnamigen Algorithmen (siehe Abschnitt 9.3.14).

```
void unique();
template<class BinaryPredicate> void unique(BinaryPredicate pred);
```

Wenn i ein Listeniterator ist, der den Bereich [begin() + 1, end()) durchläuft, werden alle Elemente entfernt, für die *i == *(i - 1) beziehungsweise pred(*i, *(i - 1)) == true ist. Dazu werden size() - 1 Vergleiche beziehungsweise Aufrufe von pred benötigt, sofern der Bereich nicht leer ist. Wenn die Liste vorher sortiert wird, ist nach der Ausführung von unique jedes Element nur noch genau einmal enthalten.

Zum Mischen von Listen dienen zwei Elementfunktionen namens merge, die für Listen effizienter als die gleichnamigen Algorithmen arbeiten (siehe Abschnitt

9.6.1), weil sie lediglich einigen Zeigern neue Werte zuweisen, aber keine Containerelemente kopieren.

```
void merge(list<T, Allocator>& x);
template<class Compare> void merge(list<T, Allocator>& x, Compare comp);
```

Die Elemente der Argumentliste x werden aus x entfernt und in die Liste sortiert eingefügt. Anschließend ist x somit leer. Damit das Mischen korrekt funktioniert, müssen beide Listen in Bezug auf dieselbe Ordnung (operator< beziehungsweise comp) sortiert sein. Die relative Reihenfolge gleicher Elemente bleibt erhalten, wobei Elemente der Liste vor denen aus x stehen. Es werden höchstens size() + x.size() - 1 Vergleiche benötigt.

Zum Umkehren der Reihenfolge der Elemente gibt es die Elementfunktion reverse, die für Listen effizienter als der gleichnamige Algorithmus ist (siehe Abschnitt 9.3.15).

```
void reverse();
```

Der Aufwand ist linear. Eine typische Implementierung kehrt die Reihenfolge der Elemente dadurch um, dass die Listenelemente neu „verzeigert" werden. Dabei müssen die enthaltenen Elemente im Gegensatz zum Algorithmus nicht kopiert werden. Es wird keine Ausnahme ausgeworfen.

Zum Sortieren der Elemente einer Liste gibt es die Elementfunktion sort. Der gleichnamige Algorithmus (siehe Abschnitt 9.4.1) kann nicht benutzt werden, weil list keine *Random-Access-Iteratoren* unterstützt.

```
void sort();
template<class Compare> void sort(Compare comp);
```

Die Elemente der Liste werden in Bezug auf operator< beziehungsweise comp sortiert. Die relative Reihenfolge gleicher Elemente bleibt erhalten. Es werden annäherungsweise *N log(N)* Vergleiche benötigt, wobei *N* == size() ist.

Das folgende Programmbeispiel demonstriert die Listenfunktionen:

container/list.cpp

```
#include <algorithm>
#include <functional>
#include <iostream>
#include <list>
using namespace std;

template<class T>
ostream& operator<<(ostream& os, const list<T>& l) {
   if (l.empty())
      return os << "leer";
   for (typename list<T>::const_iterator i = l.begin(); i != l.end(); ++i)
      os << *i << " ";
```

```
    return os;
}

int main() {
    list<int> a, b;
    for (int i = 1; i < 9; ++i)
        if (i % 2 == 1)
            a.push_front(i);
        else
            b.push_back(i);
    cout << "a = " << a << "und b = " << b << endl;
    a.sort();
    cout << "a = " << a << endl;
    list<int> c(a);
    a.merge(c);  // a mit einer Kopie von a mischen
    cout << "a = " << a << endl;
    a.splice(a.end(), a, a.begin());  // erstes Element an das Ende verschieben
    cout << "a = " << a << endl;
    b.reverse();
    cout << "b = " << b << endl;
    list<int>::iterator b4 = find(b.begin(), b.end(), 4);
    a.splice(a.begin(), b, b4, b.end());
    cout << "a = " << a << "und b = " << b << endl;
    a.splice(a.end(), b);
    cout << "a = " << a << "und b = " << b << endl;
    a.remove(5);
    cout << "a = " << a << endl;
    a.unique();
    cout << "a = " << a << endl;
}
```

Das Programm erzeugt die Ausgabe:

```
a = 7  5  3  1  und b = 2  4  6  8
a = 1  3  5  7
a = 1  1  3  3  5  5  7  7
a = 1  3  3  5  5  7  7  1
b = 8  6  4  2
a = 4  2  1  3  3  5  5  7  7  1  und b = 8  6
a = 4  2  1  3  3  5  5  7  7  1  8  6  und b = leer
a = 4  2  1  3  3  7  7  1  8  6
a = 4  2  1  3  7  1  8  6
```

5.9 Auswahl nach Aufwand

Die sequenziellen Container vector, deque und list bieten unterschiedliche Aufwandsprofile und sollten entsprechend ihrer jeweiligen Eignung verwendet werden. Standardmäßig ist man mit vector gut bedient. Ist allerdings häufiges Einfügen und Löschen in der Mitte notwendig, sollte list benutzt werden. deque ist am besten geeignet, wenn häufig Elemente am Beginn und am Ende einzufügen beziehungsweise zu löschen sind.

	vector	deque	list
Einfügen und Entfernen			
Vorne	$O(n)$	$O(1)$	$O(1)$
Hinten	$O(1)$	$O(1)$	$O(1)$
Mitte	$O(n)$	$O(n)$	$O(1)$
Zugriff			
erstes	$O(1)$	$O(1)$	$O(1)$
letztes	$O(1)$	$O(1)$	$O(1)$
mittleres	$O(1)$	$O(1)$	$O(n)$
Iterator	Ra	Ra	Bi

vector und deque unterstützen *Random-Access-Iteratoren* (Ra), während list nur *Bidirectional-Iteratoren* (Bi) zur Verfügung stellt. Allein anhand der Komplexitäten wird der Eindruck erweckt, dass eine deque besser ist als ein vector. Dies ist aber nicht der Fall, da eine deque intern aufwändiger gestaltet ist als ein vector (siehe auch Aufgabe 4).

5.10 Aufgaben

1. Warum wird die folgende Funktion vgl nicht übersetzt?

```
bool vgl(const vector<int>& a, const vector<double>& b) {
    return a == b;
}
```

2. Warum arbeitet die folgende Funktion loeschen für list korrekt, aber im Allgemeinen nicht für vector und deque?

```
template<class Container, class T>
void loeschen(Container& c, const T& x) {
    typename Container::iterator i = c.begin();
    while (i != c.end() && *i == x)
        c.erase(i++);
}
```

   Was ändert sich, wenn c.erase(i); i++; statt c.erase(i++); geschrieben wird?

   Schreiben Sie die Funktion so um, dass sie wie gewünscht arbeitet.

3. Versuchen Sie unter Verwendung der folgenden Deklaration, operator<< für die Ausgabe von Containerobjekten zu überladen. Welches Problem tritt dabei auf?

```
template<class Container>
ostream& operator<<(ostream&, const Container&);
```

4. vector und deque bieten beide indizierten Zugriff mittels at und operator[] bei konstantem Aufwand. Gibt es im direkten Vergleich der beiden Containerklassen trotzdem Performanceunterschiede?

5. Schreiben Sie Funktionen für vector, deque und list, die mit einer Einfügeoperation der Art x.insert(vor, von, bis); die Elemente des Bereichs [von, bis) in den Container x vor der durch den Iterator vor markierten Position einfügen und einen Iterator auf das erste eingefügte Element zurückgeben.

6. Wie kann man basierend auf der Klasse vector einen bounded_vector definieren, auf dessen Elemente nicht ab Index 0, sondern z. B. von -100 bis +100 zugegriffen wird? Wäre eine public Ableitung sinnvoll? Das folgende Codefragment zeigt einen möglichen Einsatz der Klasse.

```
bounded_vector<int> bv(-100, 100);   // untere und obere Indexgrenze
cout << bv.size() << endl;
bv[-10] = 1;
```

7. Was ist der Unterschied zwischen vector<X> v(n); und vector<X> v; v.reserve(n); wobei n als const int n = 10000; definiert ist.

8. Wie kann die Funktion void f(int* feld, size_t anz) aus einer C-Bibliothek für ein vector-Objekt v aufgerufen werden? Was ist dabei zu beachten?

9. Als Übung zum Entwurf von Containerklassen wollen wir uns mit einer einfach verketteten Listenklasse namens slist (für *„single linked list“*) beschäftigen. Den internen Aufbau zeigt die folgende Abbildung.

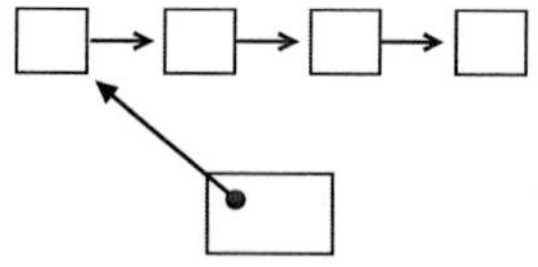

Welche Containeranforderungen gemäß den Abschnitten 5.2 bis 5.5 lassen sich mit der Klasse slist prinzipiell erfüllen? Für welche Anforderungen ist eine Implementierung nur verhältnismäßig ineffizient zu realisieren? Welche zusätzlichen Elementfunktionen sind für die Klasse slist sinnvoll und effizient umsetzbar? Implementieren Sie die Klasse entsprechend den angeführten Fragen. Lassen Sie dabei Iteratoren und Allokatoren vorerst unberücksichtigt.

Zusätzliche Aufgaben zur slist folgen in den weiteren Kapiteln.

6 Containeradapter

Ein Containeradapter definiert – basierend auf einer vorhandenen Containerschnittstelle – eine neue Schnittstelle, die gegenüber dem zugrunde liegenden Container stark eingeschränkt ist. Insbesondere besitzen Containeradapter keine Iteratoren. Der Zugriff auf ihre Elemente ist deshalb nur über ihre Elementfunktionen möglich.

Die Standardbibliothek stellt die drei Containeradapter priority_queue, queue und stack zur Verfügung, deren Implementierungen sich auf Containerklassen wie z. B. vector, deque oder list stützen. Es sind auch andere Container einsetzbar, sofern diese die allgemeinen Containeranforderungen erfüllen und eine passende Schnittstelle bereitstellen.

Gemeinsam ist allen Containeradaptern, dass sie einen Template-Parameter für den verwendeten Containertyp besitzen und dass der Konstruktor eine Referenz auf ein Containerobjekt erwartet, das in das entsprechende Datenelement des Adapters kopiert wird. Ein Wechsel des eingesetzten Containers, z. B. aus Performancegründen, ist somit problemlos möglich.

6.1 stack

Ein stack arbeitet nach dem Prinzip *„last in, first out“* (LIFO), d. h., das Element, das als Letztes abgelegt wurde, wird als Erstes wieder entfernt. Mit push wird ein Element auf einem stack abgelegt. Das zuletzt abgelegte Element ist das oberste und kann mit top angesehen und verändert sowie mit pop entfernt werden.

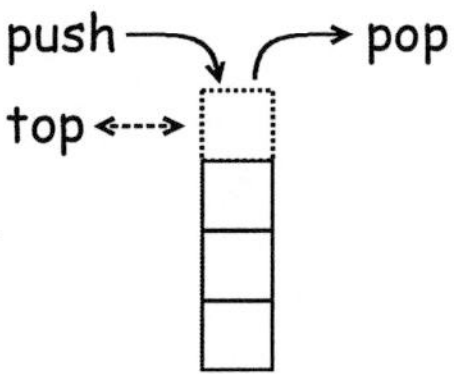

Die Klasse stack ist in der gleichnamigen Header-Datei <stack> definiert. Der benutzte Container muss die Elementfunktionen back, push_back und pop_back bereitstellen. Die sequenziellen Container deque, vector und list sind demzufolge einsetzbar.

Da die Definition der Klasse stack auf einem Container basiert, geben wir die Seitenzahlen an, auf denen die zugrunde liegenden Elemente erklärt werden.

Der Aufwand für die einzelnen Elementfunktionen leitet sich ebenfalls daraus ab.

```
template<class T, class Container = deque<T> >
class stack {
public:
    typedef typename Container::value_type value_type;                      // S. 62
    typedef typename Container::size_type size_type;                        // S. 63
    typedef typename Container::reference reference;                        // S. 62
    typedef typename Container::const_reference const_reference;            // S. 62
    typedef Container container_type;
    explicit stack(const Container& a = Container()) : c(a) { }
    bool empty() const { return c.empty(); }                               // S. 65
    size_type size() const { return c.size(); }                            // S. 65
    reference top() { return c.back(); }                                   // S. 74
    const_reference top() const { return c.back(); }                       // S. 74
    void push(const value_type& x) { c.push_back(x); }                     // S. 74
    void pop() { c.pop_back(); }                                           // S. 74
protected:
    Container c;
};

template<class T, class Container>
bool operator==(const stack<T, Container>& x,                              // S. 66
    const stack<T, Container>& y);
// ... und die anderen Vergleichsoperatoren: !=, <, <=, >=, >
```

Wie die Definition zeigt, wird die Schnittstelle des verwendeten Containers auf die typischen Elementfunktionen eines Stacks eingeschränkt und back, push_back sowie pop_back erhalten die gewohnten Namen top, push und pop. Zusätzlich zu den in der Klassendefinition aufgeführten Elementfunktionen werden vom Compiler automatisch der Copy-Konstruktor, Zuweisungsoperator und Destruktor generiert.

Im Falle eines Aufrufs ohne Argument erzeugt der Konstruktor einen leeren Stack. Mit Hilfe des Konstruktorarguments können die Elemente eines bestehenden Containerobjekts übernommen werden. Allerdings kann das Kopieren eines großen Containers recht aufwändig sein.

```
vector<int> v(10);
stack<int, vector<int> > s(v);    // s enthält Kopien der Elemente von v
```

Wie üblich wird nicht geprüft, ob der Stack mindestens ein Element enthält, wenn top oder pop aufgerufen werden. Allerdings kann man dies selbst mittels empty sicherstellen. Da pop nicht das entfernte Element zurückgibt, ist der Wert vorher mit top zu retten, wenn er noch benötigt wird.

container/stack.cpp

```
#include <stack>
#include <list>
```

```
using namespace std;

int main() {
   stack<int, list<int> > s;
   s.push(5);
   if (s.top() == 5)
      s.pop();
}
```

Bemerkung: Bei älteren STL-Implementierungen muss man stack<deque<int> > statt stack<int> und stack<list<int> > statt stack<int, list<int> > schreiben.

6.2 queue

Eine queue ist eine „Warteschlange", die gemäß dem Prinzip „*first in, first out*" (FIFO) arbeitet. Mit push wird ein Element an eine queue angehängt. Das zuletzt angehängte Element kann mit back angesehen und verändert werden. Das erste Element kann mit front angesehen und verändert sowie mit pop entfernt werden.

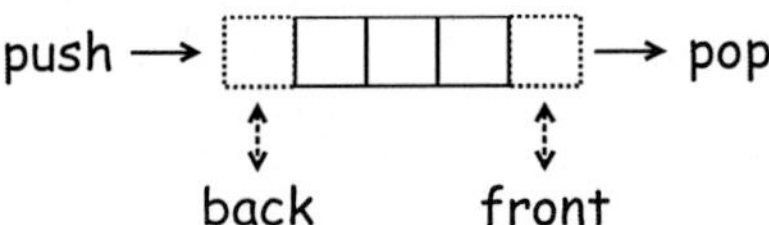

Der zugrunde liegende Container muss front, back, push_back und pop_front unterstützen, was bei list und deque gewährleistet ist. Bei vector fehlt dagegen pop_front. Die Definition der Klasse queue befindet sich in der Header-Datei <queue>. Die Seitenzahlen verweisen wieder auf die Seiten, auf denen die Erklärungen für die Elemente zu finden sind, die vom Containerparameter benutzt werden.

```
template<class T, class Container = deque<T> >
class queue {
public:
      typedef typename Container::value_type value_type;                        // S. 62
      typedef typename Container::size_type size_type;                          // S. 63
      typedef typename Container::reference reference;                          // S. 62
      typedef typename Container::const_reference const_reference;              // S. 62
      typedef Container container_type;
      explicit queue(const Container& a = Container()) : c(a) { }
      bool empty() const { return c.empty(); }                                  // S. 65
      size_type size() const { return c.size(); }                               // S. 65
      reference front() { return c.front(); }                                   // S. 73
      const_reference front() const { return c.front(); }                       // S. 73
      reference back() { return c.back(); }                                     // S. 74
      const_reference back() const { return c.back(); }                         // S. 74
      void push(const value_type& x) { c.push_back(x); }                        // S. 74
```

```
        void pop() { c.pop_front(); }                                    // S. 75
    protected:
        Container c;
    };

    template<class T, class Container> inline
    bool operator==(const queue<T, Container>& x,                         // S. 66
        const queue<T, Container>& y) { return x.c == y.c; }
    // ... und die anderen Vergleichsoperatoren: !=, <, <=, >=, >
```

Zusätzlich zu den in der Klassendefinition aufgeführten Elementfunktionen werden vom Compiler automatisch der Copy-Konstruktor, Zuweisungsoperator und Destruktor generiert.

container/queue.cpp

```
#include <queue>
#include <list>
#include <iostream>
using namespace std;

int main() {
    queue<int, list<int> > q;
    q.push(3);
    q.push(5);
    q.push(7);
    if (q.back() != 7)
        cerr << "Hier stimmt etwas nicht...\n";
    while (!q.empty()) {
        cout << q.front() << "  ";
        q.pop();
    }
}
```

Das Programm erzeugt die Ausgabe:

```
3 5 7
```

6.3 priority_queue

Eine priority_queue verhält sich ähnlich wie eine queue, allerdings mit dem Unterschied, dass die eingefügten Elemente gemäß ihrer Priorität an die Spitze der Warteschlange gelangen, wo sie dann entfernt werden. Es wird also immer das Element entfernt, das die jeweils höchste Priorität besitzt. Elemente mit gleicher Priorität werden in der gleichen Reihenfolge entfernt, in der sie eingefügt wurden.

Mit push wird ein Element in eine priority_queue eingereiht. Das Element mit der höchsten Priorität kann mit top angesehen, aber nicht verändert werden. pop entfernt das Element mit der höchsten Priorität.

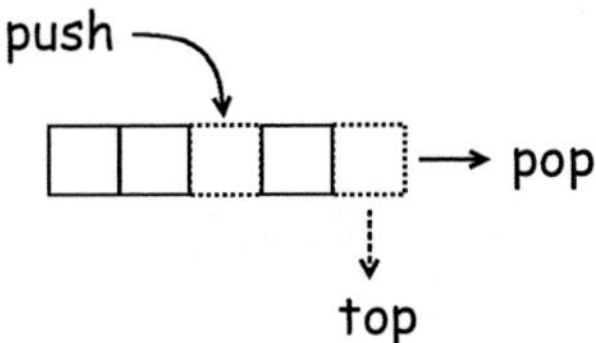

Der zugrunde liegende Container muss front, push_back und pop_back zur Verfügung stellen. Außerdem muss er *Random-Access-Iteratoren* unterstützen, damit das Element mit der jeweils höchsten Priorität effizient ermittelt werden kann. Die Implementierung benutzt dazu einen Heap (siehe Abschnitt 9.8). Es eignen sich demzufolge vector und deque, aber nicht list.

Zusätzlich zum Container kann ein Funktionsobjekt zum Vergleich der Elemente in der priority_queue angegeben werden, um das Element mit der höchsten Priorität zu ermitteln. Gibt man kein Funktionsobjekt an, wird per Vorgabe less benutzt.

Die Klassendefinition ist zusammen mit der Klasse queue in der Header-Datei <queue> enthalten. Die Seitenzahlen verweisen wieder auf die Erklärungen zu den Elementen, die vom Containerparameter benutzt werden.

```
template<class T, class Container = vector<T>,
      class Compare = less<typename Container::value_type> >
class priority_queue {
public:
      typedef typename Container::value_type value_type;                  // S. 62
      typedef typename Container::size_type size_type;                    // S. 63
      typedef typename Container::reference reference;                    // S. 62
      typedef typename Container::const_reference const_reference;        // S. 62
      typedef Container container_type;
      explicit priority_queue(const Compare& x = Compare(),
            const Container& y = Container());
      template<class InputIterator>
            priority_queue(InputIterator first, InputIterator last,
                  const Compare& x = Compare(),
                  const Container& y = Container());
      bool empty() const { return c.empty(); }                            // S. 65
      size_type size() const { return c.size(); }                         // S. 65
      const_reference top() const { return c.front(); }                   // S. 73
      void push(const value_type& x);
      void pop();
protected:
      Container c;
```

```
        Compare comp;
    };
```

Im Gegensatz zu stack und queue sind die Vergleichsoperatoren für priority_queue nicht definiert, weil Vergleiche wenig sinnvoll erscheinen und darüber hinaus aufgrund der internen Heapstruktur sehr aufwändig wären. Es gibt zwei Konstruktoren:

```
explicit priority_queue(const Compare& x = Compare(),
        const Container& y = Container()) : c(y), comp(x)
        { make_heap(c.begin(), c.end(), comp); }
```

Der erste Konstruktor, der wegen der Standardargumente auch als Standardkonstruktor einsetzbar ist, initialisiert c mit y und comp mit x. Anschließend wird mit make_heap(c.begin(), c.end(), comp) ein Heap aufgebaut (siehe Abschnitt 9.8.1).

```
template<class InputIterator>
priority_queue(InputIterator first, InputIterator last,
        const Compare& x = Compare(), const Container& y = Container())
                : c(y), comp(x) {
        c.insert(c.end(), first, last);
        make_heap(c.begin(), c.end(), comp);
}
```

Der zweite Konstruktor initialisiert c mit y und comp mit x. Anschließend werden die Elemente des Bereichs [first, last) mit c.insert(c.end(), first, last) am Ende an den Container angehängt (vgl. Seite 71). Dann wird mit make_heap(c.begin(), c.end(), comp) ein Heap aufgebaut (siehe Abschnitt 9.8.1).

```
void push(const value_type& x) {
        c.push_back(x);                                          // S. 74
        push_heap(c.begin(), c.end(), comp);                     // S. 219
}
```

push kopiert das Objekt x in die priority_queue.

```
void pop() {
        pop_heap(c.begin(), c.end(), comp);                      // S. 219
        c.pop_back();                                            // S. 74
}
```

pop entfernt das Element mit der höchsten Priorität aus der priority_queue. Im folgenden Beispielprogramm wird mit Hilfe des Funktionsobjekts greater jeweils der kleinste Wert als derjenige mit der höchsten Priorität interpretiert.

container/priority_queue.cpp

```
#include <queue>
#include <deque>
#include <functional>
```

```
#include <iostream>
using namespace std;

int main() {
   priority_queue<int, deque<int>, greater<int> > p;
   p.push(1);
   p.push(7);
   p.push(3);
   p.push(5);
   while (!p.empty()) {
      cout << p.top() << "  ";
      p.pop();
   }
}
```

Die Ausgabe des Programms ist:

```
1 3 5 7
```

6.4 Aufgaben

1. Warum verursacht im folgenden Programmfragment die erste Zuweisung einen Fehler, die zweite aber nicht? Warum wird bei c und d Codeduplizierung vermieden? Kann nach der Zuweisung noch sinnvoll mit c gearbeitet werden?

```
typedef bool (*Funktion)(int, int);
bool kleiner(int x, int y) { return x < y; }
bool groesser(int x, int y) { return y < x; }

priority_queue<int> a;
priority_queue<int, vector<int>, greater<int> > b;

priority_queue<int, vector<int>, Funktion> c(kleiner);
priority_queue<int, vector<int>, Funktion> d(groesser);

a = b;   // Fehler beim Übersetzen
c = d;   // kein Fehler beim Übersetzen
```

2. Welche der Containeradapter lassen sich mit der Klasse slist aus Aufgabe 5-9 kombinieren?

7 Assoziative Container

Die assoziativen Container der Standardbibliothek erlauben einen effizienten Zugriff auf die in ihnen enthaltenen Elemente über Schlüssel, wobei die typischen Operationen mit logarithmischem Aufwand verbunden sind. Zur Standardbibliothek gehören die assoziativen Containerklassen set, multiset, map und multimap.

Die Klasse map verwaltet Paare von Schlüsseln und Werten. Mit Hilfe des Schlüssels kann auf den zugeordneten Wert zugegriffen werden. Das ist ähnlich zu einem Feld, bei dem als Index nicht allein Zahlen, sondern beliebige Werte möglich sind. Während in einer map jeder Schlüssel höchstens einmal speicherbar ist, kann derselbe Schlüssel in einer multimap mehrmals vorhanden sein. Die Klasse set ist eine Art degenerierte map, bei der nur eindeutige Schlüssel ohne zugehörige Werte existieren, d. h., der Typ der Elemente wird auch als Schlüsseltyp benutzt. Bei multiset können Schlüssel mehrfach vorkommen. Die folgende Tabelle enthält eine Übersicht der Klassen.

Schlüssel	**eindeutig**	**mehrere möglich**
nur Schlüssel	set	multiset
Schlüssel und zugeordnete Werte	map	multimap

Jede der vier Klassen besitzt jeweils einen Template-Parameter namens Key für den Schlüssel und einen namens Compare zum Anordnen der Elemente. Darüber hinaus verbinden map und multimap einen Typ T mit dem Schlüssel, indem sie als Typ der Elemente pair<const Key, T> einsetzen.

Compare ist der Typ für ein Funktionsobjekt, das als das *Vergleichsobjekt* eines Containers bezeichnet wird. Compare muss gemäß der Definition auf Seite 3 eine Ordnung definieren. Als Template-Standardargument wird less verwendet, was Vergleichen mit operator< entspricht. Zwei Schlüssel k1 und k2 sind äquivalent, wenn mit dem Vergleichsobjekt comp des Containers gilt: comp(k1, k2) == false && comp(k2, k1) == false (siehe Seite 3). Gegenüber einem „echten" == fällt der höhere Aufwand kaum ins Gewicht, weil der Ausdruck zur Prüfung der Äquivalenz selten benötigt wird und dann oft schon der erste Funktionsaufruf genügt, um das Ergebnis zu bestimmen.

Die Iteratoren assoziativer Container gehören zur Kategorie der *Bidirectional-Iteratoren*. Sie besitzen die besondere Eigenschaft, dass sie die Elemente eines assoziativen Containers „sortiert" durchlaufen, wobei die Reihenfolge vom verwendeten Vergleichsobjekt comp abhängt. Formal lässt sich der Sachverhalt auch so ausdrücken: Für zwei Iteratoren i und j, für die der Abstand von i nach j positiv ist, gilt comp(*j, *i) == false. Für assoziative Container mit eindeutigen Schlüsseln gilt die strengere Bedingung comp(*i, *j) == true.

Um die Sortierung der Schlüssel und logarithmischen Aufwand bei den typischen Operationen zu gewährleisten, benutzen die assoziativen Container eine Implementierung, die auf einer Form von balancierten Binärbäumen basiert. Einen anderen Ansatz stellen *Hash-Tabellen* dar; er wird von einigen Klassenbibliotheken verfolgt, die als inoffizielle Ergänzung zur Standardbibliothek angeboten werden.

Assoziative Container erfüllen die allgemeinen Containeranforderungen aus Abschnitt 5.2 und wegen der Unterstützung von *Bidirectional-Iteratoren* auch die Anforderungen an reversible Container aus Abschnitt 5.3. Darüber hinaus sollen die unten im Abschnitt 7.2 aufgeführten Anforderungen an assoziative Container erfüllt werden, die wir am Beispiel der Klasse map vorstellen. Im nächsten Abschnitt werden wir dazu zunächst die Klasse map und die uns bereits von den anderen Containerklassen bekannten Elemente besprechen.

7.1 map

Die Klasse map gehört zu den assoziativen Containern und bietet über Schlüssel schnellen Zugriff auf Werte eines Typs T. Sie unterstützt eindeutige Schlüssel, d. h., ein Schlüssel kann höchstens einmal enthalten sein. Die Klassendefinition befindet sich in der Header-Datei <map>.

Im Folgenden geben wir den Teil der Klassendefinition an, der die Elemente enthält, die zu den allgemeinen Containeranforderungen aus Abschnitt 5.2 und den Anforderungen an reversible Container aus Abschnitt 5.3 gehören. Die übrigen Elemente werden anschließend zusammen mit den Anforderungen an assoziative Container im Abschnitt 7.2 vorgestellt. Die Seitenzahlen beziehen sich auf die Seiten, auf denen die Erklärungen zu finden sind.

```
template<class Key, class T, class Compare = less<Key>,
        class Allocator = allocator<pair<const Key, T> > >
class map {
public:
        typedef pair<const Key, T> value_type;                          // S. 62
        typedef Allocator allocator_type;                               // S. 62
        typedef implementierungsspezifisch size_type;                   // S. 63
        typedef implementierungsspezifisch difference_type;             // S. 63
        typedef implementierungsspezifisch iterator;                    // S. 63
        typedef implementierungsspezifisch const_iterator;              // S. 63
        typedef std::reverse_iterator<iterator> reverse_iterator;       // S. 68
        typedef std::reverse_iterator<const_iterator>
                const_reverse_iterator;                                 // S. 68
        typedef typename Allocator::reference reference;                // S. 62
        typedef typename Allocator::const_reference const_reference;    // S. 62
```

```
    typedef typename Allocator::pointer pointer;                     // S. 62
    typedef typename Allocator::const_pointer const_pointer;         // S. 62
    map(const map& x);                                               // S. 63
    ~map();                                                          // S. 64
    map& operator=(const map& x);                                    // S. 64
    allocator_type get_allocator() const;                            // S. 64
    iterator begin();                                                // S. 64
    const_iterator begin() const;                                    // S. 64
    iterator end();                                                  // S. 64
    const_iterator end() const;                                      // S. 64
    reverse_iterator rbegin();                                       // S. 68
    const_reverse_iterator rbegin() const;                           // S. 68
    reverse_iterator rend();                                         // S. 68
    const_reverse_iterator rend() const;                             // S. 68
    bool empty() const;                                              // S. 65
    size_type size() const;                                          // S. 65
    size_type max_size() const;                                      // S. 65
    void swap(map&);                                                 // S. 65
    // ... weitere Klassenelemente werden im Text vorgestellt
};

template<class Key, class T, class Compare, class Allocator>
bool operator==(const map<Key, T, Compare, Allocator>& x,            // S. 66
    const map<Key, T, Compare, Allocator>& y);
// ... und die anderen Vergleichsoperatoren: !=, <, <=, >=, >
```

Das Vergleichen von map-Objekten ist eher ungewöhnlich. Die Bereitstellung der üblichen Vergleichsoperatoren gewährleistet indessen die korrekte Funktionsweise von Algorithmen.

```
template<class Key, class T, class Compare, class Allocator>
void swap(map<Key, T, Compare, Allocator>& x,
    map<Key, T, Compare, Allocator>& y);
```

Die spezielle Version des globalen Algorithmus swap hat den gleichen Effekt wie x.swap(y).

Um die Ordnung der von einer map verwalteten Elemente stets zu gewährleisten, ist value_type als pair<const Key, T> definiert, so dass der Schlüssel im Gegensatz zum zugehörigen Wert nicht modifizierbar ist. Es ist aber nicht zulässig, eine map beispielsweise in der Form map<const int, X> mit einem konstanten Typ für den Schlüssel anzulegen (siehe auch Seite 104).

Ein Iterator i für eine map liefert Werte des Typs value_type – also des Typs pair<const Key, T>. Auf den Schlüssel wird dann mit i->first (nur lesend) und auf den zugehörigen Wert mit i->second (lesend und schreibend) zugegriffen. Wie bei Zeigern ist i->second die Kurzform von (*i).second. (Einige ältere Implementierungen unterstützen nur die zweite Form.)

Zu typischen Einsatzbereichen für die Klasse map gehören z. B. Indexdateien und Telefonverzeichnisse. Zur Verwaltung von Vokabeln kann man eine map wie folgt einsetzen:

```
#include <map>
#include <string>
using namespace std;
typedef map<string, string> VokMap;
VokMap vokabeln;
```

Es werden Paare von Stringobjekten gespeichert. Der erste String ist ein englisches Wort und der zweite dessen deutsche Übersetzung. Der mit typedef vereinbarte Name vereinfacht die spätere Benutzung wie z. B. bei VokMap::iterator statt map<string, string>::iterator. Außerdem werden Typänderungen erleichtert, wie beispielsweise map<string, string, greater<string> > für eine absteigende Sortierung. Für Compiler, die nicht über komplexe Standardargumente für Templates verfügen, ist im Beispiel map<string, string, less<string> > zu schreiben. Wir werden das Vokabelbeispiel im Folgenden ausbauen.

7.2 Anforderungen an assoziative Container

Assoziative Container stellen zusätzlich zu den bereits bekannten Typnamen (siehe Abschnitt 5.2) weitere zu Verfügung.

```
typedef Key key_type;
```

key_type ist der Typ der Schlüssel. Für diesen Typ müssen Zuweisungen definiert sein, d. h., er muss *assignable* sein.

```
typedef Compare key_compare;
```

key_compare ist der Typ des Vergleichsobjekts, mit dem die Schlüssel geordnet werden. Standardmäßig wird less<key_type> benutzt.

```
class value_compare : public binary_function<value_type, value_type, bool> {
public:
	bool operator()(const value_type& x, const value_type& y) const
		{ return comp(x.first, y.first); }
protected:
	Compare comp;
	value_compare(Compare c) : comp(c) { }
	friend class map;
};
```

value_compare ist ein zweistelliges Prädikat, das zum Ordnen der Containerelemente verwendet wird. Für map und multimap ist value_compare eine eingebettete Klasse, die Objekte des Typs pair nach Schlüsseln ordnet, indem für Vergleiche nur das Datenelement first herangezogen wird. Für set und multiset ist value_compare gleich key_compare, da bei diesen beiden Klassen die Werte die Schlüssel darstellen.

```
explicit map(const Compare& comp = Compare(), const Allocator& = Allocator());
```

Dieser Konstruktor kann als Standardkonstruktor in den Formen X() und X a; eingesetzt werden, wobei X den Typ des assoziativen Containers wie z. B. map<string, string, less<string> > bezeichnet. Es wird ein leeres Containerobjekt erzeugt, das Compare() – im Beispiel less<string>() – als Vergleichsobjekt benutzt. Der Aufwand ist konstant.

Außerdem kann der Konstruktor in den Formen X(c) und X a(c); ein leeres Containerobjekt erzeugen, das c als Vergleichsobjekt benutzt. Weil dabei der Typ von c zu Compare passen muss, wird von dieser Möglichkeit kaum Gebrauch gemacht (siehe auch Aufgabe). Hier ist der Aufwand ebenfalls konstant.

```
template<class InputIterator>
    map(InputIterator first, InputIterator last,
        const Compare& comp = Compare(), const Allocator& = Allocator());
```

Der zweite Konstruktor kann in den Formen X(i, j, c); und X a(i, j, c); aufgerufen werden, wobei i und j mindestens *Input-Iteratoren* sind, die auf Objekte des Typs value_type verweisen, d. h., *i liefert ein pair-Objekt. Es wird ein leerer Container erzeugt, in den die Elemente des Bereichs [i, j) eingefügt werden und der c als Vergleichsobjekt benutzt. Der Aufwand beträgt im Allgemeinen $N \log(N)$, wobei N der Abstand zwischen i und j ist. Wenn die Elemente des Bereichs [i, j) in Bezug auf value_compare sortiert sind, ist der Aufwand linear. Wird der Konstruktor in den Formen X(i, j) und X a(i, j); eingesetzt, wird Compare() als Vergleichsobjekt verwendet.

```
key_compare key_comp() const;
```

key_comp liefert das Vergleichsobjekt für die Schlüssel. Der Aufwand ist konstant. Damit kann eine Kopie des Vergleichsobjekts für einen anderen Container eingesetzt werden, so dass beide auf die gleiche Weise sortieren, z. B.

```
template<class Map>
void f(const Map& a) {
    priority_queue<typename Map::key_type, vector<typename Map::key_type>,
        typename Map::key_compare> b(a.key_comp());
    // ...
}
```

Auch das Vergleichsobjekt für die Werte kann abgefragt werden.

```
value_compare value_comp() const;
```

value_comp liefert das Vergleichsobjekt für die Werte. Der Aufwand ist konstant.

```
pair<iterator, bool> insert(const value_type& x);    // für map und set
```

In einen assoziativen Container mit eindeutigen Schlüsseln wie map und set fügt insert das Objekt x nur ein, wenn noch kein Element mit einem äquivalenten Schlüssel im Container enthalten ist. Die bool-Komponente des zurückgegebenen pair-Objekts ist true, wenn x eingefügt wurde und sonst false. Die iterator-Komponente zeigt auf das eingefügte beziehungsweise bereits vorhandene Element mit dem Wert x. Der Aufwand ist logarithmisch.

```
iterator insert(const value_type& x);    // für multimap und multiset
```

Für assoziative Container, bei denen Schlüssel mehrfach vorkommen können (multimap und multiset), ist der Rückgabewert der Elementfunktion insert ein Iterator, der auf das eingefügte Element x verweist. (Da das neue Element auf jeden Fall eingefügt wird, ist ein Rückgabewert des Typs bool überflüssig.) Der Aufwand ist logarithmisch.

Wegen der verschiedenen Rückgabetypen der Funktion insert für map und set einerseits sowie multimap und multiset andererseits können Algorithmen in Bezug auf diese Einfügefunktion nicht allgemein formuliert werden.

Es gibt mehrere Möglichkeiten, ein neues Wertepaar mit insert in ein map-Objekt einzufügen. In unserem Vokabelbeispiel können wir schreiben:

```
vokabeln.insert(pair<const string, string>("one", "Eins"));
vokabeln.insert(make_pair(string("two"), string("Zwei")));
vokabeln.insert(VokMap::value_type("three", "Drei"));
```

Die elegante, aber ineffizientere Möglichkeit vokabeln["four"] = "Vier"; wird in Abschnitt 7.3 auf Seite 109 vorgestellt.

Ob das Einfügen erfolgreich war, kann unmittelbar über das Datenelement second des Rückgabewertepaares von insert festgestellt werden.

```
VokMap::value_type v("five", "Fünf");
if (vokabeln.insert(v).second)
        cout << "Erfolgreich eingefügt.\n";
```

Unter Verwendung eines pair-Objekts p können wir den Erfolg der Einfügeoperation überprüfen (p.second) und einen Iterator (p.first) auf das bereits vorhandene oder gerade eingefügte Element erhalten.

```
const pair<VokMap::iterator, bool> p = vokabeln.insert(v);
if (!p.second)
        cout << p.first->first << " ist bereits vorhanden und hat den Wert "
                << p.first->second << endl;
```

Der Iterator p.first verweist auf ein Wertepaar des map-Objekts. Mit p.first->first kann auf den Schlüssel und mit p.first->second auf den zugehörigen Wert zugegriffen werden.

```
iterator insert(iterator position, const value_type& x);
```

Die zweite Einfügefunktion fügt x in map und set nur ein, wenn noch kein Element mit demselben Schlüssel vorhanden ist. In multimap und multiset wird x auf jeden Fall eingefügt. Zurückgegeben wird ein Iterator auf ein Element mit dem gleichen Schlüssel wie x.

Da assoziative Container ihre Elemente automatisch ordnen, ist es in der Regel – abgesehen von gleichen Schlüsseln in multimap und multiset – nicht sinnvoll, anzugeben, wo ein Element einzufügen ist. Trotzdem wird diese Möglichkeit angeboten, damit die Schnittstelle die gleiche ist wie bei den sequenziellen Containern (vgl. Seite 70) und assoziative Container zusammen mit der Klasse insert_iterator einsetzbar sind (siehe Abschnitt 8.10.3). Außerdem lassen sich eventuell Performancesteigerungen erreichen, wenn Elemente sortiert eingefügt werden, z. B.

```
set<int> s;
for (int i = 1; i <= 10000; ++i)
      s.insert(s.end(), i);
```

Der Iterator position ist ein Hinweis, wo die Suche zum Einfügen von x beginnen soll. Ist der Hinweis gut, kann x direkt bei position eingefügt werden, und der Aufwand ist konstant. Sonst ist der Aufwand logarithmisch.

```
template<class InputIterator>
      void insert(InputIterator first, InputIterator last);
```

Mit der dritten Funktion können die Elemente des Bereichs [first, last) in den Container eingefügt werden, wobei first und last *Input-Iteratoren* sind, die auf Objekte des Typs value_type verweisen. first und last dürfen nicht auf Elemente des Containers zeigen. Bei map und set wird ein Element nur eingefügt, wenn noch kein Element mit einem äquivalenten Schlüssel existiert. Der Aufwand beträgt im Allgemeinen *N log(*size() + *N)*, wobei *N* der Abstand zwischen first und last ist. Wenn die Elemente des Bereichs [first, last) in Bezug auf value_compare sortiert sind, soll der Aufwand linear sein. Das Einfügen von Elementen geht demzufolge am schnellsten, wenn mehrere Elemente sortiert auf einmal eingefügt werden.

Allen Elementfunktionen namens insert ist gemeinsam, dass Referenzen, Zeiger und Iteratoren auf Containerelemente gültig bleiben.

```
size_type erase(const key_type& x);
```

Diese Funktion löscht alle Elemente mit dem Schlüssel x und gibt die Anzahl der gelöschten Elemente zurück. Der Rückgabewert 0 bedeutet, dass keine Elemente gelöscht wurden. Bei multimap und multiset kann der Rückgabewert größer als 1 sein. Der Aufwand beträgt *log(*size()*)* + count(x).

```
const VokMap::size_type n = vokabeln.erase("one");
cout << n << " Element(e) gelöscht.\n";
```

Im Beispiel wird ein Element gelöscht.

```
void erase(iterator position);
```

Die zweite Löschfunktion entfernt das Element, auf das der Iterator position verweist. Der Aufwand ist konstant. Demnach kann ein Element, das bereits von einem Iterator referenziert wird, mit dieser Funktion effizienter gelöscht werden als unter Angabe seines Schlüssels. Der Wert des Iterators ist nach dem Aufruf von erase nicht mehr definiert, weil das Element, auf das er verwies, gelöscht wurde. Der Iterator position muss gültig und dereferenzierbar sein. Das bedeutet insbesondere, dass erase(end()) ein Fehler ist.

```
void erase(iterator first, iterator last);
```

Die dritte Version löscht die Elemente des Bereichs [first, last). Der Aufwand dazu beträgt *log(*size()*)* + *N*, wobei *N* der Abstand zwischen first und last ist.

Bei allen drei Versionen der Elementfunktion erase verlieren nur Referenzen, Zeiger und Iteratoren auf gelöschte Containerelemente ihre Gültigkeit. Im Gegensatz zu den entsprechenden Funktionen sequenzieller Container ist der Rückgabetyp für die beiden letzten Elementfunktionen void statt iterator (siehe Seite 72), weil so die unter Umständen recht aufwändige Bestimmung des nachfolgenden Containerelements entfällt.

```
void clear();
```

clear hat den gleichen Effekt wie erase(begin(), end()), d. h., alle Elemente werden gelöscht und nach dem Aufruf ist size() == 0. Der Aufwand dafür ist linear.

Die folgenden vier Elementfunktionen find, lower_bound, upper_bound und equal_range sind jeweils in zwei Versionen definiert, die die gleiche Funktionalität aufweisen, aber für einen const Container const_iterator und sonst iterator liefern – bei equal_range entsprechend pair<iterator, iterator> und pair<const_iterator, const_iterator>.

```
iterator find(const key_type& x);
const_iterator find(const key_type& x) const;
```

Der zurückgegebene Iterator verweist auf ein Element mit dem Schlüssel x. Ist ein solches Element nicht vorhanden, wird end() zurückgegeben. Der Aufwand ist logarithmisch – im Gegensatz zum Algorithmus find aus Abschnitt 9.2.2, der linearen Aufwand verursacht.

```
const VokMap::const_iterator i = vokabeln.find("six");
if (i == vokabeln.end())
        cout << "Nicht gefunden.\n";
```

Kann es wie bei multimap und multiset mehrere Elemente mit dem Schlüssel x geben, liefert find einen Iterator auf *irgendein* Element, dessen Schlüssel äquivalent zu x ist. Meistens möchte man jedoch alle Elemente zu einem Schlüssel finden. Der Anfang des Bereichs mit Elementen, deren Schlüssel äquivalent sind, kann mit lower_bound und das Ende mit upper_bound bestimmt werden.

Benötigt man beide Werte, genügt ein Aufruf von equal_range. Für map und set, die eindeutige Schlüssel besitzen, sind diese drei Funktionen allerdings – abgesehen von der einheitlichen Schnittstelle – nicht sonderlich wertvoll.

```
iterator lower_bound(const key_type& x);
const_iterator lower_bound(const key_type& x) const;
```

lower_bound liefert einen Iterator auf das erste Element, dessen Schlüssel nicht kleiner als x ist. Existiert kein solches Element, wird end() zurückgegeben. Der Rückgabewert ist also ein Iterator, der die erste Position markiert, an der x eingefügt werden kann, ohne die Ordnung zu verletzen. Der Aufwand ist logarithmisch. (Vergleiche auch den Algorithmus lower_bound in Abschnitt 9.5.1, dort ist auch ein ausführliches Beispiel angegeben.)

```
iterator upper_bound(const key_type& x);
const_iterator upper_bound(const key_type& x) const;
```

upper_bound liefert einen Iterator auf das erste Element, das einen Schlüssel besitzt, der größer als x ist. Existiert kein solches Element, wird end() zurückgegeben. Der Rückgabewert ist demzufolge ein Iterator, der die letzte Position markiert, an der x eingefügt werden kann, ohne die Ordnung zu verletzen. Der Aufwand ist logarithmisch. (Vergleiche auch den Algorithmus upper_bound in Abschnitt 9.5.2.)

```
pair<iterator, iterator> equal_range(const key_type& x);
pair<const_iterator, const_iterator> equal_range(const key_type& x) const;
```

Das Ergebnis von equal_range entspricht make_pair(lower_bound(x), upper_bound(x)). Es wird folglich ein pair-Objekt p zurückgegeben, das den Bereich [p.first, p.second) aller Elemente mit dem Schlüssel x abgrenzt. Der Bereich ist leer, wenn keine Elemente mit dem Schlüssel x existieren. Der Aufwand ist logarithmisch. (Vergleiche auch den Algorithmus equal_range in Abschnitt 9.5.3.)

```
size_type count(const key_type& x) const;
```

count liefert die Anzahl der Containerelemente, die den Schlüssel x besitzen. Der Aufwand beträgt *log(*size()*)* + count(x). (Vergleiche auch den Algorithmus count in Abschnitt 9.2.6.)

7.3 Der Indexoperator der Klasse map

Die charakteristische Funktion der Klasse map ist der Indexoperator, der bei den anderen assoziativen Containern fehlt.

```
typedef T mapped_type;
```

mapped_type ist der Typ des zum Schlüssel gehörenden Werts. Dieser Typ wird nur von map und multimap bereitgestellt.

```
mapped_type& operator[](const key_type& x);
```

Das Ergebnis entspricht (*((insert(make_pair(x, T()))).first)).second. Es wird also eine Referenz auf den zum Schlüssel x gehörenden Wert geliefert, so dass der Wert gelesen und modifiziert werden kann. War x vor dem Aufruf noch nicht in der map enthalten, wird zunächst ein mittels Standardkonstruktor erzeugtes T-Objekt zusammen mit dem Schlüssel x eingefügt. Das folgende Beispiel demonstriert einige Fälle.

```
map<string, string> m;               // m ist leer
m["one"] = "eins";                   // ("one", "") einfügen, "eins" zuweisen
m["two"] = "Zwei";                   // ("two", "") einfügen, "Zwei" zuweisen
m["one"] = "Eins";                   // Wert für "one" in "Eins" ändern
string zwei = m["two"];              // Wert für "two" lesen, zwei == "Zwei"
string drei = m["three"];            // ("three", "") einfügen, drei == ""
```

Der Aufwand für den Indexoperator leitet sich aus dem Einsatz der Elementfunktion insert ab und ist daher logarithmisch. Das Einfügen neuer Objekte mittels insert ist effizienter, weil nicht erst ein Objekt per Standardkonstruktor erzeugt und dann per Zuweisung überschrieben wird (vgl. Seite 105). Möchte man einen Wert nur abfragen und nicht gegebenenfalls automatisch einfügen, ist statt des Indexoperators die Elementfunktion find zu benutzen (siehe Seite 108).

Für const deklarierte map-Objekte kann der Indexoperator nicht benutzt werden, weil unter Umständen ein neues Element eingefügt wird. Deshalb gibt es keine const-Version des Indexoperators. Des Weiteren muss für den Typ mapped_type ein Standardkonstruktor definiert sein.

7.4 multimap

Die Klasse multimap gleicht der Klasse map, allerdings können äquivalente Schlüssel mehrfach auftreten. Dies ist auch der Grund, warum die Klasse keinen Indexoperator definiert und der Zugriff auf Elemente in erster Linie mit den Elementfunktionen equal_range, lower_bound und upper_bound erfolgt.

Die Definition der Klasse multimap befindet sich zusammen mit der Klasse map in der Header-Datei <map>. Da bereits sämtliche Elemente der Klasse multimap an anderer Stelle vorgestellt wurden, geben wir wieder die Seitenzahlen an, auf denen die Erläuterungen zu finden sind.

```
template<class Key, class T, class Compare = less<Key>,
      class Allocator = allocator<pair<const Key, T> > >
class multimap {
public:
      typedef Key key_type;                                // S. 104
      typedef T mapped_type;                               // S. 109
      typedef pair<const Key, T> value_type;               // S. 62
```

```
typedef Compare key_compare;                                          // S. 104
typedef Allocator allocator_type;                                     // S. 62
typedef typename Allocator::reference reference;                      // S. 62
typedef typename Allocator::const_reference const_reference;          // S. 62
typedef implementierungsspezifisch iterator;                          // S. 63
typedef implementierungsspezifisch const_iterator;                    // S. 63
typedef implementierungsspezifisch size_type;                         // S. 63
typedef implementierungsspezifisch difference_type;                   // S. 63
typedef typename Allocator::pointer pointer;                          // S. 62
typedef typename Allocator::const_pointer const_pointer;              // S. 62
typedef std::reverse_iterator<iterator> reverse_iterator;             // S. 68
typedef std::reverse_iterator<const_iterator>
      const_reverse_iterator;                                         // S. 68
class value_compare                                                   // S. 104
      : public binary_function<value_type, value_type, bool> {
public:
      bool operator()(const value_type& x, const value_type& y) const
            { return comp(x.first, y.first); }
protected:
      Compare comp;
      value_compare(Compare c) : comp(c) { }
      friend class multimap;
};
explicit multimap(const Compare& comp = Compare(),                    // S. 105
      const Allocator& = Allocator());
template<class InputIterator>
      multimap(InputIterator first, InputIterator last,               // S. 105
            const Compare& comp = Compare(),
            const Allocator& = Allocator());
multimap(const multimap& x);                                          // S. 63
~multimap();                                                          // S. 64
multimap& operator=(const multimap& x);                               // S. 64
allocator_type get_allocator() const;                                 // S. 64
iterator begin();                                                     // S. 64
const_iterator begin() const;                                         // S. 64
iterator end();                                                       // S. 64
const_iterator end() const;                                           // S. 64
reverse_iterator rbegin();                                            // S. 68
const_reverse_iterator rbegin() const;                                // S. 68
reverse_iterator rend();                                              // S. 68
const_reverse_iterator rend() const;                                  // S. 68
bool empty() const;                                                   // S. 65
size_type size() const;                                               // S. 65
size_type max_size() const;                                           // S. 65
iterator insert(const value_type& x);                                 // S. 105
iterator insert(iterator position, const value_type& x);              // S. 106
template<class InputIterator>
      void insert(InputIterator first, InputIterator last);           // S. 107
void erase(iterator position);                                        // S. 108
```

```
        size_type erase(const key_type& x);                                  // S. 107
        void erase(iterator first, iterator last);                           // S. 108
        void swap(multimap&);                                                // S. 65
        void clear();                                                        // S. 108
        key_compare key_comp() const;                                        // S. 105
        value_compare value_comp() const;                                    // S. 105
        iterator find(const key_type& x);                                    // S. 108
        const_iterator find(const key_type& x) const;                        // S. 108
        size_type count(const key_type& x) const;                            // S. 109
        iterator lower_bound(const key_type& x);                             // S. 109
        const_iterator lower_bound(const key_type& x) const;                 // S. 109
        iterator upper_bound(const key_type& x);                             // S. 109
        const_iterator upper_bound(const key_type& x) const;                 // S. 109
        pair<iterator, iterator> equal_range(const key_type& x);             // S. 109
        pair<const_iterator, const_iterator>
            equal_range(const key_type& x) const;                            // S. 109
    };

    template<class Key, class T, class Compare, class Allocator>
    bool operator==(const multimap<Key, T, Compare, Allocator>& x,          // S. 66
        const multimap<Key, T, Compare, Allocator>& y);
    // ... und die anderen Vergleichsoperatoren: !=, <, <=, >=, >

    template<class Key, class T, class Compare, class Allocator>
    void swap(multimap<Key, T, Compare, Allocator>& x,                       // S. 103
        multimap<Key, T, Compare, Allocator>& y);
```

Wir greifen das Vokabelbeispiel nochmals auf, berücksichtigen jetzt, dass ein Wort mehrere Bedeutungen besitzen kann und benutzen deshalb multimap statt map.

assoziative_container/vokabel2.cpp

```
#include <iostream>
#include <map>
#include <string>
using namespace std;

int main() {
   typedef multimap<string, string> VokMulMap;
   typedef VokMulMap::value_type V;
   const V f[] = {
      V("two", "Zwei"),
      V("three", "Drei"),
      V("four", "Vier"),
      V("two", "Paar")
   };
   VokMulMap vokabeln(f, f + 4);
   const VokMulMap::iterator ins = vokabeln.insert(V("one", "Eins"));
   vokabeln.insert(ins, V("one", "man"));
   cout << "Folgende Vokabeln sind enthalten:\n";
```

```
    VokMulMap::const_iterator iter = vokabeln.begin();
    for (; iter != vokabeln.end(); ++iter)
      cout << "  (" << iter->first << ", " << iter->second << ")\n";
    const VokMulMap::const_iterator
      von = vokabeln.lower_bound("one"),
      bis = vokabeln.upper_bound("one");
    cout << "Bedeutungen für one: ";
    for (iter = von; iter != bis; ++iter)
      cout << iter->second << ' ';
    const pair<VokMulMap::iterator, VokMulMap::iterator>
      p = vokabeln.equal_range("two");
    cout << "\nBedeutungen für two: ";
    for (iter = p.first; iter != p.second; ++iter)
      cout << iter->second << ' ';
    VokMulMap::size_type n = vokabeln.count("one");
    cout << '\n' << n << "-mal ist 'one' enthalten.\n";
    n = vokabeln.erase("one");
    cout << n << "-mal wurde 'one' gelöscht.\n";
}
```

Die Ausgabe des Programms ist:

```
Folgende Vokabeln sind enthalten:
  (four, Vier)
  (one, Eins)
  (one, man)
  (three, Drei)
  (two, Zwei)
  (two, Paar)
Bedeutungen für one: Eins man
Bedeutungen für two: Zwei Paar
2-mal ist 'one' enthalten.
2-mal wurde 'one' gelöscht.
```

Die Ausgabe der Vokabeln ist nach Schlüsseln sortiert.

7.5 set

Die Klasse set verhält sich wie eine degenerierte map, bei der es nur Schlüssel gibt, d. h., der Typ der Elemente value_type ist gleich dem Typ der Schlüssel key_type. Obwohl key_type und key_compare für set somit überflüssig sind, werden die Typen trotzdem zur Verfügung gestellt, damit set-Objekte in Bezug auf diese Typnamen wie map-Objekte benutzt werden können.

Die Definition der Klasse set befindet in der Header-Datei <set>. Da bereits sämtliche Elemente der Klasse set an anderer Stelle vorgestellt wurden, geben wir wieder die Seitenzahlen an, auf denen die Erläuterungen zu finden sind. Im Anschluss an die Klassendefinition werden Besonderheiten besprochen.

```
template<class Key, class Compare = less<Key>, class Allocator = allocator<Key> >
class set {
public:
    typedef Key key_type;                                             // S. 104
    typedef Key value_type;                                           // S. 62
    typedef Compare key_compare;                                      // S. 104
    typedef Compare value_compare;                                    // S. 104
    typedef Allocator allocator_type;                                 // S. 62
    typedef typename Allocator::reference reference;                  // S. 62
    typedef typename Allocator::const_reference const_reference;      // S. 62
    typedef implementierungsspezifisch iterator;                      // S. 63
    typedef implementierungsspezifisch const_iterator;                // S. 63
    typedef implementierungsspezifisch size_type;                     // S. 63
    typedef implementierungsspezifisch difference_type;               // S. 63
    typedef typename Allocator::pointer pointer;                      // S. 62
    typedef typename Allocator::const_pointer const_pointer;          // S. 62
    typedef std::reverse_iterator<iterator> reverse_iterator;         // S. 68
    typedef std::reverse_iterator<const_iterator>
        const_reverse_iterator;                                       // S. 68
    explicit set(const Compare& comp = Compare(),                     // S. 105
        const Allocator& = Allocator());
    template<class InputIterator>
        set(InputIterator first, InputIterator last,                  // S. 105
            const Compare& comp = Compare(),
            const Allocator& = Allocator());
    set(const set& x);                                                // S. 63
    ~set();                                                           // S. 64
    set& operator=(const set& x);                                     // S. 64
    allocator_type get_allocator() const;                             // S. 64
    iterator begin();                                                 // S. 64
    const_iterator begin() const;                                     // S. 64
    iterator end();                                                   // S. 64
    const_iterator end() const;                                       // S. 64
    reverse_iterator rbegin();                                        // S. 68
    const_reverse_iterator rbegin() const;                            // S. 68
    reverse_iterator rend();                                          // S. 68
    const_reverse_iterator rend() const;                              // S. 68
    bool empty() const;                                               // S. 65
    size_type size() const;                                           // S. 65
    size_type max_size() const;                                       // S. 65
    pair<iterator, bool> insert(const value_type& x);                 // S. 105
    iterator insert(iterator position, const value_type& x);          // S. 106
    template<class InputIterator>
        void insert(InputIterator first, InputIterator last);         // S. 107
    void erase(iterator position);                                    // S. 108
    size_type erase(const key_type& x);                               // S. 107
    void erase(iterator first, iterator last);                        // S. 108
    void swap(set&);                                                  // S. 65
    void clear();                                                     // S. 108
```

```
    key_compare key_comp() const;                                          // S. 105
    value_compare value_comp() const;                                      // S. 105
    iterator find(const key_type& x);                                      // S. 108
    const_iterator find(const key_type& x) const;                          // S. 108
    size_type count(const key_type& x) const;                              // S. 109
    iterator lower_bound(const key_type& x);                               // S. 109
    const_iterator lower_bound(const key_type& x) const;                   // S. 109
    iterator upper_bound(const key_type& x);                               // S. 109
    const_iterator upper_bound(const key_type& x) const;                   // S. 109
    pair<iterator, iterator> equal_range(const key_type& x);               // S. 109
    pair<const_iterator, const_iterator>
        equal_range(const key_type& x) const;                              // S. 109
};

template<class Key, class Compare, class Allocator>
bool operator==(const set<Key, Compare, Allocator>& x,                     // S. 66
    const set<Key, Compare, Allocator>& y);
// ... und die anderen Vergleichsoperatoren: !=, <, <=, >=, >

template<class Key, class Compare, class Allocator>
void swap(set<Key, Compare, Allocator>& x,                                 // S. 103
    set<Key, Compare, Allocator>& y);
```

Das folgende Beispielprogramm führt verschiedene Elementfunktionen der Klasse set vor.

assoziative_container/set.cpp

```
#include <set>
#include <iostream>
using namespace std;

int main() {
  typedef set<int, greater<int> > int_set;
  int_set s;
  s.insert(2);
  s.insert(4);
  s.insert(1);
  s.insert(3);
  if (s.insert(5).second)
    cout << "5 wurde eingefügt.\n";
  pair<int_set::const_iterator, bool> p = s.insert(2);
  if (!p.second)
    cout << *p.first << " ist bereits vorhanden.\n";
  cout << "s enthält die Elemente:  ";
  for (int_set::const_iterator i = s.begin(); i != s.end(); ++i)
    cout << *i << "  ";
}
```

Das Programm erzeugt folgende Ausgabe:

```
5 wurde eingefügt.
2 ist bereits vorhanden.
s enthält die Elemente: 5 4 3 2 1
```

Die Elemente sind absteigend sortiert, weil als Vergleichsobjekt greater eingesetzt wird.

7.6 multiset

Die Klasse multiset verhält sich wie set, allerdings können Schlüssel mehrfach enthalten sein. Die Definition der Klasse multiset befindet sich zusammen mit der Klasse set in der Header-Datei <set>. Da bereits sämtliche Elemente der Klasse multiset an anderer Stelle vorgestellt wurden, geben wir wieder die Seitenzahlen an, auf denen die Erläuterungen zu finden sind.

```
template<class Key, class Compare = less<Key>, class Allocator = allocator<Key> >
class multiset {
public:
    typedef Key key_type;                                              // S. 104
    typedef Key value_type;                                            // S. 62
    typedef Compare key_compare;                                       // S. 104
    typedef Compare value_compare;                                     // S. 104
    typedef Allocator allocator_type;                                  // S. 62
    typedef typename Allocator::reference reference;                   // S. 62
    typedef typename Allocator::const_reference const_reference;       // S. 62
    typedef implementierungsspezifisch iterator;                       // S. 63
    typedef implementierungsspezifisch const_iterator;                 // S. 63
    typedef implementierungsspezifisch size_type;                      // S. 63
    typedef implementierungsspezifisch difference_type;                // S. 63
    typedef typename Allocator::pointer pointer;                       // S. 62
    typedef typename Allocator::const_pointer const_pointer;           // S. 62
    typedef std::reverse_iterator<iterator> reverse_iterator;          // S. 68
    typedef std::reverse_iterator<const_iterator>
        const_reverse_iterator;                                        // S. 68
    explicit multiset(const Compare& comp = Compare(),                 // S. 105
        const Allocator& = Allocator());
    template<class InputIterator>
        multiset(InputIterator first, InputIterator last,              // S. 105
            const Compare& comp = Compare(),
            const Allocator& = Allocator());
    multiset(const multiset& x);                                       // S. 63
    ~multiset();                                                       // S. 64
    multiset& operator=(const multiset& x);                            // S. 64
    allocator_type get_allocator() const;                              // S. 64
    iterator begin();                                                  // S. 64
    const_iterator begin() const;                                      // S. 64
```

```
        iterator end();                                              // S. 64
        const_iterator end() const;                                  // S. 64
        reverse_iterator rbegin();                                   // S. 68
        const_reverse_iterator rbegin() const;                       // S. 68
        reverse_iterator rend();                                     // S. 68
        const_reverse_iterator rend() const;                         // S. 68
        bool empty() const;                                          // S. 65
        size_type size() const;                                      // S. 65
        size_type max_size() const;                                  // S. 65
        iterator insert(const value_type& x);                        // S. 105
        iterator insert(iterator position, const value_type& x);     // S. 106
        template<class InputIterator>
            void insert(InputIterator first, InputIterator last);    // S. 107
        void erase(iterator position);                               // S. 108
        size_type erase(const key_type& x);                          // S. 107
        void erase(iterator first, iterator last);                   // S. 108
        void swap(multiset&);                                        // S. 65
        void clear();                                                // S. 108
        key_compare key_comp() const;                                // S. 105
        value_compare value_comp() const;                            // S. 105
        iterator find(const key_type& x);                            // S. 108
        const_iterator find(const key_type& x) const;                // S. 108
        size_type count(const key_type& x) const;                    // S. 109
        iterator lower_bound(const key_type& x);                     // S. 109
        const_iterator lower_bound(const key_type& x) const;         // S. 109
        iterator upper_bound(const key_type& x);                     // S. 109
        const_iterator upper_bound(const key_type& x) const;         // S. 109
        pair<iterator, iterator> equal_range(const key_type& x);     // S. 109
        pair<const_iterator, const_iterator>
            equal_range(const key_type& x) const;                    // S. 109
};

template<class Key, class Compare, class Allocator>
bool operator==(const multiset<Key, Compare, Allocator>& x,          // S. 66
        const multiset<Key, Compare, Allocator>& y);
// ... und die anderen Vergleichsoperatoren: !=, <, <=, >=, >

template<class Key, class Compare, class Allocator>
void swap(multiset<Key, Compare, Allocator>& x,                      // S. 103
        multiset<Key, Compare, Allocator>& y);
```

Das folgende Beispielprogramm führt einige Elementfunktionen der Klasse multiset vor.

assoziative_container/multiset.cpp

```
#include <set>
#include <iostream>
using namespace std;
```

```
int main() {
   const int f[] = { 1, 3, 5, 6, 4, 2, 3, 4 };
   typedef multiset<int, greater<int> > int_multiset;
   int_multiset s(f, f + 8);
   int_multiset::iterator ins = s.insert(2);
   s.insert(ins, 3);
   cout << "Folgende Elemente sind enhalten: ";
   for (int_multiset::const_iterator i = s.begin(); i != s.end(); ++i)
      cout << *i << "  ";
   cout << "\n3 ist " << s.count(3) << "-mal enthalten.\n";
   const int_multiset::size_type n = s.erase(2);
   cout << "2 wurde " << n << "-mal gelöscht.\n";
}
```

Das Programm erzeugt folgende Ausgabe:

```
Folgende Elemente sind enhalten: 6  5  4  4  3  3  3  2  2  1
3 ist 3-mal enthalten.
2 wurde 2-mal gelöscht.
```

Die Elemente sind absteigend sortiert, weil als Vergleichsobjekt greater eingesetzt wird.

7.7 Elemente in set und multiset modifizieren

Für die Klassen set und multiset ist value_type als Key und nicht als const Key definiert. Damit die Ordnung der Elemente trotzdem nicht zerstört werden kann, beinhaltet die Schnittstelle nur Funktionen, die keine Änderungen an Schlüsseln zulassen. Typischerweise wird deshalb iterator als const_iterator definiert, wodurch auch reverse_iterator zu einem const_reverse_iterator wird. Einige der modifizierenden Algorithmen (siehe Abschnitt 9.3) sind für set- und multiset-Objekte daher nicht aufrufbar, weil die Containerelemente nicht geändert werden können, z. B.

```
void umkehren(set<int>& s) { reverse(s.begin(), s.end()); }   // Fehler
```

Wenn mit set oder multiset Objekte verwaltet werden sollen, die neben einem sich nicht ändernden Schlüssel, der zur Sortierung genutzt wird, weitere Datenelemente enthalten, so ist es oft wünschenswert, die Elemente im Container doch zu modifizieren. Solange durch solche Modifikationen die Reihenfolge der Elemente nicht beeinflusst wird, lässt sich dies mit einem const_cast bewerkstelligen, z. B.

assoziative_container/konto.cpp

```
#include <algorithm>
#include <functional>
#include <iostream>
#include <set>
```

```
using namespace std;

class Konto {
public:
   Konto(int n, double s = 0.0) : nummer(n), stand(s) { }
   int gibNummer() const { return nummer; }
   double gibStand() const { return stand; }
   void einzahlen(double betrag) { stand += betrag; }
private:
   const int nummer;
   double stand;
};

struct VglKNr : binary_function<Konto, Konto, bool> {
   bool operator()(const Konto& x, const Konto& y) const {
      return x.gibNummer() < y.gibNummer();
   }
};

int main() {
   Konto k[] = { Konto(10, 1.99), Konto(20, 2.98), Konto(30, 3.97) };
   typedef set<Konto, VglKNr> KontoSet;
   KontoSet s(k, k + 3);
   KontoSet::iterator i = s.find(Konto(20));
   if (i != s.end()) {
      const_cast<Konto&>(*i).einzahlen(100.0);
      cout << "Kontostand: " << i->gibStand();
   }
}
```

Das Programm erzeugt die Ausgabe:

```
Kontostand: 102.98
```

Wenn man den const_cast vermeiden möchte, kann man das gefundene Element, auf das der Iterator i verweist, auch zunächst aus dem set-Objekt entfernen und anschließend mit dem neuen Wert wieder einfügen.

assoziative_container/konto2.cpp

```
KontoSet::iterator i = s.find(Konto(20));
if (i != s.end()) {
      Konto tmp(*i);
      tmp.einzahlen(100.0);
      s.erase(i++);
      s.insert(i, tmp);
}
```

Da die Einfügeposition des geänderten Elements bekannt ist, kann man insert einen entsprechenden Tipp geben, damit das Einfügen möglichst effizient geschehen kann. Wichtig ist dabei, die Gültigkeit des Iterators `i` nach der Löschoperation sicherzustellen.

7.8 Übersicht der Container

Mit der Beschreibung der assoziativen Container sind nun alle Containerklassen der Standardbibliothek vorgestellt worden. Die Abbildung auf Seite 121 enthält eine Übersicht, die sich an den Anforderungen (vgl. die Abschnitte 5.2, 5.3, 5.4 und 7.2) orientiert. Es werden jeweils die Typen (*kursiv*) und Funktionen aufgeführt. Die Containeradapter fehlen in der Abbildung, weil sie keine „echten" Container sind und die Containeranforderungen nicht erfüllen; ihnen fehlt z. B. der Typ `iterator`.

7.9 Aufgaben

1. Welche Möglichkeiten gibt es, das Vergleichsobjekt für ein Objekt der Klasse `map` festzulegen?

2. Für assoziative Container arbeitet die Elementfunktion `find` effizienter als der Algorithmus `find`. Warum gibt es keine Elementfunktion `find_if` als Entsprechung für den gleichnamigen Algorithmus, so dass auch mit Hilfe eines Funktionsobjekts gesucht werden kann?

3. Wie kann man im Vokabelbeispiel z. B. nach dem Wert `"Vier"` suchen, wenn man den zugehörigen Schlüssel nicht kennt?

4. Definieren Sie einen Ausgabeoperator, mit dem beliebige `map`-Objekte ausgegeben werden können.

5. Schreiben Sie ein Programm, das Wörter über `cin` einliest und anschließend eine Liste der Wörter mit ihrer jeweiligen Häufigkeit ausgibt.

6. Kann man aus der Klasse `BinBaum` aus Aufgabe 2-9 einen assoziativen Container machen?

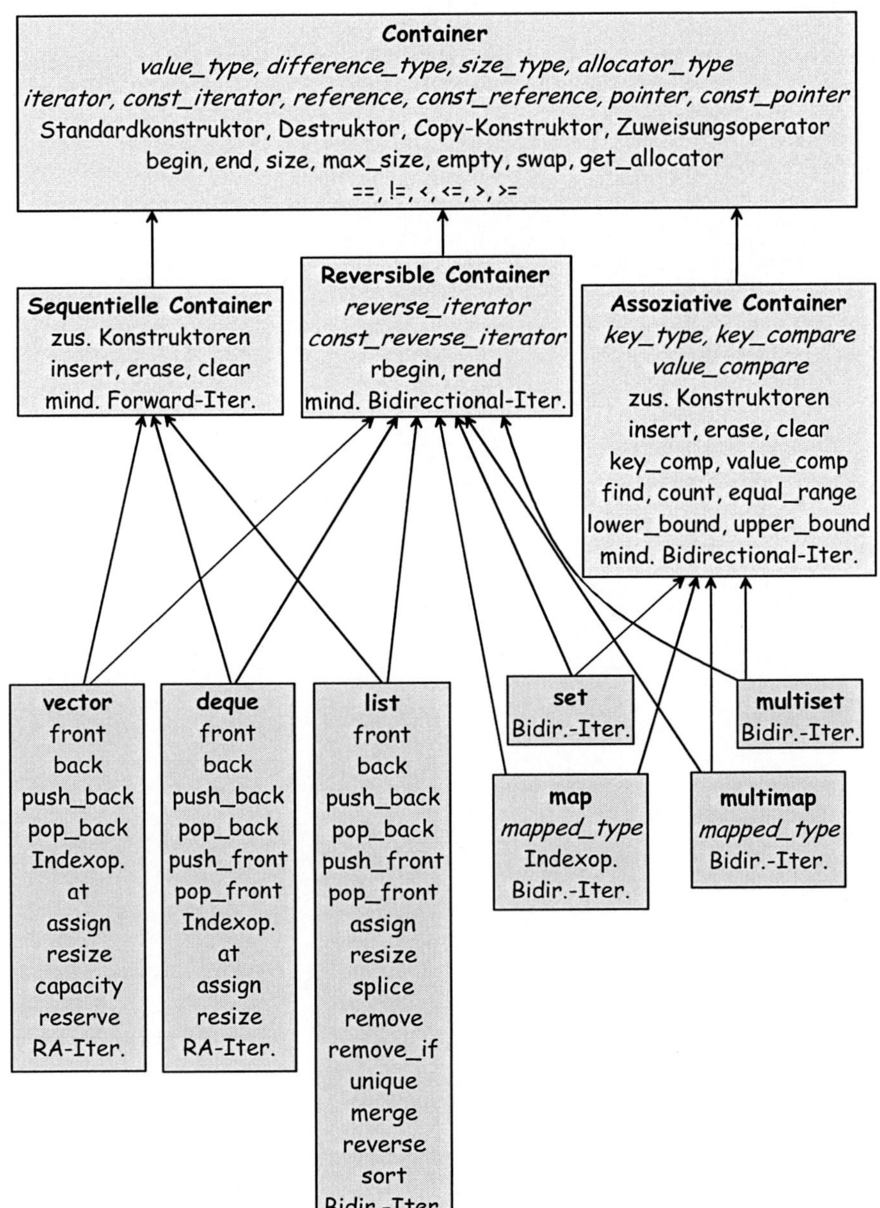

In der Abbildung werden die folgenden Abkürzungen verwendet: Bidir. = *Bidirectional*, Indexop. = Indexoperator, Iter. = Iterator, mind. = mindestens, RA = *Random-Access* und zus. = zusätzliche.

8 Iteratoren

Iteratoren verbinden Container und Algorithmen. Sie stellen eine abstrakte Schnittstelle für den einheitlichen Zugriff auf Containerdaten zur Verfügung, so dass sich einerseits Algorithmen nicht mit den Details einzelner Datenstrukturen beschäftigen müssen und andererseits Container von der Bereitstellung zahlreicher Elementfunktionen befreit werden.

Mit Hilfe von Iteratoren kann unter anderem über Container und Streams „iteriert“ werden. Darunter versteht man den Zugriff auf die einzelnen Elemente zum Zwecke der Verarbeitung. Eine erste Einführung zum Thema Iteratoren haben wir in Kapitel 2 gegeben.

Ein Iterator ist lediglich ein abstraktes Gebilde, d. h., alles, was sich wie ein Iterator verhält, ist auch ein Iterator (siehe auch Aufgabe 15). Iteratoren sind eine Verallgemeinerung des Zeigerkonzepts. Die wichtigsten Iteratorfunktionen sind:

- Der Zugriff auf das aktuelle Element, z. B. mittels `operator*`.
- Die Bewegung von einem Element zu einem anderen, z. B. mittels `operator++`.
- Der Vergleich zweier Iteratoren, z. B. mittels `operator==`.

Um parametrisierte Algorithmen entwickeln zu können, die korrekt und effizient auf unterschiedlichen Datenstrukturen arbeiten, formalisiert die Standardbibliothek die Schnittstelle, die Semantik und die Komplexität von Iteratoren.

8.1 Iteratoranforderungen

Alle Iteratoren `i` unterstützen den Ausdruck `*i`, der ein Objekt einer Klasse, eines Aufzählungstyps oder vordefinierten Typs `T` liefert. `T` wird als *Elementtyp* (*value type*) des Iterators bezeichnet. Für alle Iteratoren, für die der Ausdruck `(*i).m` wohl definiert ist, ist auch der Ausdruck `i->m` zulässig und hat den gleichen Effekt wie `(*i).m`. Wenn für einen Iteratortyp Gleichheit definiert ist, gibt es einen vorzeichenbehafteten Typ, der als *Abstandstyp* (*difference type*) des Iterators bezeichnet wird.

Da Iteratoren eine Verallgemeinerung des Zeigerkonzepts sind, entspricht ihre Semantik einer Generalisierung der C++-Zeigersemantik. Deshalb kann jeder Algorithmus, der korrekt mit Iteratoren arbeitet, auch mit gewöhnlichen Zeigern umgehen.

Je nach dem wie die zugehörige Datenstruktur aufgebaut ist, verfügt ein Iterator über verschiedene Fähigkeiten. Die Iteratoren der Standardbibliothek werden abhängig von den zur Verfügung gestellten Operationen in fünf Kategorien eingeteilt, die in der folgenden Abbildung dargestellt sind:

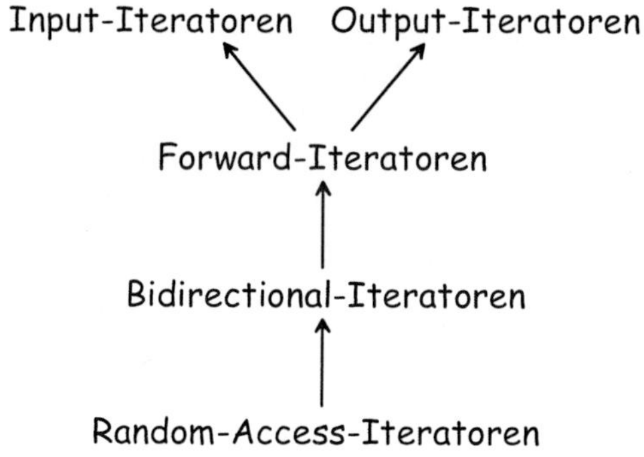

Bei den eingezeichneten Pfeilen handelt es sich hier nicht um Vererbungsbeziehungen, sondern sie drücken aus, dass ein *Forward-Iterator* die Anforderungen an *Input-* und *Output-Iteratoren* erfüllt. Er kann deshalb überall eingesetzt werden, wo *Input-* oder *Output-Iteratoren* einsetzbar sind. (Abgesehen von einer Feinheit, die auf Seite 128 diskutiert wird.) Ein *Bidirectional-Iterator* erfüllt die Anforderungen eines *Forward-Iterators*, und ein *Random-Access-Iterator* erfüllt die Anforderungen eines *Bidirectional-Iterators*. Für alle Iteratorkategorien werden nur Funktionen gefordert, die sehr effizient, d. h. mit (annähernd) konstantem Aufwand, realisierbar sind.

Die Iteratorkategorien werden bei der Spezifikation von Containern und Algorithmen eingesetzt. Für Container wird angegeben, zu welcher Kategorie der von ihnen bereitgestellte Iterator gehört. Und bei der Beschreibung von Algorithmen wird die Iteratorkategorie mit den geringsten Anforderungen aufgeführt, für die ein Algorithmus korrekt und effizient arbeitet. Das Design der Standardbibliothek unterstützt nur solche Kombinationen von Containern und Algorithmen, die effizient zusammenarbeiten. Beispielsweise bietet der Container vector *Random-Access-Iteratoren* an, so dass vector-Objekte mit dem Algorithmus sort, der *Random-Access-Iteratoren* fordert, sortiert werden können. Der Container list verfügt dagegen lediglich über *Bidirectional-Iteratoren*, so dass der Algorithmus sort für list-Objekte nicht benutzt werden kann. (Stattdessen stellen Listen eine Elementfunktion sort zur Verfügung.)

Forward-, *Bidirectional-* und *Random-Access-Iteratoren* können abhängig davon, ob der Ausdruck *i eine Referenz oder const Referenz liefert, modifizierbar oder konstant („*read-only*") sein. Konstante Iteratoren erfüllen die Anforderungen an *Output-Iteratoren* nicht. Für einen konstanten Iterator kann das Resultat des Ausdrucks *i nicht in einem Ausdruck verwendet werden, der einen L-Wert erfordert. Die Containerklassen definieren jeweils die beiden Iteratortypen iterator und const_iterator mit der nahe liegenden Bedeutung.

So wie für einen gewöhnlichen Zeiger auf ein Feld garantiert wird, dass eine gültige Adresse nach der letzten Feldkomponente existiert, gibt es für jeden Iteratortyp einen Wert, der auf ein hypothetisches Element hinter dem letzten Element des zugehörigen Containers verweist. Dieser Wert (*Past-the-end-value*) kann zwar für Iteratorvergleiche wie z. B. i != j benutzt werden, ist aber nicht *dereferenzierbar*, d. h. für einen Iterator i, der hinter das letzte Containerelement verweist, ist der Ausdruck *i nicht definiert. Des Weiteren ist ein Iterator nicht gültig, wenn er nicht initialisiert wurde oder auf ein Element verweist, das zwischenzeitlich gelöscht oder im Speicher verschoben wurde. Im Gegensatz zu Zeigern, für die ein Nullzeiger existiert, gibt es keinen „Nulliterator".

Ein Iterator j ist von einem Iterator i *erreichbar*, wenn beide auf Elemente desselben Containers verweisen und nach einer endlichen Anzahl von Anwendungen des Ausdruck ++i die Bedingung i == j erfüllt ist.

Die meisten Algorithmen der Standardbibliothek operieren auf *Bereichen*, deren Anfang und Ende durch zwei Iteratoren i und j abgesteckt werden (vgl. Seite 11). Ein Bereich der Form [i, i) ist leer, d. h., er enthält keine Elemente. Ein Bereich [i, j) umfasst die Elemente von i bis j, wobei das Element, auf das i verweist, im Gegensatz zu dem bei j dazugehört. Ein Bereich [i, j) ist gültig, wenn j von i erreichbar ist. Die Verarbeitung ungültiger Bereiche führt zu nicht definiertem Programmverhalten; eine Fehlerprüfung findet nicht statt.

8.2 Input-Iteratoren

Der Bedarf für eine Iteratorkategorie ist typischerweise durch Algorithmen motiviert, die charakteristische Operationen benutzen. Als Motivation für *Input-Iteratoren* kommt z. B. der Algorithmus copy in Frage, der wie folgt definiert werden kann (vgl. Abschnitt 9.3.1):

```
template<class InputIterator, class OutputIterator>
OutputIterator
copy(InputIterator first, InputIterator last, OutputIterator result) {
    while (first != last)
        *result++ = *first++;
    return result;
}
```

In der Abbruchbedingung der Schleife werden zwei *Input-Iteratoren* mittels != verglichen, um zu prüfen, ob das Ende des Bereichs erreicht ist. Passend zum Operator != sollte auch == definiert sein. Zum Lesen des Werts des Elements, auf das der Iterator verweist, wird mittels * dereferenziert. Gegebenenfalls sollte auch Operator -> definiert sein. Um zum nächsten Element zu gelangen, wird der Iterator mit dem Postfixoperator ++ inkrementiert. Passend zum Postfixinkrementoperator sollte auch der Präfixinkrementoperator definiert sein. Zur Übergabe der Argumente wird ein Copy-Konstruktor benötigt. Ergänzend werden für *Input-Iteratoren* ein Destruktor sowie der Zuweisungsoperator gefordert.

Das Gerüst für eine hypothetische Iteratorklasse X, die auf Elemente des Typs T verweist, könnte damit wie folgt definiert werden, um die Anforderungen an *Input-Iteratoren* zu erfüllen.

```
class X {
public:
	X(const X&);
	~X();
	X& operator=(const X&) { /* ... */ return *this; }
	bool operator==(const X&) const;
	bool operator!=(const X& x) const { return !(x == *this); }
	const T& operator*();   // lesen, aber nicht schreiben
	const T* operator->() { return &(operator*()); }
	X& operator++() { /* ... */ return *this; }
	X operator++(int) { X tmp(*this); ++*this; return tmp; }
	// ...
};
```

Wenn für zwei *Input-Iteratoren* a und b der Vergleich a == b den Wert true liefert, bedeutet dies nicht, dass auch ++a == ++b ist. Algorithmen, die *Input-Iteratoren* verwenden, sind deshalb „Einweg-Algorithmen“, d. h., ein durch *Input-Iteratoren* spezifizierter Bereich kann im Allgemeinen nur einmal und nicht mehrmals durchlaufen werden. Kopiert man einen *Input-Iterator* liefern Original und Kopie somit unter Umständen unterschiedliche Werte.

Der Elementtyp T muss keine Zuweisungen unterstützen, da auf einen *Input-Iterator* ausschließlich lesend zugegriffen wird. Der operator* kann deshalb auch nicht auf der linken Seite einer Zuweisung stehen. Ein Beispiel für einen *Input-Iterator* ist die Klasse istream_iterator (siehe Abschnitt 8.11.1).

8.3 Output-Iteratoren

Als Motivation für *Output-Iteratoren* kommt z. B. der Algorithmus fill_n in Frage, der n-mal den Wert value in den bei first beginnenden Bereich kopiert. Er kann wie folgt definiert werden (vgl. Abschnitt 9.3.9):

```
template<class OutputIterator, class Size, class T>
void fill_n(OutputIterator first, Size n, const T& value) {
	while (n-- > 0)
		*first++ = value;
}
```

Charakteristisch für *Output-Iteratoren* ist, dass der Wert des Elements überschrieben werden kann, auf das der Iterator verweist. Das Gerüst für eine hypothetische Iteratorklasse X, die auf Elemente des Typs T verweist, könnte damit wie folgt definiert werden, um die Anforderungen an *Output-Iteratoren* zu erfüllen.

```
class X {
public:
	X(const X&);
	~X();
	X& operator=(const T&);
	X& operator*() { return *this; }	// schreiben, aber nicht lesen
	X& operator++() { return *this; }
	X& operator++(int) { return *this; }
	// ...
};
```

Die einzig gültige Verwendung für operator* ist auf der linken Seite von Zuweisungen; bei *i = 3 z. B. liefert operator* lediglich den Iterator und mit dem überladenen Zuweisungsoperator wird ein Wert des Typs T geschrieben. Eine Zuweisung an den gleichen Wert eines *Output-Iterators* erfolgt nur genau einmal. Algorithmen, die *Output-Iteratoren* einsetzen, sind deshalb „Einweg-Algorithmen". Vergleiche mit == oder != sind für *Output-Iteratoren* im Allgemeinen nicht definiert. Beispiele für *Output-Iteratoren* sind die *Insert-Iteratoren* aus Abschnitt 8.10 und die Klasse ostream_iterator aus Abschnitt 8.11.2.

8.4 Forward-Iteratoren

Forward-Iteratoren vereinen die Eigenschaften von *Input-* und *Output-Iteratoren*. Folglich kann ihr operator* sowohl zum Lesen als auch zum Schreiben benutzt werden. Letzteres setzt allerdings einen modifizierbaren Elementtyp voraus. Ein *Forward-Iterator* bewegt sich ausschließlich vorwärts. Es ist möglich, den Wert eines *Forward-Iterators* zu sichern, um von der gesicherten Position aus weitere Iterationen zu starten. Dadurch sind „Mehrweg-Algorithmen" mit *Forward-Iteratoren* realisierbar. Für zwei *Forward-Iteratoren* a und b folgt aus a == b, dass auch ++a == ++b ist.

Als Motivation für *Forward-Iteratoren* kann der Algorithmus unique dienen, mit dem aus Folgen gleicher Elemente alle bis auf das erste entfernt werden (vgl. Abschnitt 9.3.14). Eine mögliche Funktionsdefinition, die ohne den Aufruf anderer Algorithmen auskommt, lautet:

```
template<class ForwardIterator>
ForwardIterator unique(ForwardIterator first, ForwardIterator last) {
	if (first == last)
		return last;
	ForwardIterator i(first);
	while (++i != last && *first != *i)
		first = i;
	if (i == last)
		return last;
	while (++i != last)
		if (*first != *i)
			*++first = *i;
```

```
        return ++first;
    }
```

Innerhalb der Funktionsdefinition werden *Forward-Iteratoren* mit == und != verglichen, mittels Copy-Konstruktor sowie Zuweisungsoperator kopiert und mit dem Präfixinkrement ++ vorwärts bewegt. Außerdem wird mit * der Wert des referenzierten Objekts sowohl gelesen als auch modifiziert, d. h., ein Ausdruck der Art *i kann auf der rechten und linken Seite des Zuweisungsoperators auftreten. Darüber hinaus werden von *Forward-Iteratoren* ein Standardkonstruktor, der Postfixinkrementoperator und der operator-> gefordert. Das Gerüst für eine hypothetische Iteratorklasse X, die auf Elemente des Typs T verweist, könnte damit wie folgt definiert werden, um die Anforderungen an *Forward-Iteratoren* zu erfüllen.

```
class X {
public:
    X();
    X(const X&);
    ~X();
    X& operator=(const X&) { /* ... */ return *this; }
    bool operator==(const X&) const;
    bool operator!=(const X& x) const { return !(x == *this); }
    T& operator*();   // schreiben und lesen
    T* operator->();
    X& operator++() { /* ... */ return *this; }
    X operator++(int) { X tmp(*this); ++*this; return tmp; }
    // ...
};
```

Zwei *Forward-Iteratoren* i und j sind gleich, wenn sie dasselbe Objekt referenzieren, also *i und *j dasselbe Objekt liefern. Sie sind ebenfalls gleich, wenn keiner der beiden Iteratoren dereferenzierbar ist, d. h. beide hinter das letzte Element zeigen („*Past-the-end-value*“, siehe Seite 125).

Forward- und *Output-Iteratoren* unterscheiden sich bezüglich einer Feinheit. Ein *Forward-Iterator* fi kann sich normalerweise nur über einen begrenzten Bereich bewegen, daher hat eine typische while-Schleife hier die Form:

```
while(fi != end) *fi++ = x;
```

Dabei ist x ein zuweisungskompatibler Wert und end ein Iterator, der das Bereichsende markiert. Für *Output-Iteratoren* sind Vergleiche dagegen nicht definiert, so dass derartige Schleifen für sie nicht formulierbar sind. Andererseits kann man mit ihnen quasi beliebig viele Werte schreiben, ohne ein Bereichsende zu prüfen, etwa in der Form while(true) { *oi++ = x; … }. Dieses Vorgehen ist wiederum für *Forward-Iteratoren* nicht definiert.

8.5 Bidirectional-Iteratoren

Bidirectional-Iteratoren erweitern *Forward-Iteratoren* um die Möglichkeit, rückwärts zu iterieren. Sie erfüllen die Anforderungen an *Forward-Iteratoren*. Darüber hinaus sind für einen *Bidirectional-Iterator* i Ausdrücke der Form --i, i-- und *i-- gültig. Voraussetzung für --i ist, dass ein *Bidirectional-Iterator* j existiert, für den ++j == i ist. Damit gilt --(++i) == i. Mit *Bidirectional-Iteratoren* sind „Mehrweg-Algorithmen" in beiden Richtungen realisierbar, weil aus --i == --j folgt, dass i == j ist.

Ein Algorithmus, der für eine effiziente Arbeitsweise *Bidirectional-Iteratoren* benötigt, ist reverse (siehe Abschnitt 9.3.15). Er kehrt die Reihenfolge der Elemente eines Bereichs [first, last) dadurch um, dass die Iteratoren first und last von den beiden Enden des Bereichs aufeinander zulaufen, wobei jeweils die Elemente, auf die die Iteratoren verweisen, getauscht werden. Eine mögliche Implementierung ist:

```
template<class BidirectionalIterator>
void reverse(BidirectionalIterator first, BidirectionalIterator last) {
    while (first != last && first != --last) {
        const typename iterator_traits<BidirectionalIterator>::value_type
            tmp(*first);
        *first = *last;
        *last = tmp;
        ++first;
    }
}
```

Um die Anforderungen an *Bidirectional-Iteratoren* zu erfüllen, ist das Gerüst für eine hypothetische Iteratorklasse X gegenüber der Klasse für *Forward-Iteratoren* (siehe Abschnitt 8.4) um die Operatoren für das Präfix- und Postfixdekrement zu erweitern.

```
class X {
public:
    // ... wie für Forward-Iteratoren
    X& operator--() { /* ... */ return *this; }
    X operator--(int) { X tmp(*this); --*this; return tmp; }
};
```

8.6 Random-Access-Iteratoren

Die mächtigste Iteratorkategorie der Standardbibliothek bilden die *Random-Access-Iteratoren*. Sie erfüllen die Anforderungen an *Bidirectional-Iteratoren* und erlauben darüber hinaus unter anderem einen direkten Zugriff auf bestimmte Elemente sowie Vergleiche mit relationalen Operatoren.

Mit r += n kann ein *Random-Access-Iterator* r um n Elemente vor- beziehungsweise rückwärts bewegt werden. Ist r dabei vom Typ X und n ein Wert des Abstandstyps Distance, dann liefert der Ausdruck r += n einen Wert des Typs X&. Der Effekt entspricht der folgenden Operatordefinition:

```
X& operator+=(X& r, Distance n) {
    if (n >= 0)
        while (n--) ++r;
    else
        while (n++) --r;
    return r;
}
```

a + n und n + a liefern beide dasselbe Ergebnis, d. h., es gilt a + n == n + a. Wenn a ein *Random-Access-Iterator* des Typs X ist, hat das Resultat ebenfalls den Typ X. Die Wirkungsweise entspricht der folgenden Operatordefinition:

```
X operator+(X a, Distance n) {
    X tmp(a);
    return tmp += n;
}
```

r -= n hat den gleichen Effekt wie r += -n, d. h., der *Random-Access-Iterator* r wird bei positivem n um n Elemente rückwärts bewegt.

Entsprechend bewirkt a - n das Gleiche wie a + (-n).

Mit b - a kann der Abstand zweier *Random-Access-Iteratoren* a und b bestimmt werden. Das Ergebnis ist vom Typ Distance. Voraussetzung für die korrekte Funktionsweise ist, dass ein Wert n des Typs Distance existiert, für den a + n == b ist. Es gilt: b == a + (b - a). Mit Hilfe der Funktion distance (siehe Seite 136) kann b - a wie folgt ausgedrückt werden:

```
(a < b) ? distance(a, b) : -distance(b, a)
```

Mit a[n] kann direkt auf das Element mit Index n zugegriffen werden. Der Ausdruck hat den gleichen Effekt wie *(a + n). Das Ergebnis ist in den Elementtyp T konvertierbar.

Für *Random-Access-Iteratoren* sind die relationalen Operatoren definiert. Der Rückgabewert ist jeweils in den Typ bool konvertierbar. a < b liefert das gleiche Ergebnis wie b - a > 0. Wie üblich können die anderen relationalen Operatoren basierend auf < ausgedrückt werden, d. h. a > b entspricht b < a, a >= b entspricht !(a < b) und a <= b entspricht !(a > b).

Zeiger auf Feldkomponenten erfüllen die Anforderungen an *Random-Access-Iteratoren*.

8.7 Übersicht über die Iteratorkategorien

In der folgenden Abbildung sind die einzelnen Iteratorkategorien zusammen mit ihren charakteristischen Operationen dargestellt.

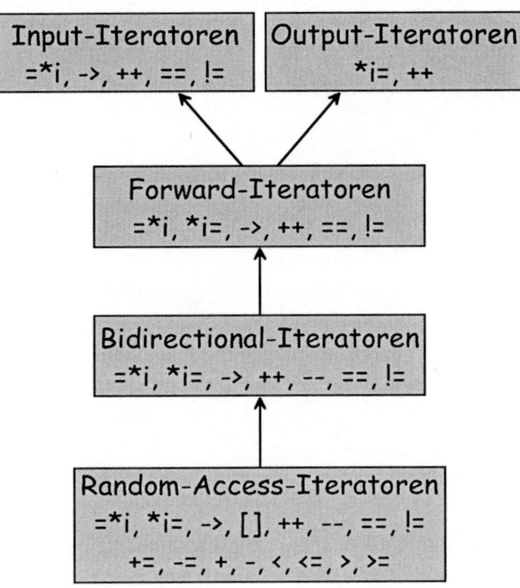

Für einen Iterator i bedeutet = *i, dass auf das Element, auf das i verweist, lesend zugegriffen werden kann. Entsprechend steht *i = dafür, dass schreibender Zugriff möglich ist.

Die folgende Tabelle gibt Auskunft darüber, zu welcher Kategorie die Iteratoren gehören, die die Container der Standardbibliothek unterstützen.

Container	**Iteratorkategorie**
vector	*Random-Access-Iterator*
deque	*Random-Access-Iterator*
list	*Bidirectional-Iterator*
set	*Bidirectional-Iterator* (nur konstant)
multiset	*Bidirectional-Iterator* (nur konstant)
map	*Bidirectional-Iterator*
multimap	*Bidirectional-Iterator*

Bis auf die Container set und multiset, die ausschließlich konstante Iteratoren unterstützen (siehe Seite 118), verfügen alle anderen Container über konstante und nicht konstante Iteratoren.

Felder können auch zu den Containern gezählt werden. Die zugehörigen Iteratoren sind Zeiger, die zur Kategorie der *Random-Access-Iteratoren* gehören.

8.8 Hilfsklassen und -funktionen für Iteratoren

Die Standardbibliothek definiert in der Header-Datei <iterator> für Iteratoren mehrere Hilfsklassen und -funktionen, um die Arbeit mit Iteratoren zu vereinfachen.

8.8.1 iterator_traits

In der Einführung auf Seite 24 haben wir erläutert, dass eine Hilfsklasse benötigt wird, um mit Typen wie dem Abstandstyp in Abhängigkeit des zugehörigen Iterators arbeiten zu können. Die entsprechende Klasse in der Standardbibliothek heißt iterator_traits. Ihre Definition lautet:

```
template<class Iterator>
struct iterator_traits {
        typedef typename Iterator::iterator_category iterator_category;
        typedef typename Iterator::value_type value_type;
        typedef typename Iterator::difference_type difference_type;
        typedef typename Iterator::pointer pointer;
        typedef typename Iterator::reference reference;
};
```

Neben der Iteratorkategorie iterator_category werden der Elementtyp value_type, der Abstandstyp difference_type, der Zeigertyp pointer (Rückgabetyp für operator->) und der Referenztyp reference (Rückgabetyp für operator*) definiert. In der Standardbibliothek gibt es für jede der fünf Iteratorkategorien eine Klasse:

```
struct input_iterator_tag { };
struct output_iterator_tag { };
struct forward_iterator_tag : public input_iterator_tag { };
struct bidirectional_iterator_tag : public forward_iterator_tag { };
struct random_access_iterator_tag : public bidirectional_iterator_tag { };
```

Man beachte, dass forward_iterator_tag nur von input_iterator_tag und nicht auch von output_iterator_tag abgeleitet wurde. Der Grund dafür ist der auf Seite 128 geschilderte Unterschied zwischen beiden Iteratorkategorien.

Die fünf Klassen besitzen keine Datenelemente oder Elementfunktionen, weil zugehörige Objekte lediglich dazu dienen, die Auswahl überladener Funktionen zu steuern. Gute Beispiele dafür sind die Iteratorfunktionen advance und distance, die in Abschnitt 8.8.3 vorgestellt werden. Für Optimierungen dieser Art in Bezug auf Iteratorkategorien muss jeder Iteratortyp Iterator für iterator_traits<Iterator>::iterator_category die höchste Kategorie angeben, die er unterstützt. Aufgrund der Vererbungsbeziehungen zwischen den Iteratorkategorieklassen muss in der Regel nicht für jede Kategorie eine Funktion definiert werden.

Um die fünf Typen der Klasse iterator_traits auch für gewöhnliche Zeiger benutzen zu können, existieren in der Standardbibliothek entsprechende Spezialisierungen der Template-Klasse iterator_traits für T* und const T*.

```
template<class T>
struct iterator_traits<T*> {
    typedef random_access_iterator_tag iterator_category;
    typedef T value_type;
    typedef ptrdiff_t difference_type;
    typedef T* pointer;
    typedef T& reference;
};

template<class T>
struct iterator_traits<const T*> {
    typedef random_access_iterator_tag iterator_category;
    typedef T value_type;
    typedef ptrdiff_t difference_type;
    typedef const T* pointer;
    typedef const T& reference;
};
```

Wie anhand der Spezialisierung zu sehen ist, gehören Zeiger zur Kategorie der *Random-Access-Iteratoren*.

Für *Output-Iteratoren* werden difference_type, value_type, pointer und reference als void definiert.

Mit Hilfe der Template-Klasse iterator_traits können Algorithmen allein in Abhängigkeit von Iteratoren implementiert werden. Dem Beispiel aus der Einführung (vgl. Seite 25) entspricht in der Standardbibliothek der Algorithmus count (siehe Abschnitt 9.2.6), der wie folgt definiert werden kann:

```
template<class InputIterator, class T>
typename iterator_traits<InputIterator>::difference_type
count(InputIterator first, InputIterator last, const T& value) {
    typename iterator_traits<InputIterator>::difference_type n(0);
    while (first != last)
        if (*first++ == value)
            ++n;
    return n;
}
```

Die Anzahl der Elemente aus dem Bereich [first, last), die den Wert value besitzen, hat den maximalen Wert last - first, wenn alle Elemente gleich value sind. Deshalb ist der Abstandstyp difference_type die richtige Wahl für den Rückgabetyp der Funktion.

8.8.2 Die Basisklasse iterator

Zur Vereinfachung der Definition von Iteratoren stellt die Standardbibliothek die Template-Klasse iterator zur Verfügung, die als Basisklasse ausgelegt ist und die fünf Typen für iterator_traits bereitstellt.

```
template<class Category, class T, class Distance = ptrdiff_t,
      class Pointer = T*, class Reference = T&>
struct iterator {
      typedef Category iterator_category;
      typedef T value_type;
      typedef Distance difference_type;
      typedef Pointer pointer;
      typedef Reference reference;
};
```

Der Iterator für unsere Klasse slist kann damit elegant wie folgt definiert werden (siehe auch Aufgabe 3):

```
#include <iterator>

template<class T>
class slist {
public:
      class iterator : public std::iterator<std::forward_iterator_tag, T> {
            // ...
      };
      // ...
};
```

Der Iterator gehört zur Kategorie der *Forward-Iteratoren*. Für difference_type, pointer und reference können die drei Standardargumente benutzt werden. Ohne die Basisklasse std::iterator kann man slist<T>::iterator auch definieren, indem man die fünf Typen explizit aufführt.

```
template<class T>
class slist {
public:
      class iterator {
      public:
            typedef std::forward_iterator_tag iterator_category;
            typedef T value_type;
            typedef std::ptrdiff_t difference_type;
            typedef T* pointer;
            typedef T& reference;
            // ...
      };
      // ...
};
```

Eine weitere Möglichkeit ist eine Spezialisierung für iterator_traits. Eine solche „teilweise" Spezialisierung von iterator_traits für slist<T>::iterator ist im namespace std zu deklarieren.

```
namespace std {
    template<class T>
    struct iterator_traits<typename slist<T>::iterator> {
        typedef forward_iterator_tag iterator_category;
        typedef T value_type;
        typedef ptrdiff_t difference_type;
        typedef T* pointer;
        typedef T& reference;
    };
}
```

Offensichtlich ist die erste Alternative – Ableitung von der Basisklasse std::iterator – am empfehlenswertesten.

8.8.3 Iteratorfunktionen

Für *Random-Access-Iteratoren* sind Bewegungen über mehrere Elemente hinweg und Abstandsberechnungen trivial, weil sie die dafür notwendigen Operationen zur Verfügung stellen. Um Algorithmen, die solche Operationen benötigen, allgemein formulieren zu können, so dass sie mit allen Iteratorkategorien zusammenarbeiten, definiert die Standardbibliothek die beiden Template-Funktionen advance und distance.

8.8.3.1 advance

```
template<class InputIterator, class Distance>
void
advance(InputIterator& i, Distance n);
```

advance bewegt den Iterator i um n Elemente vorwärts, wenn n positiv ist, oder um n Elemente rückwärts, wenn n negativ ist. Da nur *Random-Access-* und *Bidirectional-Iteratoren* rückwärts laufen können, sind negative Werte von n ausschließlich für diese beiden Iteratorkategorien erlaubt. Der Wert von n ist so zu wählen, dass der zulässige Bereich nicht verlassen wird

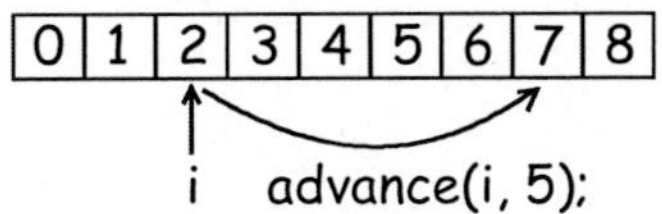

Eine mögliche Implementierung basiert auf drei überladenen Hilfsfunktionen, die von der für den Benutzer der Standardbibliothek sichtbaren Funktion advance aufgerufen werden. In Abhängigkeit von der Kategorie des Iterators i wird die Auswahl der effizientesten Funktion durch *Iterator-Tags* gesteuert. Die erste

Hilfsfunktion kommt dank der Vererbungsbeziehung zwischen forward_iterator-_tag und input_iterator_tag für *Input-* und *Forward-Iteratoren* zum Einsatz.

```
template<class InputIterator, class Distance>
void advance(InputIterator& i, Distance n, input_iterator_tag)
    { while (n--) ++i; }
```

Die zweite Hilfsfunktion ist für *Bidirectional-Iteratoren*, die auch rückwärts laufen können, gedacht und verursacht wie die erste linearen Aufwand.

```
template<class BidirectionalIterator, class Distance>
void advance(BidirectionalIterator& i, Distance n, bidirectional_iterator_tag) {
    if (n >= 0)
        while (n--) ++i;
    else
        while (n++) --i;
}
```

Die Version für *Random-Access-Iteratoren* ist mit konstantem Aufwand am effizientesten.

```
template<class RandomAccessIterator, class Distance> inline
void advance(RandomAccessIterator& i, Distance n, random_access_iterator_tag)
    { i += n; }
```

Die für die Benutzer sichtbare Bibliotheksfunktion advance ist inline deklariert und ruft eine der drei überladenen Hilfsfunktionen auf.

```
template<class InputIterator, class Distance> inline
void advance(InputIterator& i, Distance n)
    { advance(i, n, iterator_traits<InputIterator>::iterator_category()); }
```

8.8.3.2 distance

```
template<class InputIterator>
typename iterator_traits<InputIterator>::difference_type
distance(InputIterator first, InputIterator last);
```

distance liefert unter der Voraussetzung, dass last von first erreichbar ist, den Abstand zwischen den beiden Iteratoren first und last. Wobei der Abstand als die Anzahl der Inkrementoperationen definiert ist, die benötigt werden, um von first nach last zu kommen.

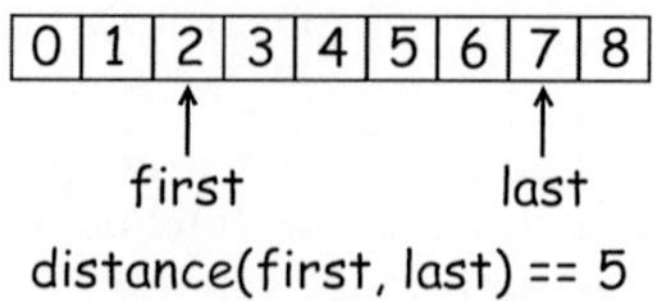

Für *Random-Access-Iteratoren* kann der Abstand mit konstantem Aufwand durch last - first berechnet werden. Für *Input-*, *Forward-* und *Bidirectional-Iteratoren* ist dagegen linearer Aufwand erforderlich. Eine denkbare Implementierung ist (siehe auch Aufgabe 4):

```
typename iterator_traits<InputIterator>::difference_type n(0);
while (first != last) { ++n; ++first; }
return n;
```

8.9 Reverse-Iteratoren

Bidirectional- und *Random-Access-Iteratoren* sind in der Lage, sowohl vorwärts als auch rückwärts zu iterieren. Für sie stellt die Standardbibliothek den Iteratoradapter reverse_iterator bereit. Bei den Anforderungen an reversible Container in Abschnitt 5.3 ist uns die Template-Klasse reverse_iterator erstmals bei der Definition der Typen reverse_iterator und const_reverse_iterator begegnet, die als Rückgabetyp der Elementfunktionen rbegin und rend eingesetzt werden.

Ein *Reverse-Iterator* verfügt über die gleiche Schnittstelle wie der zugrunde liegende *Bidirectional-* beziehungsweise *Random-Access-Iterator*, d. h., er erfüllt die gleichen Iteratoranforderungen. Die Verbindung zwischen einem *Reverse-Iterator* und dem zugehörigen Iterator i ist durch die folgende Beziehung charakterisiert:

```
&*(reverse_iterator(i)) == &*(i - 1)
```

Ein *Reverse-Iterator* liefert demnach beim Dereferenzieren nicht das Element, auf das er verweist, sondern – aus Sicht des zugehörigen Iterators i – das vorhergehende. Dadurch ist das Problem gelöst, dass es im Gegensatz zur Adresse nach dem letzten Element im Allgemeinen keine gültige Adresse vor dem ersten Element gibt. Die folgende Abbildung stellt den Sachverhalt am Beispiel eines reverse_iterator r für einen vector<int> v dar.

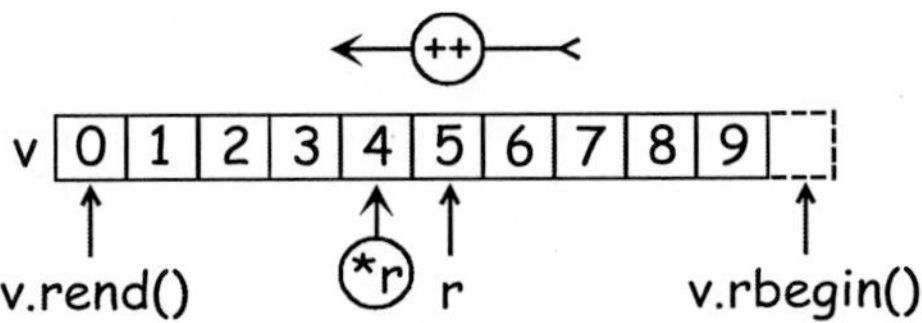

Die Definition der Template-Klasse reverse_iterator befindet sich in der Header-Datei <iterator>. Da die Schnittstelle der Klasse mit den für *Bidirectional-* und *Random-Access-Iteratoren* bereits beschriebenen Anforderungen übereinstimmt, geben wir im Folgenden einfach eine typische Implementierung für die Klasse reverse_iterator an.

```
template<class Iterator>
class reverse_iterator
```

```
    : public iterator<typename iterator_traits<Iterator>::iterator_category,
            typename iterator_traits<Iterator>::value_type,
            typename iterator_traits<Iterator>::difference_type,
            typename iterator_traits<Iterator>::pointer,
            typename iterator_traits<Iterator>::reference> {
public:
    typedef Iterator iterator_type;
    typedef typename iterator_traits<Iterator>::difference_type
            difference_type;
    typedef typename iterator_traits<Iterator>::reference reference;
    typedef typename iterator_traits<Iterator>::pointer pointer;
    reverse_iterator() { };
    explicit reverse_iterator(Iterator x) : current(x) { }
    template<class U>
            reverse_iterator(const reverse_iterator<U>& u) : current(u.current) { }
    Iterator base() const { return current; }
    reference operator*() const { Iterator tmp(current); return *--tmp; }
    pointer operator->() const { return &(operator*()); }
    reverse_iterator& operator++() { --current; return *this; }
    reverse_iterator operator++(int)
            { reverse_iterator tmp(*this); --current; return tmp; }
    reverse_iterator& operator--() { ++current; return *this; }
    reverse_iterator operator--(int)
            { reverse_iterator tmp(*this); ++current; return tmp; }
    reverse_iterator operator+(difference_type n) const
            { return reverse_iterator(current - n); }
    reverse_iterator& operator+=(difference_type n)
            { current -= n; return *this; }
    reverse_iterator operator-(difference_type n) const
            { return reverse_iterator(current + n); }
    reverse_iterator& operator-=(difference_type n)
            { current += n; return *this; }
    reference operator[](difference_type n) const
            { return current[-n - 1]; }
    friend bool operator==(const reverse_iterator& x,
            const reverse_iterator& y) { return x.current == y.current; }
    friend bool operator!=(const reverse_iterator& x,
            const reverse_iterator& y) { return x.current != y.current; }
    friend bool operator<(const reverse_iterator& x,
            const reverse_iterator& y) { return y.current < x.current; }
    friend bool operator>(const reverse_iterator& x,
            const reverse_iterator& y) { return y.current > x.current; }
    friend bool operator<=(const reverse_iterator& x,
            const reverse_iterator& y) { return y.current <= x.current; }
    friend bool operator>=(const reverse_iterator& x,
            const reverse_iterator& y) { return y.current >= x.current; }
    friend difference_type operator-(const reverse_iterator& x,
            const reverse_iterator& y) { return y.current - x.current; }
    friend reverse_iterator operator+(difference_type n,
```

```
                    const reverse_iterator& x) { return reverse_iterator(x.current - n); }
protected:
        Iterator current;
};
```

Ein Iterator, der für den Template-Parameter Iterator eingesetzt wird, muss zumindest die Anforderungen an *Bidirectional-Iteratoren* erfüllen. Wird eine der Elementfunktionen operator+, operator-, operator+=, operator-=, operator[] oder eine der globalen Funktionen operator<, operator>, operator<=, operator>=, operator- sowie operator+ in einer Weise benutzt, die eine Instanzierung erfordert, dann muss der Iterator die Anforderungen an *Random-Access-Iteratoren* erfüllen.

Die Elementfunktion base liefert den dem reverse_iterator zugrunde liegenden Iterator current. Damit lässt sich ein reverse_iterator wieder zurück in den Typ Iterator konvertieren. Abhängig vom Verwendungszweck kann dabei eine Anpassung um eine Position notwendig sein (vgl. dazu das folgende Beispielprogramm).

Die Inkrementoperatoren gehen relativ zur „normalen" Bewegungsrichtung ein Element zurück, d. h. aus Sicht des *Reverse-Iterators* ein Element vor. Die Bedeutung von Plus und Minus wird also für alle Operationen gegenüber der „normalen" Bedeutung vertauscht. Das Gleiche gilt für die Vergleichsoperatoren < und > sowie <= und >=.

Im folgenden Beispielprogramm wird nach dem letzten Auftreten des Werts 4 im Feld f gesucht, indem die Suchrichtung mit Hilfe eines reverse_iterator beim Aufruf des Algorithmus find (siehe Abschnitt 9.2.2) umgekehrt wird.

iteratoren/find_reverse.cpp

```
#include <algorithm>
#include <iostream>
#include <iterator>
using namespace std;

int main() {
   const int f[] = { 4, 6, 2, 3, 9, 4, 7, 1 };
   typedef reverse_iterator<const int*> RevIter;
   const RevIter r = find(RevIter(f + 6), RevIter(f), 4);
   if (r != RevIter(f)) {
      cout << "Die letzte " << *r << " in f hat den Index ";
      cout << (r.base() - 1 - f);
   }
}
```

Um den Index des gefundenen Elements auszugeben, wird der reverse_iterator r mittels r.base() - 1 wieder in einen „normalen" Iterator, hier einen Zeiger des Typs int*, konvertiert. Falls der Wert von r anschließend keine Rolle mehr spielt, kann man stattdessen auch (++r).base() schreiben (vgl. Seite 383). Die Ausgabe des Programms ist:

```
Die letzte 4 in f hat den Index 5
```

In Abschnitt 9.12 werden wir zeigen, wie man die Standardbibliothek um einen Algorithmus find_end, der nach dem letzten Auftreten eines Elements sucht, erweitern kann.

8.10 Insert-Iteratoren

Algorithmen wie copy (siehe Abschnitt 9.3.1) arbeiten im Überschreibmodus, d. h., bereits existierenden Containerelementen werden neue Werte zugewiesen. Das folgende Programmfragment ist daher fehlerhaft, weil das vector-Objekt v zu wenig Elemente besitzt, die überschrieben werden können.

```
const int f[] = { 1, 3, 5, 2, 4 };
vector<int> v(3U, 0);
copy(f, f + 5, v.begin());    // Fehler
```

Die *Insert-Iteratoren* der Standardbibliothek sind Adapter für Iteratoren, die Elemente in den zugehörigen Container einfügen. Eine Zuweisung der Form *result++ = *first++ beispielsweise, die der Algorithmus copy mit einem *Input-Iterator* first und einem *Output-Iterator* result ausführt, muss deshalb zum Aufruf einer Elementfunktion zum Einfügen eines Elements wie insert, push_back oder push_front führen. Die Implementierung ist charakterisiert durch einen überladenen operator*, der, ebenso wie die Inkrementoperatoren ++, den Iterator selbst liefert, und einen überladenen Zuweisungsoperator der Form operator=(const T&), der ein Objekt des Elementtyps T in den Container einfügt. *result++ = *first++ hat demnach den gleichen Effekt wie result = *first++, d. h., operator* und die Inkrementoperatoren ++ sind so überladen, dass *Insert-Iteratoren* wie *Output-Iteratoren* verwendet werden können.

Ein *Insert-Iterator* verhält sich wie ein Iterator, der anzeigt, wo Elemente einzufügen sind. Die folgende Tabelle gibt einen Überblick über die *Insert-Iteratoren* der Standardbibliothek.

Klassenname	Hilfsfunktion	benutzt	fügt ein
back_insert_iterator	back_inserter	push_back	am Ende
front_insert_iterator	front_inserter	push_front	am Anfang
insert_iterator	inserter	insert	an beliebiger Stelle

Bei der Programmierung ist zu beachten, dass durch Einfügen neuer Elemente in einen Container bereits bestehende Iteratoren, Zeiger und Referenzen auf Containerelemente in Abhängigkeit von der zum Einfügen benutzten Elementfunktion ungültig werden können.

8.10.1 back_insert_iterator

Objekte der Klasse back_insert_iterator fügen Elemente am Ende eines Containers ein, indem sie die Elementfunktion push_back (siehe Seite 74) des Containers aufrufen. Eine typische Implementierung ist:

```
template<class Container>
class back_insert_iterator
      : public iterator<output_iterator_tag, void, void, void, void> {
public:
      typedef Container container_type;
      explicit back_insert_iterator(Container& x) : container(&x) { }
      back_insert_iterator&
            operator=(typename Container::const_reference value)
                  { container->push_back(value); return *this; }
      back_insert_iterator& operator*() { return *this; }
      back_insert_iterator& operator++() { return *this; }
      back_insert_iterator& operator++(int) { return *this; }
protected:
      Container* container;
};
```

Die Hilfsfunktion back_inserter vereinfacht die Konstruktion eines Objekts der Klasse back_insert_iterator.

```
template<class Container> inline
back_insert_iterator<Container> back_inserter(Container& x)
      { return back_insert_iterator<Container>(x); }
```

Das Beispiel aus der Einleitung zu *Insert-Iteratoren* können wir nun korrekt formulieren:

iteratoren/back_inserter.cpp

```
#include <algorithm>
#include <iostream>
#include <iterator>
#include <vector>
using namespace std;

int main() {
   const int f[] = { 1, 3, 5, 2, 4 };
   vector<int> v(3U, 0);
   copy(f, f + 5, back_insert_iterator<vector<int> >(v));
   copy(f, f + 5, back_inserter(v));
   copy(v.begin(), v.end(), ostream_iterator<int>(cout, " "));
}
```

Wie man sieht, bringt die Hilfsfunktion back_inserter eine Vereinfachung der Schreibweise mit sich. Die fünf Komponenten des Feldes f werden zweimal nacheinander jeweils am Ende von v eingefügt, so dass die folgende Ausgabe resultiert:

```
0 0 0 1 3 5 2 4 1 3 5 2 4
```

Es handelt sich allerdings nur um ein Lehrbeispiel, weil der gleiche Effekt effizienter durch einen Aufruf der Elementfunktion insert erzielt werden kann:

```
v.insert(v.end(), f, f + 5);
```

8.10.2 front_insert_iterator

Objekte der Klasse front_insert_iterator fügen Elemente vor dem ersten Element eines Containers ein, indem sie die Elementfunktion push_front (siehe Seite 75) des Containers aufrufen. Eine typische Implementierung ist:

```
template<class Container>
class front_insert_iterator
    : public iterator<output_iterator_tag, void, void, void, void> {
public:
    typedef Container container_type;
    explicit front_insert_iterator(Container& x) : container(&x) { }
    front_insert_iterator&
        operator=(typename Container:: const_reference value)
            { container->push_front(value); return *this; }
    front_insert_iterator& operator*() { return *this; }
    front_insert_iterator& operator++() { return *this; }
    front_insert_iterator& operator++(int) { return *this; }
protected:
    Container* container;
};
```

Die Hilfsfunktion front_inserter vereinfacht die Konstruktion eines Objekts der Klasse front_insert_iterator.

```
template<class Container> inline
front_insert_iterator<Container> front_inserter(Container& x)
    { return front_insert_iterator<Container>(x); }
```

Das folgende Programm demonstriert den Einsatz:

iteratoren/front_inserter.cpp

```
#include <algorithm>
#include <deque>
#include <iostream>
#include <iterator>
using namespace std;

int main() {
  const int f[] = { 1, 3, 5, 2, 4 };
```

```
    deque<int> d(3U, 0);
    copy(f, f + 5, front_insert_iterator<deque<int> >(d));
    copy(f, f + 5, front_inserter(d));
    copy(d.begin(), d.end(), ostream_iterator<int>(cout, " "));
}
```

Die fünf Komponenten des Feldes f werden nacheinander jeweils am Anfang von d eingefügt, so dass die folgende Ausgabe resultiert:

```
4 2 5 3 1 4 2 5 3 1 0 0 0
```

Um die Elemente von f nicht in umgekehrter Reihenfolge in d einzufügen, können *Reverse-Iteratoren* benutzt werden.

```
reverse_iterator<const int*> a(f + 5), b(f);
copy(a, b, front_inserter(d));
```

Das Programm stellt lediglich ein Lehrbeispiel dar, weil der gleiche Effekt effizienter durch einen Aufruf der Elementfunktion insert erzielt werden kann. In diesem Fall ist noch ein *Reverse-Iterator* einzusetzen, damit die Elemente in derselben Reihenfolge wie im Programm eingefügt werden:

```
typedef reverse_iterator<const int*> RefIterInt;
d.insert(d.begin(), RefIterInt(f + 5), RefIterInt(f));
```

8.10.3 insert_iterator

Objekte der Klasse insert_iterator können Elemente an einer beliebigen Stelle eines Containers einfügen, indem sie die Elementfunktion insert (für sequenzielle Container siehe Seite 70 und für assoziative Container Seite 106) des Containers aufrufen. Zusätzlich zum Containerobjekt muss dem Konstruktor ein Iterator übergeben werden, der auf das Element verweist, vor dem jeweils einzufügen ist. Typischerweise ist die Klasse wie folgt implementiert:

```
template<class Container>
class insert_iterator
        : public iterator<output_iterator_tag, void, void, void, void> {
public:
        typedef Container container_type;
        insert_iterator(Container& x, typename Container::iterator i)
                : container(&x), iter(i) { }
        insert_iterator&
                operator=(typename Container::const_reference value)
                        { iter = container->insert(iter, value); ++iter; return *this; }
        insert_iterator& operator*() { return *this; }
        insert_iterator& operator++() { return *this; }
        insert_iterator& operator++(int) { return *this; }
protected:
        Container* container;
```

```
        typename Container::iterator iter;
    };
```

Die Funktion inserter vereinfacht die Konstruktion eines insert_iterator-Objekts.

```
template<class Container, class Iterator> inline
insert_iterator<Container> inserter(Container& x, Iterator i)
    { return insert_iterator<Container>(x, Container::iterator(i)); }
```

Das folgende Programm demonstriert den Einsatz:

iteratoren/inserter.cpp

```
#include <algorithm>
#include <iostream>
#include <iterator>
#include <list>
using namespace std;

int main() {
   const int f[] = { 1, 3, 5, 2, 4 };
   list<int> l(3U, 0);
   list<int>::iterator i = l.begin();
   copy(f, f + 5, inserter(l, ++i));
   copy(l.begin(), l.end(), ostream_iterator<int>(cout, " "));
}
```

Die fünf Komponenten des Feldes f werden nacheinander jeweils vor dem ursprünglich zweiten Element von l eingefügt, so dass die folgende Ausgabe resultiert:

```
0 1 3 5 2 4 0 0
```

Effizienter kann der gleiche Effekt hier jedoch durch l.insert(++i, f, f + 5); erzielt werden.

Da auch die assoziativen Container über die Elementfunktion insert verfügen, können sie ebenfalls zusammen mit einem insert_iterator eingesetzt werden. Allerdings ist dann die Angabe einer Einfügeposition nur bedingt sinnvoll, weil assoziative Container ihre Elemente intern sortiert ablegen (siehe Seite 106). Hilfreich kann in diesem Fall ein selbst definierter *Insert-Iterator* für assoziative Container sein (siehe Aufgabe 10).

8.11 Stream-Iteratoren

Damit Algorithmen direkt mit Ein- und Ausgabestreams arbeiten können gibt es *Stream-Iteratoren*. Ein Beispiel, das wir bereits eingesetzt haben, ist die Ausgabe aller Elemente eines Containers auf cout.

```
inline void ausgabe(const vector<int>& v) {
	copy(v.begin(), v.end(), ostream_iterator<int>(cout, " "));
}
```

Ähnlich können Werte von cin in einen Container eingelesen werden.

```
inline void eingabe(vector<int>& v) {
	v.assign(istream_iterator<int>(cin), istream_iterator<int>());
}
```

Der Datentyp der zu lesenden beziehungsweise schreibenden Objekte muss als Template-Argument angegeben werden. Dadurch kann ein *Stream-Iterator* nur Objekte eines einzigen Typs verarbeiten. Der Konstruktor eines *Stream-Iterators* erwartet ein bereits geöffnetes Streamobjekt, von dem gelesen beziehungsweise in das geschrieben wird. Zum Erkennen des Eingabeendes (z. B. dem Dateiende) dient ein mittels Standardkonstruktor erzeugtes Eingabestreamobjekt.

Außer den beiden im Folgenden vorgestellten Klassen ostream_iterator und istream_iterator sind in der Standardbibliothek noch die *Stream-Iteratoren* istreambuf_iterator und ostreambuf_iterator definiert, auf die wir jedoch nicht näher eingehen, da sie nur selten direkt benötigt werden.

8.11.1 istream_iterator

Ein istream_iterator gehört zur Kategorie der *Input-Iteratoren*. Er wird mit einem Eingabestream gekoppelt, von dem er unter Benutzung von operator>> nacheinander Elemente liest. Bei der Konstruktion und jedes Mal, wenn operator++ ausgeführt wird, liest der Iterator einen Wert des Typs T und speichert ihn. Wenn das Ende der Eingabe erreicht wird, d. h., der überladene operator void* des Streams liefert false, dann hat der Iterator den gleichen Wert wie der *Streamende-Iterator*. Ein Streamende-Iterator wird durch den Aufruf des Standardkonstruktors erzeugt und ist nicht dereferenzierbar. Für alle anderen Objekte der Klasse istream_iterator liefert operator* einen Wert des Typs const T& und operator-> liefert entsprechend const T*. Es ist somit nicht möglich, etwas in einen Eingabestream zu schreiben. Eine typische Implementierung für die Klasse istream_iterator ist:

```
template<class T, class charT = char, class traits = char_traits<charT>,
	class Distance = ptrdiff_t>
class istream_iterator
	: public iterator<input_iterator_tag, T, Distance, const T*, const T&> {
public:
	typedef charT char_type;
	typedef traits traits_type;
	typedef basic_istream<charT, traits> istream_type;
	istream_iterator() : in_stream(0) { }
	istream_iterator(istream_type& s)
		: in_stream(&s) { read(); }
```

```
        istream_iterator(const istream_iterator& x)
            : in_stream(x.in_stream), value(x.value) { }
        ~istream_iterator() { }
        const T& operator*() const { return value; }
        const T* operator->() const { return &(operator*()); }
        istream_iterator& operator++()
            { read(); return *this; }
        istream_iterator operator++(int)
            { istream_iterator tmp(*this); read(); return tmp; }
        friend bool operator==(const istream_iterator& x,
            const istream_iterator& y) { return x.in_stream == y.in_stream; }
    private:
        void read() {
            if (in_stream != 0) {
                if (*in_stream) *in_stream >> value;
                if (!*in_stream) in_stream = 0;
            }
        }
        istream_type* in_stream;
        T value;
    };

    template<class T, class charT, class traits, class Distance>
    bool operator!=(const istream_iterator<T, charT, traits, Distance>& x,
        const istream_iterator<T, charT, traits, Distance>& y)
            { return !(x == y); }
```

Wie man anhand der Definition für operator== erkennt, sind zwei Streamende-Iteratoren immer gleich. Dagegen sind ein Streamende-Iterator und ein Eingabestream-Iterator immer ungleich. Und zwei Eingabestream-Iteratoren sind nur gleich, wenn ihnen derselbe Stream zugrunde liegt.

Auch wenn mehre Aufrufe von operator* und operator-> ohne zwischenzeitlichen Aufruf von operator++ bei der gezeigten Implementierung immer denselben Wert liefern, sollte ein istream_iterator zwischen zwei Derefenzierungen mindestens einmal inkrementiert werden. Hat ein istream_iterator einmal das „Ende“ erreicht, z. B. weil eine ungültige Eingabe gelesen wurde, ist er nicht wieder reaktivierbar.

iteratoren/istream_iterator.cpp

```
#include <algorithm>
#include <iostream>
#include <iterator>
#include <vector>
using namespace std;

int main() {
  cout << "Eingabe: ";
  istream_iterator<int> von(cin), bis;
  vector<int> v(von, bis);
```

```
    cout << "v = ";
    copy(v.begin(), v.end(), ostream_iterator<int>(cout, " "));
}
```

Gibt man nach dem Programmstart z. B. die Zahlen 1, 2, 3 gefolgt vom Zeichen x und der Zahl 4 ein, so ist die Ausgabe des Programms:

```
Eingabe: 1 2 3 x 4
v = 1 2 3
```

Bemerkung: Bei älteren Implementierungen muss man außer dem Objekt- auch noch den Abstandstyp angeben, z. B. istream_iterator<int, ptrdiff_t>.

8.11.2 ostream_iterator

Ein ostream_iterator gehört zur Kategorie der *Output-Iteratoren*. Er gibt mittels operator<< Elemente auf den zugrunde liegenden Ausgabestream aus, der bei der Konstruktion eines ostream_iterator-Objekts als erstes Argument übergeben wird. Gibt man als zweites Argument eine Zeichenkette an, wird diese nach jedem ausgegebenen Element in den Stream geschrieben. Es ist nicht möglich, einen Wert von einem Ausgabestream-Iterator zu lesen. Eine typische Implementierung für ostream_iterator ist:

```
template<class T, class charT = char[1], class traits = char_traits<charT> >
class ostream_iterator
        : public iterator<output_iterator_tag, void, void, void, void> {
public:
        typedef charT char_type;
        typedef traits traits_type;
        typedef basic_ostream<charT, traits> ostream_type;
        ostream_iterator(ostream_type& s, const charT* delimiter = 0)
                : out_stream(&s), delim(delimiter) { }
        ostream_iterator(const ostream_iterator& x)
                : out_stream(x.out_stream), delim(x.delim) { }
        ~ostream_iterator() { }
        ostream_iterator& operator=(const T& value) {
                *out_stream << value;
                if (delim != 0) *out_stream << delim;
                return *this;
        }
        ostream_iterator& operator*() { return *this; }
        ostream_iterator& operator++() { return *this; }
        ostream_iterator& operator++(int) { return *this; }
private:
        ostream_type* out_stream;
```

---

[1] Bei einigen Implementierungen fehlt das zweite Standardargument für den Zeichentyp, so dass dann z. B. ostream_iterator<int, **char**>(cout) zu schreiben ist.

```
        const charT* delim;
    };
```

Auch wenn dies für die hier angegebene Definition nicht notwendig ist, sollte zwischen zwei Ausgaben einmal operator++ aufgerufen werden.

Im Gegensatz zum Programm des vorhergehenden Abschnitts geben wir die Elemente des Vektors v nun nicht mit einer Schleife aus, sondern kopieren sie mittels ostream_iterator nach cout.

iteratoren/ostream_iterator.cpp

```
#include <algorithm>
#include <iostream>
#include <iterator>
#include <vector>
using namespace std;

int main() {
   vector<int> v;
   v.reserve(4);
   for (int i = 1; i <= 4; ++i)
      v.push_back(i);
   cout << "v = ";
   copy(v.begin(), v.end(), ostream_iterator<int>(cout, "  "));
}
```

Das Programm erzeugt die Ausgabe:

```
v = 1  2  3  4
```

Ein typischer Fehler bei der Konstruktion eines ostream_iterator-Objekts ist:

```
ostream_iterator<int>(cout, '\n')
```

Solche Fehler entdeckt der Compiler; allerdings kann es sein, dass man die Fehlermeldung nicht auf Anhieb deuten kann. Es muss richtig "\n" statt '\n' heißen.

8.12 Aufgaben

1. Betrachten Sie die folgende Funktion: Weshalb ist für die Schleife eine Abbruchbedingung der Art i != last der Formulierung i < last vorzuziehen?

```
template<class Iterator>
void test(Iterator first, Iterator last) {
      for (Iterator i = first; i != last; ++i) {
            // ...
      }
}
```

2. Warum wird das folgende Programmfragment nicht übersetzt?

```
const int f[] = { 1, 2, 3, 4 };
vector<int> v;
vector<int>::iterator i = copy(f, f + 4, back_inserter(v));
```

3. Entwickeln Sie Iteratoren für die Klasse slist. (Zur Definition der Klasse slist siehe Aufgabe 5-9.)

4. Implementieren Sie die Iteratorfunktion distance (siehe Seite 136). Orientieren Sie sich dabei an der Implementierung von advance.

   Für *Bidirectional-Iteratoren* könnte das Ergebnis von distance theoretisch auch negativ sein. Auf welche praktischen Probleme trifft man bei der Implementierung?

5. Warum wird der Funktionsrumpf für reverse_iterator::operator* nicht einfach als return *(current - 1); definiert (vgl. Seite 138)?

6. Der Indexoperator für die Klasse reverse_iterator ist selbst als const Elementfunktion spezifiziert, liefert aber eine Referenz, über die das Objekt, auf das der Iterator verweist, modifiziert werden kann (siehe Seite 138). Wie verträgt sich das mit dem Designziel „const-Korrektheit“?

7. Erklären Sie, warum die Werte von *i und *r im folgenden Programmfragment nicht übereinstimmen.

```
const int f[] = { 0, 1, 2, 3, 4, 5, 6, 7, 8, 9 };
vector<int> v(f, f + 10);
vector<int>::iterator i = v.begin() + 3;
vector<int>::reverse_iterator r(i);
cout << *i << " != " << *r << endl;
```

8. Was geht im folgenden Programmfragment schief?

```
const int f[] = { 0, 1, 2, 3, 4, 5, 6, 7, 8, 9 };
list<int> l(f, f + 10);
reverse_iterator r(l.end());
cout << *(r += 5) << endl;
```

9. Warum wird das folgende Programmfragment nicht übersetzt?

```
const int f[] = { 0, 1, 2, 3, 4, 5, 6, 7, 8, 9 };
vector<int> v;
copy(f, f + 10, front_inserter(v));
```

10. Definieren Sie einen speziellen *Insert-Iterator* für assoziative Container, der ohne einen Iterator zur Markierung der Einfügeposition auskommt.

11. Welchen Effekt hat das folgende Codefragment? Was passiert, wenn man das Gleiche mit einem ostream_iterator<int> o(cout, " ") versucht?

```
istream_iterator<int> i(cin);
advance(i, 3);
```

12. Ein vector-Objekt v soll mit eingelesenen Werten initialisiert werden. Warum gelingt das mit der folgenden Anweisung nicht? Wie erreicht man den gewünschten Effekt?

```
vector<int> v(istream_iterator<int>(cin), istream_iterator<int>());
```

13. Wie kann man aus einem const_iterator einen iterator machen, sofern der zugehörige Container bekannt ist? (Dies ist in den auf Seite 72 beschriebenen Fällen nützlich.)

```
void test(set<int>& s, set<int>::const_iterator ci) {
    // s.erase(ci); geht nicht, deshalb brauchen wir einen set<int>::iterator i,
    // der auf dieselbe Position verweist wie ci.
}
```

14. Schreiben Sie ein Programm, das Wörter mit Hilfe eines istream_iterator von cin einliest und anschließend eine sortierte Liste der Wörter ausgibt, wobei jedes Wort nur einmal aufgeführt werden soll.

15. Entwickeln Sie einen „Fibonacci-Iterator“, der die Zahlen der Fibonacci-Folge liefert. Der Algorithmus zur Berechnung der Fibonacci-Zahlen lautet:

$$fibonacci_0 = 1$$
$$fibonacci_1 = 1$$
$$fibonacci_n = fibonacci_{n-1} + fibonacci_{n-2} \quad für \quad n \geq 2$$

Die Anweisung copy(FibIter<unsigned int>(0), FibIter<unsigned int>(7), ostream_iterator<unsigned int>(cout, " ")); soll 1 1 2 3 5 8 13 ausgeben.

9 Algorithmen

Die Mächtigkeit der Standardbibliothek beruht in erster Linie auf ihren Algorithmen, die mit Hilfe von Iteratoren vielfältige Datenstrukturen (insbesondere Container) bearbeiten können. Bis auf die numerischen Algorithmen aus Abschnitt 9.11 sind alle Algorithmen in der Header-Datei `<algorithm>` definiert.

Ein Algorithmus arbeitet im Allgemeinen nicht mit allen Iteratorkategorien korrekt zusammen. Welche Iteratorkategorien unterstützt werden, ist anhand der Bezeichner in der Template-Parameterliste abzulesen. Dort wird jeweils die Iteratorkategorie mit den geringsten Anforderungen angegeben, für die der Algorithmus noch einsetzbar ist.

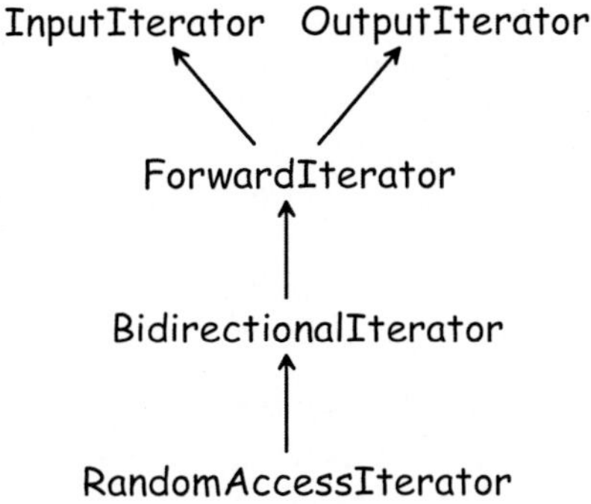

Wenn z. B. der Bezeichner `ForwardIterator` verwendet wird, heißt das, dass der Algorithmus mit *Forward-*, *Bidirectional-* sowie *Random-Access-Iteratoren* korrekt arbeitet, aber nicht mit *Input-* und *Output-Iteratoren*. Außer den Iteratornamen werden die folgenden Bezeichner in den Template-Parameterlisten eingesetzt:

BinaryOperation ist ein zweistelliges Funktionsobjekt, das in Abhängigkeit von seinen beiden Argumenten einen Wert liefert.

BinaryPredicate ist ein zweistelliges Funktionsobjekt, das einen Wert des Datentyps `bool` zurückgibt.

Compare steht für ein zweistelliges Funktionsobjekt, das seine beiden Argumente vergleicht und einen Rückgabewert des Typs `bool` liefert.

Function bezeichnet Funktionen und Funktionsobjekte, die ihre Argumente in der Regel nicht modifizieren.

Generator ist ein Funktionsobjekt, das Werte generiert.

Predicate ist ein einstelliges Funktionsobjekt, das als Rückgabewert einen Wert des Typs bool liefert (vgl. Seite 36).

RandomNumberGenerator ist ein Funktionsobjekt, das zufällige Werte generiert.

Size ist ein Typparameter für Größenangaben und wird mit einem ganzzahligen Typ instanziert.

T steht für den Typ der Containerelemente.

UnaryOperation ist ein einstelliges Funktionsobjekt, das in Abhängigkeit von seinem Argument einen Wert liefert.

Suchalgorithmen wie z. B. find durchsuchen einen Bereich [first, last), der durch die zwei Iteratoren first und last abgegrenzt ist. Wenn die Suche nicht erfolgreich verläuft, wird last zurückgegeben. Die Bereiche, die den Algorithmen zum Bearbeiten übergeben werden, müssen gültig sein, sonst sind die Resultate nicht definiert. Auf Prüfungen wird aus Effizienzgründen verzichtet.

Die an Algorithmen übergebenen Funktionsobjekte sollten die Gültigkeit von Iteratoren nicht in Frage stellen, beispielsweise indem Elemente aus einem zu bearbeitenden Bereich gelöscht werden.

Für einige Algorithmen existieren zwei Formen, die sich dadurch unterscheiden, ob ein Funktionsobjekt eingesetzt wird oder nicht. Wenn die Parameterlisten nicht ausreichend verschieden sind, wird der Name des Algorithmus mit Funktionsobjekt durch ein angehängtes _if gekennzeichnet, z. B. find und find_if.

Des Weiteren gibt es Algorithmen, die sich nur dadurch unterscheiden, dass einer den übergebenen Bereich modifiziert (*in-place*) und der andere stattdessen das Ergebnis kopiert (*copying*). Die zweite Form wird im Namen durch ein angehängtes _copy gekennzeichnet, wie z. B. bei reverse und reverse_copy. Eine kopierende Version wird nicht zur Verfügung gestellt, wenn der Aufwand für die eigentliche Aufgabe des Algorithmus wesentlich größer ist als der Aufwand für das Kopieren, wie z. B. bei sort.

Einige Containerklassen bieten Elementfunktionen an, die den Namen eines Algorithmus tragen; z. B. verfügt die Klasse list über die Elementfunktionen merge, remove, reverse, sort sowie unique, und die assoziativen Container definieren count, equal_range, find, lower_bound sowie upper_bound. Dabei handelt es sich jeweils um spezielle Versionen des gleichnamigen Algorithmus, die auf den jeweiligen Container zugeschnitten sind und deshalb bessere Ergebnisse erzielen als der entsprechende Algorithmus.

Um die Erklärungen zu den Algorithmen möglichst einfach zu halten, werden häufig Ausdrücke mit Iteratoren benutzt, wie z. B. i + 2 oder i - j. Solche Ausdrücke werden dabei für alle Iteratorkategorien verwendet, obwohl sie streng genommen nur für *Random-Access-Iteratoren* definiert sind. Für andere Iteratorkategorien entspricht i - j dem Ergebnis von distance(i, j); und i + n dem von

```
Iterator tmp(i);
advance(tmp, n);
return tmp;
```

Die Deklarationen der einzelnen Algorithmen sind durch den Standard festgeschrieben. Die Definitionen können dagegen im Rahmen der Spezifikation unterschiedlich ausfallen. Wir werden deshalb die Funktionsrümpfe nur für einige Algorithmen aufführen, für die eine einfache, typische Implementierung existiert, die zum Verständnis beiträgt. Wenn Sie wissen möchten, wie die von Ihnen eingesetzte Bibliothek die Algorithmen realisiert hat, können Sie einfach einen Blick in die mitgelieferten Header-Dateien werfen.

9.1 Übersicht

Bei der Vielzahl an Algorithmen, die die Standardbibliothek bietet, ist es oft nicht leicht, einen geeigneten Algorithmus zu finden. Als Unterstützung zur Suche nach dem „richtigen" Algorithmus soll deshalb die folgende Übersicht dienen, die sich an der Gliederung des C++-Standards orientiert, aber innerhalb einer Kategorie die Algorithmen alphabetisch ordnet. Zu jedem Algorithmus ist neben dem Funktionsnamen eine knappe Beschreibung angegeben, die sich auf den Standardeinsatz bezieht. Mit Hilfe von Funktionsobjekten sind darüber hinausgehende Verwendungen möglich. Innerhalb einer Kategorie sind die Algorithmen jeweils alphabetisch sortiert. Die Seitenzahlen verweisen auf die ausführlichen Erklärungen.

Nichtmodifizierende Algorithmen

adjacent_find sucht innerhalb eines Bereichs nach aufeinander folgenden gleichen Elementen (S. 163).

count und **count_if** zählen, wie oft ein bestimmtes Element in einem Bereich enthalten ist beziehungsweise wie viele Elemente eine vorgegebene Bedingung erfüllen (S. 164).

equal prüft, ob die Elemente zweier Bereiche paarweise gleich sind (S. 167).

find und **find_if** suchen nach dem ersten Element, das einen bestimmten Wert besitzt beziehungsweise eine vorgegebene Bedingung erfüllt (S. 158).

find_end liefert das letzte Auftreten der Elemente eines Bereichs innerhalb eines anderen (S. 160).

find_first_of liefert das erste Element eines Bereichs, das auch im Suchbereich vorhanden ist (S. 161).

for_each führt eine Funktion für alle Elemente eines Bereichs aus (S. 157).

mismatch liefert das erste Wertepaar, bei dem sich zwei Bereiche unterscheiden (S. 165).

search liefert das erste Auftreten der Elemente eines Bereichs innerhalb eines anderen (S. 168).

search_n liefert das erste Auftreten von n gleichen Elementen innerhalb eines Bereichs (S. 169).

Modifizierende Algorithmen

copy kopiert die Elemente eines Bereichs vom ersten bis zum letzten Element in einen anderen Bereich (S. 170).

copy_backward kopiert die Elemente eines Bereichs im Gegensatz zu copy vom letzten bis zum ersten Element in einen anderen Bereich (S. 172).

fill und **fill_n** füllen einen Bereich mit Elementen eines bestimmten Werts (S. 179).

generate und **generate_n** generieren mit Hilfe eines Funktionsobjekts Elemente, mit denen ein Bereich gefüllt wird (S. 181).

iter_swap tauscht die Werte, auf die zwei Iteratoren verweisen (S. 173).

partition und **stable_partition** verteilen die Elemente eines Bereichs in zwei Gruppen, so dass nur die Elemente der ersten Gruppe eine vorgegebene Bedingung erfüllen (S. 194).

random_shuffle bringt die Elemente eines Bereichs in eine zufällige Reihenfolge (S. 192).

remove und **remove_if** entfernen aus einem Bereich Elemente, die einen bestimmten Wert besitzen beziehungsweise eine Bedingung erfüllen (S. 183).

remove_copy und **remove_copy_if** kopieren alle Elemente, die einen bestimmten Wert nicht besitzen beziehungsweise eine vorgegebene Bedingung nicht erfüllen (S. 182).

replace und **replace_if** ersetzen die Werte von Elementen, die einen bestimmten Wert besitzen beziehungsweise eine Bedingung erfüllen, durch einen neuen Wert (S. 177).

replace_copy und **replace_copy_if** kopieren die Elemente eines Bereichs in einen anderen, wobei Elemente, die einen bestimmten Wert besitzen beziehungsweise eine Bedingung erfüllen, durch einen neuen Wert ersetzt werden (S. 178).

reverse kehrt die Reihenfolge der Elemente eines Bereichs um (S. 188).

reverse_copy kopiert die Elemente eines Bereichs in umgekehrter Reihenfolge in einen anderen Bereich (S. 189).

rotate verschiebt die Elemente eines Bereichs nach links, wobei die Elemente, die links herausfallen, rechts wieder hereinkommen (S. 190).

rotate_copy teilt einen Bereich in zwei Teilbereiche und kopiert die Elemente des zweiten Teilbereichs vor denen des ersten in einen anderen Bereich (S. 191).

swap tauscht die Werte zweier Objekte (S. 173).

swap_ranges tauscht die Elemente zweier Bereiche (S. 174).

transform führt für jedes Element eines Bereichs ein Funktionsobjekt aus (beziehungsweise verknüpft über ein Funktionsobjekt die Elemente zweier Bereiche paarweise) und kopiert das Ergebnis in denselben oder einen anderen Bereich (S. 175).

unique entfernt aus Folgen gleicher Elemente alle bis auf das erste (S. 187).

unique_copy kopiert die Elemente eines Bereichs in einen anderen, wobei aus Folgen gleicher Elemente nur das erste kopiert wird (S. 185).

Sortieren und ähnliche Operationen

nth_element verteilt die Elemente eines Bereichs, so dass die Elemente im vorderen Bereich kleiner oder gleich und die im hinteren größer oder gleich dem n-ten Element sind (S. 200).

partial_sort berücksichtigt zwar alle Elemente eines Bereichs bei der Sortierung, bringt aber nur die n kleinsten in eine sortierte Reihenfolge (S. 198).

partial_sort_copy kopiert nur die n kleinsten Elemente eines Bereichs sortiert in einen anderen (S. 199).

sort sortiert die Elemente eines Bereichs (S. 195).

stable_sort sortiert die Elemente eines Bereichs, wobei die relative Reihenfolge gleicher Elemente erhalten bleibt (S. 197).

Binäre Suchalgorithmen

binary_search prüft, ob ein gesuchtes Element in einem Bereich enthalten ist (S. 206).

equal_range liefert ein Iteratorpaar entsprechend lower_bound und upper_bound (S. 204).

lower_bound liefert die erste Position, an der ein Element in einen Bereich eingefügt werden kann, ohne die Sortierung der Elemente des Bereichs zu verletzen (S. 202).

upper_bound liefert die letzte Position, an der ein Element in einen Bereich eingefügt werden kann, ohne die Sortierung der Elemente des Bereichs zu verletzen (S. 203).

Mischalgorithmen

inplace_merge mischt die Elemente zweier aufeinander folgender, sortierter Teilbereiche, so dass ein sortierter Bereich entsteht (S. 209).

merge kopiert die Elemente zweier sortierter Bereiche in einen dritten Bereich, dessen Elemente wieder sortiert sind (S. 208).

Mengenalgorithmen für sortierte Bereiche

includes prüft, ob alle Elemente eines Bereichs in einem anderen enthalten sind, d. h. eine Teilmenge bilden (S. 211).

set_difference bildet die Differenzmenge der Elemente zweier Bereiche, d. h., es werden die Elemente in den Ergebnisbereich aufgenommen, die im ersten, aber nicht im zweiten Bereich enthalten sind (S. 215).

set_intersection bildet die Schnittmenge der Elemente zweier Bereiche, d. h., es werden die Elemente in den Ergebnisbereich aufgenommen, die in beiden Bereichen enthalten sind (S. 213).

set_symmetric_difference kopiert die Elemente zweier Bereiche, die in nur einem der beiden Bereiche enthalten sind, in einen Ergebnisbereich (S. 216).

set_union bildet die Vereinigungsmenge der Elemente zweier Bereiche, d. h., es werden die Elemente in den Ergebnisbereich aufgenommen, die in mindestens einem der Bereiche enthalten sind (S. 212).

Heap-Algorithmen

make_heap ordnet die Elemente eines Bereichs um, so dass sie einen Heap bilden (S. 219).

pop_heap entfernt ein Element aus einem Heap (S. 219).

push_heap platziert ein neues Element auf einem Heap (S. 219).

sort_heap wandelt einen Heap in einen sortierten Bereich um (S. 220).

Minimum und Maximum

max liefert von zwei Objekten das größere (S. 222).

max_element gibt einen Iterator auf das größte Element eines Bereichs zurück (S. 224).

min liefert von zwei Objekten das kleinere (S. 221).

min_element gibt einen Iterator auf das kleinste Element eines Bereichs zurück (S. 223).

Permutationen

lexicographical_compare prüft, ob die Elemente eines Bereichs lexikographisch kleiner sind als die Elemente eines anderen Bereichs (S. 225).

next_permutation generiert die lexikographisch nächst größere Anordnung der Elemente eines Bereichs (S. 226).

prev_permutation erzeugt die lexikographisch nächst kleinere Anordnung der Elemente eines Bereichs (S. 227).

Numerische Algorithmen

accumulate liefert die Summe der Elemente eines Bereichs (S. 229).

adjacent_difference berechnet jeweils die Differenz zweier aufeinander folgender Elemente eines Bereichs und kopiert die Ergebnisse in einen anderen Bereich (S. 231).

inner_product liefert die Summe der Produkte der korrespondierenden Elemente zweier Bereiche (S. 230).

partial_sum berechnet die fortlaufenden Summen der Elemente eines Bereichs und kopiert die Ergebnisse in einen anderen Bereich (S. 231).

Nach der Übersicht werden wir die Algorithmen nun im Einzelnen detailliert vorstellen.

9.2 Nichtmodifizierende Algorithmen

Die nichtmodifizierenden Algorithmen können mit const-Iteratoren aufgerufen werden. Sie sollten nicht dazu benutzt werden, Operationen durchzuführen, die Elemente modifizieren.

9.2.1 for_each

```
template<class InputIterator, class Function>
Function
for_each(InputIterator first, InputIterator last, Function f);
```

Für jedes Element im Bereich [first, last) wird die Funktion f einmal aufgerufen; das ergibt insgesamt last - first Aufrufe. Typischerweise ist der Rumpf von for_each wie folgt definiert (siehe auch Abschnitt 9.13):

```
while (first != last) f(*first++);
return f;
```

Ein gegebenenfalls vorhandener Rückgabewert der Funktion f wird von for_each ignoriert. Die Funktion f muss mit einem Argument des Typs InputIterator::value_type aufrufbar sein. Auf der sicheren Seite ist man, wenn die Funktion f das übergebene Argument nicht modifiziert, weil *Input-Iteratoren* nur gelesen werden können. Liefert der Iterator dagegen modifizierbare L-Werte, kann die Funktion f ihr Argument auch verändern. In dem Fall wird for_each als modifizierender Algorithmus benutzt, und es sollte geprüft werden, ob transform (siehe Abschnitt 9.3.6) einsetzbar ist.

for_each gibt die Funktion f zurück. Dies lässt sich nutzen, wenn f ein Funktionsobjekt mit Datenelementen ist, deren Werte sich während des Durchlaufs ändern. Im folgenden Beispiel wird so die Summe der Feldelemente von 1 bis 4 berechnet.

algorithmen/for_each.cpp

```
#include <algorithm>
```

```
#include <functional>
#include <iostream>
using namespace std;

template<class T>
class Summe : unary_function<T, void> {
public:
   explicit Summe(const T& t = T()) : sum(t) { }
   void operator()(const T& t) { sum += t; }
   T summe() const { return sum; }
private:
   T sum;
};

void g_oder_u(int i) { cout << ((i % 2 == 0) ? 'g' : 'u'); }

int main() {
   const int f[] = { 0, 1, 2, 3, 4, 5 };
   for_each(f + 1, f + 5, g_oder_u);
   Summe<int> s = for_each(f + 1, f + 5, Summe<int>());
   cout << "  " << s.summe();
   // Kurzschreibweise
   cout << "  " << for_each(f + 1, f + 5, Summe<int>()).summe();
}
```

Die Ausgabe des Programms ist:

```
ugug  10  10
```

Die Summe kann mit accumulate (siehe Abschnitt 9.11.1) einfacher als mit for_each berechnet werden, weil dort kein zusätzliches Funktionsobjekt benötigt wird. Auch für andere Einsatzgebiete stehen oft spezialisierte Algorithmen zur Verfügung, so dass die Verwendung von for_each nicht ungeprüft erfolgen sollte.

9.2.2 find und find_if

```
template<class InputIterator, class T>
InputIterator
find(InputIterator first, InputIterator last, const T& value);

template<class InputIterator, class Predicate>
InputIterator
find_if(InputIterator first, InputIterator last, Predicate pred);
```

Beide Algorithmen durchsuchen den Bereich [first, last) und liefern den ersten Iterator i, für den *i == value beziehungsweise pred(*i) == true gilt. Wenn kein passendes Element gefunden wird, geben die Algorithmen last zurück. Es werden demnach höchstens last - first Vergleiche beziehungsweise Aufrufe der Prädikatsfunktion vorgenommen. Der Funktionsrumpf ist typischerweise wie folgt definiert (vgl. auch die Seiten 11 und 17).

```
while (first != last && *first != value)    // beziehungsweise !pred(*first)
      ++first;
return first;
```

find entspricht find_if, wenn letzteres als Prädikat bind2nd(equal_to<T>(), value) benutzt. Für die Suche nach bestimmten Werten verwendet man find und für komplexere Suchbedingungen, die als Funktionsobjekt realisiert werden, find_if. Das folgende Beispiel demonstriert beide Formen.

algorithmen/find.cpp

```
#include <algorithm>
#include <functional>
#include <iostream>
using namespace std;

template<class T>   // T muß ein ganzzahliger Typ sein
unsigned int quersumme(T x) {
   unsigned int s = 0;
   while (x > 0) {
      s += x % 10;
      x /= 10;
   }
   return s;
}

template<class T>
class Quersumme : public unary_function<T, bool> {
public:
   explicit Quersumme(unsigned int s) : sum(s) { }
   bool operator()(T x) const { return quersumme(x) == sum; }
private:
   const unsigned int sum;
};

int main() {
   const int f[] = { 1, 3, 5, 4, 2, 4 };
   const int* i = find(f, f + 6, 4);
   if (i != f + 6)
      cout << "4 gefunden, Index " << (i - f) << endl;
   const int g[] = { 12, 10, 13, 14, 11, 15 };
   i = find_if(g, g + 6, Quersumme<int>(4));
   if (i != g + 6)
      cout << *i << " hat die Quersumme 4." << endl;
}
```

Die Ausgabe des Programms ist:

```
4 gefunden, Index 3
13 hat die Quersumme 4.
```

Wie die folgende Abbildung zeigt, liefert find einen Iterator (hier im Beispiel ist das ein Zeiger auf int) auf die erste 4 im Feld f.

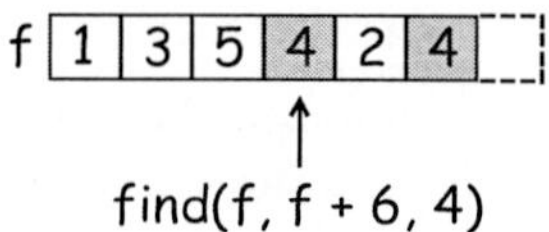

Unter Einsatz von *Random-Access-Iteratoren* kann in sortierten Bereichen mit lower_bound (siehe Abschnitt 9.5.1) effizienter als mit find gesucht werden. Die assoziativen Container verfügen über speziell angepasste Elementfunktionen namens find (siehe Seite 108), die erheblich effizienter arbeiten als der Algorithmus find.

Der Algorithmus find setzt laut Definition mindestens *Input-Iteratoren* voraus. Beim Einsatz von „echten" *Input-Iteratoren* ist allerdings in Bezug auf die Verwendung des zurückgegebenen Iterators Vorsicht geboten, weil mittels *Input-Iteratoren* nur „Einweg-Algorithmen" realisierbar sind (siehe Abschnitt 8.2).

Der letzte Treffer lässt sich mittels *Reverse-Iteratoren* aufspüren. Statt nach einem einzelnen Wert kann mit search (siehe Abschnitt 9.2.9) nach einem Bereich gesucht werden.

9.2.3 find_end

```
template<class ForwardIterator1, class ForwardIterator2>
ForwardIterator1
find_end(ForwardIterator1 first1, ForwardIterator1 last1,
    ForwardIterator2 first2, ForwardIterator2 last2);

template<class ForwardIterator1, class ForwardIterator2, class BinaryPredicate>
ForwardIterator1
find_end(ForwardIterator1 first1, ForwardIterator1 last1,
    ForwardIterator2 first2, ForwardIterator2 last2, BinaryPredicate pred);
```

find_end liefert das letzte Auftreten der Elemente des Bereichs [first2, last2) innerhalb des Bereichs [first1, last1). Das Ergebnis ist der letzte Iterator i aus dem Bereich [first1, last1 - (last2 - first2)), der für alle n von 0 bis last2 - first2 - 1 die Bedingung *(i + n) == *(first2 + n) beziehungsweise pred(*(i + n), *(first2 + n)) == true erfüllt. Wird kein passender Teilbereich gefunden, ist der Rückgabewert last1.

Wenn der gesuchte Teilbereich mehrfach enthalten ist, wird das letzte Vorkommen geliefert. Dies entspricht einer Suche vom Ende zum Beginn des Bereichs. Allerdings setzt find_end lediglich einen *Forward-Iterator* voraus, so dass der Durchlauf tatsächlich von vorne nach hinten erfolgt. Als Aufwand ergeben sich deshalb höchstens (last2 - first2) * (last1 - first1 - (last2 - first2) + 1) Vergleiche beziehungsweise Aufrufe von pred.

algorithmen/find_end.cpp

```
#include <algorithm>
#include <functional>
#include <iostream>
using namespace std;

int main() {
   const int f[] = { 5, 3, 1, 4, 3, 1, 5 }, s[] = { 3, 1 };
   const int* i = find_end(f, f + 7, s, s + 2);
   if (i != f + 7)
      cout << "s ist letztmals in f ab Index "
         << (i - f) << " enthalten.\n";
   i = find_end(f, f + 7, s, s + 2, greater<int>());
   if (i != f + 7)
      cout << "Der letzte Teilbereich, in dem in f alle Werte größer als "
         "in s sind, beginnt bei Index " << (i - f) << ".\n";
}
```

Wie der zweite Aufruf von find_end zeigt, kann mittels Funktionsobjekt nach beliebigen Kriterien gesucht werden. Die beiden Versionen besitzen das gleiche Verhalten, wenn als Funktionsobjekt equal_to benutzt wird.

```
s ist letztmals in f ab Index 4 enthalten.
Der letzte Teilbereich, in dem in f alle Werte größer als in s sind, beginnt bei Index
3.
```

Der folgenden Abbildung ist zu entnehmen, dass find_end einen Iterator auf das letzte Auftreten des gesuchten Bereichs liefert. Nach dem ersten Auftreten des gesuchten Bereichs kann mit search gesucht werden (siehe Abschnitt 9.2.9). Deshalb müsste find_end aus Gründen der Konsistenz eigentlich „search_end" heißen.

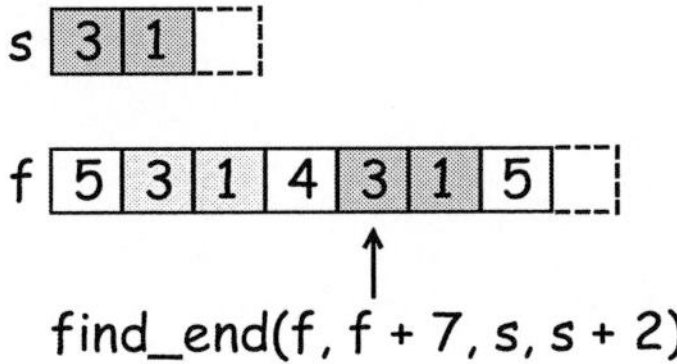

Bemerkung: find_end gehört nicht zur ursprünglichen Version der STL.

9.2.4 find_first_of

```
template<class ForwardIterator1, class ForwardIterator2>
ForwardIterator1
find_first_of(ForwardIterator1 first1, ForwardIterator1 last1,
      ForwardIterator2 first2, ForwardIterator2 last2);
```

```
template<class ForwardIterator1, class ForwardIterator2, class BinaryPredicate>
ForwardIterator1
find_first_of(ForwardIterator1 first1, ForwardIterator1 last1,
        ForwardIterator2 first2, ForwardIterator2 last2, BinaryPredicate pred);
```

Mit find_first_of wird im Bereich [first1, last1) das erste Element gefunden, das auch im Bereich [first2, last2) enthalten ist. Es wird also der erste Iterator i aus dem Bereich [first1, last1) geliefert, für den ein Iterator j im Bereich [first2, last2) existiert, so dass *i == *j beziehungsweise pred(*i, *j) == true ist. Wird ein solcher Iterator nicht gefunden, ist der Rückgabewert last1. Der Suchaufwand beträgt maximal (last1 - first1) * (last2 - first2) Vergleiche beziehungsweise Aufrufe von pred. Eine mögliche Funktionsdefinition ist:

```
ForwardIterator1 i = first1;
while (i != last1) {
        if (find(first2, last2, *i) != last2)
        // beziehungsweise if (find_if(first2, last2, bind1st(pred, *i)) != last2)
                return i;
        ++i;
}
return last1;
```

Die beiden Versionen besitzen das gleiche Verhalten, wenn als Prädikat equal_to benutzt wird. Wie das folgende Beispiel zeigt, kann mit dem Funktionsobjekt not_equal_to das erste nicht übereinstimmende Element gefunden werden. Ein Algorithmus der Art „find_first_not_of" ist somit entbehrlich.

algorithmen/find_first_of.cpp

```
#include <algorithm>
#include <functional>
#include <iostream>
using namespace std;

int main() {
   const int s[] = { 3, 7, 5, 2 }, f[] = { 4, 6, 2, 4, 7 };
   const int* i = find_first_of(f, f + 5, s, s + 4);
   if (i != f + 5)
      cout << *i << " ist das erste Element, das in f und s enthalten ist.\n";
   i = find_first_of(f, f + 5, s, s + 4, not_equal_to<int>());
   if (i != f + 5)
      cout << *i << " ist das erste Element, das in f, "
         "aber nicht in s enthalten ist.\n";
}
```

Die Ausgabe des Programms ist:

```
2 ist das erste Element, das in f und s enthalten ist.
4 ist das erste Element, das in f, aber nicht in s enthalten ist.
```

Die folgende Abbildung stellt die Suche nochmals grafisch dar.

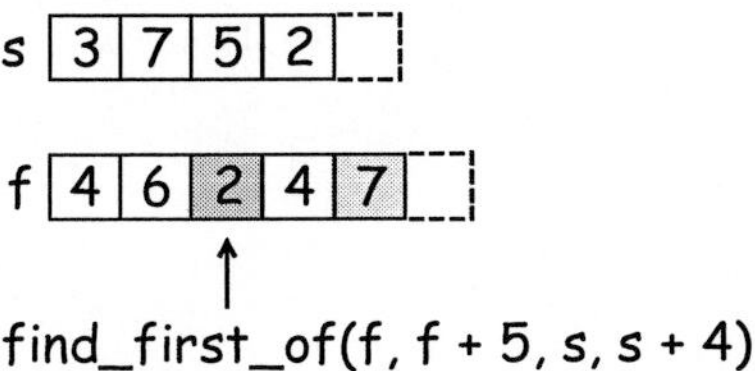

Eine Art find_last_of, mit dem der letzte Treffer gefunden wird, ist nicht Teil der Bibliothek, kann aber mittels *Reverse-Iteratoren* realisiert werden (siehe Aufgabe 7).

Bemerkung: find_first_of gehört nicht zur ursprünglichen Version der STL.

9.2.5 adjacent_find

```
template<class ForwardIterator>
ForwardIterator
adjacent_find(ForwardIterator first, ForwardIterator last);

template<class ForwardIterator, class BinaryPredicate>
ForwardIterator
adjacent_find(ForwardIterator first, ForwardIterator last,
        BinaryPredicate pred);
```

adjacent_find untersucht im Bereich [first, last) jeweils zwei aufeinander folgende Werte. Ohne Prädikat wird nach zwei gleichen Werten gesucht, d. h. nach dem ersten Iterator i aus dem Bereich [first, last - 1), für den *i == *(i + 1) ist. Mit Prädikat muss dagegen pred(*i, *(i + 1)) == true sein. Wenn kein solcher Iterator gefunden wird, ist der Rückgabewert last. In diesem Fall werden last – first - 1 Aufrufe des Vergleichsoperators beziehungsweise des Prädikats benötigt, sonst lediglich i – first + 1 Aufrufe, wobei i der Iterator ist, der auf das gefundene Element zeigt. Die beiden Versionen von adjacent_find verhalten sich gleich, wenn als Prädikat equal_to verwendet wird. Eine mögliche Funktionsdefinition ist:

```
if (first == last)
        return last;
ForwardIterator i(first);
while (++i != last) {
        if (*first == *i)    // beziehungsweise pred(*first, *i)
                return first;
        first = i;
}
return last;
```

Im folgenden Beispielprogramm wird zuerst nach gleichen Werten und anschließend nach größeren Werten gesucht.

algorithmen/adjacent_find.cpp

```
#include <algorithm>
```

```
#include <functional>
#include <iostream>
using namespace std;

int main() {
   const int f[] = { 1, 2, 3, 3, 1, 2, 2 };
   const int* i = adjacent_find(f, f + 7);
   if (i != f + 7)
      cout << "Die ersten beiden gleichen Werte stehen "
         "ab Index " << (i - f) << ".\n";
   i = adjacent_find(f, f + 7, greater<int>());
   if (i != f + 7)
      cout << "Der erste Wert, der größer als der nachfolgende "
         "ist, hat den Index " << (i - f) << ".\n";
}
```

Die Ausgabe des Programms ist:

```
Die ersten beiden gleichen Werte stehen ab Index 2.
Der erste Wert, der größer als der nachfolgende ist, hat den Index 3.
```

Die folgende Abbildung veranschaulicht das Ergebnis.

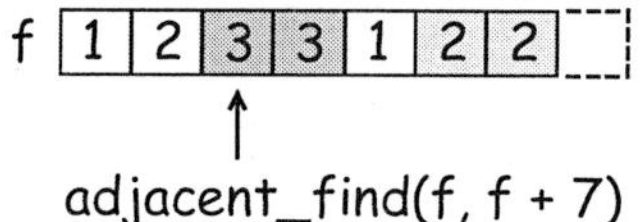

9.2.6 count und count_if

```
template<class InputIterator, class T>
typename iterator_traits<InputIterator>::difference_type
count(InputIterator first, InputIterator last, const T& value);

template<class InputIterator, class Predicate>
typename iterator_traits<InputIterator>::difference_type
count_if(InputIterator first, InputIterator last, Predicate pred);
```

Mit count kann man feststellen, wie oft ein Wert im Bereich [first, last) enthalten ist. Zum Zählen, wie viele Werte eine vorgegebene Bedingung pred erfüllen, dient count_if.

count liefert die Anzahl der Iteratoren i aus dem Bereich [first, last), für die *i == value ist, und count_if die, für die pred(*i) == true gilt. Der Aufwand beträgt jeweils genau last - first Vergleiche beziehungsweise Aufrufe von pred. Beim Einsatz von count muss für den Typ T der Vergleichsoperator == definiert sein. count entspricht count_if, wenn als Prädikat bind2nd(equal_to<T>(), value) verwendet wird. Ein typischer Funktionsrumpf ist (vgl. Seite 25):

```
typename iterator_traits<InputIterator>::difference_type n = 0;
while (first != last)
      if (*first++ == value)   // beziehungsweise pred(*first++)
            ++n;
return n;
```

Im folgenden Beispielprogramm werden zuerst die Werte gezählt, die gleich 2 sind und anschließend die, die größer als 2 sind.

algorithmen/count.cpp

```
#include <algorithm>
#include <functional>
#include <iostream>
using namespace std;

int main() {
   const int f[] = { 1, 2, 3, 4, 3, 2, 1 };
   cout << "2 ist " << count(f, f + 7, 2) << "-mal enthalten.\n";
   cout << count_if(f, f + 7, bind2nd(greater<int>(), 2))
      << " Werte sind größer als 2.\n";
}
```

Die Ausgabe des Programms ist:

```
2 ist 2-mal enthalten.
3 Werte sind größer als 2.
```

In der folgenden Abbildung sind die gezählten Elemente schattiert.

f | 1 | 2 | 3 | 4 | 3 | 2 | 1 |

count(f, f + 7, 2) == 2

Die assoziativen Container verfügen über speziell angepasste Elementfunktionen namens count (siehe Seite 109), die erheblich effizienter arbeiten als der Algorithmus count.

Bemerkung: In früheren Versionen besaßen beide Algorithmen statt des Rückgabewerts einen vierten Parameter (vgl. Abschnitt 2.13).

9.2.7 mismatch

```
template<class InputIterator1, class InputIterator2>
pair<InputIterator1, InputIterator2>
mismatch(InputIterator1 first1, InputIterator1 last1, InputIterator2 first2);

template<class InputIterator1, class InputIterator2, class BinaryPredicate>
pair<InputIterator1, InputIterator2>
```

```
mismatch(InputIterator1 first1, InputIterator1 last1, InputIterator2 first2,
        BinaryPredicate pred);
```

Mit mismatch kann man das erste Wertepaar finden, bei dem sich zwei Bereiche unterscheiden. Die beiden Bereiche sind durch [first1, last1) und [first2, first2 + (last1 - first1)) abgesteckt. Der zweite Bereich muss ausreichend viele Elemente umfassen, d. h., der kleinere Bereich ist zuerst anzugeben. Der Funktionsrumpf ist typischerweise folgendermaßen definiert:

```
while (first1 != last1 && *first1 == *first2) {    // bzw. pred(*first1, *first2)
        ++first1;
        ++first2;
}
return pair<InputIterator1, InputIterator2>(first1, first2);
```

Der Rückgabewert ist ein Paar von Iteratoren i und j, wobei j == first2 + (i - first1) ist. Damit verweist j auf die entsprechende Position im zweiten Bereich, auf die i im ersten zeigt. i ist der erste Iterator im Bereich [first1, last1), für den nicht *i == *(first2 + (i - first1)) gilt beziehungsweise pred(*i, *(first2 + (i - first1))) == false ist. Wenn ein solcher Iterator nicht gefunden wird, ist i == last1. Der Aufwand beträgt höchstens last1 - first1 Vergleiche beziehungsweise Aufrufe von pred. Die beiden Versionen haben das gleiche Verhalten, wenn als Prädikat equal_to benutzt wird.

Im folgenden Beispiel wird zunächst der erste Index bestimmt, an dem sich die beiden Felder unterscheiden und anschließend der, an dem sie sich gleichen.

algorithmen/mismatch.cpp

```
#include <algorithm>
#include <functional>
#include <iostream>
using namespace std;

int main() {
   const int f[] = { 3, 2, 1, 4, 5, 6 }, g[] = { 3, 2, 1, 4, 3, 1, 2 };
   pair<const int*, const int*> p = mismatch(f, f + 6, g);
   if (p.first != f + 6)
      cout << "Bei Index " << (p.first - f) << " stehen die ungleichen Werte "
         << *(p.first) << " und " << *(p.second) << ".\n";
   p = mismatch(f, f + 6, g, not_equal_to<int>());
   if (p.first != f + 6)
      cout << "Der erste gleiche Wert hat den Index " << (p.first - f) << ".\n";
}
```

Die Ausgabe des Programms ist:

```
Bei Index 4 stehen die ungleichen Werte 5 und 3.
Der erste gleiche Wert hat den Index 0.
```

Die folgende Abbildung veranschaulicht das Ergebnis.

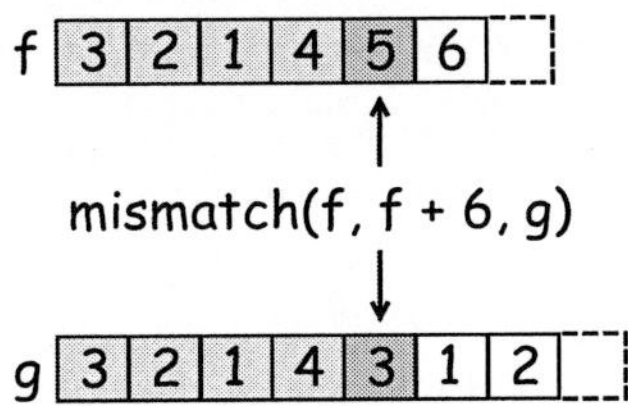

Mit equal kann untersucht werden, ob sich zwei Bereiche unterscheiden.

9.2.8 equal

```
template<class InputIterator1, class InputIterator2>
bool
equal(InputIterator1 first1, InputIterator1 last1, InputIterator2 first2);

template<class InputIterator1, class InputIterator2, class BinaryPredicate>
bool
equal(InputIterator1 first1, InputIterator1 last1, InputIterator2 first2,
      BinaryPredicate pred);
```

Die Elemente zweier Bereiche, die durch [first1, last1) und [first2, first2 + (last1 - first1)) abgegrenzt sind, können mit equal paarweise verglichen werden. Der Rückgabewert von equal ist true, wenn für jeden Iterator i im Bereich [first1, last1) gilt, dass *i == *(first2 + (i - first1)) beziehungsweise pred(*i, *(first2 + (i - first1))) == true ist. Es werden höchstens last1 - first1 Vergleiche beziehungsweise Aufrufe von pred ausgeführt. Der zweite Bereich muss ausreichend viele Elemente beinhalten. Die beiden Versionen besitzen beim Einsatz des Prädikats equal_to das gleiche Verhalten.

equal kann auch als mismatch(first1, last1, first2).first == last1 formuliert werden. Im Gegensatz zu mismatch liefert equal nicht die erste Position, an der sich zwei Bereiche unterscheiden, sondern prüft nur, ob sie sich überhaupt unterscheiden.

algorithmen/equal.cpp

```
#include <algorithm>
#include <functional>
#include <iostream>
using namespace std;

int main() {
   const int f[] = { 3, 2, 1, 4, 5, 6 }, g[] = { 3, 2, 1, 4, 3, 1, 2 };
   const int n = sizeof f / sizeof *f;
   cout << "Die ersten " << n << " Komponenten von f und g sind ";
   if (equal(f, f + n, g))
      cout << "gleich.\n";
   else
      cout << "nicht gleich.\n";
   cout << "Sind die ersten " << n << " Komponenten von f "
```

```
        "nicht kleiner als die entsprechenden Komponenten von g? "
        << (equal(f, f + n, g, greater_equal<int>()) ? "Ja!\n" : "Nein!\n");
}
```

Die Ausgabe des Programms ist:

```
Die ersten 6 Komponenten von f und g sind nicht gleich.
Sind die ersten 6 Komponenten von f nicht kleiner als die entsprechenden
Komponenten von g? Ja!
```

9.2.9 search

```
template<class ForwardIterator1, class ForwardIterator2>
ForwardIterator1
search(ForwardIterator1 first1, ForwardIterator1 last1,
    ForwardIterator2 first2, ForwardIterator2 last2);

template<class ForwardIterator1, class ForwardIterator2, class BinaryPredicate>
ForwardIterator1
search(ForwardIterator1 first1, ForwardIterator1 last1,
    ForwardIterator2 first2, ForwardIterator2 last2, BinaryPredicate pred);
```

Ein Teilbereich, der durch [first2, last2) abgesteckt ist, kann im Bereich [first1, last1) mit search gesucht werden. Wenn der Teilbereich gefunden wurde, wird ein Iterator i auf das erste Vorkommen geliefert, so dass für alle n von 0 bis last2 - first2 - 1 gilt: *(i + n) == *(first2 + n) beziehungsweise pred(*(i + n), *(first2 + n)) == true. Ist der Teilbereich nicht enthalten, ist der Rückgabewert last1. Der Aufwand beträgt höchstens (last1 - first1) * (last2 - first2) Vergleiche beziehungsweise Aufrufe von pred. Mit dem Prädikat equal_to liefern beide Versionen das gleiche Ergebnis.

algorithmen/search.cpp

```
#include <algorithm>
#include <functional>
#include <iostream>
using namespace std;

int main() {
    const int f[] = { 5, 3, 1, 4, 3, 1, 5 }, s[] = { 3, 1 };
    const int* i = search(f, f + 7, s, s + 2);
    if (i != f + 7)
        cout << "s tritt in f erstmals ab Index " << (i - f) << " auf.\n";
    i = search(f, f + 7, s, s + 2, greater<int>());
    if (i != f + 7)
        cout << "Der erste Teilbereich, in dem in f alle Werte größer als "
            "in s sind, beginnt bei Index " << (i - f) << ".\n";
}
```

Die Ausgabe des Programms ist:

```
s tritt in f erstmals ab Index 1 auf.
Der erste Teilbereich, in dem in f alle Werte größer als in s sind, beginnt bei Index 0.
```

Wie die folgende Abbildung zeigt, liefert search das erste Auftreten von s in f.

Bemerkung: Das letzte Auftreten eines Teilbereichs in einem Bereich kann mittels find_end (siehe Abschnitt 9.2.3) bestimmt werden. Der Spezialfall der Suche nach beliebig vielen gleichen Werten wird durch search_n abgedeckt.

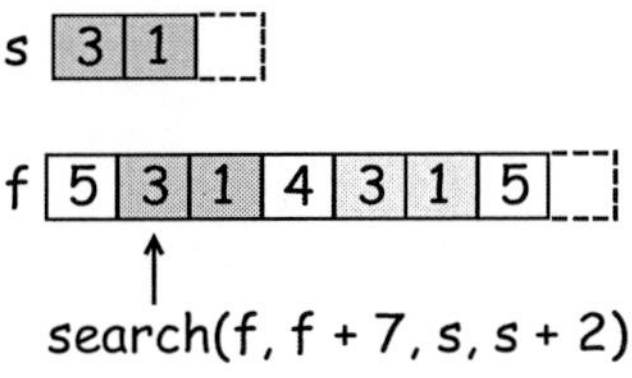

9.2.10 search_n

```
template<class ForwardIterator, class Size, class T>
ForwardIterator
search_n(ForwardIterator first, ForwardIterator last,
    Size count, const T& value);

template<class ForwardIterator, class Size, class T, class BinaryPredicate>
ForwardIterator
search_n(ForwardIterator first, ForwardIterator last,
    Size count, const T& value, BinaryPredicate pred);
```

search_n sucht im Bereich [first, last) nach einem Teilbereich, der aus count gleichen Werten besteht, die gleich value sind. Zurückgegeben wird der erste Iterator i, der für alle n von 0 bis count - 1 die Bedingung *(i + n) == value beziehungsweise pred(*(i + n), value) == true erfüllt. Wird kein entsprechender Teilbereich gefunden, ist der Rückgabewert last. Der Aufwand beträgt höchstens (last - first) * count Vergleiche beziehungsweise Aufrufe von pred.

Für die erste Version muss für den Typ T der Vergleichsoperator == definiert sein, und Size muss in einen ganzzahligen Typ konvertierbar sein. Mit dem Prädikat equal_to liefern beide Versionen das gleiche Ergebnis.

algorithmen/search_n.cpp

```
#include <algorithm>
#include <functional>
#include <iostream>
using namespace std;

int main() {
   const int f[] = { 9, 3, 3, 5, 3, 3, 6 };
```

```
    const int* i = search_n(f, f + 7, 2, 3);
    if (i != f + 7)
        cout << "3 tritt erstmals ab Index "
            << (i - f) << " zweimal hintereinander auf.\n";
    i = search_n(f, f + 7, 3, 7, less<int>());
    if (i != f + 7)
        cout << "Ab Index " << (i - f)
            << " treten erstmals drei Werte kleiner 7 auf.\n";
}
```

Die Ausgabe des Programms ist:

```
3 tritt erstmals ab Index 1 zweimal hintereinander auf.
Ab Index 1 treten erstmals drei Werte kleiner 7 auf.
```

Die folgende Abbildung veranschaulicht das Ergebnis.

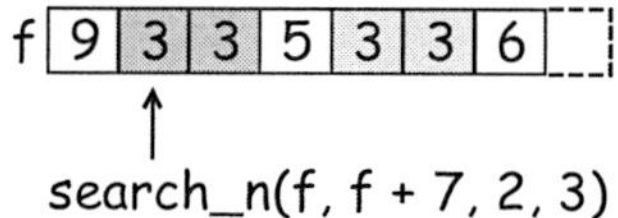

Die zweite Version von search_n entspricht nicht dem üblichen Bibliotheksdesign, sonst müsste der Algorithmus search_n_if heißen und würde ein einstelliges Prädikat anstatt der letzten beiden Parameter benutzen. Im Beispiel würde sich der Aufruf damit folgendermaßen ändern:

```
i = search_n_if(f, f + 7, 3, bind2nd(less<int>(), 7));
```

Bemerkung: Der Algorithmus search_n ist nicht Teil der ursprünglichen STL.

9.3 Modifizierende Algorithmen

Die modifizierenden Algorithmen stellen häufig verwendete Operationen zur Verfügung, mit denen Elemente von Bereichen verändert werden können. Statt Elemente in Container einzufügen oder aus ihnen zu löschen, modifizieren die Algorithmen dieses Abschnitts bereits enthaltene Elemente, wobei die Containergröße gleich bleibt. Mit Hilfe spezieller Iteratoren, wie z. B. *Insert-Iteratoren*, ist es allerdings auch möglich, Elemente in Container einzufügen.

9.3.1 copy

```
template<class InputIterator, class OutputIterator>
OutputIterator
copy(InputIterator first, InputIterator last, OutputIterator result);
```

Wie der Name bereits andeutet, dient copy zum Kopieren der Elemente des Bereichs [first, last) in einen zweiten, bei result beginnenden Bereich. result sollte nicht im Bereich [first, last) liegen, weil Werte sonst schon vor dem Kopieren überschrieben werden. Wenn kein *Insert-Iterator* benutzt wird, muss bei result ausreichend Platz für die zu kopierenden Elemente vorhanden sein (siehe auch Aufgabe 9).

Für jedes n von 0 bis last - first - 1 wird *(result + n) = *(first + n) ausgeführt. Insgesamt werden demnach last - first Zuweisungen vorgenommen. Der Funktionsrumpf kann wie folgt definiert werden:

```
while (first != last) *result++ = *first++;
return result;
```

Der Rückgabewert ist ein Iterator hinter das letzte kopierte Element: result + (last - first). Quell- und Zielbereich können sich bei copy überlappen, sofern result < first ist. Damit können die Elemente eines Containers nach vorne kopiert werden, was z. B. für Löschoperationen typisch ist. Das folgende Beispiel demonstriert dies.

algorithmen/copy.cpp

```
#include <algorithm>
#include <iostream>
#include <iterator>
using namespace std;

int main() {
   int f[] = { 0, 1, 3, 5, 2, 4, 6 };
   copy(f + 1, f + 7, f);
   copy(f, f + 7, ostream_iterator<int>(cout, " "));
}
```

Die Elemente des Feldes f werden mittels ostream_iterator auf cout ausgegeben.

```
1 3 5 2 4 6 6
```

Die folgende Abbildung zeigt, wie das erste Element durch Umkopieren der nachfolgenden Elemente überschrieben wird.

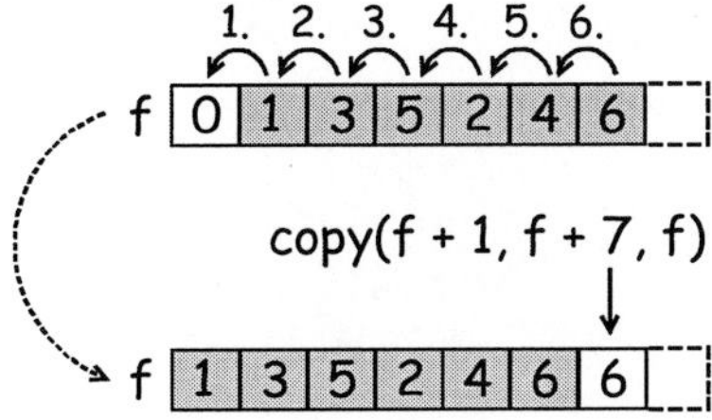

Um nur ausgewählte Elemente zu kopieren, wird ein Algorithmus benötigt, der copy_if heißen könnte, aber nicht Teil der Standardbibliothek ist. (Siehe dazu auch Aufgabe 8.)

9.3.2 copy_backward

```
template<class BidirectionalIterator1, class BidirectionalIterator2>
BidirectionalIterator2
copy_backward(BidirectionalIterator1 first, BidirectionalIterator1 last,
      BidirectionalIterator2 result);
```

Im Gegensatz zu copy kopiert copy_backward die Elemente des Bereichs [first, last) rückwärts in den bei result endenden Bereich. Der Iterator result verhält sich dabei wie eine Art *Reverse-Iterator*, so dass in den Bereich [result - (last - first), result) kopiert wird. copy_backward kann deshalb statt copy verwendet werden, wenn last im Bereich [result - (last - first), result) enthalten ist.

Für alle n von 1 bis last - first wird die Zuweisung *(result - n) = *(last - n) ausgeführt. Der Aufwand beträgt somit last - first Zuweisungen. result sollte nicht im Bereich [first, last) liegen, damit Werte nicht vor dem Kopieren überschrieben werden. Der Rückgabewert ist result - (last - first), also ein Iterator auf das zuletzt kopierte Element. Der Funktionsrumpf ist typischerweise wie folgt definiert:

```
while (first != last) *--result = *--last;
return result;
```

Quell- und Zielbereich können sich bei copy_backward überlappen, sofern result >= last ist. Damit können die Elemente eines Containers nach hinten kopiert werden, was z. B. für Einfügeoperationen typisch ist.

algorithmen/copy_backward.cpp

```
#include <algorithm>
#include <iostream>
#include <iterator>
using namespace std;

int main() {
   int f[] = { 0, 1, 3, 5, 2, 4, 6 };
   copy_backward(f, f + 6, f + 7);
   copy(f, f + 7, ostream_iterator<int>(cout, " "));
}
```

Die folgende Abbildung stellt den Vorgang grafisch dar.

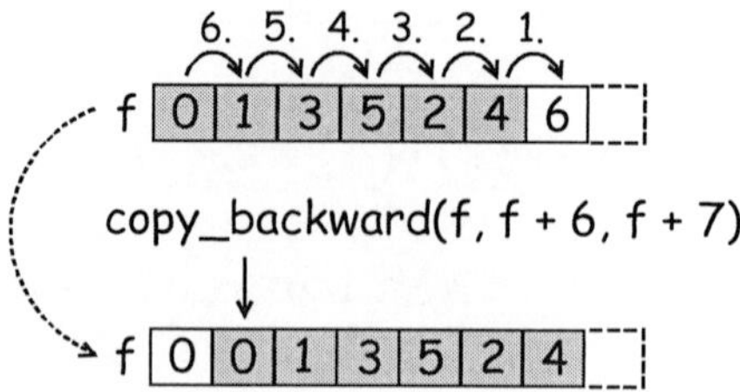

Die Ausgabe des Programms ist:

```
0 0 1 3 5 2 4
```

9.3.3 swap

```
template<class T>
void
swap(T& a, T& b);
```

Zu den einfachen Algorithmen gehört swap, der zum Vertauschen der Werte zweier Objekte a und b dient. Für den Typ T müssen Copy-Konstruktor und Zuweisungsoperator definiert sein. Eine mögliche Implementierung des Funktionsrumpfs ist:

```
const T tmp(a);
a = b;
b = tmp;
```

algorithmen/swap.cpp

```
#include <algorithm>
#include <iostream>
using namespace std;

int main() {
   int i = 1, j = 8;
   cout << "Vorher: i = " << i << " und j = " << j << endl;
   swap(i, j);
   cout << "Nachher: i = " << i << " und j = " << j << endl;
}
```

Die Ausgabe des Programms ist:

```
Vorher: i = 1 und j = 8
Nachher: i = 8 und j = 1
```

Für Containerklassen definiert die Standardbibliothek spezielle Versionen der Template-Funktion swap (siehe Seite 79), die die Elementfunktion swap der Container aufrufen und so effizienter arbeiten als der Algorithmus.

9.3.4 iter_swap

```
template<class ForwardIterator1, class ForwardIterator2>
void
iter_swap(ForwardIterator1 a, ForwardIterator2 b);
```

iter_swap vertauscht die beiden Werte, auf die die Iteratoren a und b verweisen. Der Funktionsrumpf könnte wie folgt definiert werden:

```
const typename iterator_traits<ForwardIterator1>::value_type tmp(*a);
*a = *b;
*b = tmp;
```

Für zwei Iteratoren i und j, die auf den gleichen Elementtyp (value_type) verweisen, entspricht iter_swap(i, j) der Anweisung swap(*i, *j).

algorithmen/iter_swap.cpp

```
#include <algorithm>
#include <iterator>
#include <iostream>
using namespace std;

int main() {
   int f[] = { 3, 1, 4, 1, 5, 9 };
   int *i = f + 1, *j = f + 4;
   iter_swap(i, j);
   copy(f, f + 6, ostream_iterator<int>(cout, "  "));
}
```

Die Ausgabe des Programms ist:

```
3 5 4 1 1 9
```

Das Ergebnis entspricht damit der folgenden Abbildung.

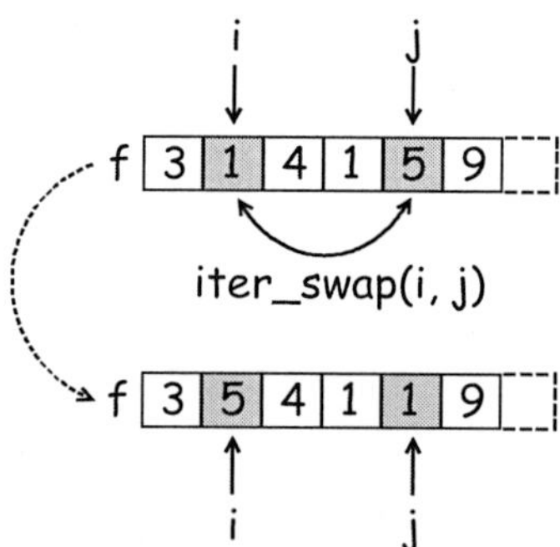

9.3.5 swap_ranges

```
template<class ForwardIterator1, class ForwardIterator2>
ForwardIterator2
swap_ranges(ForwardIterator1 first1, ForwardIterator1 last1,
      ForwardIterator2 first2);
```

Mit swap_ranges können die Werte der beiden Bereiche [first1, last1) und [first2, first2 + (last1 - first1)), die sich nicht überschneiden sollten, vertauscht werden. Dies entspricht der Ausführung der Anweisung swap(*(first1 + n), *(first2 + n)) für alle n von 0 bis last1 - first1 - 1. Insgesamt werden somit last1 - first1 Werte getauscht. Eine mögliche Implementierung für den Funktionsrumpf ist:

```
while (first1 != last1) iter_swap(first1++, first2++);
return first2;
```

Der Rückgabewert ist first2 + (last1 - first1), d. h. ein Iterator hinter das letzte getauschte Element.

algorithmen/swap_ranges.cpp

```
#include <algorithm>
#include <iterator>
#include <iostream>
using namespace std;

int main() {
   int f[] = { 1, 3, 5, 2, 4, 6 }, g[] = { 9, 7, 0, 8 };
   swap_ranges(f + 1, f + 4, g);
   cout << "f = ";
   copy(f, f + 6, ostream_iterator<int>(cout, "  "));
   cout << "\ng = ";
   copy(g, g + 4, ostream_iterator<int>(cout, "  "));
}
```

Die Ausgabe des Programms ist:

```
f = 1  9  7  0  4  6
g = 3  5  2  8
```

Die folgende Abbildung veranschaulicht das Zustandekommen des Ergebnisses.

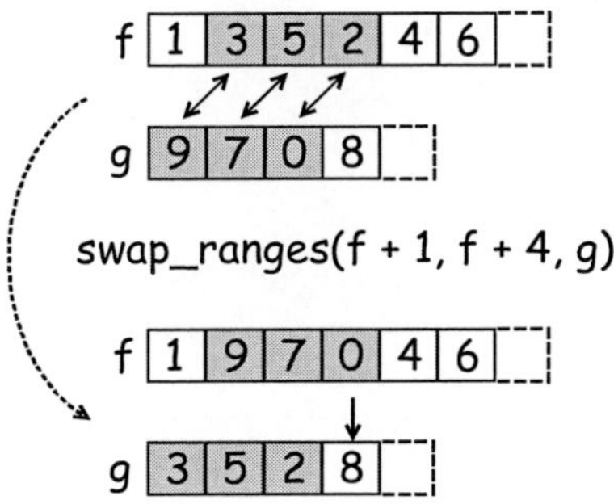

9.3.6 transform

```
template<class InputIterator, class OutputIterator, class UnaryOperation>
OutputIterator
transform(InputIterator first1, InputIterator last1, OutputIterator result,
      UnaryOperation op);
```

```
template<class InputIterator1, class InputIterator2, class OutputIterator,
      class BinaryOperation>
OutputIterator
transform(InputIterator1 first1, InputIterator1 last1, InputIterator2 first2,
      OutputIterator result, BinaryOperation binary_op);
```

transform entspricht einem copy mit Funktionsobjekt, d. h., es wird zuerst eine Funktion aufgerufen und dann das Funktionsergebnis kopiert. Jedem Iterator i im Bereich [result, result + (last1 - first1)) wird der Wert op(*(first1 + (i - result)) beziehungsweise binary_op(*(first1 + (i - result), *(first2 + (i - result))) zugewiesen. Daraus resultieren insgesamt last1 - first1 Aufrufe der Funktion op beziehungsweise binary_op. Eine typische Implementierung des Funktionsrumpfs ist:

```
while (first1 != last1)
      *result++ = op(*first1++);    // bzw. binary_op(*first1++, *first2++);
return result;
```

Der Rückgabewert ist der Iterator result + (last1 - first1). op und binary_op sollen in den Bereichen [first1, last1] und [first2, first2 + (last1 - first1)] sowie [result, result + (last1- first1)] weder Elemente modifizieren noch die Gültigkeit von Iteratoren oder Teilbereichen aufheben. Wenn result gleich first1 und/oder first2 ist, werden die Elemente eines Bereichs „transformiert".

algorithmen/transform.cpp

```
#include <algorithm>
#include <functional>
#include <iterator>
#include <iostream>
using namespace std;

int main() {
   int f[] = { 3, 1, 4, 5, 7, 0, 8, 2, 6 };
   transform(f, f + 9, f, bind2nd(plus<int>(), 1));
   transform(f, f + 9, f, ostream_iterator<int>(cout, "  "), multiplies<int>());
}
```

Durch den ersten Aufruf der Funktion transform werden – wie in der folgenden Abbildung dargestellt – die Werte aller Komponenten des Feldes f um 1 erhöht.

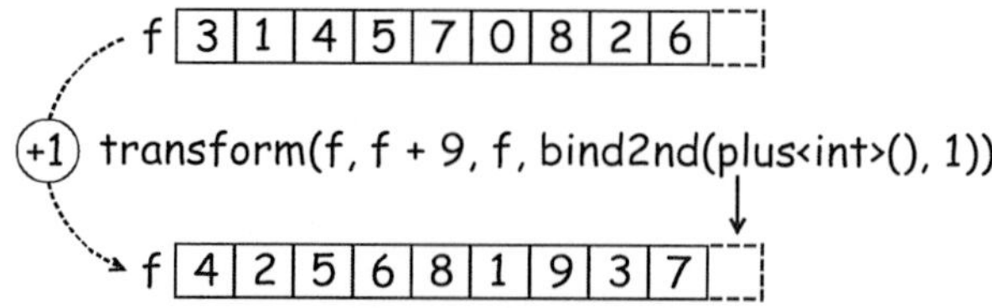

Mit dem zweiten Aufruf der Funktion transform werden die Komponenten des Feldes f mit sich selbst multipliziert und ausgeben.

```
16 4 25 36 64 1 81 9 49
```

Der Effekt des ersten Aufrufs von transform kann auch mittels for_each erzielt werden. Dazu ist allerdings die Definition eines geeigneten Funktionsobjekts notwendig.

```
template<class T>
struct Inkrement {
    void operator()(T& t) { ++t; }
};
```

Eingesetzt wird das Funktionsobjekt dann wie folgt:

```
for_each(f, f + 9, Inkrement<int>());
```

Der Vorteil dieser Variante liegt darin, dass sie effizienter arbeitet, weil transform auf x = x + 1 für jedes Element x des Bereichs hinausläuft, während hier ++x ausgeführt wird.

9.3.7 replace und replace_if

```
template<class ForwardIterator, class T>
void
replace(ForwardIterator first, ForwardIterator last,
    const T& old_value, const T& new_value);

template<class ForwardIterator, class Predicate, class T>
void
replace_if(ForwardIterator first, ForwardIterator last,
    Predicate pred, const T& new_value);
```

Mit replace und replace_if werden im Bereich [first, last) die Elemente durch new_value ersetzt, die gleich old_value sind beziehungsweise das Prädikat pred erfüllen. Insgesamt werden last - first Vergleiche beziehungsweise Aufrufe von pred benötigt. Für den Typ T müssen der Zuweisungsoperator und beim Einsatz von replace auch der Vergleichsoperator == definiert sein. Der Funktionsrumpf kann wie folgt definiert werden:

```
while (first != last) {
    if (*first == old_value)    // beziehungsweise pred(*first)
        *first = new_value;
    ++first;
}
```

replace entspricht replace_if, wenn letzteres mit dem Prädikat equal_to<T>(old_value) arbeitet.

algorithmen/replace.cpp

```
#include <algorithm>
#include <functional>
```

```
#include <iostream>
#include <iterator>
using namespace std;

int main() {
   int f[] = { 0, 1, 2, 3, 2, 1, 0 };
   replace(f, f + 7, 2, 5);
   replace_if(f, f + 7, bind2nd(less<int>(), 1), 9);
   copy(f, f + 7, ostream_iterator<int>(cout, " "));
}
```

Wie in der folgenden Abbildung dargestellt, erhalten die beiden Elemente mit dem Wert 2 durch den ersten Aufruf von replace den Wert 5.

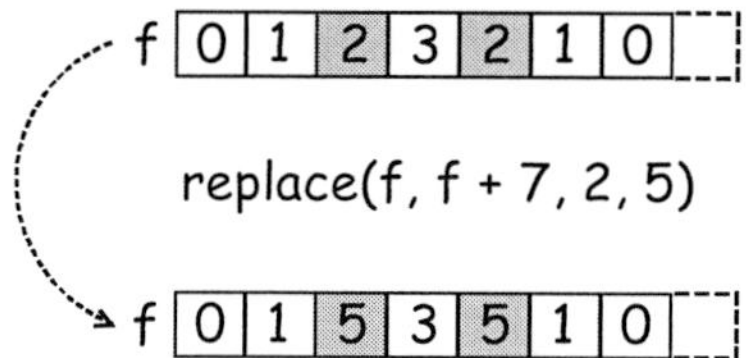

Der zweite Aufruf von replace ersetzt Werte kleiner 1 durch 9. Daraus resultiert die folgende Ausgabe des Programms:

```
9 1 5 3 5 1 9
```

9.3.8 replace_copy und replace_copy_if

```
template<class InputIterator, class OutputIterator, class T>
OutputIterator
replace_copy(InputIterator first, InputIterator last, OutputIterator result,
      const T& old_value, const T& new_value);

template<class InputIterator, class OutputIterator, class Predicate, class T>
OutputIterator
replace_copy_if(InputIterator first, InputIterator last, OutputIterator result,
      Predicate pred, const T& new_value);
```

Mit replace_copy und replace_copy_if werden die Elemente des Bereichs [first, last) in den Bereich [result, result + (last - first)) kopiert, wobei statt Elementen, die gleich old_value sind beziehungsweise das Prädikat pred erfüllen, new_value geschrieben wird. Insgesamt werden last - first Zuweisungen und Vergleiche beziehungsweise Aufrufe von pred benötigt. Für den Typ T müssen der Zuweisungsoperator und beim Einsatz von replace_copy auch der Vergleichsoperator == definiert sein. Die Bereiche [first, last) und [result, result + (last - first)) sollten sich nicht überlappen. Eine denkbare Implementierung für den Funktionsrumpf ist:

```
while (first != last) {
      *result++ = (*first == old_value) ? new_value : *first;     // bzw. pred(*first)
```

```
        ++first;
    }
    return result;
```

Der Rückgabewert ist der Iterator result + (last - first). Beide Versionen produzieren das gleiche Ergebnis, wenn replace_copy_if das Prädikat equal_to<T>(old_value) übergeben wird.

algorithmen/replace_copy.cpp

```
#include <algorithm>
#include <functional>
#include <iostream>
#include <iterator>
using namespace std;

int main() {
   int f[] = { 0, 1, 2, 3, 2, 1, 0 }, g[7];
   replace_copy(f, f + 7, g, 2, 5);
   replace_copy_if(g, g + 7, ostream_iterator<int>(cout, "  "),
      bind2nd(less<int>(), 1), 9);
}
```

Mit dem ersten Aufruf von replace werden die Elemente des Feldes f in das Feld g kopiert, wobei 2 durch 5 ersetzt wird.

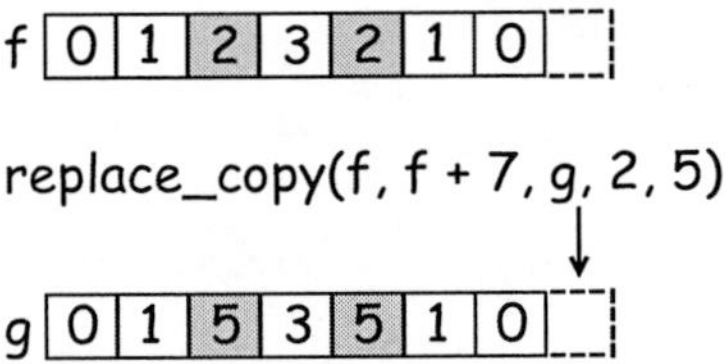

Der zweite Aufruf von replace erzeugt die Ausgabe des Programms, indem die Elemente des Feldes g mittels ostream_iterator nach cout kopiert werden. Dabei werden Werte kleiner 1 durch 9 ersetzt:

```
9 1 5 3 5 1 9
```

9.3.9 fill und fill_n

```
template<class ForwardIterator, class T>
void
fill(ForwardIterator first, ForwardIterator last, const T& value);

template<class OutputIterator, class Size, class T>
void
fill_n(OutputIterator first, Size n, const T& value);
```

fill und fill_n füllen den Bereich [first, last) beziehungsweise [first, first + n) mit dem Wert value. Dazu werden last - first beziehungsweise n Zuweisungen ausgeführt. Mögliche Implementierungen für fill und fill_n könnten folgendermaßen aussehen:

```
while (first != last)    // beziehungsweise while (n-- > 0)
        *first++ = value;
```

Der Typ T muss konvertierbar sein in den Typ der Werte des Bereichs (iterator_traits<ForwardIterator>::value_type), für den der Zuweisungsoperator definiert sein muss. Size muss in einen ganzzahligen Typ konvertierbar sein.

algorithmen/fill.cpp

```
#include <algorithm>
#include <iostream>
#include <iterator>
using namespace std;

int main() {
   int f[8];
   fill(f, f + 8, 1);
   fill_n(f + 2, 4, 2);
   copy(f, f + 8, ostream_iterator<int>(cout, " "));
}
```

Die Ausgabe des Programms ist:

```
1 1 2 2 2 2 1 1
```

Die folgende Abbildung veranschaulicht die Entstehung der Ausgabe.

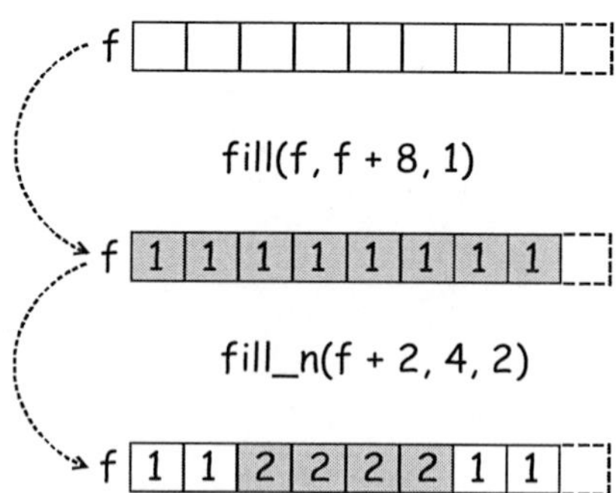

fill ist ein Spezialfall von generate, bei dem das Funktionsobjekt bei jedem Aufruf denselben Wert liefert.

9.3.10 generate und generate_n

```
template<class ForwardIterator, class Generator>
void
generate(ForwardIterator first, ForwardIterator last, Generator gen);

template<class OutputIterator, class Size, class Generator>
void
generate_n(OutputIterator first, Size n, Generator gen);
```

Im Gegensatz zu fill und fill_n, die lediglich einen festen Wert mehrmals in einen Bereich schreiben, kann man mit generate und generate_n ein Funktionsobjekt angeben, das die zu schreibenden Werte generiert. Dabei wird für alle Iteratoren i aus dem Bereich [first, last) beziehungsweise [first, first + n) die Zuweisung *i = gen() ausgeführt. Insgesamt ergibt das last - first beziehungsweise n Zuweisungen und Aufrufe des Funktionsobjekts gen. Der Funktionsrumpf ist typischerweise wie folgt definiert:

```
while (first != last)    // beziehungsweise while (n-- > 0)
      *first++ = gen();
```

Das folgende Beispiel demonstriert, wie mit einem Funktionsobjekt, das bei jedem Aufruf eine um Eins größere Zahl liefert, ein Bereich mit aufsteigenden Werten gefüllt werden kann.

algorithmen/generate.cpp

```
#include <algorithm>
#include <iostream>
#include <iterator>
using namespace std;

template<class T>
class Zaehler {
public:
   Zaehler(T start = 1) : i(start) { }
   T operator()() { return i++; }
private:
   T i;
};

int main() {
   int f[6];
   generate(f, f + 3, Zaehler<int>());
   generate_n(f + 3, 3, Zaehler<int>(4));
   copy(f, f + 6, ostream_iterator<int>(cout, "  "));
}
```

Die Ausgabe des Programms ist:

```
1 2 3 4 5 6
```

Die folgende Abbildung veranschaulicht die Veränderung des Feldes f bei den Aufrufen von generate und generate_n.

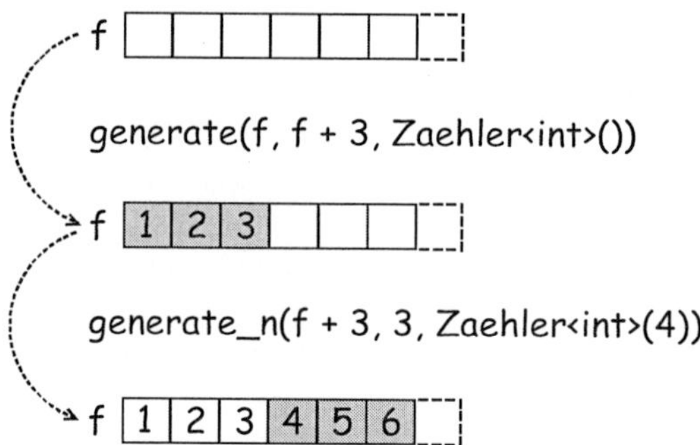

Zum Füllen eines Bereichs mit Pseudozufallszahlen kann die Funktion rand aus der C-Bibliothek (Header-Datei <cstdlib>) als Funktionsobjekt für generate übergeben werden, z. B.

```
srand(time(0));
generate_n(f, 6, rand);
```

Die erste Anweisung sorgt dafür, dass bei jedem Durchlauf andere Pseudozufallszahlen generiert werden, indem der Zufallszahlengenerator mit der Anzahl der Sekunden, die seit dem 1.1.1970 verstrichen sind, initialisiert wird. Die Funktion time liefert die aktuelle Systemzeit und ist in der Header-Datei <ctime> deklariert.

9.3.11 remove_copy und remove_copy_if

```
template<class InputIterator, class OutputIterator, class T>
OutputIterator
remove_copy(InputIterator first, InputIterator last, OutputIterator result,
    const T& value);

template<class InputIterator, class OutputIterator, class Predicate>
OutputIterator
remove_copy_if(InputIterator first, InputIterator last, OutputIterator result,
    Predicate pred);
```

remove_copy beziehungsweise remove_copy_if dienen zum Kopieren aller Elemente des Bereichs [first, last), die ungleich value sind beziehungsweise das Prädikat pred nicht erfüllen, in den bei result beginnenden Bereich. Beide benötigen last - first Vergleiche beziehungsweise Aufrufe von pred. result sollte nicht im Bereich [first, last) liegen, damit Elemente nicht schon vor dem Kopieren überschrieben werden. Die Implementierung des Funktionsrumpfs kann wie folgt gestaltet werden:

```
while (first != last) {
        if (*first != value)   // beziehungsweise !pred(*first)
                *result++ = *first;
        ++first;
}
return result;
```

Der Rückgabewert ist ein Iterator hinter das letzte Element des Zielbereichs. Beide Algorithmen sind stabil, d. h., die relative Reihenfolge der Elemente im Zielbereich stimmt mit der ursprünglichen überein.

algorithmen/remove_copy.cpp

```
#include <algorithm>
#include <functional>
#include <iostream>
#include <iterator>
using namespace std;

int main() {
   int f[] = { 1, 0, 2, 3, 0, 0, 4, 5 }, g[8];
   int* z = remove_copy(f, f + 8, g, 0);
   remove_copy_if(g, z, ostream_iterator<int>(cout, " "),
      bind2nd(modulus<int>(), 2));
}
```

Wie in der folgenden Abbildung dargestellt, kopiert der Aufruf von remove_copy die Elemente des Feldes f in das Feld g, wobei Elemente mit dem Wert 0 ausgelassen werden.

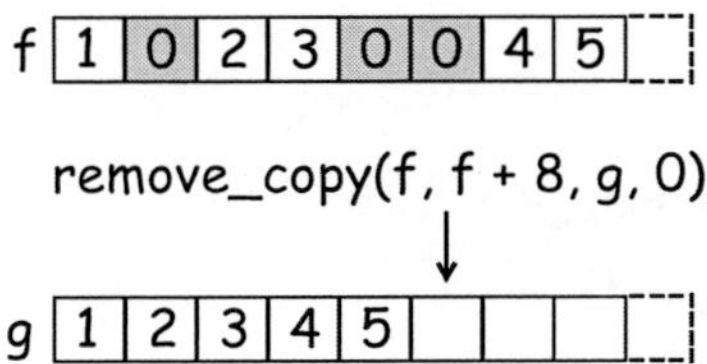

Mit remove_copy_if werden anschließend die geraden Elemente von g nach cout kopiert, so dass sich die folgende Ausgabe ergibt:

```
2 4
```

9.3.12 remove und remove_if

```
template<class ForwardIterator, class T>
ForwardIterator
remove(ForwardIterator first, ForwardIterator last, const T& value);
```

```
template<class ForwardIterator, class Predicate>
ForwardIterator
remove_if(ForwardIterator first, ForwardIterator last, Predicate pred);
```

Mit remove und remove_if können aus dem Bereich [first, last) die Elemente „entfernt“ werden, die gleich value sind beziehungsweise das Prädikat pred erfüllen. Elemente werden dabei dadurch entfernt, dass die nachfolgenden Elemente aufrücken und die entfernten überschreiben. Die Größe des Bereichs ändert sich nicht. Wenn z. B. x Elemente entfernt wurden, liefern die Algorithmen einen Iterator auf last - x, d. h. auf das Ende des resultierenden Bereichs. Der Funktionsrumpf zu remove könnte folgendermaßen definiert sein:

```
first = find(first, last, value);
return remove_copy(first, last, first, value);
```

Insgesamt werden last - first Vergleiche beziehungsweise Aufrufe von pred vorgenommen. Beide Algorithmen sind stabil, d. h., die relative Reihenfolge der Elemente im Zielbereich stimmt mit der ursprünglichen überein.

algorithmen/remove.cpp

```
#include <algorithm>
#include <functional>
#include <iostream>
#include <iterator>
using namespace std;

int main() {
   int f[] = { 1, 0, 2, 3, 0, 0, 4, 5 };
   int* z = remove(f, f + 8, 0);
   cout << "[f, f + 8) = ";
   copy(f, f + 8, ostream_iterator<int>(cout, " "));
   cout << "\n[f, z) = ";
   copy(f, z, ostream_iterator<int>(cout, " "));
   z = remove_if(f, z, bind2nd(modulus<int>(), 2));
   cout << "\n[f, z) = ";
   copy(f, z, ostream_iterator<int>(cout, " "));
}
```

Wie anhand der folgenden Abbildung zu erkennen ist, werden durch den Aufruf von remove drei Elemente entfernt, wobei die letzten drei Elemente in der Regel unverändert stehen bleiben.

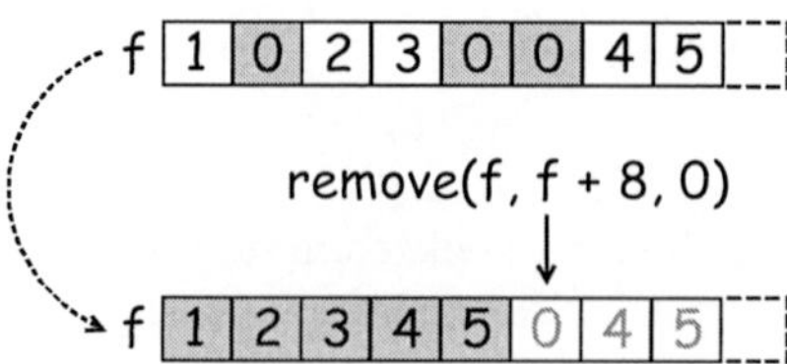

Die folgende Ausgabe des Programms zeigt, dass durch den Aufruf von remove_if, die ungeraden Elemente entfernt werden.

```
[f, f + 8) = 1  2  3  4  5  0  4  5
[f, z) = 1  2  3  4  5
[f, z) = 2  4
```

Sollen bestimmte Elemente aus einem vector tatsächlich entfernt werden, kombiniert man den Algorithmus remove mit der Elementfunktion erase.

algorithmen/remove_erase.cpp

```
#include <algorithm>
#include <iostream>
#include <vector>
#include <iterator>
using namespace std;

int main() {
   int f[] = { 1, 0, 2, 3, 0, 0, 4, 5 };
   vector<int> v(f, f + 8);
   vector<int>::iterator rest = remove(v.begin(), v.end(), 0);
   cout << "Nach remove " << v.size() << " Elemente:  ";
   copy(v.begin(), v.end(), ostream_iterator<int>(cout, "  "));
   v.erase(rest, v.end());
   cout << "\nNach erase " << v.size() << " Elemente:  ";
   copy(v.begin(), v.end(), ostream_iterator<int>(cout, "  "));
}
```

Die Ausgabe des Programms lautet:

```
Nach remove 8 Elemente:  1  2  3  4  5  0  4  5
Nach erase 5 Elemente:  1  2  3  4  5
```

Die beiden Aufrufe von remove und erase lassen sich zu einem Aufruf zusammenfassen:

```
v.erase(remove(v.begin(), v.end(), 0), v.end());
```

Diese Technik funktioniert für vector, deque und string. Für die Klasse list sind Elementfunktionen remove und remove_if definiert, mit denen Elemente aus einer Liste tatsächlich entfernt und nicht nur überschrieben werden (siehe Seite 88). Die assoziativen Container verfügen zu dem gleichen Zweck über die Elementfunktion erase (siehe Seite 107).

9.3.13 unique_copy

```
template<class InputIterator, class OutputIterator>
OutputIterator
unique_copy(InputIterator first, InputIterator last, OutputIterator result);
```

```
template<class InputIterator, class OutputIterator, class BinaryPredicate>
OutputIterator
unique_copy(InputIterator first, InputIterator last, OutputIterator result,
        BinaryPredicate pred);
```

Für einen Bereich [first, last), der nicht leer ist, kopiert unique_copy aus Gruppen aufeinander folgender äquivalenter Elemente nur das jeweils erste Element in den bei result beginnenden Bereich. Für die nicht zu kopierenden Elemente gilt *(i - 1) == *i beziehungsweise pred(*(i - 1), *i) == true, wobei i ein Iterator aus dem Bereich [first + 1, last) ist. Um portable Programme zu erhalten, sollten für unique_copy nur Prädikate eingesetzt werden, die prüfen, ob zwei Elemente äquivalent sind (siehe auch unique). Es werden last - first - 1 Vergleiche beziehungsweise Aufrufe von pred vorgenommen. Für *Forward-Iteratoren* wird der Funktionsrumpf für unique_copy ohne Prädikat typischerweise wie folgt definiert:

```
if (first == last)
        return result;
*result = *first;
while (++first != last)
        if (*result != *first)
                *++result = *first;
return ++result;
```

Diese Implementierung vergleicht das aktuelle Element *first mit dem zuletzt kopierten Element *result. Für *Output-Iteratoren* gestaltet sich die Implementierung etwas umständlicher, weil bei diesen *result nicht gelesen werden kann. Der Rückgabewert ist ein Iterator auf das Ende des resultierenden Bereichs. Damit Elemente nicht fälschlicherweise überschrieben werden, sollte result nicht im Bereich [first, last) liegen.

algorithmen/unique_copy.cpp

```
#include <algorithm>
#include <functional>
#include <iostream>
#include <iterator>
using namespace std;

int main() {
   int f[] = { 1, 1, 3, 3, 3, 2, 2, 7, 1, 1 }, g[10];
   int* z = unique_copy(f, f + 10, g);
   unique_copy(g, z, ostream_iterator<int>(cout, " "), equal_to<int>());
}
```

Wie die folgende Abbildung zeigt, werden durch den ersten Aufruf von unique_copy nur fünf Elemente von f nach g kopiert.

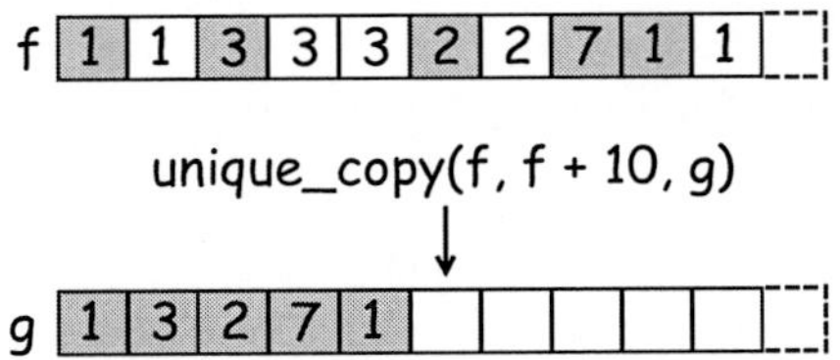

Durch den zweiten Aufruf von unique_copy werden alle Elemente von g ausgegeben:

```
1 3 2 7 1
```

9.3.14 unique

```
template<class ForwardIterator>
ForwardIterator
unique(ForwardIterator first, ForwardIterator last);

template<class ForwardIterator, class BinaryPredicate>
ForwardIterator
unique(ForwardIterator first, ForwardIterator last, BinaryPredicate pred);
```

Für einen Bereich, der nicht leer ist, eliminiert unique aus Gruppen aufeinander folgender äquivalenter Elemente alle Elemente bis auf das jeweils erste. Für die zu eliminierenden Elemente gilt *(i - 1) == *i beziehungsweise pred(*(i - 1), *i) == true, wobei i ein Iterator aus dem Bereich [first + 1, last) ist. unique entfernt also aus Folgen gleicher Elemente alle bis auf das erste. Dazu werden last - first - 1 Vergleiche beziehungsweise Aufrufe von pred benötigt, sofern der Bereich nicht leer ist. Ein typischer Funktionsrumpf für unique ohne Prädikat basiert auf unique_copy und lautet:

```
first = adjacent_find(first, last);
return unique_copy(first, last, first);
```

Es wird ein Iterator auf das Ende des resultierenden Bereichs zurückgegeben. Bei Einsatz des Prädikats equal_to liefern beide Versionen das gleiche Ergebnis.

algorithmen/unique.cpp

```
#include <algorithm>
#include <functional>
#include <iostream>
#include <iterator>
using namespace std;

int main() {
   int f[] = { 1, 1, 3, 3, 3, 7, 1, 1, 2, 2 };
   int* z1 = unique(f, f + 10);
   cout << "[f, f + 10) = ";
   copy(f, f + 10, ostream_iterator<int>(cout, "  "));
```

```
    cout << "\n[f, z1) = ";
    copy(f, z1, ostream_iterator<int>(cout, " "));
    int* z2 = unique(f, z1, greater<int>()); // siehe Text
    cout << "\n[f, z2) = ";
    copy(f, z2, ostream_iterator<int>(cout, " "));
}
```

Die Ausgabe des Programms ist:

```
[f, f + 10) = 1 3 7 1 2 7 1 1 2 2
[f, z1) = 1 3 7 1 2
[f, z2) = 1 3 7
```

Die zweite Zeile verdeutlicht, dass Elemente auch nach dem Aufruf von unique noch mehrfach enthalten sein können. Wenn dies unerwünscht ist, muss der Bereich vorher sortiert werden.

Für die letzte Zeile werden derzeit auch andere Ergebnisse (speziell 1 3 7 2) diskutiert, da die Funktionsspezifikation im Standard diesen Fall bisher nicht ausdrücklich berücksichtigt. Um portable Programme zu erhalten, sollten für unique deshalb nur Prädikate eingesetzt werden, die prüfen, ob zwei Elemente äquivalent sind.

Wie die folgende Abbildung zeigt, werden Elemente nicht tatsächlich entfernt, sondern lediglich mit nachfolgenden überschrieben. Für vector, deque und string kann es daher sinnvoll sein, nach unique die Elementfunktion erase aufzurufen (vgl. Seite 185).

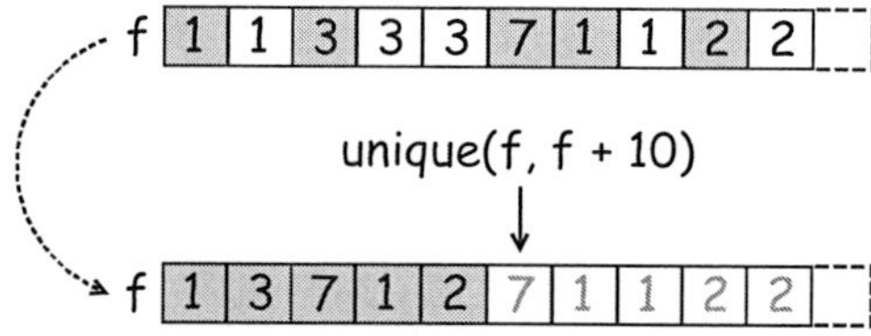

Für die Klasse list gibt es gleichnamige Elementfunktionen, die Elemente tatsächlich löschen (siehe Seite 88).

9.3.15 reverse

```
template<class BidirectionalIterator>
void
reverse(BidirectionalIterator first, BidirectionalIterator last);
```

reverse kehrt die Reihenfolge der Elemente im Bereich [first, last) um. Dazu werden für alle n von 0 bis (last - first) / 2 die Werte der Iteratoren first + n und (last - n) - 1 getauscht. Insgesamt werden also (last - first) / 2 Tauschoperationen ausgeführt. Für *Random-Access-Iteratoren* kann der Funktionsrumpf wie folgt implementiert werden:

```
while (first < last) iter_swap(first++, --last);
```

Die Implementierung für *Bidirectional-Iteratoren* gestaltet sich etwas umständlicher, weil für diese der Operator < nicht definiert ist.

algorithmen/reverse.cpp

```
#include <algorithm>
#include <iostream>
#include <iterator>
using namespace std;

int main() {
   int f[] = { 1, 3, 5, 6, 4, 2 };
   reverse(f, f + 6);
   copy(f, f + 6, ostream_iterator<int>(cout, "  "));
}
```

Die Ausgabe des Programms ist:

```
2 4 6 5 3 1
```

Die folgende Abbildung veranschaulicht den Vorgang grafisch.

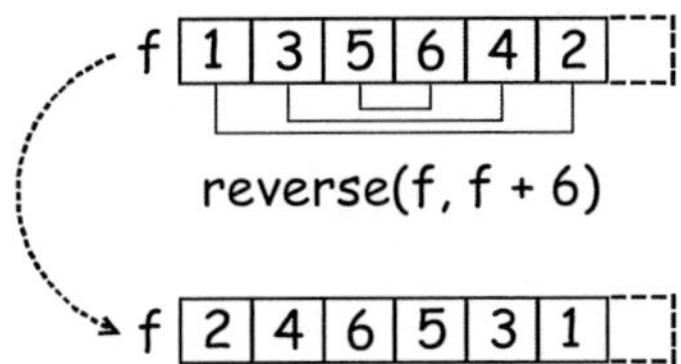

Die Klasse list stellt eine gleichnamige Elementfunktion zur Verfügung, die für Listen effizienter arbeitet (siehe Seite 89).

9.3.16 reverse_copy

```
template<class BidirectionalIterator, class OutputIterator>
OutputIterator
reverse_copy(BidirectionalIterator first, BidirectionalIterator last,
      OutputIterator result);
```

reverse_copy kopiert die Elemente des Bereichs [first, last) in umgekehrter Reihenfolge in den bei result beginnenden Bereich, wobei für alle n von 0 bis last - first - 1 die Zuweisung *(result + (last – first - 1) - n) = *(first + n) ausgeführt wird. Insgesamt ergibt das last - first Zuweisungen. Der Funktionsrumpf ist typischerweise wie folgt definiert:

```
while (first != last) *result++ = *--last;
return result;
```

Es wird ein Iterator auf das Ende des resultierenden Bereichs zurückgegeben: result + (last - first). Die beiden Bereiche [first, last) und [result, result + (last - first)) sollten sich nicht überlappen.

algorithmen/reverse_copy.cpp

```
#include <algorithm>
#include <iostream>
#include <iterator>
using namespace std;

int main() {
   const int f[] = { 1, 3, 5, 6, 4, 2 };
   int g[6];
   int* z = reverse_copy(f, f + 6, g);
   copy(g, z, ostream_iterator<int>(cout, "  "));
}
```

Wie die folgende Abbildung zeigt, werden die Elemente von f in umgekehrter Reihenfolge nach g kopiert.

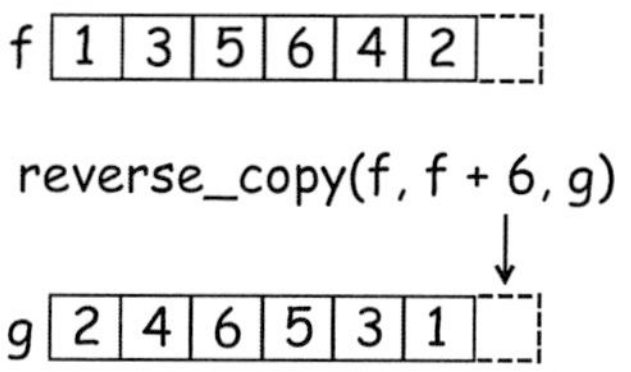

Für die Ausgabe des Feldes g wird der Rückgabewert von reverse benutzt; man erhält:

```
2 4 6 5 3 1
```

9.3.17 rotate

```
template<class ForwardIterator>
void
rotate(ForwardIterator first, ForwardIterator middle, ForwardIterator last);
```

Mit rotate werden die Elemente des Bereichs [middle, last) vor die Elemente des Bereichs [first, middle) geschoben. Dies entspricht einer Rotation gegen den Uhrzeigersinn, wobei für alle n von 0 bis last - first - 1 das Element von der Position first + n nach first + (n + (last - middle)) % (last - first) verschoben wird. Insgesamt werden dabei last - first Tauschoperationen ausgeführt.

algorithmen/rotate.cpp

```
#include <algorithm>
#include <iostream>
#include <iterator>
using namespace std;

int main() {
   int f[] = { 0, 1, 2, 3, 4, 5, 6, 7 };
   rotate(f, f + 3, f + 8);
   copy(f, f + 8, ostream_iterator<int>(cout, "  "));
}
```

Wie die folgende Abbildung zeigt, werden die Elemente des Feldes f um drei Positionen gegen den Uhrzeigersinn gedreht.

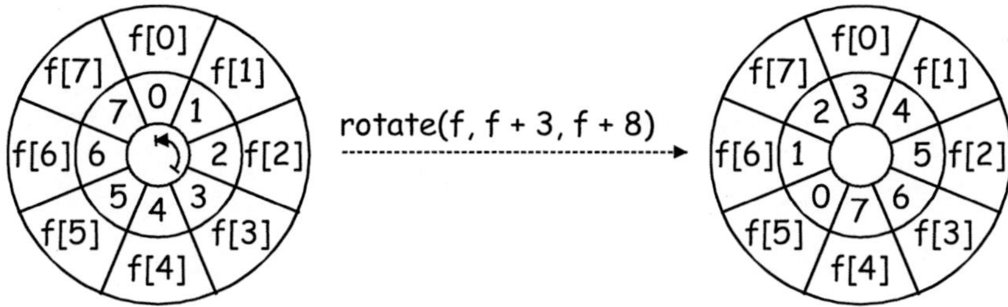

Die Ausgabe des Programms ist:

```
3 4 5 6 7 0 1 2
```

9.3.18 rotate_copy

```
template<class ForwardIterator, class OutputIterator>
OutputIterator
rotate_copy(ForwardIterator first, ForwardIterator middle,
      ForwardIterator last, OutputIterator result);
```

rotate_copy kopiert die Elemente des Bereichs [middle, last) in den Bereich [result, result + (last - middle)) und [first, middle) nach [result + (last - middle), result + (last - first)). Dies entspricht einer Rotation gegen den Uhrzeigersinn, wobei für alle n von 0 bis last - first - 1 die Zuweisung

```
*(result + n) = *(first + (n + (middle - first)) % (last - first))
```

ausgeführt wird. Insgesamt werden dazu last - first Zuweisungen benötigt. Der Funktionsrumpf kann mittels copy wie folgt definiert werden:

```
return copy(first, middle, copy(middle, last, result));
```

Es wird ein Iterator auf das Ende des resultierenden Bereichs zurückgegeben, d. h. result + (last - first). Die Bereiche [first, last) und [result, result + (last - first)) sollten sich nicht überlappen.

algorithmen/rotate_copy.cpp

```
#include <algorithm>
#include <iostream>
#include <iterator>
using namespace std;

int main() {
   const int f[] = { 0, 1, 2, 3, 4, 5, 6, 7 };
   int g[8];
   int* z = rotate_copy(f, f + 3, f + 8, g);
   copy(g, z, ostream_iterator<int>(cout, " "));
}
```

Die letzten fünf Komponenten von f werden zuerst nach g kopiert. Anschließend folgen die ersten drei Komponenten von f.

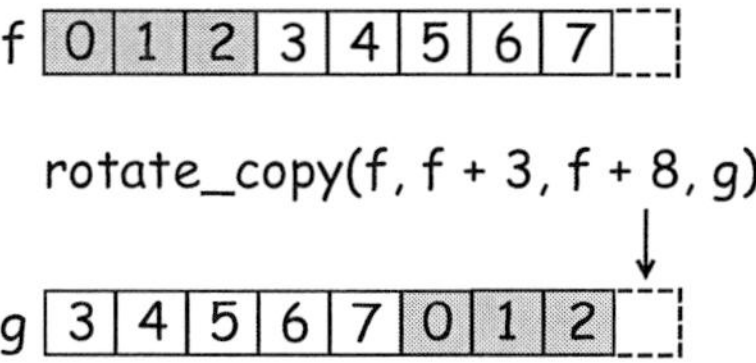

Die Ausgabe des Programms ist:

```
3 4 5 6 7 0 1 2
```

9.3.19 random_shuffle

```
template<class RandomAccessIterator>
void
random_shuffle(RandomAccessIterator first, RandomAccessIterator last);

template<class RandomAccessIterator, class RandomNumberGenerator>
void
random_shuffle(RandomAccessIterator first, RandomAccessIterator last,
      RandomNumberGenerator& rand);
```

random_shuffle bringt die Elemente des Bereichs [first, last) in eine zufällige Reihenfolge, wobei jede der *N!* möglichen Permutationen der *N* = last - first Elemente mit der gleichen Wahrscheinlichkeit *1/N!* erzeugt wird. Es werden (last - first) - 1 Tauschoperationen ausgeführt. Der zweiten Version wird ein Zufallszahlengenerator als Funktionsobjekt übergeben, der mit einem Argument n des Typs

```
iterator_traits<RandomAccessIterator>::difference_type
```

aufgerufen wird und einen Wert zurückgibt, der in denselben Typ konvertierbar ist und im Intervall [0, n) liegt. Der Funktionsrumpf für random_shuffle mit Zufallszahlengenerator könnte wie folgt definiert sein:

```
if (first == last)
        return;
for (RandomAccessIterator i = first + 1; i != last; ++i)
        iter_swap(i, first + rand((i - first) + 1));
```

Im folgenden Beispielprogramm werden beide Formen eingesetzt.

algorithmen/random_shuffle.cpp

```
#include <algorithm>
#include <iostream>
#include <iterator>
using namespace std;

template<class T>
class Zufall {
public:
   Zufall(T start = 0) : x(start) { }
   T operator()(T n) { return (x = (138574735 * x + 7)) % n; }
private:
   unsigned long x;
};

int main() {
   int f[] = { 1, 2, 3, 4, 5, 6, 7 };
   random_shuffle(f, f + 7);
   cout << "normal gemischt: ";
   copy(f, f + 7, ostream_iterator<int>(cout, " "));
   typedef int T;   // eigentlich iterator_traits<int*>::difference_type statt int
   Zufall<T> z(1);
   random_shuffle(f, f + 7, z);
   cout << "\nnochmal mit z gemischt: ";
   copy(f, f + 7, ostream_iterator<int>(cout, " "));
}
```

Die Ausgabe des Programms ist:

```
normal gemischt: 5 4 1 3 7 2 6
nochmal mit z gemischt: 4 6 5 1 3 7 2
```

Die Anweisung random_shuffle(f, f + 7, Zufall<T>(1)); wird nicht übersetzt, da der dritte Parameter von random_shuffle eine nicht konstante Referenz ist. Deshalb kann weder eine Funktion noch ein temporäres Objekt als Argument übergeben werden.

9.3.20 partition und stable_partition

```
template<class BidirectionalIterator, class Predicate>
BidirectionalIterator
partition(BidirectionalIterator first, BidirectionalIterator last,
        Predicate pred);

template<class BidirectionalIterator, class Predicate>
BidirectionalIterator
stable_partition(BidirectionalIterator first, BidirectionalIterator last,
        Predicate pred);
```

partition und stable_partition verteilen die Elemente des Bereichs [first, last) auf zwei Gruppen, von denen die Elemente der ersten das Prädikat pred erfüllen und die der zweiten nicht. Der Rückgabewert ist ein Iterator i auf die „Grenze" zwischen den beiden Gruppen. Formal ausgedrückt ist demnach pred(*j) == true für jeden Iterator j des Bereichs [first, i) und pred(*k) == false für jeden Iterator k des Bereichs [i, last). Im Unterschied zu partition bleibt die relative Reihenfolge der Elemente bei stable_partition erhalten.

Beide Versionen benötigen N = last - first Aufrufe von pred. Allerdings werden bei stable_partition bis zu $N \, log(N)$ Tauschoperationen ausgeführt, während dies bei partition höchstens $N/2$ sind. partition ist demnach etwas effizienter als stable_partition.

algorithmen/partition.cpp

```
#include <algorithm>
#include <functional>
#include <vector>
#include <iostream>
#include <iterator>
using namespace std;

int main() {
   int f[] = { 2, 3, 0, 4, 1, 5, 6 };
   vector<int> v(f, f + 7);
   int* z = partition(f, f + 7, bind2nd(modulus<int>(), 2));
   cout << "zuerst ungerade: ";
   copy(f, z, ostream_iterator<int>(cout, " "));
   cout << "und dann gerade: ";
   copy(z, f + 7, ostream_iterator<int>(cout, " "));
   cout << "\nrelative Reihenfolge wurde u. U. geändert\n";
   vector<int>::iterator i =
      stable_partition(v.begin(), v.end(), bind2nd(modulus<int>(), 2));
   cout << "zuerst ungerade: ";
   copy(v.begin(), i, ostream_iterator<int>(cout, " "));
   cout << "und dann gerade: ";
   copy(i, v.end(), ostream_iterator<int>(cout, " "));
   cout << "\nrelative Reihenfolge blieb erhalten";
}
```

Die folgende Abbildung veranschaulicht die Auswirkungen der Aufrufe von partition und stable_partition auf die Elemente des gleichen Feldes.

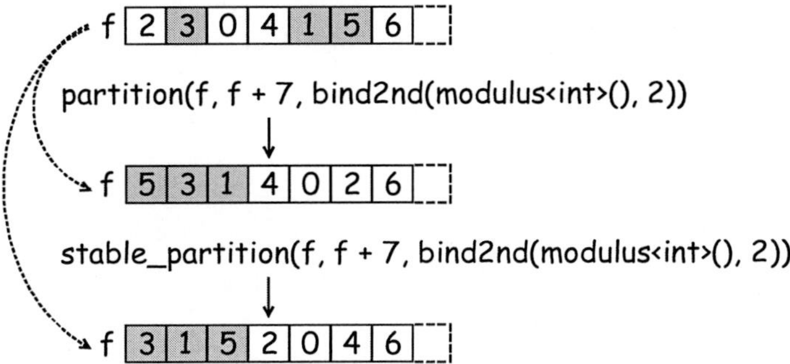

Die Ausgabe des Programms ist:

```
zuerst ungerade: 5  3  1  und dann gerade: 4  0  2  6
relative Reihenfolge wurde u. U. geändert
zuerst ungerade: 3  1  5  und dann gerade: 2  0  4  6
relative Reihenfolge blieb erhalten
```

9.4 Sortieren und ähnliche Operationen

Für sämtliche Algorithmen dieses Abschnitts existieren zwei Versionen, von denen die eine für Vergleiche den operator< und die andere stattdessen ein Funktionsobjekt comp benutzt. Das Funktionsobjekt ist anzugeben, wenn operator< nicht das gewünschte Ergebnis liefert, z. B. weil absteigend statt aufsteigend sortiert werden soll.

Das Funktionsobjekt comp soll true liefern, wenn das erste Argument vor dem zweiten anzuordnen ist und sonst false. comp soll über den dereferenzierten Iterator keine Modifikationen an Objekten vornehmen, also insbesondere keine nicht konstanten Elementfunktionen für die Objekte aufrufen.

Algorithmen, die eine Ordnung voraussetzen, arbeiten korrekt, wenn comp eine solche auf den Elementen definiert (siehe Seite 3). Die Elemente eines Bereichs sind in Bezug auf comp sortiert, wenn für jeden Iterator i, der in den Bereich verweist, und für jede natürliche Zahl n > 0, mit der i + n einen gültigen Iterator bildet, comp(*(i + n), *i) == false ist.

9.4.1 sort

```
template<class RandomAccessIterator>
void
sort(RandomAccessIterator first, RandomAccessIterator last);
```

```
template<class RandomAccessIterator, class Compare>
void
sort(RandomAccessIterator first, RandomAccessIterator last, Compare comp);
```

Mit sort werden die Elemente des Bereichs [first, last) in Bezug auf operator< beziehungsweise comp sortiert. Im Mittel werden dazu *N log(N)* Vergleiche benötigt, wobei *N* für last - first steht. Das folgende Programmbeispiel zeigt, wie mit Hilfe eines Funktionsobjekts auch absteigend sortiert werden kann.

algorithmen/sort.cpp

```
#include <algorithm>
#include <functional>
#include <iostream>
#include <iterator>
using namespace std;

int main() {
   int f[] = { 3, 1, 0, 6, 2, 5, 4 };
   sort(f, f + 7);
   cout << "aufsteigend sortiert: ";
   copy(f, f + 7, ostream_iterator<int>(cout, "  "));
   sort(f, f + 7, greater<int>());
   cout << "\nabsteigend sortiert: ";
   copy(f, f + 7, ostream_iterator<int>(cout, "  "));
}
```

Wie der folgenden Abbildung zu entnehmen ist, werden durch den ersten Aufruf von sort die Elemente des Feldes f aufsteigend sortiert.

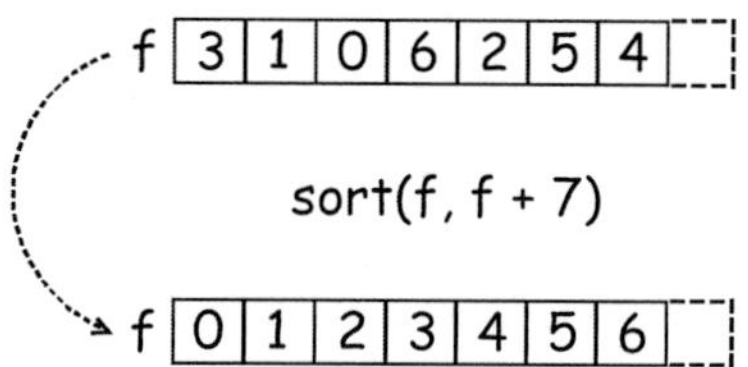

Die Ausgabe des Programms ist:

```
aufsteigend sortiert: 0  1  2  3  4  5  6
absteigend sortiert: 6  5  4  3  2  1  0
```

Bemerkungen: Wenn das Laufzeitverhalten für den schlechtesten Fall, der in der Regel nur selten auftritt, entscheidend ist, sollte statt sort besser stable_sort oder partial_sort eingesetzt werden, weil sort das Verfahren *Quicksort* zugrunde liegt, das für den schlechtesten Fall die Komplexität $O(n^2)$ aufweist. Im Mittel ist sort jedoch effizienter als stable_sort und partial_sort. Da die Klasse list keine *Random-Access-Iteratoren* unterstützt, gibt es für sie eine Elementfunktion zum Sortieren der Listenelemente (siehe Seite 89).

9.4.2 stable_sort

```
template<class RandomAccessIterator>
void
stable_sort(RandomAccessIterator first, RandomAccessIterator last);

template<class RandomAccessIterator, class Compare>
void
stable_sort(RandomAccessIterator first, RandomAccessIterator last,
      Compare comp);
```

Mit stable_sort werden die Elemente des Bereichs [first, last) sortiert. Wenn ausreichend Speicherplatz zur Verfügung steht, benötigt der Algorithmus dazu $N \, log(N)$ Vergleiche, sonst $N \, (log(N))^2$, wobei N = last - first ist. Im Gegensatz zu sort bleibt die relative Reihenfolge gleicher Elemente erhalten. Mit less für comp liefern beide Versionen das gleiche Ergebnis.

Im folgenden Programmbeispiel werden Objekte der Klasse Element sortiert. Die Klasse definiert ein Datenelement wert, nach dem sortiert wird, und einen index, mit dem überprüft werden kann, ob die relative Reihenfolge erhalten blieb.

algorithmen/stable_sort.cpp

```
#include <algorithm>
#include <functional>
#include <iterator>
#include <iostream>
#include <utility>
using namespace std;
using namespace std::rel_ops;

class Element {
public:
   Element(int i) : wert(i), index(nr++) { }
   friend ostream& operator<<(ostream& os, const Element& p)
      { return os << p.wert << '-' << p.index; }
   bool operator<(const Element& p) const { return wert < p.wert; }
private:
   int wert, index;
   static int nr;
};

int Element::nr = 0;

int main() {
   Element f[] = { 3, 1, 0, 6, 3, 1, 0, 6 };
   cout << "vor der Sortierung: ";
   copy(f, f + 8, ostream_iterator<Element>(cout, "  "));
   stable_sort(f, f + 8);
   cout << "\naufsteigend sortiert: ";
   copy(f, f + 8, ostream_iterator<Element>(cout, "  "));
```

```
    stable_sort(f, f + 8, greater<Element>());
    cout << "\nabsteigend sortiert: ";
    copy(f, f + 8, ostream_iterator<Element>(cout, " "));
}
```

Die Ausgabe des Programms zeigt, dass die relative Reihenfolge sowohl bei der aufsteigenden als auch bei der absteigenden Sortierung erhalten blieb.

```
vor der Sortierung: 3-0 1-1 0-2 6-3 3-4 1-5 0-6 6-7
aufsteigend sortiert: 0-2 0-6 1-1 1-5 3-0 3-4 6-3 6-7
absteigend sortiert: 6-3 6-7 3-0 3-4 1-1 1-5 0-2 0-6
```

Der gleiche Sachverhalt ist für den ersten Funktionsaufruf nochmals in der folgenden Abbildung dargestellt.

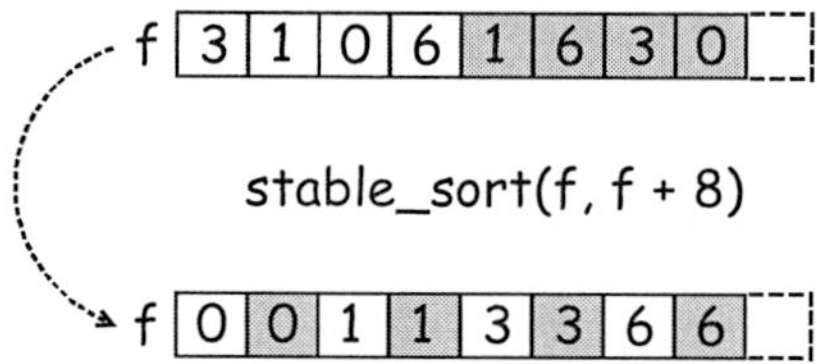

Bemerkung: stable_sort basiert auf dem Verfahren *Heapsort*.

9.4.3 partial_sort

```
template<class RandomAccessIterator>
void
partial_sort(RandomAccessIterator first, RandomAccessIterator middle,
     RandomAccessIterator last);

template<class RandomAccessIterator, class Compare>
void
partial_sort(RandomAccessIterator first, RandomAccessIterator middle,
     RandomAccessIterator last, Compare comp);
```

partial_sort bringt aus dem Bereich [first, last) die ersten middle - first Elemente sortiert in den vorderen Teilbereich [first, middle). Die restlichen Elemente im hinteren Teilbereich [middle, last) befinden sich in einer nicht definierten Reihenfolge. Mit partial_sort lassen sich somit z. B. die „Top 10“ aus einem Bereich mit beliebig vielen Elementen bestimmen. Es werden ungefähr (last - first) * *log*(middle - first) Vergleiche benötigt. Im Fall von middle == last wird ein Bereich komplett sortiert, wobei der Aufwand *N log(N)* für *N* = last – first beträgt.

Beide Versionen liefern das gleiche Ergebnis, wenn less für comp eingesetzt wird. Im folgenden Beispiel werden zunächst die „Top 4“ des Feldes f bestimmt. Anschließend wird das komplette Feld absteigend sortiert.

algorithmen/partial_sort.cpp

```
#include <algorithm>
#include <functional>
#include <iostream>
#include <iterator>
using namespace std;

int main() {
   int f[] = { 3, 1, 0, 6, 2, 5, 4 };
   partial_sort(f, f + 4, f + 7);
   cout << "nur die ersten 4 Werte sortiert: ";
   copy(f, f + 7, ostream_iterator<int>(cout, "  "));
   partial_sort(f, f + 7, f + 7, greater<int>());
   cout << "\nkomplett absteigend sortiert: ";
   copy(f, f + 7, ostream_iterator<int>(cout, "  "));
}
```

Mit dem zweiten Aufruf von partial_sort werden alle Elemente absteigend sortiert. Die Ausgabe des Programms ist:

```
nur die ersten 4 Werte sortiert: 0  1  2  3  6  5  4
komplett absteigend sortiert: 6  5  4  3  2  1  0
```

Wie die folgende Abbildung zeigt, liefert der erste Aufruf von partial_sort die ersten vier Elemente so, als ob das gesamte Feld sortiert worden wäre.

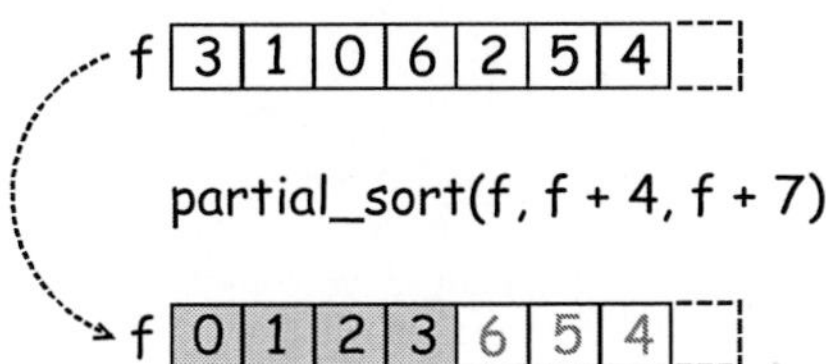

Bemerkung: partial_sort basiert auf dem Verfahren *Heapsort*.

9.4.4 partial_sort_copy

template<class InputIterator, class RandomAccessIterator>
RandomAccessIterator
partial_sort_copy(InputIterator first, InputIterator last,
    RandomAccessIterator result_first, RandomAccessIterator result_last);

template<class InputIterator, class RandomAccessIterator, class Compare>
RandomAccessIterator
partial_sort_copy(InputIterator first, InputIterator last,
    RandomAccessIterator result_first, RandomAccessIterator result_last,
    Compare comp);

partial_sort_copy kopiert die ersten n Werte des Bereichs [first, last) so in den Bereich [result_first, result_first + n), als ob der gesamte Bereich [first, last) sortiert worden wäre. n ist dabei das Minimum von last - first und result_last - result_first. Der Rückgabewert ist result_first + n. Es werden ungefähr (last - first) * *log*(n) Vergleiche benötigt. Mit dem Funktionsobjekt less liefern beide Versionen das gleiche Ergebnis.

Das folgende Beispiel zeigt, wie die vier kleinsten Werte eines Feldes f sortiert in ein Feld g kopiert werden können und wie das Feld f komplett absteigend sortiert werden kann.

algorithmen/partial_sort_copy.cpp

```
#include <algorithm>
#include <functional>
#include <iostream>
#include <iterator>
using namespace std;

int main() {
   int f[] = { 3, 1, 0, 6, 2, 5, 4 }, g[4];
   int* z = partial_sort_copy(f, f + 7, g, g + 4);
   cout << "nur die ersten " << (z - g) << " Werte sortiert: ";
   copy(g, z, ostream_iterator<int>(cout, "  "));
   z = partial_sort_copy(f, f + 7, f, f + 7, greater<int>());
   cout << "\nkomplett absteigend sortiert: ";
   copy(f, z, ostream_iterator<int>(cout, "  "));
}
```

Die folgende Abbildung veranschaulicht den ersten Aufruf von partial_sort_copy.

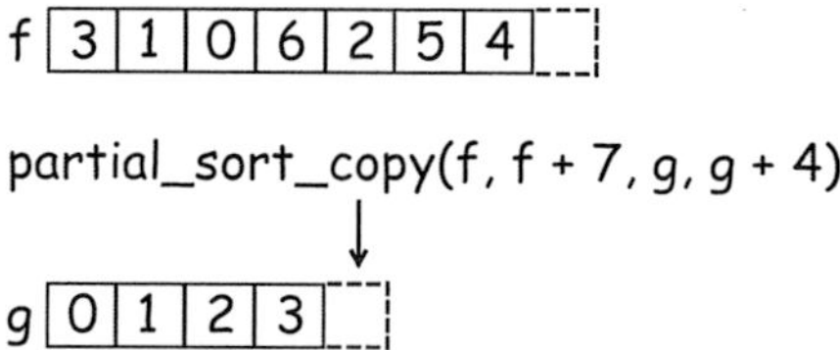

Die Ausgabe des Programms ist:

```
nur die ersten 4 Werte sortiert: 0  1  2  3
komplett absteigend sortiert: 6  5  4  3  2  1  0
```

9.4.5 nth_element

```
template<class RandomAccessIterator>
void
nth_element(RandomAccessIterator first, RandomAccessIterator nth,
      RandomAccessIterator last);
```

```
template<class RandomAccessIterator, class Compare>
void
nth_element(RandomAccessIterator first, RandomAccessIterator nth,
    RandomAccessIterator last, Compare comp);
```

nth_element ordnet die Elemente des Bereichs [first, last) so an, dass an der Position nth das Element steht, das bei einer Sortierung aller Elemente ebenfalls dort stehen würde. Für alle Iteratoren i aus dem vorderen Bereich [first, nth) und alle j aus [nth, last) ist (*j < *i) == false beziehungsweise comp(*j, *i) == false. Bei einer aufsteigenden Sortierung sind demnach die Elemente des vorderen Bereichs [first, nth) kleiner oder gleich und die des hinteren Bereichs [nth + 1, last) größer oder gleich *nth. Die Reihenfolge der Elemente innerhalb der Bereiche [first, nth) und [nth + 1, last) ist nicht definiert. Der Aufwand ist linear.

algorithmen/nth_element.cpp

```
#include <algorithm>
#include <functional>
#include <iostream>
#include <iterator>
using namespace std;

int main() {
   int f[] = { 6, 8, 5, 0, 3, 7, 2, 4, 9, 1 };
   nth_element(f, f + 4, f + 10);
   cout << "aufsteigend \"sortiert\" mit n = 4: ";
   copy(f, f + 10, ostream_iterator<int>(cout, " "));
   cout << "\nabsteigend \"sortiert\" mit n = 4: ";
   nth_element(f, f + 4, f + 10, greater<int>());
   copy(f, f + 10, ostream_iterator<int>(cout, " "));
}
```

Die folgende Abbildung veranschaulicht den ersten Aufruf von nth_element.

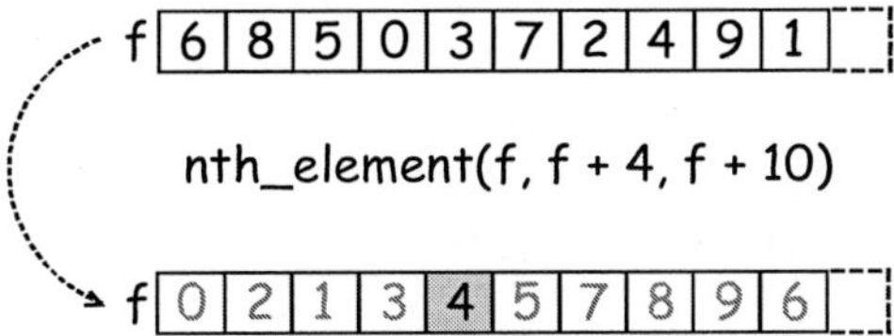

Eine mögliche Ausgabe des Programms ist:

```
aufsteigend "sortiert" mit n = 4: 0 2 1 3 4 5 7 8 9 6
absteigend "sortiert" mit n = 4: 7 9 8 6 5 4 3 1 2 0
```

9.5 Binäre Suchalgorithmen

Die Algorithmen dieses Abschnitts (lower_bound, upper_bound, equal_range und binary_search) setzen binäre Suchalgorithmen ein. Damit die Algorithmen korrekt arbeiten, müssen die Elemente der zu bearbeitenden Bereiche sortiert sein; entweder in Bezug auf operator< (dazu muss der Typ T der Elemente *less-than-comparable* sein – siehe Seite 3) oder bezüglich eines jeweils zu übergebenden Vergleichsobjekts (siehe auch Abschnitt 9.5.5). Die besten Ergebnisse (logarithmisches Laufzeitverhalten) werden mit *Random-Access-Iteratoren* erzielt. Mit anderen Iteratoren kann lediglich linear gesucht werden.

9.5.1 lower_bound

```
template<class ForwardIterator, class T>
ForwardIterator
lower_bound(ForwardIterator first, ForwardIterator last, const T& value);

template<class ForwardIterator, class T, class Compare>
ForwardIterator
lower_bound(ForwardIterator first, ForwardIterator last, const T& value,
      Compare comp);
```

lower_bound liefert die erste Position, an der value eingefügt werden kann, ohne die Sortierung zu verletzen. Der Rückgabewert ist somit der letzte Iterator i aus dem Bereich [first, last] (last gehört hier dazu!), mit dem für alle Iteratoren j aus dem Bereich [first, i) gilt, dass *j < value beziehungsweise comp(*j, value) == true ist. Es werden höchstens *log*(last - first) + 1 Vergleiche benötigt.

algorithmen/lower_bound.cpp

```
#include <algorithm>
#include <functional>
#include <iostream>
#include <iterator>
using namespace std;

int main() {
   const int f[] = { 0, 1, 2, 2, 4, 4, 6 };
   copy(f, f + 7, ostream_iterator<int>(cout, " "));
   const int* const ci = lower_bound(f, f + 7, 2);
   if (ci != f + 7 && *ci == 2)
      cout << "\n2 erstmals bei Index " << (ci - f) << " gefunden.\n";
   int g[8] = { 6, 4, 4, 3, 3, 1, 0 };
   copy(g, g + 7, ostream_iterator<int>(cout, " "));
   int* const i = lower_bound(g, g + 7, 2, greater<int>());
   cout << "\n2 kann erstmals bei Index " << (i - g) << " eingefügt werden.\n";
   *copy_backward(i, g + 7, g + 8) = 2;
   copy(g, g + 8, ostream_iterator<int>(cout, " "));
}
```

Wie die folgende Abbildung zeigt, liefert der ersten Aufruf von lower_bound einen Iterator auf die erste 2 im Feld f.

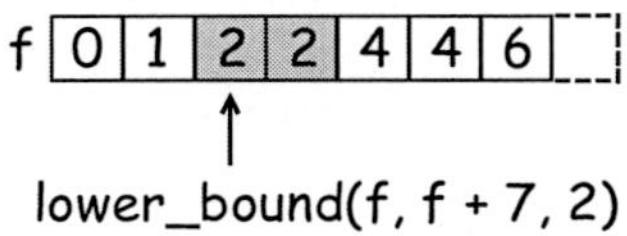

Wenn man lower_bound zum Suchen einsetzt, genügt im Gegensatz zu find ein Vergleich des Rückgabewerts von lower_bound mit dem Ende des Suchbereichs nicht, um festzustellen, ob das gesuchte Element gefunden wurde. Im Beispiel wird deshalb nach dem ersten Aufruf von lower_bound neben ci != f + 7 auch *ci == 2 geprüft, wobei die Reihenfolge entscheidend ist. Wird die Sortierung durch ein Funktionsobjekt gesteuert, wie beim zweiten Aufruf von lower_bound, benutzt man dazu – analog zu binary_search (siehe Seite 206) – einen Ausdruck der Art i != g + 7 && !greater<int>()(2, *i). Nach der Spezifikation von lower_bound gilt zusätzlich !greater<int>()(*i, 2), so dass *i und 2 äquivalent sind (siehe Seite 3).

Wie anhand der Ausgabe des Programms zu erkennen ist, gibt lower_bound beim zweiten Aufruf einen Iterator auf das nächst kleinere Element zurück, weil das gesuchte Element im Bereich nicht enthalten ist. An dieser Position wird dann eine 2 eingefügt.

```
0 1 2 2 4 4 6
2 erstmals bei Index 2 gefunden.
6 4 4 3 3 1 0
2 kann erstmals bei Index 5 eingefügt werden.
6 4 4 3 3 1 2 0
```

Mit *Random-Access-Iteratoren* kann lower_bound für sortierte Bereiche als effiziente Suchfunktion statt find beziehungsweise find_if (siehe Abschnitt 9.2.2) eingesetzt werden. Da die assoziativen Container nur über *Bidirectional-Iteratoren* verfügen, sollte der Algorithmus lower_bound für sie nicht aufgerufen werden. Stattdessen stellen die assoziativen Container speziell angepasste Elementfunktionen namens lower_bound (siehe Seite 109) zur Verfügung.

9.5.2 upper_bound

```
template<class ForwardIterator, class T>
ForwardIterator
upper_bound(ForwardIterator first, ForwardIterator last, const T& value);

template<class ForwardIterator, class T, class Compare>
ForwardIterator
upper_bound(ForwardIterator first, ForwardIterator last, const T& value,
      Compare comp);
```

upper_bound liefert die letzte Position, an der value eingefügt werden kann, ohne die Sortierung zu verletzen. Der Rückgabewert ist der letzte Iterator i aus dem Bereich [first, last], mit dem für alle Iteratoren j aus dem Bereich [first, i) gilt, dass (value < *j) == false beziehungsweise comp(value, *j) == false ist. Es werden höchstens *log*(last - first) + 1 Vergleiche benötigt.

algorithmen/upper_bound.cpp

```
#include <algorithm>
#include <functional>
#include <iostream>
#include <iterator>
using namespace std;

int main() {
   const int f[] = { 0, 1, 2, 2, 4, 4, 6 };
   copy(f, f + 7, ostream_iterator<int>(cout, "  "));
   const int* z = upper_bound(f, f + 7, 2);
   cout << "\n2 kann letztmals bei Index " << (z - f) << " eingefügt werden.\n";
   const int g[] = { 6, 4, 4, 3, 3, 1, 0 };
   copy(g, g + 7, ostream_iterator<int>(cout, "  "));
   z = upper_bound(g, g + 7, 2, greater<int>());
   cout << "\n2 kann letztmals bei Index " << (z - g) << " eingefügt werden.\n";
}
```

Die Ausgabe des Programms ist:

```
0  1  2  2  4  4  6
2 kann letztmals bei Index 4 eingefügt werden.
6  4  4  3  3  1  0
2 kann letztmals bei Index 5 eingefügt werden.
```

Wie die folgende Abbildung zeigt, liefert upper_bound einen Iterator hinter das letzte Vorkommen von 2 im Feld f.

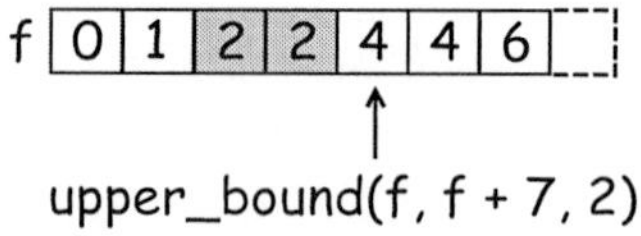

Da die assoziativen Container nur über *Bidirectional-Iteratoren* verfügen, sollte der Algorithmus upper_bound für sie nicht aufgerufen werden. Stattdessen stellen die assoziativen Container speziell angepasste Elementfunktionen namens upper_bound (siehe Seite 109) zur Verfügung.

9.5.3 equal_range

```
template<class ForwardIterator, class T>
pair<ForwardIterator, ForwardIterator>
equal_range(ForwardIterator first, ForwardIterator last, const T& value);
```

```
template<class ForwardIterator, class T, class Compare>
pair<ForwardIterator, ForwardIterator>
equal_range(ForwardIterator first, ForwardIterator last, const T& value,
      Compare comp);
```

equal_range liefert den größten Teilbereich [i, j), in den value eingefügt werden kann, ohne die Sortierung zu verletzen. Die Iteratoren i und j liegen dabei beide im Bereich [first, last]. Wenn i == j ist, kann value nur vor i (beziehungsweise j) eingefügt werden, ohne die Sortierung zu verletzen.

Der Rückgabewert von equal_range ist ein Paar bestehend aus den zwei Iteratoren i und j. Alle Iteratoren k aus dem Bereich [i, j) erfüllen die Bedingung !(*k < value) && !(value < *k) beziehungsweise comp(*k, value) == false && comp(value, *k) == false. Es werden höchstens 2 *log*(last - first) + 1 Vergleiche ausgeführt.

algorithmen/equal_range.cpp

```
#include <algorithm>
#include <functional>
#include <iostream>
#include <iterator>
using namespace std;

int main() {
   const int f[] = { 0, 1, 2, 2, 2, 4, 4, 6 };
   copy(f, f + 8, ostream_iterator<int>(cout, " "));
   pair<const int*, const int*> p = equal_range(f, f + 8, 2);
   cout << "\n2 kann im Bereich von " << distance(f, p.first) << " bis "
      << distance(f, p.second) << " eingefügt werden.\n";
   cout << "Demnach gibt es " << distance(p.first, p.second)
      << " Elemente mit dem Wert 2.\n";
   const int g[] = { 6, 4, 4, 3, 3, 1, 0 };
   copy(g, g + 7, ostream_iterator<int>(cout, " "));
   p = equal_range(g, g + 7, 2, greater<int>());
   cout << "\n2 kann im Bereich von " << distance(g, p.first) << " bis "
      << distance(g, p.second) << " eingefügt werden.\n";
}
```

Das Programmbeispiel demonstriert auch, dass equal_range in Kombination mit distance für sortierte Bereiche das Ergebnis von count im Allgemeinen effizienter berechnen kann. Wie die folgende Abbildung zeigt, ist equal_range eine Kombination aus lower_bound und upper_bound.

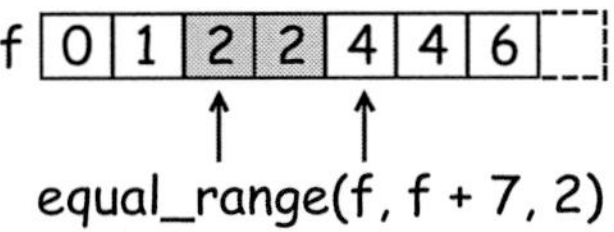

Anhand der Ausgabe des Programms ist zu erkennen, dass 2 im Feld g nur bei Index 5 eingefügt werden kann.

```
0 1 2 2 2 4 4 6
2 kann im Bereich von 2 bis 5 eingefügt werden.
Demnach gibt es 3 Elemente mit dem Wert 2.
6 4 4 3 3 1 0
2 kann im Bereich von 5 bis 5 eingefügt werden.
```

Da die assoziativen Container nur über *Bidirectional-Iteratoren* verfügen, sollte der Algorithmus equal_range für sie nicht aufgerufen werden. Stattdessen stellen die assoziativen Container speziell angepasste Elementfunktionen namens equal_range (siehe Seite 109) zur Verfügung.

9.5.4 binary_search

```
template<class ForwardIterator, class T>
bool
binary_search(ForwardIterator first, ForwardIterator last, const T& value);

template<class ForwardIterator, class T, class Compare>
bool
binary_search(ForwardIterator first, ForwardIterator last, const T& value,
      Compare comp);
```

binary_search gibt true zurück, wenn es im Bereich [first last) einen Iterator i gibt, mit dem die Bedingungen !(*i < value) && !(value < *i) beziehungsweise comp(*i, value) == false && comp(value, *i) == false erfüllt werden, d. h. ein Element existiert, das äquivalent zu value ist. Sonst ist das Ergebnis false. Es werden höchstens *log*(last - first) + 2 Vergleiche benötigt. Für die erste Version, die nach einem Wert sucht, kann der Funktionsrumpf wie folgt definiert werden:

```
ForwardIterator i = lower_bound(first, last, value);
return i != last && !(value < *i);
```

Entsprechend besitzt eine typische Implementierung für die zweite Version, die mit Hilfe eines Prädikats sucht, folgendes Aussehen:

```
ForwardIterator i = lower_bound(first, last, value, comp);
return i != last && !comp(value, *i);
```

Das folgende Beispielprogramm demonstriert den Einsatz beider Versionen.

algorithmen/binary_search.cpp

```
#include <algorithm>
#include <functional>
#include <iostream>
#include <iterator>
using namespace std;

int main() {
   const int f[] = { 0, 1, 2, 2, 4, 4, 6 };
   copy(f, f + 7, ostream_iterator<int>(cout, " "));
```

```
    if (binary_search(f, f + 7, 2))
        cout << "\n2 ist in f enthalten.\n";
    const int g[] = { 6, 4, 4, 3, 3, 1, 0 };
    copy(g, g + 7, ostream_iterator<int>(cout, " "));
    if (!binary_search(g, g + 7, 2, greater<int>()))
        cout << "\n2 ist nicht in g enthalten.\n";
}
```

Die Ausgabe des Programms ist:

```
0 1 2 2 4 4 6
2 ist in f enthalten.
6 4 4 3 3 1 0
2 ist nicht in g enthalten.
```

Benötigt man einen Iterator auf das gesuchte Element, ist lower_bound statt binary_search einzusetzen.

9.5.5 Schlüsselsuche mit Funktionsobjekt

Oft werden Objekte nach Schlüsseln geordnet, z. B. Kunden nach der Kundennummer. Die oben vorgestellten Algorithmen können mit Hilfe eines speziellen Funktionsobjekts zur Suche nach Schlüsseln eingesetzt werden.

algorithmen/id_vgl.cpp

```
#include <algorithm>
#include <functional>
#include <iostream>
using namespace std;

class X {
public:
    X(int i) : id(i) { }
    int getId() const { return id; }
    // ...
private:
    const int id;
    // ... weitere Daten
};

struct id_vgl : binary_function<X, int, bool> {
    bool operator()(const X& x, int i) const {
        return x.getId() < i;
    }
};

int main() {
    X x[] = { X(10), X(20), X(30), X(40) };
    X* z = lower_bound(x, x + 4, 25, id_vgl());
    if (z != x + 4)
```

```
        cout << z->getId() << endl;
}
```

Die Ausgabe des Programms ist:

```
30
```

In solchen Fällen sollte der Einsatz einer map geprüft werden.

9.6 Mischalgorithmen

9.6.1 merge

```
template<class InputIterator1, class InputIterator2, class OutputIterator>
OutputIterator
merge(InputIterator1 first1, InputIterator1 last1,
      InputIterator2 first2, InputIterator2 last2, OutputIterator result);

template<class InputIterator1, class InputIterator2, class OutputIterator,
      class Compare>
OutputIterator
merge(InputIterator1 first1, InputIterator1 last1,
      InputIterator2 first2, InputIterator2 last2, OutputIterator result,
      Compare comp);
```

Mit merge werden die beiden sortierten Bereiche [first1, last1) und [first2, last2) in den bei result beginnenden Bereich gemischt, so dass der resultierende Bereich [result, result + N) wieder sortiert ist; dabei ist N = (last1 - first1) + (last2 - first2). Für alle Iteratoren i des Ergebnisbereichs (bis auf den ersten) ist *(i - 1) < *i beziehungsweise comp(*(i - 1), *i) == true. Es werden höchstens N - 1 Vergleiche benötigt. Der resultierende Bereich sollte sich mit keinem der beiden Ausgangsbereiche überlappen. Eine mögliche Implementierung des Funktionsrumpfs könnte wie folgt aussehen:

```
while (first1 != last1 && first2 != last2)
      if (*first2 < *first1)    // beziehungsweise if (comp(*first2, *first1))
            *result++ = *first2++;
      else
            *result++ = *first1++;
return copy(first2, last2, copy(first1, last1, result));
```

Der Rückgabewert ist ein Iterator auf das Ende des resultierenden Bereichs: result + N.

algorithmen/merge.cpp

```
#include <algorithm>
#include <functional>
#include <iostream>
```

```
#include <iterator>
#include <vector>
using namespace std;

int main() {
   int f[] = { 0, 2, 2, 4 }, g[] = { 1, 2, 3 };
   vector<int> v;
   v.reserve(10); // ausreichend Speicher reservieren
   vector<int>::iterator i = merge(f, f + 4, g, g + 3, v.begin());
   cout << "f und g gemischt: ";
   copy(v.begin(), i, ostream_iterator<int>(cout, " "));
   sort(f, f + 4, greater<int>());
   sort(g, g + 3, greater<int>());
   cout << "\nf und g absteigend gemischt: ";
   merge(f, f + 4, g, g + 3, ostream_iterator<int>(cout, " "), greater<int>());
}
```

Wie in der folgenden Abbildung zu sehen ist, werden Elemente mit äquivalenten Werten aus beiden Bereichen so kopiert, dass sich die Elemente des ersten Bereichs vor denen des zweiten befinden.

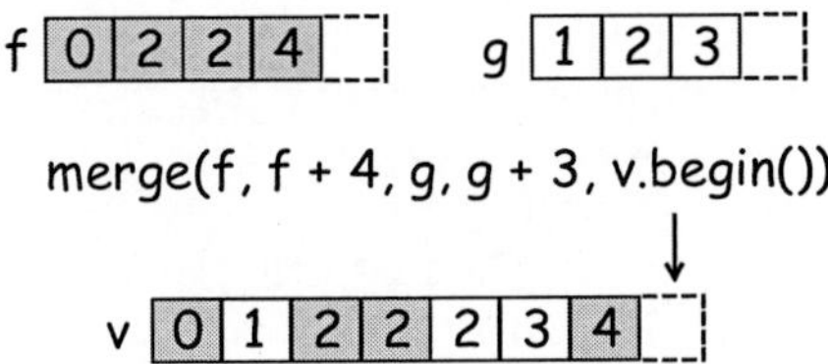

Die Ausgabe des Programms ist:

```
f und g gemischt: 0 1 2 2 2 3 4
f und g absteigend gemischt: 4 3 2 2 2 1 0
```

Im Gegensatz zum hier vorgestellten Algorithmus merge, der Elemente kopiert, verschiebt die Elementfunktion merge der Klasse list Elemente, d. h., sie werden aus einer Liste entfernt und in eine andere eingefügt (siehe Seite 89).

9.6.2 inplace_merge

```
template<class BidirectionalIterator>
void
inplace_merge(BidirectionalIterator first, BidirectionalIterator middle,
      BidirectionalIterator last);

template<class BidirectionalIterator, class Compare>
void
inplace_merge(BidirectionalIterator first, BidirectionalIterator middle,
      BidirectionalIterator last, Compare comp);
```

inplace_merge mischt die beiden aufeinander folgenden, sortierten Teilbereiche [first, middle) und [middle, last), so dass die Elemente des resultierenden Bereichs [first, last) wieder sortiert sind, d. h. für alle Iteratoren i des Bereichs [first + 1, last) ist *(i - 1) < *i beziehungsweise comp(*(i - 1), *i) == true. Steht ausreichend freier Speicher zur Verfügung, werden *N - 1* Vergleiche benötigt, sonst *N log(N)* mit *N* = last - first.

algorithmen/inplace_merge.cpp

```
#include <algorithm>
#include <functional>
#include <iostream>
#include <iterator>
using namespace std;

int main() {
   int f[] = { 0, 2, 2, 4, 1, 2, 3, 5, 5 };
   inplace_merge(f, f + 4, f + 9);
   cout << "aufsteigend:  ";
   copy(f, f + 9, ostream_iterator<int>(cout, "  "));
   int g[] = { 5, 5, 3, 2, 1, 4, 2, 2, 0 };
   inplace_merge(g, g + 5, g + 9, greater<int>());
   cout << "\nabsteigend:  ";
   copy(g, g + 9, ostream_iterator<int>(cout, "  "));
}
```

Wie in der folgenden Abbildung zu sehen ist, werden Elemente mit äquivalenten Werten aus beiden Bereichen so kopiert, dass sich die Elemente des ersten Bereichs vor denen des zweiten befinden.

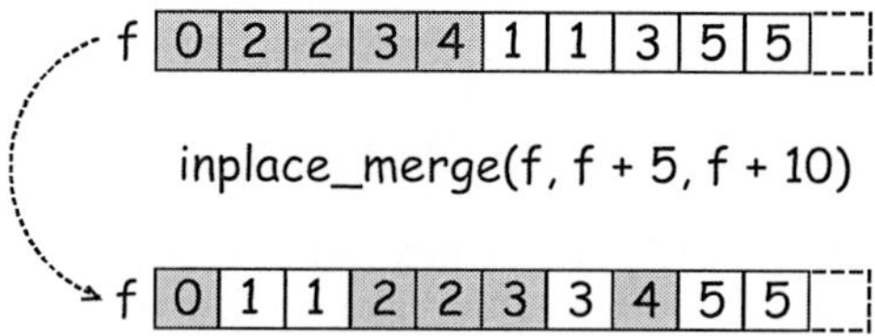

Die Ausgabe des Programms ist:

```
aufsteigend: 0 1 2 2 2 3 4 5 5
absteigend: 5 5 4 3 2 2 2 1 0
```

9.7 Mengenalgorithmen für sortierte Bereiche

In diesem Abschnitt werden die grundlegenden Mengenalgorithmen der Standardbibliothek vorgestellt, die in Bezug auf operator< beziehungsweise ein Vergleichsobjekt comp sortierte Bereiche voraussetzen. Für nicht sortierte Bereiche sind die Ergebnisse nicht definiert. Die Mengenalgorithmen arbeiten insbesondere auch für multiset-Objekte, die Elemente mehrfach enthalten können, korrekt (siehe Abschnitt 9.7.6).

9.7.1 includes

```
template<class InputIterator1, class InputIterator2>
bool
includes(InputIterator1 first1, InputIterator1 last1,
    InputIterator2 first2, InputIterator2 last2);

template<class InputIterator1, class InputIterator2, class Compare>
bool
includes(InputIterator1 first1, InputIterator1 last1,
    InputIterator2 first2, InputIterator2 last2, Compare comp);
```

Das Ergebnis von includes ist true, wenn für jedes Element des Bereichs [first2, last2) ein äquivalentes Element im Bereich [first1, last1) enthalten ist. Der Funktionsrumpf könnte z. B. wie folgt definiert sein:

```
while (first1 != last1 && first2 != last2)
    if (*first2 < *first1)    // beziehungsweise comp(*first2, *first1)
        return false;
    else if(*first1 < *first2)    // beziehungsweise comp(*first1, *first2)
        ++first1;
    else {
        ++first1;
        ++first2;
    }
return first2 == last2;
```

Es werden höchstens 2 * ((last1 - first1) + (last2 - first2)) - 1 Vergleiche benötigt.

algorithmen/includes.cpp

```
#include <algorithm>
#include <functional>
#include <iostream>
using namespace std;

int main() {
  const int f[] = { 0, 1, 2, 3, 4, 5, 6 }, s[] = { 1, 3, 5 };
  if (includes(f, f + 7, s, s + 3))
    cout << "s ist in f enthalten.\n";
  if (!includes(f, f + 7, s, s + 3, less<int>()))
    cout << "s ist nicht in f enthalten.\n";
}
```

Die folgende Abbildung veranschaulicht den ersten Funktionsaufruf.

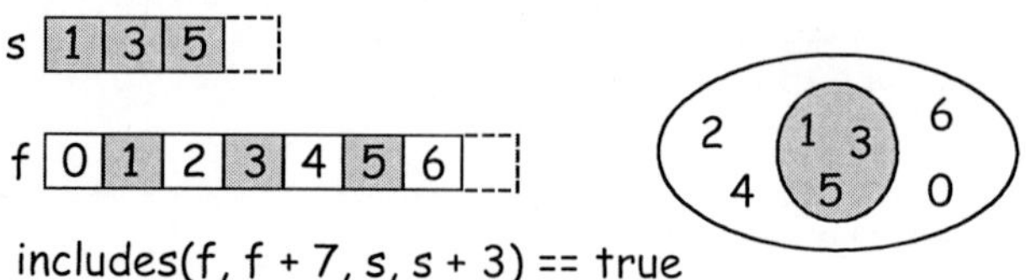

Die Ausgabe des Programms ist:

```
s ist in f enthalten.
```

9.7.2 set_union

```
template<class InputIterator1, class InputIterator2, class OutputIterator>
OutputIterator
set_union(InputIterator1 first1, InputIterator1 last1,
      InputIterator2 first2, InputIterator2 last2, OutputIterator result);

template<class InputIterator1, class InputIterator2, class OutputIterator,
      class Compare>
OutputIterator
set_union(InputIterator1 first1, InputIterator1 last1,
      InputIterator2 first2, InputIterator2 last2, OutputIterator result,
      Compare comp);
```

set_union kopiert die *Vereinigungsmenge* der beiden Bereiche [first1, last1) und [first2, last2) in den bei result beginnenden Ergebnisbereich, der wiederum sortiert ist. Im Ergebnisbereich befinden sich anschließend alle Elemente, die in mindestens einem der beiden Ausgangsbereiche enthalten sind. Der Funktionsrumpf kann wie folgt definiert werden:

```
while (first1 != last1 && first2 != last2)
      if (*first1 < *first2)    // beziehungsweise comp(*first1, *first2)
            *result++ = *first1++;
      else if (*first2 < *first1)    // beziehungsweise comp(*first2, *first1)
            *result++ = *first2++;
      else {
            *result++ = *first1++;
            first2++;
      }
return copy(first2, last2, copy(first1, last1, result));
```

Der Rückgabewert ist ein Iterator auf das Ende des resultierenden Bereichs. Es werden höchstens 2 * ((last1 - first1) + (last2 - first2)) - 1 Vergleiche angestellt. Der Ergebnisbereich sollte sich mit keinem der beiden anderen Bereiche überlappen. Ist ein Element in beiden Bereichen enthalten, so wird das Element des ersten Bereichs kopiert.

algorithmen/set_union.cpp

```
#include <algorithm>
#include <iostream>
#include <iterator>
#include <vector>
using namespace std;

int main() {
   const int f[] = { 2, 4, 6, 8 }, g[] = { 3, 6, 9 };
   vector<int> v;
   v.reserve(10);  // ausreichend Speicher reservieren
   vector<int>::iterator i = set_union(f, f + 4, g, g + 3, v.begin());
   cout << "Vereinigungsmenge:  ";
   copy(v.begin(), i, ostream_iterator<int>(cout, "  "));
}
```

Die folgende Abbildung veranschaulicht den Funktionsaufruf.

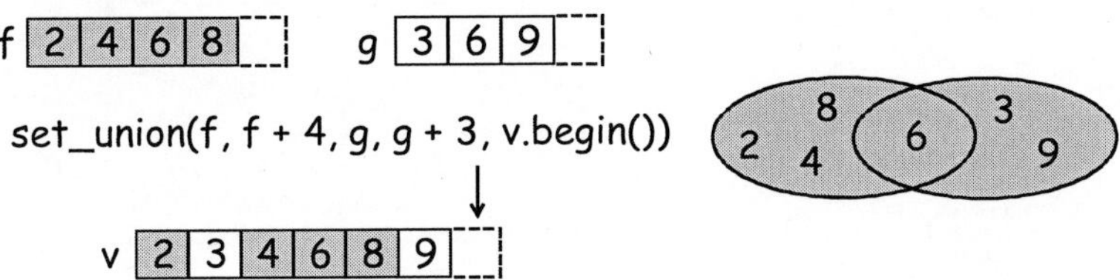

Die Ausgabe des Programms ist:

```
Vereinigungsmenge:  2  3  4  6  8  9
```

9.7.3 set_intersection

```
template<class InputIterator1, class InputIterator2, class OutputIterator>
OutputIterator
set_intersection(InputIterator1 first1, InputIterator1 last1,
      InputIterator2 first2, InputIterator2 last2, OutputIterator result);

template<class InputIterator1, class InputIterator2,
      class OutputIterator, class Compare>
OutputIterator
set_intersection(InputIterator1 first1, InputIterator1 last1,
      InputIterator2 first2, InputIterator2 last2, OutputIterator result,
      Compare comp);
```

set_intersection kopiert die Elemente aus dem Bereich [first1, last1), die auch im Bereich [first2, last2) enthalten sind, in den bei result beginnenden Ergebnisbereich. Der Ergebnisbereich ist sortiert und bildet die *Schnittmenge*. Der Funktionsrumpf kann wie folgt definiert werden:

```
while (first1 != last1 && first2 != last2)
    if (*first1 < *first2)    // beziehungsweise comp(*first1, *first2)
        ++first1;
    else if (*first2 < *first1)    // beziehungsweise comp(*first2, *first1)
        ++first2;
    else {
        *result++ = *first1++;
        ++first2;
    }
return result;
```

Der Rückgabewert ist ein Iterator auf das Ende des resultierenden Bereichs. Es werden höchstens 2 * ((last1 - first1) + (last2 - first2)) - 1 Vergleiche angestellt. Der Ergebnisbereich sollte sich mit keinem der beiden anderen Bereiche überlappen.

algorithmen/set_intersection.cpp

```
#include <algorithm>
#include <iostream>
#include <iterator>
#include <vector>
using namespace std;

int main() {
   const int f[] = { 2, 4, 6, 8 }, g[] = { 3, 6, 9 };
   vector<int> v;
   v.reserve(10);  // ausreichend Speicher reservieren
   vector<int>::iterator i = set_intersection(f, f + 4, g, g + 3, v.begin());
   cout << "Schnittmenge:  ";
   copy(v.begin(), i, ostream_iterator<int>(cout, "  "));
}
```

Die folgende Abbildung veranschaulicht den Funktionsaufruf.

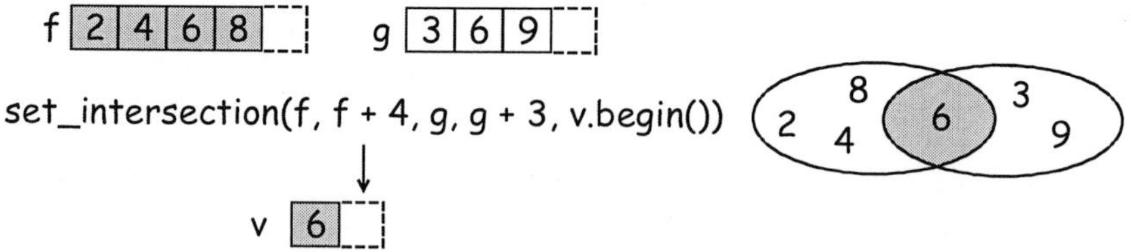

Die Ausgabe des Programms ist:

```
Schnittmenge:  6
```

9.7.4 set_difference

```
template<class InputIterator1, class InputIterator2, class OutputIterator>
OutputIterator
set_difference(InputIterator1 first1, InputIterator1 last1,
      InputIterator2 first2, InputIterator2 last2, OutputIterator result);

template<class InputIterator1, class InputIterator2,
      class OutputIterator, class Compare>
OutputIterator
set_difference(InputIterator1 first1, InputIterator1 last1,
      InputIterator2 first2, InputIterator2 last2, OutputIterator result,
      Compare comp);
```

set_difference kopiert die Elemente des Bereichs [first1, last1), die nicht im Bereich [first2, last2) enthalten sind, in den bei result beginnenden Ergebnisbereich, der wiederum sortiert ist und die *Differenzmenge* bildet. Der Funktionsrumpf kann wie folgt definiert werden:

```
while (first1 != last1 && first2 != last2)
      if (*first1 < *first2)    // beziehungsweise comp(*first1, *first2)
            *result++ = *first1++;
      else if (*first2 < *first1)    // beziehungsweise comp(*first2, *first1)
            ++first2;
      else {
            ++first1;
            ++first2;
      }
return copy(first1, last1, result);
```

Der Rückgabewert ist ein Iterator auf das Ende des resultierenden Bereichs. Es werden höchstens 2 * ((last1 - first1) + (last2 - first2)) - 1 Vergleiche angestellt. Der Ergebnisbereich sollte sich mit keinem der beiden anderen Bereiche überlappen.

algorithmen/set_difference.cpp

```
#include <algorithm>
#include <iostream>
#include <iterator>
#include <vector>
using namespace std;

int main() {
   const int f[] = { 2, 4, 6, 8 }, g[] = { 3, 6, 9 };
   vector<int> v;
   v.reserve(10);  // ausreichend Speicher reservieren
   vector<int>::iterator i = set_difference(f, f + 4, g, g + 3, v.begin());
   cout << "Nur in f enthalten:  ";
   copy(v.begin(), i, ostream_iterator<int>(cout, "  "));
}
```

Die folgende Abbildung veranschaulicht den Funktionsaufruf.

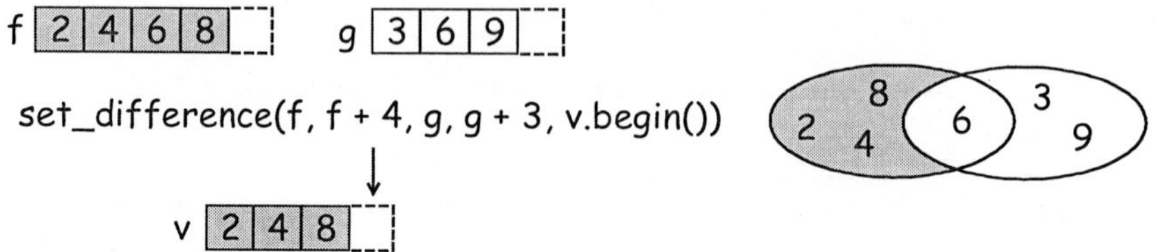

Die Ausgabe des Programms ist:

```
Nur in f enthalten: 2 4 8
```

9.7.5 set_symmetric_difference

```
template<class InputIterator1, class InputIterator2, class OutputIterator>
OutputIterator
set_symmetric_difference(InputIterator1 first1, InputIterator1 last1,
      InputIterator2 first2, InputIterator2 last2, OutputIterator result);

template<class InputIterator1, class InputIterator2,
      class OutputIterator, class Compare>
OutputIterator
set_symmetric_difference(InputIterator1 first1, InputIterator1 last1,
      InputIterator2 first2, InputIterator2 last2, OutputIterator result,
      Compare comp);
```

set_symmetric_difference kopiert die Elemente des ersten Bereichs [first1, last1), die nicht im zweiten Bereich [first2, last2) enthalten sind und die, die im zweiten, aber nicht im ersten enthalten sind, also die symmetrische Differenz beider Bereiche, in den bei result beginnenden Ergebnisbereich, der wiederum sortiert ist. Der Funktionsrumpf kann wie folgt definiert werden:

```
while (first1 != last1 && first2 != last2)
      if (*first1 < *first2)   // beziehungsweise comp(*first1, *first2)
            *result++ = *first1++;
      else if (*first2 < *first1)   // beziehungsweise comp(*first2, *first1)
            *result++ = *first2++;
      else {
            ++first1;
            ++first2;
      }
return copy(first2, last2, copy(first1, last1, result));
```

Der Rückgabewert ist ein Iterator auf das Ende des resultierenden Bereichs. Es werden höchstens 2 * ((last1 - first1) + (last2 - first2)) - 1 Vergleiche angestellt. Der Ergebnisbereich sollte sich mit keinem der beiden anderen Bereiche überlappen.

algorithmen/set_symmetric_difference.cpp

```
#include <algorithm>
#include <iostream>
```

```
#include <iterator>
#include <vector>
using namespace std;

int main() {
   const int f[] = { 2, 4, 6, 8 }, g[] = { 3, 6, 9 };
   vector<int> v;
   v.reserve(10); // ausreichend Speicher reservieren
   vector<int>::iterator i = set_symmetric_difference(f, f + 4, g, g + 3, v.begin());
   cout << "Nicht in beiden enthalten: ";
   copy(v.begin(), i, ostream_iterator<int>(cout, " "));
}
```

Die folgende Abbildung veranschaulicht den Funktionsaufruf.

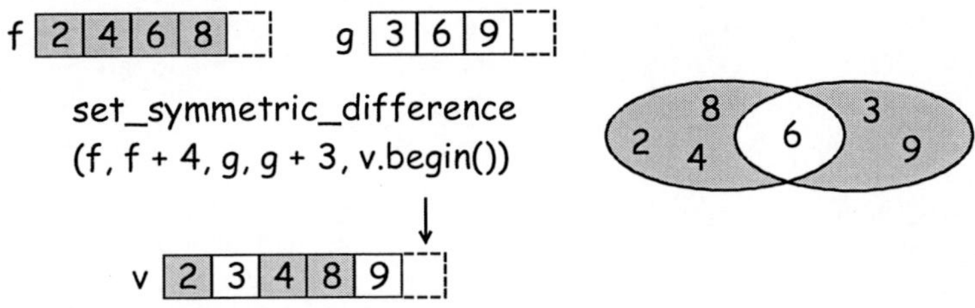

Die Ausgabe des Programms ist:

```
Nicht in beiden enthalten: 2 3 4 8 9
```

9.7.6 Mengenalgorithmen für multiset-Objekte

Anhand einiger Beispiele wollen wir demonstrieren, dass die Mengenalgorithmen auch für multiset-Objekte, die Elemente mehrfach enthalten können, korrekt arbeiten.

algorithmen/mengenalgorithmen_fuer_multiset.cpp

```
#include <algorithm>
#include <iostream>
#include <iterator>
#include <set>
using namespace std;

int main() {
   const int f[] = { 2, 4, 4, 4, 6, 6, 8 }, g[] = { 3, 4, 4, 6, 9, 9 };
   const multiset<int> a(f, f + 7), b(g, g + 6);
   ostream_iterator<int> oi(cout, " ");
   cout << "a: ";
   copy(a.begin(), a.end(), oi);
   cout << "\nb: ";
   copy(b.begin(), b.end(), oi);
```

```
    cout << "\nset_union: ";
    set_union(a.begin(), a.end(), b.begin(), b.end(), oi);
    cout << "\nset_intersection: ";
    set_intersection(a.begin(), a.end(), b.begin(), b.end(), oi);
    cout << "\nset_difference: ";
    set_difference(a.begin(), a.end(), b.begin(), b.end(), oi);
    cout << "\nset_symmetric_difference: ";
    set_symmetric_difference(a.begin(), a.end(), b.begin(), b.end(), oi);
    cout << "\nincludes: " << boolalpha
       << includes(a.begin(), a.end(), b.begin(), b.end()) << endl;
}
```

Wie die Ausgabe des Programms zeigt, wird beispielsweise beim Bilden der Vereinigungsmenge mit set_union ein Element so oft in die Ergebnismenge aufgenommen, wie es maximal in einer der beiden verknüpften Mengen enthalten ist. Für gleiche Elemente wird durch den Standard bisher nicht festgelegt, welche Elemente in die Ergebnismenge kommen. Dies lässt sich jedoch mit Hilfe der Implementierungen bestimmen.

```
a: 2 4 4 4 6 6 8
b: 3 4 4 6 9 9
set_union: 2 3 4 4 4 6 6 8 9 9
set_intersection: 4 4 6
set_difference: 2 4 6 8
set_symmetric_difference: 2 3 4 6 8 9 9
includes: false
```

9.8 Heap-Algorithmen

Als *Heap* wird eine spezielle Organisation von Elementen innerhalb eines durch zwei *Random-Access-Iteratoren* a und b definierten Bereichs [a, b) bezeichnet. Zwei Eigenschaften muss ein Heap erfüllen:

- Es gibt kein Element, dass größer als *a ist.
- *a kann mit der Funktion pop_heap entfernt werden, und push_heap fügt ein neues Element ein. Beide Operationen arbeiten mit logarithmischem Aufwand: $log(N)$ mit N = b - a.

Äquivalente Elemente werden in der gleichen Reihenfolge entfernt, in der sie eingefügt wurden. Aufgrund ihrer Eigenschaften sind Heaps insbesondere für *Priority Queues* geeignet. Daher überrascht es nicht, dass die Klasse priority_queue auf den Heap-Algorithmen basiert und ein gutes Beispiel für deren Einsatz darstellt (siehe Abschnitt 6.3).

Die vier Heap-Algorithmen make_heap, pop_heap, push_heap und sort_heap werden zunächst einzeln vorgestellt und anschließend in einem Beispielprogramm zusammenhängend demonstriert.

9.8.1 make_heap

```
template<class RandomAccessIterator>
void
make_heap(RandomAccessIterator first, RandomAccessIterator last);

template<class RandomAccessIterator, class Compare>
void
make_heap(RandomAccessIterator first, RandomAccessIterator last, Compare comp);
```

make_heap konstruiert – durch Umordnen der Elemente – aus dem Bereich [first, last) einen Heap. Dazu werden höchstens 3 * (last - first) Vergleiche benötigt.

9.8.2 pop_heap

```
template<class RandomAccessIterator>
void
pop_heap(RandomAccessIterator first, RandomAccessIterator last);

template<class RandomAccessIterator, class Compare>
void
pop_heap(RandomAccessIterator first, RandomAccessIterator last, Compare comp);
```

pop_heap entfernt ein Element aus einem Heap. Unter der Voraussetzung, dass der Bereich [first, last) einen gültigen Heap darstellt, vertauscht pop_heap dazu den Wert an der Position first mit dem Wert an der Position last - 1, so dass anschließend der Bereich [first, last - 1) einen gültigen Heap bildet. Dazu werden höchstens 2 * *log*(last - first) Vergleiche benötigt.

9.8.3 push_heap

```
template<class RandomAccessIterator>
void
push_heap(RandomAccessIterator first, RandomAccessIterator last);

template<class RandomAccessIterator, class Compare>
void
push_heap(RandomAccessIterator first, RandomAccessIterator last, Compare comp);
```

push_heap platziert ein neues Element auf einem Heap. Unter der Voraussetzung, dass der Bereich [first, last - 1) einen gültigen Heap darstellt, fügt push_heap den Wert von der Position last - 1 so ein, dass anschließend der Bereich [first, last) einen gültigen Heap bildet. Dazu werden höchstens *log*(last - first) Vergleiche benötigt.

9.8.4 sort_heap

```
template<class RandomAccessIterator>
void
sort_heap(RandomAccessIterator first, RandomAccessIterator last);

template<class RandomAccessIterator, class Compare>
void
sort_heap(RandomAccessIterator first, RandomAccessIterator last, Compare comp);
```

sort_heap sortiert die Elemente des Heaps [first, last). Dazu werden höchstens *N log(N)* mit *N* = last - first Vergleiche benötigt. sort_heap arbeitet nicht stabil, d. h. äquivalente Elemente können nach der Sortierung in einer anderen Reihenfolge angeordnet sein als vor der Sortierung. Ein typischer Funktionsrumpf ist:

```
while (last - first > 1)
    pop_heap(first, last--);    // beziehungsweise pop_heap(first, last--, comp);
```

Infolge einer Sortierung geht die Heap-Eigenschaft für den Bereich [first, last) verloren.

9.8.5 Beispielprogramm

Im folgenden Beispielprogramm werden die vier Heap-Algorithmen make_heap, pop_heap, push_heap und sort_heap im Zusammenhang vorgeführt.

algorithmen/heap.cpp

```
#include <algorithm>
#include <iostream>
#include <iterator>
using namespace std;

int main() {
   int f[] = { 5, 3, 8, 0, 1, 2, 6, 7 };
   const int n = sizeof f / sizeof *f;
   cout << "f = ";
   copy(f, f + n, ostream_iterator<int>(cout, " "));
   make_heap(f, f + n);
   cout << "\nmake_heap = ";
   copy(f, f + n, ostream_iterator<int>(cout, " "));
   pop_heap(f, f + n);
   cout << "\npop_heap = ";
   copy(f, f + n - 1, ostream_iterator<int>(cout, " "));
   cout << "und " << f[n - 1];
   f[n - 1] = 4;  // einzufügendes Element
   push_heap(f, f + n);
   cout << "\npush_heap = ";
   copy(f, f + n, ostream_iterator<int>(cout, " "));
   sort_heap(f, f + n);
```

```
    cout << "\nsort_heap = ";
    copy(f, f + n, ostream_iterator<int>(cout, " "));
}
```

Die Ausgabe des Programms ist:

```
f= 5 3 8 0 1 2 6 7
make_heap = 8 7 6 3 1 2 5 0
pop_heap = 7 3 6 0 1 2 5 und 8
push_heap = 7 4 6 3 1 2 5 0
sort_heap = 0 1 2 3 4 5 6 7
```

Wie üblich ist lediglich die Schnittstelle eines Heaps festgelegt, und es gibt im Rahmen der Spezifikation mehrere mögliche Implementierungen. Eine typische Implementierung wollen wir anhand des Beispielprogramms kurz skizzieren. Nach dem Aufruf von make_heap besitzt das Element mit dem Index i = 0 den größten Wert aller im Heap gespeicherten Elemente. Jedes Element mit Index i ist nicht kleiner als seine „Kinder“ mit den Indizes 2i + 1 und 2i + 2. Die folgende Abbildung zeigt, dass die entstehende Struktur Ähnlichkeit mit einem Baum hat.

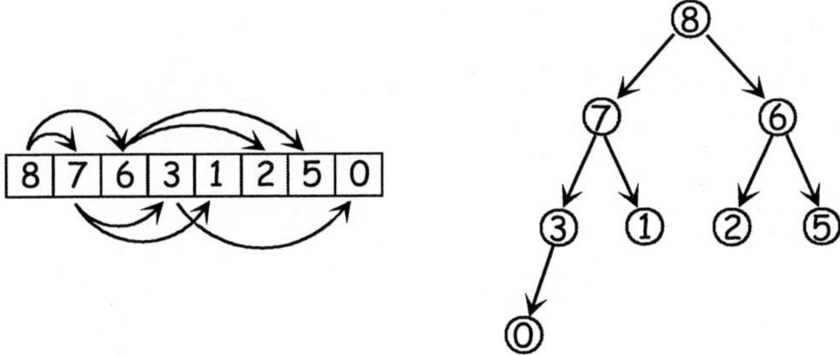

Ein Heap ist allerdings im Gegensatz zu einem Baum nicht vollständig sortiert, wodurch Einfüge- und Löschoperationen sehr effizient erfolgen können. Außerdem benötigt ein Heap nicht wie ein Baum zusätzlichen Speicher für Zeiger oder Ähnliches.

9.9 Minimum und Maximum

9.9.1 min

```
template<class T>
const T&
min(const T& a, const T& b);

template<class T, class Compare>
const T&
min(const T& a, const T& b, Compare comp);
```

min liefert das kleinere der beiden Argumente. Sind beide Argumente äquivalent, wird das erste zurückgegeben. Der Funktionsrumpf ist typischerweise wie folgt definiert:

```
return (b < a) ? b : a;   // beziehungsweise comp(b, a) ? b : a
```

Wenn für comp das Funktionsobjekt less eingesetzt wird, liefern beide Versionen das gleiche Resultat.

algorithmen/min.cpp

```
#include <algorithm>
#include <functional>
#include <iostream>
using namespace std;

int main() {
   const int x = 7, y = 3;
   int m = min(x, y);
   cout << "min(" << x << ", " << y << ") = " << m << endl;
   m = min(x, y, less<int>());
   cout << "min(" << x << ", " << y << ", less<int>()) = " << m << endl;
}
```

Die Ausgabe des Programms ist:

```
min(7, 3) = 3
min(7, 3, less<int>()) = 3
```

9.9.2 max

```
template<class T>
const T&
max(const T& a, const T& b);

template<class T, class Compare>
const T&
max(const T& a, const T& b, Compare comp);
```

max liefert das größere der beiden Argumente. Sind beide Argumente äquivalent, wird das erste zurückgegeben. Der Funktionsrumpf ist typischerweise wie folgt definiert:

```
return (a < b) ? b : a;   // beziehungsweise comp(a, b) ? b : a
```

Wenn für comp das Funktionsobjekt less eingesetzt wird, liefern beide Versionen das gleiche Resultat.

algorithmen/max.cpp

```
#include <algorithm>
#include <functional>
```

```
#include <iostream>
using namespace std;

int main() {
   const int x = 7, y = 3;
   int m = max(x, y);
   cout << "max(" << x << ", " << y << ") = " << m << endl;
   m = max(x, y, less<int>());
   cout << "max(" << x << ", " << y << ", less<int>()) = " << m << endl;
}
```

Die Ausgabe des Programms ist:

```
max(7, 3) = 7
max(7, 3, less<int>()) = 7
```

9.9.3 min_element

```
template<class ForwardIterator>
ForwardIterator
min_element(ForwardIterator first, ForwardIterator last);

template<class ForwardIterator, class Compare>
ForwardIterator
min_element(ForwardIterator first, ForwardIterator last, Compare comp);
```

min_element liefert einen Iterator auf den kleinsten Wert, d. h. den ersten Iterator i aus dem Bereich [first, last), mit dem für jeden Iterator j des Bereichs [first, last) gilt, dass !(*j < *i) beziehungsweise comp(*j, *i) == false ist. Für einen leeren Bereich (first == last) wird last zurückgegeben. Es werden (last - first) - 1 Vergleiche benötigt. Der Funktionsrumpf ist typischerweise wie folgt definiert:

```
if (first == last)
      return last;
ForwardIterator result(first);
while (++first != last)
      if (*first < *result)    // beziehungsweise comp(*first, *result)
            result = first;
return result;
```

Wenn für comp das Funktionsobjekt less eingesetzt wird, liefern beide Versionen das gleiche Resultat.

algorithmen/min_element.cpp

```
#include <algorithm>
#include <functional>
#include <iostream>
using namespace std;

int main() {
```

```
    const int f[] = { 3, 2, 6, 4, 1, 5 };
    const int* z = min_element(f, f + 6);
    cout << "Das kleinste Element ist " << *z
       << " und hat den Index " << (z - f) << ".\n";
}
```

Da 1 das kleinste Element im Feld f ist, liefert min_element einen Iterator darauf.

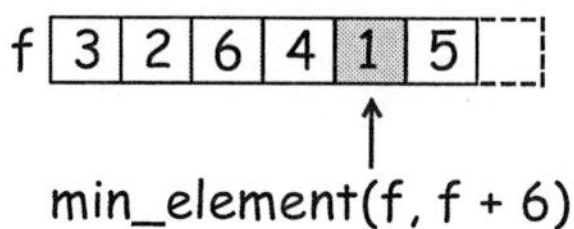

Die Ausgabe des Programms ist:

```
Das kleinste Element ist 1 und hat den Index 4.
```

9.9.4 max_element

```
template<class ForwardIterator>
ForwardIterator
max_element(ForwardIterator first, ForwardIterator last);

template<class ForwardIterator, class Compare>
ForwardIterator
max_element(ForwardIterator first, ForwardIterator last,
      Compare comp);
```

max_element liefert einen Iterator auf den größten Wert, d. h. den ersten Iterator i aus dem Bereich [first, last), mit dem für jeden Iterator j des Bereichs [first, last) gilt, dass !(*i < *j) beziehungsweise comp(*i, *j) == false ist. Für einen leeren Bereich (first == last) wird last zurückgegeben. Es werden (last - first) - 1 Vergleiche benötigt. Der Funktionsrumpf ist typischerweise wie folgt definiert:

```
if (first == last)
      return last;
ForwardIterator result(first);
while (++first != last)
      if (*result < *first)    // beziehungsweise comp(*result, *first)
            result = first;
return result;
```

Wenn für comp das Funktionsobjekt less eingesetzt wird, liefern beide Versionen das gleiche Resultat.

algorithmen/max_element.cpp

```
#include <algorithm>
#include <functional>
#include <iostream>
```

```
using namespace std;

int main() {
   const int f[] = { 3, 2, 6, 4, 1, 5 };
   const int* z = max_element(f, f + 6);
   cout << "Das größte Element ist " << *z
      << " und hat den Index " << (z - f) << ".\n";
}
```

Da 6 das größte Element im Feld f ist, liefert max_element einen Iterator darauf.

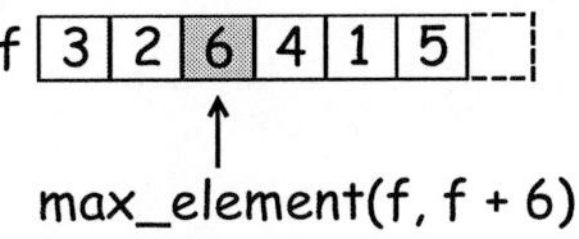

Die Ausgabe des Programms ist:

```
Das größte Element ist 6 und hat den Index 2.
```

9.10 Permutationen

Die drei Buchstaben ABC können auf sechs verschiedene Arten angeordnet werden: ABC, ACB, BAC, BCA, CAB und CBA. Im Allgemeinen können n Elemente auf $n! = n \cdot (n - 1) \cdot \ldots \cdot 2 \cdot 1$ Arten angeordnet werden. In der angegebenen Reihenfolge sind die Permutationen von ABC *lexikographisch* geordnet, d. h. beim elementweisen Vergleich zweier Permutationen ist diejenige kleiner, die an der Stelle, an der sich die Permutationen erstmals unterscheiden, das kleinere Element aufweist.

9.10.1 lexicographical_compare

```
template<class InputIterator1, class InputIterator2>
bool
lexicographical_compare(InputIterator1 first1, InputIterator1 last1,
      InputIterator2 first2, InputIterator2 last2);

template<class InputIterator1, class InputIterator2, class Compare>
bool
lexicographical_compare(InputIterator1 first1, InputIterator1 last1,
      InputIterator2 first2, InputIterator2 last2, Compare comp);
```

lexicographical_compare gibt true zurück, wenn die Elemente des Bereichs [first1, last1) lexikographisch kleiner sind als die Elemente des Bereichs [first2, last2). Es werden höchstens 2 * min((last1 - first1), (last2 - first2)) Vergleiche benötigt. Eine mögliche Implementierung des Funktionsrumpfs ist:

```
for ( ; first1 != last1 && first2 != last2; ++first1, ++first2) {
    if (*first1 < *first2)    // beziehungsweise comp(*first1, *first2)
        return true;
    if (*first2 < *first1)    // beziehungsweise comp(*first2, *first1)
        return false;
}
return first1 == last1 && first2 != last2;
```

Wie das folgende Beispielprogramm zeigt, können auch Bereiche mit Elementen verschiedener Typen verglichen werden.

algorithmen/lexicographical_compare.cpp

```
#include <algorithm>
#include <functional>
#include <iostream>
using namespace std;

int main() {
    const int f[] = { 1, 7, 3, 5, 2 };
    const double g[] = { 1.0, 7.0, 3.0, 5.5 };
    bool b = lexicographical_compare(f, f + 5, g, g + 4);
    cout << "f < g in Bezug auf operator<: " << (b ? "ja" : "nein");
    b = lexicographical_compare(f, f + 5, g, g + 4, less<int>());
    cout << "\nf < g in Bezug auf less<int>: " << (b ? "ja" : "nein");
}
```

Die Ausgabe des Programms ist:

```
f < g in Bezug auf operator<: ja
f < g in Bezug auf less<int>: nein
```

Beim ersten Aufruf von lexicographical_compare werden die int-Elemente des Feldes f beim Vergleich mit den double-Elementen von g implizit nach double konvertiert. Da 5 kleiner als 5.5 ist, ist auch f kleiner als g. Beim zweiten Aufruf werden dagegen durch das Vergleichsobjekt less<int> die double-Elemente nach int konvertiert, so dass f größer als g ist, weil nun 5 gleich int(5.5) ist und f ein Element mehr als g besitzt. Da bei einer Konvertierung von double nach int Informationen verloren gehen können (im Beispiel werden die Nachkommastellen abgeschnitten), quittieren die meisten C++-Compiler dieses Ansinnen mit einer Warnung.

9.10.2 next_permutation

```
template<class BidirectionalIterator>
bool
next_permutation(BidirectionalIterator first, BidirectionalIterator last);

template<class BidirectionalIterator, class Compare>
bool
```

next_permutation(BidirectionalIterator first, BidirectionalIterator last,
    Compare comp);

next_permutation generiert für den Bereich [first, last) die nächste Permutation der Elemente. Dazu wird angenommen, dass die Menge aller Permutationen in Bezug auf operator< beziehungsweise comp lexikographisch sortiert ist. Wenn eine nächste Permutation existiert, liefert next_permutation den Wert true. Sonst wird die kleinste Permutation, bei der die Elemente in Bezug auf operator< beziehungsweise comp aufsteigend sortiert sind, gebildet und false zurückgegeben. Es werden höchstens (last - first) / 2 Tauschoperationen vorgenommen. Das folgende Programmbeispiel erzeugt die sechs Permutationen für die Zahlen 1, 2 und 3.

algorithmen/next_permutation.cpp

```
#include <algorithm>
#include <iostream>
#include <iterator>
using namespace std;

int main() {
   int f[] = { 1, 2, 3 }, *const fn = f + sizeof f / sizeof *f;
   int i = 0;
   do {
      cout << ++i << ". Permutation:  ";
      copy(f, fn, ostream_iterator<int>(cout, "  "));
      cout << '\n';
   } while (next_permutation(f, fn));
}
```

Die Ausgabe des Programms ist:

```
1. Permutation:  1  2  3
2. Permutation:  1  3  2
3. Permutation:  2  1  3
4. Permutation:  2  3  1
5. Permutation:  3  1  2
6. Permutation:  3  2  1
```

9.10.3 prev_permutation

template<class BidirectionalIterator>
bool
prev_permutation(BidirectionalIterator first, BidirectionalIterator last);

template<class BidirectionalIterator, class Compare>
bool
prev_permutation(BidirectionalIterator first, BidirectionalIterator last,
    Compare comp);

prev_permutation generiert für den Bereich [first, last) die vorhergehende Permutation der Elemente. Dazu wird angenommen, dass die Menge aller Permutationen in Bezug auf operator< beziehungsweise comp lexikographisch sortiert ist. Wenn eine vorhergehende Permutation existiert, liefert prev_permutation den Wert true. Sonst wird die größte Permutation, bei der die Elemente in Bezug auf operator< beziehungsweise comp absteigend sortiert sind, gebildet und false zurückgegeben. Es werden höchstens (last - first) / 2 Tauschoperationen vorgenommen.

Die Anzahl aller Permutationen für n Elemente ist $n! = n \cdot (n - 1) \cdot \ldots \cdot 2 \cdot 1$. Dabei sind $1!$ und $0!$ als 1 definiert. Im folgenden Programmbeispiel wird $n!$ mittels einer Template-Klasse berechnet, so dass ein guter Compiler den Wert bereits bei der Übersetzung des Programmcodes ausrechnen und einsetzen kann.

algorithmen/prev_permutation.cpp

```
#include <algorithm>
#include <iostream>
#include <iterator>
using namespace std;

template<int n> struct Fakultaet {
   enum { wert = n * Fakultaet<n - 1>::wert };
};

template<> struct Fakultaet<0> {
   enum { wert = 1 };
};

int main() {
   int f[] = { 3, 2, 1 };
   const int n = sizeof f / sizeof *f;
   int i = Fakultaet<n>::wert;
   do {
      cout << i-- << ". Permutation:  ";
      copy(f, f + n, ostream_iterator<int>(cout, "  "));
      cout << '\n';
   } while (prev_permutation(f, f + n));
}
```

Die Ausgabe des Programms ist:

```
6. Permutation: 3 2 1
5. Permutation: 3 1 2
4. Permutation: 2 3 1
3. Permutation: 2 1 3
2. Permutation: 1 3 2
1. Permutation: 1 2 3
```

Bemerkung: Die neue Syntax zur Einleitung einer expliziten Spezialisierung für Template-Klassen und -Funktionen mit template<> zeigt an, dass alle Typparameter festlegt werden. Es gibt auch teilweise Spezialisierungen, die selbst wieder über Typparameter verfügen.

9.11 Numerische Algorithmen

Vier numerische Algorithmen sind in der Header-Datei <numeric> enthalten. Jeder der Algorithmen existiert in zwei Formen: die eine arbeitet mit einem Funktionsobjekt, und die andere verwendet stattdessen den für den Algorithmus typischen Operator. Die zum Einsatz kommenden Funktionsobjekte (binary_op, binary_op1 und binary_op2) sollen keine Seiteneffekte hervorrufen und in den bearbeiteten Bereichen weder Elemente modifizieren noch die Gültigkeit von Iteratoren oder Teilbereichen aufheben.

9.11.1 accumulate

```
template<class InputIterator, class T>
T
accumulate(InputIterator first, InputIterator last, T init);

template<class InputIterator, class T, class BinaryOperation>
T
accumulate(InputIterator first, InputIterator last, T init,
      BinaryOperation binary_op);
```

accumulate liefert die Summe der Elemente des Bereichs [first, last) zuzüglich des Startwerts init, der den Typ des Rückgabewerts festlegt. Die Version mit Funktionsobjekt verknüpft die einzelnen Elemente mit binary_op statt operator+. Der Funktionsrumpf ist typischerweise wie folgt definiert:

```
while (first != last)
      init = init + *first++;    // beziehungsweise init = binary_op(init, *first++);
return init;
```

Die Anweisung zur Addition benutzt den Zuweisungs- und Additionsoperator statt operator+=, um geringere Anforderungen an den Typ T zu stellen. Das folgende Beispielprogramm berechnet die Summe und mit Hilfe des Funktionsobjekts multiplies das Produkt der Komponenten des Feldes f.

algorithmen/accumulate.cpp

```
#include <numeric>
#include <iostream>
#include <functional>
using namespace std;

int main() {
   const int f[] = { 3, 7, 6, 4, 2, 5 };
```

```
    cout << "Summe = " << accumulate(f, f + 6, 0);
    cout << "\nProdukt = " << accumulate(f, f + 6, 1, multiplies<int>()) << endl;
}
```

Das Programm erzeugt die Ausgabe:

```
Summe = 27
Produkt = 5040
```

9.11.2 inner_product

```
template<class InputIterator1, class InputIterator2, class T>
T
inner_product(InputIterator1 first1, InputIterator1 last1,
        InputIterator2 first2, T init);

template<class InputIterator1, class InputIterator2, class T,
        class BinaryOperation1, class BinaryOperation2>
T
inner_product(InputIterator1 first1, InputIterator1 last1,
        InputIterator2 first2, T init,
        BinaryOperation1 binary_op1, BinaryOperation2 binary_op2);
```

inner_product liefert die Summe – zuzüglich init – der Produkte der korrespondierenden Elemente der beiden Bereiche [first1, last1) und [first2, first2 + (last1 - first1)). Die Version mit Funktionsobjekten benutzt binary_op1 an Stelle der Summe und binary_op2 statt des Produkts. Der Funktionsrumpf ist typischerweise wie folgt definiert:

```
while (first1 != last1)
        init = init + (*first1++ * *first2++);
        // beziehungsweise init = binary_op1(init, binary_op2(*first1++, *first2++));
return init;
```

Das folgende Beispielprogramm berechnet das Skalarprodukt (3·6 + 7·4 + 5·2) der beiden „Vektoren" v und w.

algorithmen/inner_product.cpp

```
#include <numeric>
#include <iostream>
using namespace std;

int main() {
    const int v[] = { 3, 7, 5 }, w[] = { 6, 4, 2 };
    cout << "Skalarprodukt von v und w = " << inner_product(v, v + 3, w, 0) << endl;
}
```

Die Ausgabe des Programms ist:

```
Skalarprodukt von v und w = 56
```

9.11.3 adjacent_difference

```
template<class InputIterator, class OutputIterator>
OutputIterator
adjacent_difference(InputIterator first, InputIterator last,
        OutputIterator result);

template<class InputIterator, class OutputIterator, class BinaryOperation>
OutputIterator
adjacent_difference(InputIterator first, InputIterator last,
        OutputIterator result, BinaryOperation binary_op);
```

adjacent_difference berechnet für den Bereich [first, last) jeweils die Differenzen zweier aufeinander folgender Werte und schreibt die Ergebnisse in den bei result beginnenden Bereich. Für einen Bereich mit den Werten a, b, c, d werden so die Werte a, b - a, c - b, d - c produziert. Die Version mit Funktionsobjekt benutzt binary_op statt operator-. Es werden genau (last - first) - 1 Aufrufe von operator- beziehungsweise binary_op getätigt. Der Rückgabewert ist result + (last - first).

Das folgende Programm berechnet aus einzelnen Tageskursen einer Aktie die täglichen Änderungen des Aktienkurses.

algorithmen/adjacent_difference.cpp

```
#include <algorithm>
#include <iostream>
#include <iterator>
#include <numeric>
using namespace std;

int main() {
   double kurs[] = { 490, 520, 480, 515 }, diff[4];
   adjacent_difference(kurs, kurs + 4, diff);
   cout << "die täglichen Änderungen des Kurses " << diff[0] << ": ";
   cout.setf(ios::showpos);
   copy(diff + 1, diff + 4, ostream_iterator<double>(cout, "  "));
}
```

Die Ausgabe des Programms ist:

```
die täglichen Änderungen des Kurses 490: +30  -40  +35
```

9.11.4 partial_sum

```
template<class InputIterator, class OutputIterator>
OutputIterator
partial_sum(InputIterator first, InputIterator last,
        OutputIterator result);

template<class InputIterator, class OutputIterator, class BinaryOperation>
OutputIterator
```

```
partial_sum(InputIterator first, InputIterator last,
        OutputIterator result, BinaryOperation binary_op);
```

partial_sum summiert sukzessive die Elemente des Bereichs [first, last) und schreibt die Ergebnisse in den bei result beginnenden Bereich. Für einen Bereich mit den Werten a, b, c, d werden so die Werte a, a + b, a + b + c und a + b + c + d produziert. Die Version mit Funktionsobjekt benutzt dabei binary_op statt operator+. Es werden genau (last - first) - 1 Aufrufe von operator- beziehungsweise binary_op getätigt. Der Rückgabewert ist result + (last - first).

algorithmen/partial_sum.cpp

```
#include <numeric>
#include <iterator>
#include <iostream>
using namespace std;

int main() {
   unsigned int punkte[] = { 3, 1, 3, 0, 1, 3 };
   cout << "Fortgeschriebene Summe der Punkte: ";
   partial_sum(punkte, punkte + 6, ostream_iterator<unsigned int>(cout, "  "));
}
```

Das Programm erzeugt die folgende Ausgabe:

```
Fortgeschriebene Summe der Punkte: 3  4  7  7  8  11
```

9.12 Erweitern der Bibliothek mit eigenen Algorithmen

Als Beispiel für einen selbst definierten Algorithmus, wollen wir in diesem Abschnitt einen Algorithmus entwickeln, der einen Iterator auf das letzte Auftreten eines Werts in einem nicht sortierten Bereich liefert. Der Algorithmus find_end aus Abschnitt 9.2.3 kann dazu nicht benutzt werden:

```
const int f[] = { 3, 2, 5, 7, 2, 4 };
const int* z = find_end(f, f + 6, 2);    // nach der letzten 2 in f suchen
```

In dieser Form wird der Aufruf vom Compiler zurückgewiesen, weil find_end nach Bereichen sucht und somit insgesamt vier Argumente erwartet. Man könnte folgendermaßen suchen:

```
const int s[] = { 2 };
z = find_end(f, f + 6, s, s + 1);
```

Oder:

```
const int x = 2;
z = find_end(f, f + 6, &x, &x + 1);
```

In beiden Fällen ist der Aufruf aber recht umständlich. (Übrigens verhält sich im zweiten Fall der Zeiger &x bei der Addition mit 1 wie ein Zeiger auf das erste Element eines Feldes der Länge 1. Somit ist &x + 1 ein gültiger Ausdruck, der in der Abbruchbedingung von find_end verwendbar ist.)

Um den ersten Aufruf find_end(f, f + 6, 2) zu ermöglichen, werden wir die STL um einen eigenen Algorithmus erweitern, indem wir die Funktion find_end überladen. Eine erste Definition könnte wie folgt aussehen:

```
template<class Iterator, class T>
Iterator
find_end(Iterator first, Iterator last, const T& value) {
    if (first == last)
        return last;
    Iterator i(last);
    do {
        if (*--i == value)
            return i;
    } while (i != first);
    return last;
}
```

Damit das letzte Vorkommen eines Werts im Bereich [first, last) möglichst schnell gefunden wird, sucht der Algorithmus rückwärts von last in Richtung first. Aufgrund der eingesetzten Operationen (kopieren, ==, !=, * und --) für die Iteratoren first, last und i muss der Iterator mindestens zur Kategorie der *Bidirectional-Iteratoren* gehören. Im Stil der STL wird der Typparameter für den Iterator deshalb mit BidirectionalIterator statt Iterator benannt.

Hat man einen ersten Entwurf für einen Algorithmus, stellt man sich typischerweise die beiden folgenden Fragen:

- Kann die Performance des Algorithmus mit einer höheren Iteratorkategorie noch verbessert werden?
- Welches ist die niedrigste Iteratorkategorie, für die der Algorithmus noch implementierbar ist?

Solange mit dem Algorithmus auch in nicht sortierten Bereichen gesucht werden soll, bieten *Random-Access-Iteratoren* gegenüber *Bidirectional-Iteratoren* hier keinen Vorteil. Aber der Algorithmus lässt sich auch für *Forward-Iteratoren* realisieren:

```
template<class ForwardIterator, class T>
ForwardIterator
find_end(ForwardIterator first, ForwardIterator last, const T& value) {
    ForwardIterator i(last);
    while (first != last) {
        if (*first == value)
            i = first;
```

```
        ++first;
    }
    return i;
}
```

Im Vergleich zur Version für *Bidirectional-Iteratoren* ist diese Version etwas ineffizienter, obwohl beide Versionen die Komplexität $O(n)$ besitzen. Allerdings stellt diese Version geringere Anforderungen an den verwendeten Iterator, so dass sich ein größeres Einsatzfeld eröffnet.

In der vorliegenden Form können die beiden Funktionen nicht gleichzeitig definiert werden, weil sich die Parameterlisten nicht unterscheiden. Aber analog zur Funktion advance (siehe Abschnitt 8.8.3.1) können geeignete Hilfsfunktionen zur Verfügung gestellt werden, damit der Compiler die passende Version für einen Aufruf automatisch auswählt. Außerdem sollte noch eine Version mit Prädikat definiert werden (siehe Aufgabe 5).

9.13 Präfix- versus Postfixoperatoren

Bei der Definition von Funktionsrümpfen für Algorithmen kommen oft Ausdrücke vor, bei denen Iteratoren mit dem Postfixinkrementoperator bewegt werden, z. B.

```
template<class InputIterator, class Function>
Function
for_each(InputIterator first, InputIterator last, Function f) {
    while (first != last) f(*first++);
    return f;
}
```

Der Postfixinkrementoperator ermöglicht hier eine sehr kompakte Schreibweise. Die Schleife im Funktionsrumpf könnte bei gleicher Funktionalität auch mit Hilfe des Präfixinkrementoperators formuliert werden:

```
while (first != last) {
    f(*first);
    ++first;
}
```

Der Vorteil dieser Version liegt in der höheren Effizienz, weil der Präfix- im Gegensatz zum Postfixoperator keine Kopie für den alten Wert des Iterators anlegen muss. Für eine fiktive Iteratorklasse namens Iterator könnten der Präfix- und Postfixinkrementoperator wie folgt realisiert werden:

```
class Iterator {
public:
    Iterator& operator++() { /* Iterator bewegen */ return *this; }
    Iterator operator++(int) { Iterator tmp(*this); operator++(); return tmp; }
```

```
    // ...
};
```

Hier ist deutlich zu erkennen, dass die Postfixversion einen größeren Aufwand verursacht. Dies macht sich insbesondere dann negativ bemerkbar, wenn für einen nicht trivialen Iterator die Erstellung einer Kopie sehr aufwändig ist. Bei der Implementierung eigener Algorithmen sollte man demnach Präfix- gegenüber Postfixoperatoren bevorzugen.

9.14 Aufgaben

1. Wie kann mit einer Anweisung das Ergebnis einer elementweisen Addition zweier Container a und b mit Elementen des Typs double auf cout ausgegeben werden?

2. Sehen Sie sich das Beispiel zum Algorithmus for_each in Abschnitt 9.2.1 an. Warum kann die Summe nicht wie folgt berechnet werden?

   ```
   Summe<int> sum;
   for_each(f + 1, f + 5, sum);
   cout << sum.summe();    // 0 statt 10
   ```

3. Der Algorithmus for_each könnte im Gegensatz zu Abschnitt 9.2.1 auch wie folgt definiert werden:

   ```
   template<class InputIterator, class Function>
   void for_each(InputIterator first, InputIterator last, Function& f) {
       while (first != last)
           f(*first++);
   }
   ```

   Welche Vor- und Nachteile weist diese Definition (ohne Rückgabewert und mit Referenzparameter) gegenüber der Standardversion auf?

4. Wie könnte der Funktionsrumpf für remove_if aus Abschnitt 9.3.12 definiert werden?

5. Entwickeln Sie zu dem selbst definierten Algorithmus find_end aus Abschnitt 9.12 eine Version, die mit einem Prädikat sucht.

6. Versuchen Sie, mit einer Funktionsdefinition für adjacent_find (siehe Abschnitt 9.2.5) auszukommen, die ein Standardargument verwendet. Gibt es Situationen, in denen es sich bemerkbar machen würde, dass nur eine Funktion mit Standardargument definiert ist?

7. Wie kann man entsprechend zu find_first_of (siehe Abschnitt 9.2.4) das letzte passende Element finden? Versuchen Sie für die Suche in einem vector, mit den von der Standardbibliothek bereitgestellten Mitteln auszukommen. Wie könnte ein selbst definierter Algorithmus find_last_of aussehen?

8. Schreiben Sie einen Algorithmus namens copy_if, der nur Elemente kopiert, die eine Bedingung erfüllen. Kann dabei remove_copy_if eingesetzt werden?

9. Welchen Fehler enthält das folgende Programmfragment? Welche Lösungen gibt es für das Problem?

```
const int f[] = { 0, 1, 2, 3, 4, 5, 6 };
vector<int> v;
copy(f, f + 7, v.begin());
```

10. Warum kann man mit der folgenden Anweisung die Elemente eines vector<int>-Objekts v nicht mit copy_backward rückwärts ausgeben?

```
copy_backward(v.begin(), v.end(), ostream_iterator<int>(cout, " "));
```

11. Warum setzt fill mindestens einen *Forward-Iterator* voraus, während sich fill_n bereits mit einem *Output-Iterator* begnügt?

12. Versuchen Sie, mit Hilfe des Algorithmus transform und der Funktion max aus zwei Bereichen das jeweils paarweise größere Element auszugeben. Zum Beispiel soll für const int a[] = { 1, 2, 3 }, b[] = { 0, 4, 1 }; die Ausgabe 1 4 3 lauten.

13. Warum wird die folgende Funktion test nicht übersetzt? Was kann man tun, damit sie übersetzt wird?

```
void test(int i, long l) { cout << max(i, l) << endl; }
```

14. Zeigen Sie an einem Programmbeispiel, dass partial_sum das Gegenstück zu adjacent_difference ist, d. h. sich wie eine Umkehrfunktion verhält.

15. Warum liefert das folgende Programmbeispiel nicht das Ergebnis 29.7?

```
const float f[] = { 3.3, 7.7, 6.6, 4.4, 2.2, 5.5 };
cout << "Summe = " << accumulate(f, f + 6, 0) << endl;
```

16. Definieren Sie einen Ausgabeoperator, mit dem beliebige map-Objekte ausgegeben werden können (vgl. Aufgabe 7-4). Der Funktionsrumpf soll außer einer return-Anweisung nur eine weitere Anweisung enthalten, die mittels copy die map-Elemente ausgibt. Sie benötigen dazu die Lösung zu Aufgabe 4-3.

17. Testen Sie einige Algorithmen mit unserer Klasse slist. Welche Algorithmen können im Zusammenhang mit slist nicht eingesetzt werden?

18. Kreuzen Sie in der folgenden Tabelle an, welche Container und Algorithmen kombinierbar sind.

Container Algorithmen	deque	set	multimap
find			
find_end			
copy			
reverse			
random_shuffle			
binary_search			
sort			

10 Allokatoren

Allokatoren erleichtern die Speicherverwaltung, weil sie unter einer standardisierten Schnittstelle die Details des physischen Speichers verbergen. Des Weiteren stellen Allokatoren Informationen über Speichermodelle wie die Typen für Zeiger und Referenzen sowie Operationen zum Reservieren und Freigeben von Speicher zur Verfügung. Alle Container der Standardbibliothek sind in Bezug auf einen Allokator parametrisiert. Der von einem Container verwendete Allokator kann mit der Elementfunktion get_allocator ermittelt werden (siehe Seite 64).

Die Standardbibliothek definiert einen Standardallokator, der in den meisten Fällen die gestellten Ansprüche erfüllt. Es ist aber auch möglich, spezielle Allokatoren zu implementieren, die z. B. *Garbage-Collection* oder persistente Objekte unterstützen.

10.1 Der Standardallokator

Im Folgenden werden wir die Anforderungen an Allokatoren am Beispiel des Standardallokators allocator, der in der Header-Datei <memory> definiert ist und von allen Containern der Standardbibliothek per Vorgabe eingesetzt wird, vorstellen.

```
template<class T>
class allocator {
public:
	// ...
};
```

Jeder Allokator stellt Typnamen zur Verfügung, die für den Standardallokator wie folgt definiert sind.

```
typedef T value_type;
```

value_type ist der Typ der Objekte, für die Speicher zu verwalten ist.

```
typedef T* pointer;
typedef const T* const_pointer;
```

pointer ist ein Zeiger auf T und const_pointer ein Zeiger auf const T. (Das gilt auch für spezielle Allokatoren.)

```
typedef T& reference;
typedef const T& const_reference;
```

reference ist eine Referenz auf T und const_reference eine Referenz auf const T. (Das gilt auch für spezielle Allokatoren.)

```
typedef size_t size_type;
```

size_type ist ein vorzeichenloser ganzzahliger Typ, der die Größe des größten Objekts für das Speichermodell aufnehmen kann.

size_t ist der Typ des Rückgabewerts des Operators sizeof und ist in der Header-Datei <cstddef> definiert. Der konkrete Typ ist implementierungsabhängig. Meist ist size_t ein typedef für unsigned int.

```
typedef ptrdiff_t difference_type;
```

difference_type ist ein vorzeichenbehafteter ganzzahliger Typ, der die Differenz zweier beliebiger Zeiger des Speichermodells aufnehmen kann.

ptrdiff_t ist in der Header-Datei <cstddef> definiert. Es ist der Typ des Ergebnisses einer Subtraktion von zwei Zeigern, die auf Komponenten desselben Feldes verweisen. Dies ist ein implementierungsabhängiger, vorzeichenbehafteter ganzzahliger Typ; üblicherweise werden int oder long verwendet.

Allokatoren können nur static Datenelemente besitzen. Dies folgt aus der Randbedingung, dass alle Allokatorobjekte desselben Typs gleich sind (siehe operator== auf Seite 242). Es existieren deshalb keine Datenelemente, die in Konstruktoren zu initialisieren wären. Alle Elementfunktionen verursachen konstanten Aufwand.

```
allocator() throw() { }
```

Der Standardkonstruktor erzeugt ein Allokatorobjekt mit Standardwerten.

```
~allocator() throw() { }
```

Der Destruktor zerstört ein Allokatorobjekt.

```
template<class U> allocator(const allocator<U>&) throw() { }
```

Dieser Konstruktor dient zum Konvertieren von Allokatoren. Sei X ein Allokator für den Typ T und Y ein Allokator für einen Typ U. b sei ein Objekt des Typs Y. Mit X a(b); wird dann ein Allokatorobjekt a erzeugt, für das Y(a) == b gilt.

```
allocator(const allocator&) throw() { }
```

Der Copy-Konstruktor kopiert ein Allokatorobjekt.

```
pointer address(reference x) const { return &x; }
const_pointer address(const_reference x) const { return &x; }
```

Der Ausdruck a.address(r) für ein Allokatorobjekt a für den Typ T liefert einen Wert des Typs pointer für ein Argument r des Typs reference und const_pointer für ein r des Typs const_reference.

```
pointer allocate(size_type n, typename allocator<void>::const_pointer hint = 0)
    { return static_cast<pointer>(::operator new(n * sizeof(value_type))); }
```

Der Parameter n gibt die Anzahl der Objekte an. a.allocate(n) gibt einen Zeiger auf die erste Komponente eines Feldes, das die Größe n * sizeof T besitzt und für T-Objekte geeignet im Speicher ausgerichtet ist, zurück. Das Resultat ist ein *Random-Access-Iterator*. Der Standardallokator benutzt zur Speicherreservierung ::operator new(size_t). Deshalb wird eine Ausnahme des Typs bad_alloc ausgeworfen, wenn entsprechender Speicher nicht reserviert werden kann.

Durch allocate wird lediglich Speicher für n T-Objekte reserviert, die Objekte werden aber nicht konstruiert. Obwohl der Rückgabetyp suggeriert, dass T-Objekte vorhanden sind, handelt es sich demnach um nicht initialisierten Speicher. Anschließend können mit einem Aufruf der Art new(p) T[n] die Objekte konstruiert werden. Hierbei wird das so genannte *Placement-new* benutzt. Die Speicheradresse, an der die T-Objekte zu konstruieren sind, gibt p an – der Rückgabewert von allocate. Ein einzelnes T-Objekt kann auch mit der Elementfunktion construct erzeugt und initialisiert werden (siehe unten).

Mit a.allocate(n, u) wird wie bei a.allocate(n) Speicher reserviert. Hier allerdings bevorzugt in der Nähe der Adresse u. Es wird vorausgesetzt, dass u einen Wert besitzt, der vorher mit allocate bestimmt und für den noch nicht deallocate aufgerufen wurde. Durch Übergeben des Zeigers u können Performanceverbesserungen erreicht werden, z. B. indem für einen Container die Adresse eines benachbarten Elements übergeben wird, so dass logisch benachbarte Elemente möglichst auch im Speicher nahe beieinander liegen. allocator<void> ist eine Spezialisierung, die weiter unten besprochen wird.

```
void deallocate(pointer p, size_type n)
    { ::operator delete(p); }
```

a.deallocate(p, n) gibt Speicher für n Objekte des Typs T ab Adresse p frei. Dazu wird ::operator delete(void*) eingesetzt. Die Objekte sind vor dem Aufruf von deallocate mittels destroy zu zerstören (siehe Seite 242). n muss den gleichen Wert besitzen, wie bei der zugehörigen Speicherreservierung mit allocate. Ebenso muss der Wert von p mit allocate ermittelt worden und ungleich 0 sein.

```
size_type max_size() const throw()
    { return numeric_limits<size_type>::max() / sizeof(value_type); }
```

Die Elementfunktion max_size liefert den größten Wert, mit dem allocate sinnvollerweise aufgerufen werden kann.

```
void construct(pointer p, const_reference val) { new(p) T(val); }
```

Mit construct wird mittels Copy-Konstruktor ein T-Objekt an der Adresse p konstruiert und mit val initialisiert. Der Speicher für p muss vorher mit allocate reserviert worden sein.

```
void destroy(pointer p) { p->~T(); }
```

Mit destroy wird das T-Objekt an der Adresse p durch einen expliziten Aufruf des Destruktors zerstört, ohne den Speicher freizugeben. Anschließend kann der Speicher mit deallocate freigegeben werden.

```
template<class U> struct rebind { typedef allocator<U> other; };
```

rebind stellt eine Möglichkeit dar, einen Typnamen zu parametrisieren. Wenn z. B. ein Template-Parameter namens Allocator durch das Template-Argument SomeAllocator<T> instanziert wird, entspricht für alle Typen U – inklusive T – der Typ Allocator::template rebind<U>::other dem Typ SomeAllocator<U>. Somit können Typen der Form SomeAllocator<U>, die vom aktuellen Template-Argument abhängen, allein mit Hilfe des formalen Template-Parameters Allocator ausgedrückt werden.

Benötigt wird diese Möglichkeit, weil ein Container nicht nur für die von ihm verwalteten Elemente Speicher reservieren muss, sondern auch für seine internen Datenstrukturen. Unsere Klasse slist (siehe Aufgabe 2) braucht z. B. einen Allokator für die Listenelemente:

```
template<class T, class Allocator = allocator<T> >
class slist {
	struct Item;
public:
	typedef typename Allocator::template rebind<Item>::other Item_Allocator;
	// ...
};
```

Unter Verwendung des Standardallokators allocator<T> für slist<T> ist Item_Allocator vom Typ allocator<Item>. Für einen anderen Allokator A wäre Item_Allocator vom Typ A<Item>.

```
template<class T, class U> inline
bool operator==(const allocator<T>&, const allocator<U>&) throw()
	{ return true; }
```

Für zwei Allokatorobjekte a1 und a2 liefert a1 == a2 den Wert true, wenn mit a1 reservierter Speicher mit a2 freigegeben werden kann und umgekehrt. Für den Standardallokator liefert operator== immer true, weil der mit einem Standardallokator reservierte Speicher mit jedem anderen Standardallokator freigegeben werden kann.

Die Elementfunktion splice der Containerklasse list (siehe Seite 87) beruht beispielsweise darauf, dass Elemente, die aus einer Liste x in eine Liste y transferiert werden, mit dem Allokator von y freigegeben werden können, obwohl sie mit dem Allokator von x angelegt wurden.

```
template<class T, class U> inline
bool operator!=(const allocator<T>&, const allocator<U>&) throw()
        { return false; }
```

a1 != a2 hat, wie üblich, den gleichen Effekt wie !(a1 == a2) – liefert für den Standardallokator also immer false.

10.2 allocator<void>

Der Standardallokator ist für Zeiger auf void spezialisiert.

```
template<> class allocator<void> {
public:
        typedef void value_type;
        typedef void* pointer;
        typedef const void* const_pointer;
        template<class U> struct rebind { typedef allocator<U> other; };
};
```

Da Referenzen auf void nicht zulässig sind, fehlen die entsprechenden Typdefinitionen.

10.3 Aufgaben

1. Warum fehlt der Typ difference_type in der Spezialisierung allocator<void>?

2. Versehen Sie die Klasse slist (erstmals Aufgabe 5-9) mit einem Template-Parameter für einen Allokator, und benutzen Sie diesen bei der Implementierung.

3. Als Ausgangspunkt zur Entwicklung eigener Allokatoren kann die Implementierung des Standardallokators dienen. Definieren Sie im Namensbereich SK einen Allokator namens LogAllocator, der auf dem Standardallokator basiert und Speicherreservierungen sowie -freigaben auf clog protokolliert. Testen Sie mit Ihrer Implementierung, wie sich in der folgenden Funktion test der Aufruf von reserve auswirkt.

```
void test() {
        vector<int, SK::LogAllocator<int> > v(2, 4711);
        v.reserve(12);
        for (int i = 0; i < 10; ++i)
                v.push_back(i);
        clog << "--- Programmende ---\n";
}
```

11 Strings

Der Typ string gehört zwar nicht zur STL, ist aber ein wichtiger Bestandteil der C++-Standardbibliothek. Es gibt wohl kaum ein größeres Programm, das ohne die Bearbeitung von Zeichenketten (*Strings*) auskommt. Zeichenketten werden unter anderem für Namen, Anschriften und Texte aller Art benötigt. C++ benutzt wie C für Zeichenketten den Datentyp Feld von char beziehungsweise Zeiger auf char. Die Arbeit mit solchen nullterminierten C-Strings ist umständlich, weil der Speicher selbst zu verwalten ist und für Standardoperationen, wie z. B. das Anhängen eines C-Strings an einen anderen, spezielle Bibliotheksfunktionen aufzurufen sind.

Betrachten wir das folgende Beispiel, in dem zwei C-Strings für Vorname und Nachname vorgegeben sind und zum vollständigen Namen zusammengesetzt werden sollen:

strings/cstrings.cpp

```
#include <iostream>
#include <cstring>
using namespace std;

int main() {
   const char*const vorname = "Hans", *const nachname = "Baumann";
   char* name = new char[strlen(vorname) + 1 + strlen(nachname) + 1];
   strcat(strcat(strcpy(name, vorname), " "), nachname);
   cout << "Name: " << name << endl;
   delete[] name;
}
```

Das gleiche Problem lässt sich mit dem Typ string aus der Standardbibliothek wesentlich eleganter formulieren:

strings/strings.cpp

```
#include <iostream>
#include <string>
using namespace std;

int main() {
   const string vorname = "Hans", nachname = "Baumann";
   string name = vorname + " " + nachname;
   cout << "Name: " << name << endl;
}
```

Der Typ string kann ähnlich zu den vordefinierten Datentypen int, double usw. verwendet werden. Einige der Standardoperatoren wie z. B. + sind für Strings überladen. Die Speicherverwaltung erfolgt automatisch, so dass eine potenzielle Fehlerquelle der C-Strings entfällt. Die Größe eines Strings passt sich dynamisch an, d. h. je nach Bedarf wird mehr oder weniger Speicher reserviert. Aufgrund der zahlreichen Vorteile, die die neuen Strings gegenüber den alten C-Strings bieten, ist klar, dass die alten C-Strings weitestgehend ausgedient haben und stattdessen die neuen Strings zu benutzen sind.

Die alten Funktionen zur Manipulation von C-Strings befinden sich in den Header-Dateien der C-Bibliothek <cctype>, <cstdlib>, <cstring>, <cwchar> und <cwctype>.

Die Standardbibliothek stellt den Typ string als typedef zur Verfügung.

```
typedef basic_string<char> string;
```

Dabei wird die Template-Klasse basic_string benutzt, die wie folgt deklariert ist.

```
template<class charT, class traits = char_traits<charT>,
        class Allocator = allocator<charT> >
class basic_string;
```

Der erste Template-Parameter charT legt den Typ der einzelnen Zeichen fest. Für gewöhnliche Zeichenketten wird char übergeben. Es ist aber auch möglich, z. B. wchar_t (*wide character*) für einen größeren Zeichenvorrat einzusetzen.

Der zweite Template-Parameter traits steht für eine Hilfsklasse, die der Klasse basic_string unter anderem mitteilt, wie einzelne Zeichen verglichen und zugewiesen werden. Auf diese Weise können die charakteristischen Eigenschaften verschiedener Zeichentypen berücksichtigt werden, ohne die Klasse basic_string ändern zu müssen. Grundlage dafür ist die Template-Klasse char_traits, die für die Typen char und wchar_t spezialisiert ist.

```
template<class charT> class char_traits;
template<> class char_traits<char>;
template<> class char_traits<wchar_t>;
```

Der dritte Template-Parameter der Klasse basic_string ist für Fragen der Speicherverwaltung zuständig (siehe Kapitel 10).

11.1 Containereigenschaften

Strings können auch als Container für Zeichen aufgefasst werden. Sie besitzen große Ähnlichkeit mit der Containerklasse vector. vector<char> ist allerdings eher auf die Bearbeitung einzelner Zeichen ausgerichtet, während Strings sich vor allem zur Bearbeitung kompletter Zeichenketten eignen.

Strings erfüllen die allgemeinen Anforderungen an Container (siehe Abschnitt 5.2) sowie die Anforderungen an reversible Container (5.3). Des Weiteren unterstützen sie die Anforderungen an sequenzielle Container (5.4) inklusive der optionalen Anforderungen (5.5) push_back, operator[] sowie at. Außerdem sind alle „weiteren Funktionen“ aus Abschnitt 5.6 definiert.

Aufgrund der Containereigenschaften von Strings und weil die Iteratoren für Strings zur Kategorie der *Random-Access-Iteratoren* gehören, können die Algorithmen der Standardbibliothek auch in Verbindung mit Strings eingesetzt werden. Das folgende Programm demonstriert dies.

strings/string_als_container.cpp

```
#include <algorithm>
#include <cctype>
#include <iostream>
#include <iterator>
#include <string>
using namespace std;

int main() {
   const char text[] = "Dies ist ein String.";
   string s(text, text + sizeof text - 1);
   string::iterator i = find(s.begin(), s.end(), '.');
   if (i != s.end())
      cout << "Punkt gefunden, Index: " << (i - s.begin()) << endl;
   transform(s.begin(), s.end(), s.begin(), toupper);
   cout << "nach transform: ";
   ostream_iterator<char> oi(cout);
   copy(s.begin(), s.end(), oi);
   reverse(s.begin(), s.end());
   cout << "\nnach reverse: ";
   copy(s.begin(), s.end(), oi);
   replace(s.begin(), s.end(), ' ', '#');
   sort(s.begin(), s.end());
   cout << "\nnach replace und sort: ";
   copy(s.begin(), s.end(), oi);
}
```

Die Funktion toupper, die in der Header-Datei <cctype> als int toupper(int c); deklariert ist, konvertiert das Zeichen c in einen Großbuchstaben, sofern für c ein Großbuchstabe existiert, sonst wird das Zeichen unverändert zurückgegeben. Das Programm erzeugt die Ausgabe:

```
Punkt gefunden, Index: 19
nach transform: DIES IST EIN STRING.
nach reverse: .GNIRTS NIE TSI SEID
nach replace und sort: ###.DEEGIIIINNRSSSTT
```

Bei Algorithmen wie reverse und sort ist ein sinnvoller Einsatz für Strings fraglich, weil die konkrete Anordnung der einzelnen Zeichen die Aussage eines Strings bestimmt. Ordnet man die Zeichen um, geht der Sinn verloren. Zum Suchen stellt die Klasse basic_string zahlreiche Elementfunktionen zur Verfügung, die in der Regel den allgemeinen Suchalgorithmen wie find vorzuziehen sind. Andererseits gibt es für Algorithmen wie transform und replace auch für Strings sinnvolle Anwendungen, wie das folgende Programm, das ausschließlich auf die speziellen Stringfunktionen zurückgreift, deutlich macht.

strings/string.cpp

```
#include <cctype>
#include <iostream>
#include <string>
using namespace std;

string upper(string s) {
   for (string::size_type i = 0; i < s.length(); ++i)
      s[i] = static_cast<char>(toupper(s[i]));
   return s;
}

int main() {
   string s("Dies ist ein String.");
   s = upper(s);
   cout << "nach upper: " << s;
   string::size_type i = s.find(' ');
   while (i != string::npos) {
      s.replace(i, 1, 1, '_');
      i = s.find(' ', i + 1);
   }
   cout << "\nnach Ersetzen: " << s << endl;
}
```

Die Ausgabe des Programms ist:

```
nach upper: DIES IST EIN STRING.
nach Ersetzen: DIES_IST_EIN_STRING.
```

Zur Initialisierung des Stringobjekts s mit einer Zeichenkette wird ein entsprechender Konstruktor benutzt, und die Ausgabe übernimmt ein für Strings überladener Ausgabeoperator.

11.2 basic_string

Bei der Präsentation der Klasse basic_string konzentrieren wir uns im Folgenden auf die speziellen Stringfunktionen, die zusätzlich zu den Containerfunktionen zur Verfügung gestellt werden. Für bereits bei der Vorstellung der Containerklassen erläuterte Funktionen geben wir wieder die Seitenzahlen an, auf denen die Erläuterungen stehen. Für Strings verhält sich die Elementfunktion reserve anders als für Vektoren (siehe Seite 250). Die vollständige Klassendefinition befindet sich in der Header-Datei <string>.

```
template<class charT, class traits = char_traits<charT>,
        class Allocator = allocator<charT> >
class basic_string {
public:
        typedef typename traits::char_type value_type;                        // S. 62
        typedef Allocator allocator_type;                                     // S. 62
        typedef typename Allocator::size_type size_type;                      // S. 63
        typedef typename Allocator::difference_type difference_type;          // S. 63
        typedef typename Allocator::reference reference;                      // S. 62
        typedef typename Allocator::const_reference
                const_reference;                                              // S. 62
        typedef typename Allocator::pointer pointer;                          // S. 62
        typedef typename Allocator::const_pointer const_pointer;              // S. 62
        typedef implementierungsspezifisch iterator;                          // S. 63
        typedef implementierungsspezifisch const_iterator;                    // S. 63
        typedef std::reverse_iterator<iterator> reverse_iterator;             // S. 68
        typedef std::reverse_iterator<const_iterator>
                const_reverse_iterator;                                       // S. 68
        ~basic_string();                                                      // S. 64
        iterator begin();                                                     // S. 64
        const_iterator begin() const;                                         // S. 64
        iterator end();                                                       // S. 64
        const_iterator end() const;                                           // S. 64
        reverse_iterator rbegin();                                            // S. 68
        const_reverse_iterator rbegin() const;                                // S. 68
        reverse_iterator rend();                                              // S. 68
        const_reverse_iterator rend() const;                                  // S. 68
        size_type max_size() const;                                           // S. 65
        void resize(size_type n, charT c = charT());                          // S. 77
        size_type capacity() const;                                           // S. 77
        void reserve(size_type n = 0);                                        // s. u.
        bool empty() const;                                                   // S. 65
        void push_back(charT c);                                              // S. 74
        void swap(basic_string& str);                                         // S. 65
        allocator_type get_allocator() const;                                 // S. 64
        // ... weitere Elemente werden im Text beschrieben
};

template<class charT, class traits, class Allocator>
void swap(basic_string<charT, traits, Allocator>& lhs,                        // S. 79
        basic_string<charT, traits, Allocator>& rhs);
```

Vermutlich werden Sie in Ihren Programmen ausschließlich den typedef string benutzen und deshalb mit der Klasse basic_string nur indirekt in Kontakt kommen. Die folgenden Deklarationen sind somit unter Umständen besser verständlich, wenn man sich basic_string beziehungsweise basic_string<charT, traits, Allocator> durch string ersetzt vorstellt.

Für alle Stringoperationen gilt, dass eine Ausnahme des Typs length_error ausgeworfen wird, wenn die Operation dazu führen würde, dass size() den Wert von max_size() überschreitet.

Die Elementfunktion reserve hat für Strings im Wesentlichen das gleiche Verhalten wie für Vektoren (siehe Seite 78). Es gibt allerdings einen wichtigen Unterschied: Für Strings kann reserve als *unverbindliche* Anfrage zur Speicherfreigabe benutzt werden, indem das Argument n kleiner als die momentane Kapazität gewählt wird. Für ein Stringobjekt s kann mittels s.reserve(); versucht werden, die Kapazität auf den Wert von s.size() zu reduzieren, was als *„shrink-to-fit“* bezeichnet wird (vgl. Seite 77). Ob tatsächlich Speicher freigegeben wird, hängt von der Implementierung ab.

Gegenüber den Typnamen, die alle Containerklassen bereitstellen, bietet die Klasse basic_string einen neuen Typnamen:

```
typedef traits traits_type;
```

Mit traits_type kann auf den Typ der Hilfsklasse, die die Beschreibung der Zeicheneigenschaften enthält, zugegriffen werden. Für string ist dies die Klasse char_traits<char>.

```
static const size_type npos = -1;
```

Die Konstante npos steht bei Bereichsangaben für „alle Zeichen“ und bei Suchoperationen zeigt sie an, dass nichts gefunden wurde. Um unerwünschten impliziten Typumwandlungen bei Vergleichen mit npos aus dem Wege zu gehen, sollten Ergebnisse von Suchoperationen – wie im Beispiel auf Seite 248 – in Variablen gespeichert werden, die denselben Typ wie npos besitzen.

Die Konstante npos zeigt bei Suchoperationen an, dass nichts gefunden wurde und bei Bereichsangaben steht sie „für alle Zeichen“.

```
explicit basic_string(const Allocator& a = Allocator());                    // S. 63
basic_string(const charT* cstr, const Allocator& a = Allocator());
basic_string(const charT* cstr, size_type n, const Allocator& a = Allocator());
basic_string(size_type n, charT c, const Allocator& a = Allocator());       // S. 69
basic_string(const basic_string& str, size_type pos = 0,                    // S. 63
        size_type n = npos);
basic_string(const basic_string& str, size_type pos,
        size_type n, const Allocator& a);
template<class InputIterator>
        basic_string(InputIterator first, InputIterator last,               // S. 69
                const Allocator& a = Allocator());
```

Das erste Argument cstr des zweiten und dritten Konstruktors soll nicht der Nullzeiger sein. Mit dem fünften Konstruktor, der aufgrund der Standardargumente auch als Copy-Konstruktor dient, kann ein String mit einem Teilstring initialisiert werden. Dem sechsten Konstruktor kann ein Allokatorobjekt übergeben werden, das statt str.get_allocator() benutzt wird. Die folgende Tabelle zeigt in der linken Spalte Beispiele für den Einsatz der Konstruktoren für den Typ string und in der rechten Spalte den Wert des erzeugten Objekts.

string s1;	
string s2("abcde");	abcde
string s3("abcde", 3);	abc
string s4(3, 'x');	xxx
string s5(s2);	abcde
string s6(s2, 1);	bcde
string s7(s2, 1, 3);	bcd
string s8(s2.begin(), s2.end());	abcde

Es gibt keinen Konstruktor, der ein einzelnes Zeichen c des Typs char implizit in einen String konvertiert. Gegebenenfalls kann man dies jedoch mit string(1, c) bewerkstelligen.

```
size_type size() const;                                          // S. 65
size_type length() const;
```

Die Elementfunktion length liefert dasselbe Ergebnis wie size, nämlich die Anzahl der Zeichen des Stringobjekts, z. B. ist für string s("test"); das Resultat von s.length() gleich 4. Behandelt man ein Stringobjekt wie einen Container, sollte size der Vorzug gegeben werden und sonst length.

```
basic_string& operator=(const basic_string& str);               // S. 64
basic_string& operator=(const charT* cstr);
basic_string& operator=(charT c);
```

Zusätzlich zum „normalen" Zuweisungsoperator (s = s1) gibt es einen Zuweisungsoperator für C-Strings (s = "test") und einen für einzelne Zeichen (s = 'x').

```
basic_string& assign(const charT* cstr);
basic_string& assign(const charT* cstr, size_type n);
basic_string& assign(size_type n, charT c);                     // S. 76
basic_string& assign(const basic_string& str);
basic_string& assign(const basic_string& str, size_type pos, size_type n);
template<class InputIterator>
    basic_string& assign(InputIterator first, InputIterator last);  // S. 76
```

Mit den überladenen Elementfunktionen namens assign werden die gleichen Parameterkombinationen abgedeckt wie mit den Konstruktoren. Für die Definitionen

```
const char* z = "abcde";
vector<char> v(z, z + 5);
string s, t(z);
```

stellt die folgende Tabelle Beispiele für den Einsatz dar.

s.assign(z);	abcde
s.assign(z + 1, 3);	bcd
s.assign(3, 'x');	xxx
s.assign(t);	abcde
s.assign(t, 1, 3);	bcd
s.assign(v.begin(), v.end());	abcde

Die beiden Aufrufe der Elementfunktion assign, bei denen nur ein Argument übergeben wird, lassen sich auch mit dem Zuweisungsoperator realisieren.

```
basic_string& append(const charT* cstr);
basic_string& append(const charT* cstr, size_type n);
basic_string& append(size_type n, charT c);
basic_string& append(const basic_string& str);
basic_string& append(const basic_string& str, size_type pos, size_type n);
template<class InputIterator>
        basic_string& append(InputIterator first, InputIterator last);
```

Häufig möchte man an einen String weitere Zeichen anhängen, dazu dient die Elementfunktion append. Sie ist für die gleichen Typen überladen wie assign. Für die Definitionen

```
const char* z = "abcde";
vector<char> v(z, z + 5);
string s("ABC"), t(z);
```

stellt die folgende Tabelle wieder Beispiele für den Einsatz dar. (Vor jedem der einzelnen Aufrufe der Elementfunktion append soll das Stringobjekt s den Wert "ABC" besitzen.)

s.append(z);	ABCabcde
s.append(z + 1, 3);	ABCbcd
s.append(3, 'x');	ABCxxx
s.append(t);	ABCabcde
s.append(t, 1, 3);	ABCbcd
s.append(v.begin(), v.end());	ABCabcde

Sofern beim Anhängen nur ein Argument anzugeben ist, kann statt append auch operator+= benutzt werden.

```
basic_string& operator+=(const basic_string& str);
basic_string& operator+=(const charT* cstr);
basic_string& operator+=(charT c);
```

Für zwei Stringobjekte s und t kann damit s += t, s += "test" und s += 'x' geschrieben werden. Zum Verknüpfen von zwei Strings dient operator+, der als globale Funktion in fünf Versionen überladen ist.

```
template<class charT, class traits, class Allocator>
basic_string<charT, traits, Allocator>
operator+(const basic_string<charT, traits, Allocator>& lhs,
        const basic_string<charT, traits, Allocator>& rhs);

template<class charT, class traits, class Allocator>
basic_string<charT, traits, Allocator>
operator+(const basic_string<charT, traits, Allocator>& lhs, const charT* rhs);

template<class charT, class traits, class Allocator>
basic_string<charT, traits, Allocator>
operator+(const charT* lhs, const basic_string<charT, traits, Allocator>& rhs);

template<class charT, class traits, class Allocator>
basic_string<charT, traits, Allocator>
operator+(const basic_string<charT, traits, Allocator>& lhs, charT rhs);

template<class charT, class traits, class Allocator>
basic_string<charT, traits, Allocator>
operator+(charT lhs, const basic_string<charT, traits, Allocator>& rhs);
```

Mit zwei Stringobjekten s und t lassen sich damit Ausdrücke der Formen s + t, s + "test", "test" + s, s + 'x' und 'x' + s bilden. Das Ergebnis ist in allen Fällen ein Stringobjekt, das die Zeichen des linken Arguments enthält, an das die Zeichen des rechten angehängt wurden.

```
basic_string& insert(size_type pos, const charT* cstr);
basic_string& insert(size_type pos, const charT* cstr, size_type n);
basic_string& insert(size_type pos, size_type n, charT c);
basic_string& insert(size_type pos, const basic_string& str);
basic_string& insert(size_type pos,
        const basic_string& str, size_type pos2, size_type n);
iterator insert(iterator p, charT c);                                  // S. 70
void insert(iterator p, size_type n, charT c);                         // S. 70
template<class InputIterator>
        void insert(iterator p, InputIterator first, InputIterator last); // S. 71
```

Zum Einfügen von Zeichen gibt es acht überladene Elementfunktionen namens insert. Bei den ersten fünf Funktionen wird die Einfügestelle jeweils über einen Index gekennzeichnet. Die letzten drei Funktionen, bei denen ein Iterator die Einfügestelle festlegt, haben wir bereits bei den Containern kennen gelernt. Wir geben die folgenden Definitionen vor:

```
const char* z = "abcde";
vector<char> v(z, z + 5);
```

```
string s("ABC"), t(z);
string::iterator i = s.begin() + 2;
```

Die folgende Tabelle demonstriert dann die Auswirkungen verschiedener Funktionsaufrufe.

s.insert(2, z);	ABabcdeC
s.insert(2, z + 1, 3);	ABbcdC
s.insert(2, 3, 'x');	ABxxxC
s.insert(2, t);	ABabcdeC
s.insert(2, t, 1, 3);	ABbcdC
s.insert(i, 'x');	AB<u>x</u>C
s.insert(i, 3, 'x');	ABxxxC
s.insert(i, v.begin(), v.end());	ABabcdeC

Wie man sieht, gibt der Index beziehungsweise der Iterator jeweils die Position an, vor der eingefügt wird. Der von s.insert(i, 'x'); zurückgegebene Iterator verweist auf das eingefügte Zeichen, das in der Ausgabe unterstrichen ist.

Bei Strings steht iterator in der Regel für den Typ char*. Dadurch sind Anweisungen der Art s.insert(0, 3, 'x'); mehrdeutig, weil 0 als Objekt vom Typ size_type oder iterator (Nullzeiger) aufgefasst werden kann. Für klare Verhältnisse kann man dann mittels s.insert(s.begin(), 3, 'x'); oder s.insert(0U, 3, 'x'); sorgen. Bei letzterem wird ausgenutzt, dass size_type normalerweise vom Typ unsigned int ist (siehe auch Seite 240).

```
void clear();                                                    // S. 73
basic_string& erase(size_type pos = 0, size_type n = npos);
iterator erase(iterator position);                               // S. 72
iterator erase(iterator first, iterator last);                   // S. 72
```

Das Löschen einzelner Zeichen eines Strings lässt sich mit erase bewerkstelligen. Die erste Form fängt beim Index pos an und entfernt n Zeichen. Die Standardargumente sind so gewählt, dass s.erase() ebenso wie s.clear() alle Zeichen eines Strings s löscht, so dass s nach dem Aufruf leer ist. Für

```
string s("abcdefg");
string::iterator p = s.begin() + 2, q = s.end() - 2;
```

enthält die folgende Tabelle mögliche Funktionsaufrufe und den jeweils resultierenden Inhalt des Strings s.

s.clear();	
s.erase();	
s.erase(2);	ab

s.erase(2, 3);	abfg
s.erase(p);	abdefg
s.erase(p, q);	abfg

Die beiden letzten Beispiele zeigen, dass mit Hilfe von Iteratoren einzelne Zeichen und Bereiche gelöscht werden können. In beiden Fällen wird ein Iterator zurückgegeben, der auf das jeweils unterstrichene Zeichen verweist.

```
basic_string& replace(size_type pos, size_type n, const charT* cstr);
basic_string& replace(size_type pos, size_type n, const charT* cstr, size_type n2);
basic_string& replace(size_type pos, size_type n, size_type n2, charT c);
basic_string& replace(size_type pos, size_type n, const basic_string& str);
basic_string& replace(size_type pos, size_type n,
        const basic_string& str, size_type pos2, size_type n2);
basic_string& replace(iterator i1, iterator i2, const charT* cstr);
basic_string& replace(iterator i1, iterator i2, const charT* cstr, size_type n2);
basic_string& replace(iterator i1, iterator i2, size_type n2, charT c);
basic_string& replace(iterator i1, iterator i2, const basic_string& str);
template<class InputIterator>
        basic_string& replace(iterator i1, iterator i2,
                InputIterator j1, InputIterator j2);
```

Mit replace können Zeichen eines Strings ersetzt werden. Wir geben die folgenden Definitionen vor:

```
const char* z = "vwxyz";
vector<char> v(z, z + 5);
string s("ABCDEF"), t(z);
string::iterator i1 = s.begin() + 1, i2 = s.end() - 1;
```

Die folgende Tabelle enthält Beispiele für den Aufruf der Elementfunktion replace und den jeweils daraus resultierenden Wert des Stringobjekts s.

s.replace(1, 4, z);	AvwxyzF
s.replace(1, 4, z + 1, 3);	AwxyF
s.replace(1, 4, 3, 'x');	AxxxF
s.replace(1, 4, t);	AvwxyzF
s.replace(1, 4, t, 1, 3);	AwxyF
s.replace(i1, i2, z);	AvwxyzF
s.replace(i1, i2, z + 1, 3);	AwxyF
s.replace(i1, i2, 3, 'x');	AxxxF
s.replace(i1, i2, t);	AvwxyzF
s.replace(i1, i2, v.begin(), v.end());	AvwxyzF

Bei den ersten fünf Funktionsaufrufen bezeichnet das erste Argument den Index des ersten Zeichens, das ersetzt wird. Das zweite Argument gibt an, wie viele Zeichen zu ersetzen sind. Bei den letzten fünf Funktionsaufrufen wird der zu ersetzende Bereich des Strings dagegen durch zwei Iteratoren festgelegt: [i1, i2). Die Angaben für die weiteren Argumente kennen wir bereits von den anderen Elementfunktionen.

```
int compare(const basic_string& str) const;
int compare(const charT* cstr) const;
int compare(size_type pos, size_type n, const basic_string& str) const;
int compare(size_type pos, size_type n,
        const basic_string& str, size_type pos2, size_type n2) const;
int compare(size_type pos, size_type n,
        const charT* cstr) const;
int compare(size_type pos, size_type n,
        const charT* cstr, size_type n2) const;
```

Mit der Elementfunktion compare lassen sich Stringobjekte mit anderen Stringobjekten und C-Strings vergleichen. Zum Vergleich von Teilstrings dienen die zusätzlichen Parameter des Typs size_type. Mit den Vorgaben

```
const char* z = "abcxyz";
string s("abcd"), t("abc");
```

liefern die Ausdrücke in der linken die Resultate der rechten Spalte der folgenden Tabelle.

s.compare(t)	1
s.compare(z)	-1
s.compare(1, 3, t)	1
s.compare(1, 3, t, 1, 2)	1
s.compare(1, 3, z)	1
s.compare(1, 2, z + 1, 2)	0

Das Ergebnis ist positiv, wenn das Stringobjekt s größer ist, negativ, wenn s kleiner ist, und 0, wenn die zu vergleichenden Zeichen und ihre Anzahl übereinstimmen. Auf Basis der Elementfunktion compare lassen sich die üblichen Vergleichsoperatoren (==, !=, <, <=, > und >=) ausdrücken.

```
template<class charT, class traits, class Allocator> inline
bool operator==(const basic_string<charT, traits, Allocator>& lhs,
        const basic_string<charT, traits, Allocator>& rhs)
                { return lhs.compare(rhs) == 0; }

template<class charT, class traits, class Allocator> inline
bool operator==(const charT* lhs,
        const basic_string<charT, traits, Allocator>& rhs);
                { return basic_string<charT, traits, Allocator>(lhs) == rhs; }
```

```
template<class charT, class traits, class Allocator> inline
bool operator==(const basic_string<charT, traits, Allocator>& lhs,
        const charT* rhs);
            { return lhs == basic_string<charT, traits, Allocator>(rhs); }
```

Die anderen Vergleichsoperatoren sind analog zu operator== in drei Versionen deklariert. Damit lassen sich Vergleiche zwischen zwei Stringobjekten (s == t), einem Stringobjekt und einem C-String (s == "test") sowie umgekehrt einem C-String und einem Stringobjekt ("test" == s) formulieren.

Die Klasse basic_string definiert sechs Suchfunktionen in jeweils vier überladenen Versionen, die aufgrund von Standardargumenten auf sieben verschiedene Arten aufrufbar sind. Allen gemeinsam ist, dass sie den Indexwert der Fundstelle zurückgeben oder npos, wenn nichts gefunden wurde.

```
size_type find(const basic_string& str, size_type pos = 0) const;
size_type find(const charT* cstr, size_type pos, size_type n) const;
size_type find(const charT* cstr, size_type pos = 0) const;
size_type find(charT c, size_type pos = 0) const;
```

Die Elementfunktion find sucht beginnend bei pos nach dem String str, dem C-String cstr oder dem Zeichen c. Bei der Suche nach einem C-String kann zusätzlich angegeben werden, wie viele Zeichen des C-Strings berücksichtigt werden sollen. Die folgende Tabelle führt in der ersten Spalte beispielhaft Funktionsaufrufe vor, wobei string s("abc-abc"), t("bc"); vorgegeben ist. Die mittlere Spalte gibt den Rückgabewert der Funktion an, und in der dritten Spalte sind die so gefundenen Zeichen von s unterstrichen.

s.find(t)	1	abc-abc
s.find(t, 2)	5	abc-abc
s.find("bc")	1	abc-abc
s.find("bc", 2)	5	abc-abc
s.find("abcd", 2, 3)	4	abc-abc
s.find('b')	1	abc-abc
s.find('b', 2)	5	abc-abc

Sofern vorhanden, sorgt das zweite Argument 2 dafür, dass die Suche beim ersten 'c' von s beginnt.

```
size_type rfind(const basic_string& str, size_type pos = npos) const;
size_type rfind(const charT* cstr, size_type pos, size_type n) const;
size_type rfind(const charT* cstr, size_type pos = npos) const;
size_type rfind(charT c, size_type pos = npos) const;
```

Mit rfind kann man analog zu find „rückwärts" suchen, d. h., es wird ein Index auf die letzte Fundstelle geliefert. Dementsprechend hat das Standardargument für pos den Wert npos, damit alle Zeichen des Stringobjekts berücksichtigt werden.

s.rfind(t)	5	abc-abc
s.rfind(t, 2)	1	abc-abc
s.rfind("bc")	5	abc-abc
s.rfind("bc", 2)	1	abc-abc
s.rfind("abcd", 2, 3)	0	abc-abc
s.rfind('b')	5	abc-abc
s.rfind('b', 2)	1	abc-abc

Zum Suchen nach einem beliebigen Zeichen aus einer Menge von mehreren Zeichen dienen die folgenden Suchfunktionen.

```
size_type find_first_of(const basic_string& str, size_type pos = 0) const;
size_type find_first_of(const charT* cstr, size_type pos, size_type n) const;
size_type find_first_of(const charT* cstr, size_type pos = 0) const;
size_type find_first_of(charT c, size_type pos = 0) const;
```

find_first_of liefert den Index des ersten Zeichens, das mit einem der Zeichen beziehungsweise dem Zeichen des ersten Arguments übereinstimmt. Für string s("abc-abc"), t("a-x"); gibt die folgende Tabelle wieder einige Beispiele.

s.find_first_of(t)	0	abc-abc
s.find_first_of(t, 2)	3	abc-abc
s.find_first_of("bc")	1	abc-abc
s.find_first_of("bc", 2)	2	abc-abc
s.find_first_of("abcd", 2, 3)	2	abc-abc
s.find_first_of('b')	1	abc-abc
s.find_first_of('b', 2)	5	abc-abc

```
size_type find_last_of(const basic_string& str, size_type pos = npos) const;
size_type find_last_of(const charT* cstr, size_type pos, size_type n) const;
size_type find_last_of(const charT* cstr, size_type pos = npos) const;
size_type find_last_of(charT c, size_type pos = npos) const;
```

find_last_of arbeitet analog zu find_first_of, allerdings wird nicht der erste, sondern der letzte „Treffer“ zurückgegeben.

s.find_last_of(t)	4	abc-abc
s.find_last_of(t, 2)	0	abc-abc
s.find_last_of("bc")	6	abc-abc

s.find_last_of("bc", 2)	2	abc-abc
s.find_last_of("abcd", 2, 3)	2	abc-abc
s.find_last_of('b')	5	abc-abc
s.find_last_of('b', 2)	1	abc-abc

```
size_type find_first_not_of(const basic_string& str, size_type pos = 0) const;
size_type find_first_not_of(const charT* cstr, size_type pos, size_type n) const;
size_type find_first_not_of(const charT* cstr, size_type pos = 0) const;
size_type find_first_not_of(charT c, size_type pos = 0) const;
```

find_first_not_of sucht im Gegensatz zu find_first_of nach dem ersten Zeichen, das nicht im Argument enthalten ist.

s.find_first_not_of(t)	1	abc-abc
s.find_first_not_of(t, 2)	2	abc-abc
s.find_first_not_of("bc")	0	abc-abc
s.find_first_not_of("bc", 2)	3	abc-abc
s.find_first_not_of("abcd", 2, 3)	3	abc-abc
s.find_first_not_of('b')	0	abc-abc
s.find_first_not_of('b', 2)	2	abc-abc

```
size_type find_last_not_of(const basic_string& str, size_type pos = npos) const;
size_type find_last_not_of(const charT* cstr, size_type pos, size_type n) const;
size_type find_last_not_of(const charT* cstr, size_type pos = npos) const;
size_type find_last_not_of(charT c, size_type pos = npos) const;
```

find_last_not_of sucht im Gegensatz zu find_first_not_of nach dem letzten Zeichen, das nicht im Argument enthalten ist.

s.find_last_not_of(t)	6	abc-abc
s.find_last_not_of(t, 2)	2	abc-abc
s.find_last_not_of("bc")	4	abc-abc
s.find_last_not_of("bc", 2)	0	abc-abc
s.find_last_not_of("abcd", 2, 3)	npos	abc-abc
s.find_last_not_of('b')	6	abc-abc
s.find_last_not_of('b', 2)	2	abc-abc

Als Nächstes kommen wir zu den Konvertierungsfunktionen.

```
const charT* c_str() const;
```

Die Elementfunktion c_str ist zur expliziten Konvertierung eines Strings in einen C-String gedacht. Zurückgegeben wird ein Zeiger auf die erste Komponente eines Feldes der Größe size() + 1, in dem der Inhalt des Strings inklusive Nullterminator gespeichert ist. Das Feld selbst gehört dem Stringobjekt und wird auch von ihm verwaltet. Über den zurückgegebenen Zeiger soll das Feld deshalb nicht modifiziert werden; etwa durch „Wegcasten“ des const. Der Zeiger ist nur solange gültig, bis für das Stringobjekt eine nicht const Elementfunktion aufgerufen wird. Denn eine Modifikation des Stringobjekts kann dazu führen, dass ein neues Feld angelegt und das alte freigegeben wird. Generell ist es somit am günstigsten, sich erst dann einen Zeiger auf die Zeichen zu beschaffen, wenn man ihn benötigt. Ein Beispiel für den Einsatz dieser Konvertierungsfunktion ist das Öffnen einer Datei.

```
void dateiEinlesen(const string& dateiname) {
	ifstream datei(dateiname.c_str());
	// ...
}
```

Da der Konstruktor ein Argument des Typs const char* erwartet, wird das Stringobjekt dateiname hier mit Hilfe der Elementfunktion c_str explizit konvertiert. (Eleganter wäre es, wenn die Dateistreams Strings unterstützen würden.)

```
const charT* data() const;
```

Die Elementfunktion data gleicht c_str mit dem Unterschied, dass der zurückgegebene Zeiger auf ein Feld mit size() Zeichen ohne Nullterminator verweist.

```
size_type copy(charT* a, size_type n, size_type pos = 0) const;
```

Mit copy können die Zeichen eines Stringobjekts in ein Zeichenfeld kopiert werden, das an der Adresse a beginnt und ausreichend Platz bieten muss. Es werden n Zeichen beziehungsweise size() - pos Zeichen, wenn n > size() - pos ist, beginnend bei Index pos kopiert.

```
char* zeichenfeld(const string& str) {
	char* f = new char[str.length() + 1];
	str.copy(f, str.length());
	f[str.length()] = '\0';
	return f;
}
```

Da copy kein Nullzeichen anhängt, muss man dies wie im Beispiel gegebenenfalls selbst eintragen.

```
basic_string substr(size_type pos = 0, size_type n = npos) const;
```

Mit substr erhält man einen Teilstring. Der erste Parameter gibt den Index des ersten Zeichens an und der zweite die Anzahl der Zeichen. Die folgende Tabelle zeigt Beispiele für ein Stringobjekt s, das den Wert "abcdefg" besitzt.

s.substr()	abcdefg
s.substr(2)	cdefg
s.substr(2, 3)	cde

Die Standardargumente für substr sind so gewählt, dass der gesamte String geliefert wird.

```
reference operator[](size_type pos);                          // S. 74
const_reference operator[](size_type pos) const;              // S. 74
reference at(size_type pos);                                  // S. 74
const_reference at(size_type pos) const;                      // S. 74
```

Für den Zugriff auf einzelne Zeichen sind der Indexoperator und die Elementfunktion at definiert. Bei Strings unterscheiden sich die Definitionen geringfügig von denen für Container.

Wenn pos < size() ist, liefert operator[] den Wert *(begin() + pos). Ist dagegen pos == size() gibt die const-Version des Indexoperators charT() zurück, d. h. für string das Zeichen '\0'. In allen anderen Fällen ist das Verhalten nicht definiert; insbesondere wird keine Ausnahme ausgeworfen.

Die Elementfunktion at liefert für pos < size() den Wert operator[](pos). Ist dagegen pos >= size() wird eine Ausnahme des Typs out_of_range ausgeworfen. Den Spezialfall pos == size() für die const-Version gibt es für at im Gegensatz zum Indexoperator nicht.

```
template<class charT, class traits, class Allocator>
basic_ostream<charT, traits>&
operator<<(basic_ostream<charT, traits>& os,
        const basic_string<charT, traits, Allocator>& str);
```

Für die Ausgabe von Stringobjekten ist der Ausgabeoperator in der üblichen Weise überladen, so dass ein Stringobjekt s z. B. mit cout << s; ausgegeben werden kann.

```
template<class charT, class traits, class Allocator>
basic_istream<charT, traits>&
operator>>(basic_istream<charT, traits>& is,
        basic_string<charT, traits, Allocator>& str);
```

Damit Stringobjekte in gewohnter Weise von einem Stream eingelesen werden können (z. B. cin >> s;), ist der Eingabeoperator überladen. Das Einlesen verhält sich so, als ob der alte Inhalt des Stringobjekts str zunächst mittels str.erase(); gelöscht wird, um anschließend einzelne Zeichen c einzulesen und mit str += c; anzuhängen. Das Stringobjekt wird demnach gegebenenfalls vergrößert, damit alle Zeichen aufgenommen werden können. Wie üblich wird führender *White-space* (Leerzeichen, Tabulatoren, Zeilenendezeichen usw.) überlesen, und der Lesevorgang stoppt beim ersten *White-space* nach der eingelesenen Zeichenkette.

```
template<class charT, class traits, class Allocator>
basic_istream<charT, traits>&
getline(basic_istream<charT, traits>& is,
        basic_string<charT, traits, Allocator>& str);

template<class charT, class traits, class Allocator>
basic_istream<charT, traits>&
getline(basic_istream<charT, traits>& is,
        basic_string<charT, traits, Allocator>& str, charT delim);
```

Im Unterschied zum Eingabeoperator kann mit der globalen Funktion getline auch *White-space* in ein Stringobjekt eingelesen werden. Die erste Version von getline liest bis zum nächsten Zeilenendezeichen '\n' und die zweite Version bis zu einem beliebigen, vorgegebenen Zeichen. Das Zeichen, bei dem der Einlesevorgang stoppt, wird aus dem Eingabestream entfernt, aber nicht an den String angehängt. (Siehe auch Seite 292.)

```
cout << "Bitte Vor- und Nachname eingeben: ";
string s;
getline(cin, s);   // oder: getline(cin, s, '\n');
```

Eine Eingabe wie z. B. "Hans Baumann" wird von getline komplett im Stringobjekt s gespeichert. Dagegen würde cin >> s; nur den Vornamen "Hans" in s ablegen.

11.3 Implementierungsdetails

Die Implementierung der Klasse basic_string ist durch den Standard nicht festgelegt; dadurch kann insbesondere das Ergebnis von sizeof string für verschiedene Plattformen variieren. In der Regel basiert die Implementierung auf der Technik des *Referenzenzählens*, d. h. beim Kopieren eines Strings wird intern nur ein Zeiger auf die Daten kopiert, ohne die einzelnen Zeichen zu duplizieren. Es wird gezählt, wie viele Stringobjekte sich die Daten teilen, so dass der Speicher für die Daten erst freigegeben wird, wenn sie von keinem Stringobjekt mehr referenziert werden. Werden Daten, die sich mehrere Stringobjekte teilen, geändert, wird für das Stringobjekt, das die Modifikation veranlasst, eine „echte" Kopie angelegt, damit sich die Änderungen nicht auf andere Stringobjekte auswirken. Diese Vorgehensweise wird als *Copy-on-write* bezeichnet. Zum Beispiel könnte sich für

```
string string1("Test");
string string2(string1), string3;
string3 = string2;
string3[0] = 'N';
```

das folgende Bild im Speicher ergeben:

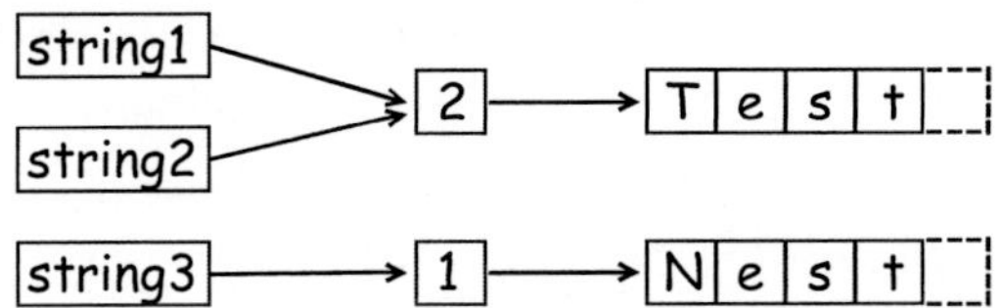

Einerseits führt das Referenzenzählen dazu, dass Stringobjekte sehr effizient kopiert werden können. Andererseits können Zeiger, Referenzen und Iteratoren auf einzelne Zeichen eines Stringobjekts ihre Gültigkeit verlieren, wenn aufgrund von Modifikationen „echte“ Kopien anzufertigen sind.

11.4 Sortieren von Strings

Als Funktionsobjekt für den Vergleich von Strings kann auch ein Objekt der Klasse locale (siehe Seite 279) eingesetzt werden. Damit lassen sich Strings auf einem „deutschen“ System „deutsch“ sortieren, z. B.

```
void sortiere(vector<string>& v) {
	sort(v.begin(), v.end(), locale(""));
}
```

Zur Sortierung von Strings ohne die Unterscheidung von Klein- und Großbuchstaben benötigt man ein geeignetes Funktionsobjekt. Die Idee ist simpel: vor dem Vergleich werden alle Zeichen mittels tolower in Kleinbuchstaben verwandelt.

```
class StringKleiner1 : public binary_function<string, string, bool> {
public:
	bool operator()(const string& x, const string& y) const {
		return lexicographical_compare(x.begin(), x.end(),
			y.begin(), y.end(), ZeichenKleiner());
	}
private:
	struct ZeichenKleiner {
		bool operator()(char x, char y) const {
			return tolower(x) < tolower(y);
		}
	};
};
```

Dieser Lösungsansatz liefert jedoch für Umlaute falsche Ergebnisse. Unter Berücksichtigung von Ländereinstellungen wird die Sache etwas komplexer:

```
class StringKleiner : public binary_function<string, string, bool> {
public:
	StringKleiner(const locale& l = locale::classic())
		: loc(l), ct(use_facet<ctype<char> >(loc)) { }
	bool operator()(const string& x, const string& y) const {
```

```
			return lexicographical_compare(x.begin(), x.end(),
				y.begin(), y.end(), ZeichenKleiner(ct));
		}
	private:
		struct ZeichenKleiner {
			const ctype<char>& ct;
			ZeichenKleiner(const ctype<char>& c) : ct(c) { }
			bool operator()(char x, char y) const {
				return ct.tolower(x) < ct.tolower(y);
			}
		};
		locale loc;
		const ctype<char>& ct;
	};
```

Damit lässt sich wie folgt sortieren:

```
	void sortiere(vector<string>& v) {
		sort(v.begin(), v.end(), StringKleiner(locale("")));
	}
```

11.5 Aufgaben

1. Warum kann man mit `string s("abcde", 1, 3);` ein Stringobjekt konstruieren, obwohl es keinen Konstruktor gibt, der drei Parameter der Typen `const char*`, `int` und `int` besitzt?

2. Wodurch unterscheiden sich die Zugriffsfunktionen `operator[]` und `at`? Untersuchen Sie dazu für `const string s("abc");` das Verhalten von `s[3]` und `s.at(3)`.

3. Welche Einschränkungen gelten für Adressen, die mit `operator[]` oder `at` ermittelt wurden? Bei welchen anderen Elementfunktionen treten ähnliche Probleme auf?

4. Warum arbeitet die folgende Funktion nicht korrekt? Wie kann man die Schleife umformulieren, damit das gewünschte Ergebnis erzielt wird? Wie lässt sich das Problem eleganter lösen?

```
	void umgekehrt(const string& s) {
		for (string::size_type i = s.length() - 1; i >= 0; --i)
			cout << s.at(i);
	}
```

5. Wie reagieren die Funktionen für Strings auf unsinnige Argumentwerte wie z. B. `s.substr(-3)` für `string s("test");`?

6. Zum Entkoppeln von Header-Dateien greift man gerne auf Namensdeklarationen zurück. Warum ist die folgende in der Header-Datei `kunde.h` problematisch?

```
class string;   // Namensdeklaration

class Kunde {
public:
      Kunde(const string& name);
      // ...
};
```

7. Was könnte der Grund dafür sein, dass für Strings nur explizite Konversionen mittels c_str und nicht auch implizite mittels eines Konversionsoperators der Form operator const char* definiert wurden?

8. Warum sollte man Funktionen der Art void f(char* s) für einen String s nicht analog zu vector (vgl. Aufgabe 5-8) in der Form f(&s[0]) aufrufen?

9. Implementieren Sie die folgenden Funktionen unter Benutzung der Funktionen, die die Standardbibliothek für Strings zur Verfügung stellt, mit geeigneten Parameter- und Rückgabetypen:

left(s, n)	Liefert die ersten n Zeichen von s.
right(s, n)	Liefert die letzten n Zeichen von s.
replicate(s, n)	Liefert n-mal s.
stuff(s, i, n, t)	Entfernt ab i n Zeichen aus s und fügt dort t ein.
ltrim(s)	Entfernt führende Leerzeichen von s.
trim(s)	Entfernt folgende Leerzeichen von s.
lower(s)	Konvertiert alle Buchstaben von s in Kleinbuchstaben.
upper(s)	Konvertiert alle Buchstaben von s in Großbuchstaben.

12 Streams

Die Grundidee des Streamkonzepts ist die Umwandlung beliebiger Werte oder Objekte in Zeichenfolgen und umgekehrt. Unter einem *Stream* ist dabei der abstrakte Datenstrom von einer Quelle zu einer Senke zu verstehen. In der Ausgabeanweisung `cout << x;` ist beispielsweise `x` die Quelle und das Streamobjekt `cout` die Senke. Die Anweisung wandelt den Wert von `x` aus seiner internen Bitmusterdarstellung in eine lesbare Textzeichenfolge um und gibt diese über die Standardausgabe aus. Bei einer Eingabeanweisung der Form `cin >> y;` ist dagegen `cin` die Quelle, und das Objekt `y` ist die Senke. Die Daten „fließen" jeweils in Richtung auf das Ziel, auf das die Ein- und Ausgabeoperatoren `<<` beziehungsweise `>>` zeigen. Tatsächlich handelt es sich hierbei um überladene Shiftoperatoren. In Abhängigkeit vom Typ des vorliegenden Objekts wählt der Compiler automatisch die passende Funktion aus. Das Konzept ist erweiterbar für benutzerdefinierte Klassen, indem die Operatoren auch für sie überladen werden.

In Bezug auf die Implementierung der Streams hat sich im Laufe der Standardisierung einiges getan. Allerdings wurde versucht, Änderungen der Schnittstelle möglichst zu vermeiden, so dass sich bei der Benutzung nur wenig Unterschiede zu früheren Versionen bemerkbar machen.

12.1 Überblick

Die Streamklassen sind parametrisiert, um unterschiedlichen Zeichensystemen gerecht werden zu können. Wir beschränken uns hier auf den am häufigsten eingesetzten Zeichentyp `char`. Die Standardbibliothek bietet daneben auch den Zeichentyp `wchar_t` an. Die Klassendefinitionen sind auf die Header-Dateien `<ios>`, `<ostream>` und `<istream>` verteilt.

```
class ios_base;
template<class charT, class traits = char_traits<charT> > class basic_ios;
template<class charT, class traits = char_traits<charT> > class basic_ostream;
template<class charT, class traits = char_traits<charT> > class basic_istream;
template<class charT, class traits = char_traits<charT> > class basic_iostream;
```

Die Eigenschaften verschiedener Zeichentypen werden mittels Spezialisierungen der parametrisierten Hilfsklasse `char_traits` beschrieben, die in der Header-Datei `<string>` zu finden sind.

```
template<class charT> class char_traits;
template<> class char_traits<char>;
```

Die bislang bekannten Klassennamen der Streambibliothek für den Zeichentyp char werden mittels typedef bereitgestellt. (Instanzierungen für den Typ wchar_t, auf die wir nicht näher eingehen möchten, beginnen mit einem w, wie z. B. bei wios.)

```
typedef basic_ios<char> ios;
typedef basic_ostream<char> ostream;
typedef basic_istream<char> istream;
typedef basic_iostream<char> iostream;
```

Die Streams für Datei- und Stringverarbeitung werden auf die gleiche Weise in den Header-Dateien <fstream> und <sstream> verfügbar gemacht.

```
template<class charT, class traits = char_traits<charT> > class basic_ofstream;
template<class charT, class traits = char_traits<charT> > class basic_ifstream;
template<class charT, class traits = char_traits<charT> > class basic_fstream;

typedef basic_ofstream<char> ofstream;
typedef basic_ifstream<char> ifstream;
typedef basic_fstream<char> fstream;

template<class charT, class traits = char_traits<charT>,
      class Allocator = allocator<charT> > class basic_ostringstream;
template<class charT, class traits = char_traits<charT>,
      class Allocator = allocator<charT> > class basic_istringstream;
template<class charT, class traits = char_traits<charT>,
      class Allocator = allocator<charT> > class basic_stringstream;

typedef basic_ostringstream<char> ostringstream;
typedef basic_istringstream<char> istringstream;
typedef basic_stringstream<char> stringstream;
```

Im Gegensatz zu früheren Versionen arbeiten die *Stringstreams* jetzt mit Stringobjekten anstatt C-Strings. Dadurch ist nun z. B. ostringstream statt ostrstream zu verwenden. Aus Kompatibilitätsgründen sind die alten *Stringstreams* noch vorhanden. Sie sollten jedoch für zukünftige Programme nicht mehr eingesetzt werden.

In der Abbildung auf Seite 269 ist die Vererbungshierarchie dargestellt. Unter den Template-Klassennamen stehen in kursiver Schrift die zugehörigen typedef-Bezeichner der Instanzierungen für den Typ char. Nur ios_base ist keine Template-Klasse.

Die Klassen basic_ostream und basic_istream sind virtuell von basic_ios abgeleitet. Um alle von einer Streamklasse zur Verfügung gestellten Elementfunktionen in Erfahrung zu bringen, muss man die direkten und indirekten Basisklassen bis hinauf zur Klasse ios_base untersuchen.

Die Objekte für die Standardein- und -ausgabe sind in der Header-Datei <iostream> deklariert.

```
extern istream cin;           // Standardeingabe
extern ostream cout;          // Standardausgabe
extern ostream cerr;          // Fehlerausgabe nicht gepuffert
extern ostream clog;          // Fehlerausgabe gepuffert
```

Startet man ein Programm test per Kommandozeile, können Ausgaben des Programms auf cout z. B. in eine Datei ausgabe.txt mit test > ausgabe.txt umgelenkt werden. Fehlerausgaben auf cerr werden dabei jedoch nicht umgelenkt. Um auch sie in eine Datei zu schreiben, muss man die Nummer des *Filedescriptors* angeben: test 2> fehler.txt

Die Streamklassen der Standardbibliothek setzen intern Puffer (*Buffer*) ein, die in der Header-Datei <streambuf> definiert sind und sich um die Ein- und Ausgabe auf der Ebene einzelner Zeichen kümmern. Da es sich dabei um ein Implementierungsdetail handelt, dessen Kenntnis für die Benutzung von Streams nur eine untergeordnete Rolle spielt, werden wir darauf nicht näher eingehen.

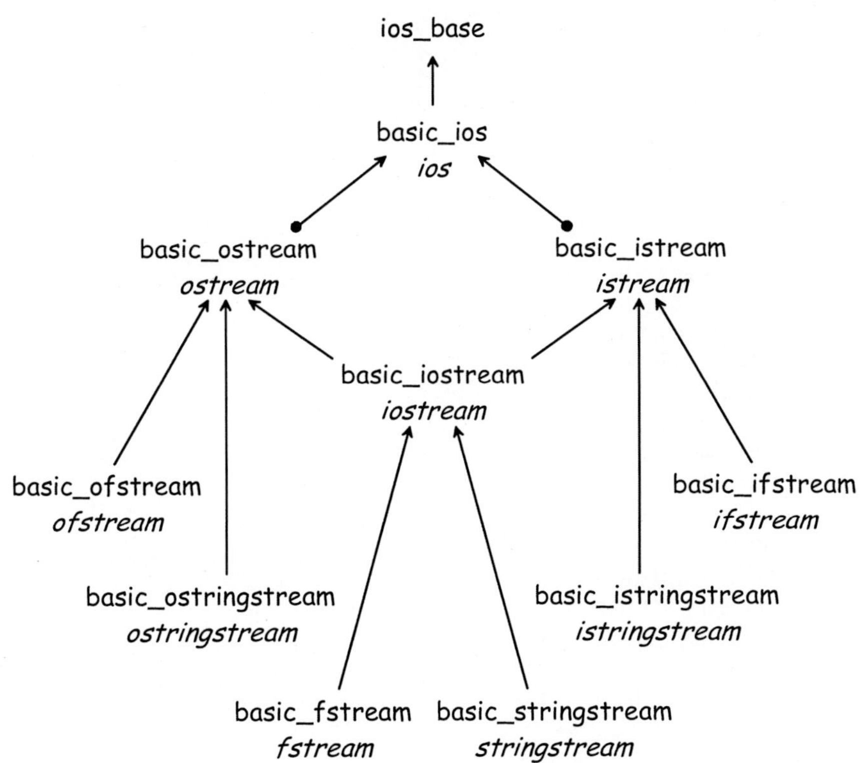

12.2 ios_base

In der Header-Datei <ios> ist die für alle Streamklassen als Basisklasse verwendete Klasse ios_base definiert, die Informationen und Operationen zur Verfügung stellt, die unabhängig vom Zeichentyp sind. Außerdem sind außerhalb der Klasse die beiden Typen streamoff und streamsize definiert.

```
typedef implementierungsspezifisch streamoff;
```

Der Typ streamoff wird für Objekte benutzt, die *Offsets* in Streams und Puffern angeben. In den meisten Fällen ist streamoff ein typedef für long.

```
typedef implementierungsspezifisch streamsize;
```

Mit Hilfe des Typs streamsize wird z. B. die Anzahl der bei einer Ein- und Ausgabeoperation übertragenen Zeichen oder die Größe von Ein- und Ausgabepuffern repräsentiert. Es ist ein vorzeichenbehafteter ganzzahliger Typ. In der Regel wird streamsize als typedef für long oder int definiert.

Wir geben im Folgenden zunächst die komplette Definition der Klasse ios_base an und erläutern die einzelnen Elemente der Klasse im Laufe dieses Kapitels.

```
class ios_base {
public:
    typedef implementierungsspezifisch fmtflags;
    static const fmtflags boolalpha;
    static const fmtflags dec;
    static const fmtflags fixed;
    static const fmtflags hex;
    static const fmtflags internal;
    static const fmtflags left;
    static const fmtflags oct;
    static const fmtflags right;
    static const fmtflags scientific;
    static const fmtflags showbase;
    static const fmtflags showpoint;
    static const fmtflags showpos;
    static const fmtflags skipws;
    static const fmtflags unitbuf;
    static const fmtflags uppercase;
    static const fmtflags adjustfield;
    static const fmtflags basefield;
    static const fmtflags floatfield;
    typedef implementierungsspezifisch iostate;
    static const iostate badbit;
    static const iostate eofbit;
    static const iostate failbit;
    static const iostate goodbit;
    typedef implementierungsspezifisch openmode;
```

```
        static const openmode app;
        static const openmode ate;
        static const openmode binary;
        static const openmode in;
        static const openmode out;
        static const openmode trunc;
        typedef implementierungsspezifisch seekdir;
        static const seekdir beg;
        static const seekdir cur;
        static const seekdir end;
        class failure;
        class Init;
        fmtflags flags() const;
        fmtflags flags(fmtflags fmtfl);
        fmtflags setf(fmtflags fmtfl);
        fmtflags setf(fmtflags fmtfl, fmtflags mask);
        void unsetf(fmtflags mask);
        streamsize precision() const;
        streamsize precision(streamsize prec);
        streamsize width() const;
        streamsize width(streamsize wide);
        locale imbue(const locale& loc);
        locale getloc() const;
        static bool sync_with_stdio(bool sync = true);
        // die restlichen Elemente nur der vollständigkeithalber
        static int xalloc();
        long& iword(int index);
        void*& pword(int index);
        virtual ~ios_base();
        enum event { erase_event, imbue_event, copyfmt_event };
        typedef void (*event_callback)(event, ios_base&, int index);
        void register_callback(event_call_back fn, int index);
protected:
        ios_base();
private:
        ios_base(const ios_base&);                    // ohne Definition
        ios_base& operator=(const ios_base&);         // ohne Definition
        fmtflags formatflags;
};
```

Durch den protected Standardkonstruktor wird verhindert, dass Objekte der Klasse ios_base außerhalb der Klassenhierarchie erzeugt werden können. Objekte der Klasse können nicht kopiert werden, weil Copy-Konstruktor und Zuweisungsoperator private deklariert sind und keine Definitionen für sie bereitgestellt werden.

12.2.1 Formatierung

Die Formatierung von Ein- und Ausgaben wird mit *Flags* gesteuert. Die einzelnen Flags sind Konstanten des Typs fmtflags.

```
typedef implementierungsspezifisch fmtflags;
```

Der Typ fmtflags ist ein *Bitmaskentyp*. Er kann z. B. als int, bitset oder enum realisiert werden, wobei die Bitoperatoren ~, &, |, ^, &=, |= und ^= für Objekte des Typs fmtflags definiert sein müssen.

Die Flags setzen jeweils genau ein Bit und sind paarweise verschieden. Welches Bit ein Flag setzt, ist implementierungsspezifisch. Die folgende Tabelle gibt Auskunft darüber, welche Flags definiert sind und welche Wirkung sie haben. In der dritten Spalte sind die Flags mit ✓ gekennzeichnet, die für cout, cin, cerr und clog voreingestellt sind. Nur für cerr ist zusätzlich noch unitbuf gesetzt, damit Ausgaben wie z. B. Fehlermeldungen sofort erscheinen und nicht gepuffert werden.

Per Vorgabe ist keines der Bits für die Ausrichtung (internal, left oder right) gesetzt. In diesem Fall verhält sich ein Stream so, als ob right gesetzt wäre. Wir haben dies in der Tabelle durch ✹ gekennzeichnet.

Flag	Wirkung	
boolalpha	bool-Objekte im Textformat einlesen und ausgeben	
dec	ganzzahlige Objekte dezimal (zur Basis 10) verarbeiten	✓
fixed	Gleitkommazahlen in der Form 123.456 ausgeben	
hex	ganzzahlige Objekte hexadezimal (zur Basis 16) verarbeiten	
internal	bei Ausgaben zwischen Vorzeichen und Zahl auffüllen	
left	Ausgaben links ausrichten (rechts z. B. mit ' ' auffüllen)	
oct	ganzzahlige Objekte oktal (zur Basis 8) verarbeiten	
right	Ausgaben rechts ausrichten (links z. B. mit ' ' auffüllen)	✹
scientific	Gleitkommazahlen in der Form 1.23456e2 ausgeben	
showbase	Ausgabe ganzzahliger Objekte mit Präfix für die Basis	
showpoint	Gleitkommazahlen mit Nullen nach dem Komma ausgeben	
showpos	positive Zahlen mit einem vorangestellten + ausgeben	
skipws	führenden *White-space* beim Einlesen ignorieren	✓
unitbuf	nach jeder Ausgabeoperation den Puffer leeren	
uppercase	bei der Ausgabe von Gleitkomma- und Hexadezimalzahlen gegebenenfalls große Buchstaben benutzen	

Ein Zugriff auf Flags kann z. B. mit ios_base::fixed erfolgen. Aber auch die früher übliche Schreibweise ios::fixed ist möglich, weil ios ein typedef für basic_ios<char> ist und ios_base public Basisklasse von basic_ios ist.

Ganzzahlige Werte können mittels hex, dec und oct zur Basis 16, 10 oder 8 verarbeitet werden. Mit Hilfe der Klasse bitset ist darüber hinaus auch die binäre Darstellung möglich (siehe Seite 333).

Zum Einstellen und Abfragen der Flags gibt es mehrere Elementfunktionen, für die wir mögliche Implementierungen angeben, die davon ausgehen, dass der Zustand der Flags in einem Datenelement formatflags des Typs fmtflags verwaltet wird.

```
fmtflags flags() const { return formatflags; }
```

Liefert einen Wert, der die Gesamtheit aller eingestellten Flags repräsentiert.

```
fmtflags flags(fmtflags fmtfl) {
    fmtflags old = formatflags;
    formatflags = fmtfl;
    return old;
}
```

Stellt alle Flags gemäß dem Parameter fmtfl ein und gibt den alten Wert zurück.

```
void unsetf(fmtflags mask) { formatflags &= ~mask; }
```

Löscht nur die Flags, die im Parameter mask gesetzt sind.

```
fmtflags setf(fmtflags fmtfl) {
    fmtflags old = formatflags;
    formatflags |= fmtfl;
    return old;
}
```

Setzt zusätzlich zu den bereits eingestellten Flags die Flags, die im Parameter fmtfl gesetzt sind, und liefert die vorherige Einstellung aller Flags. Dabei wird nicht geprüft, ob die Kombination der gesetzten Flags sinnvoll ist. Um solche Fehler zu vermeiden, sollte man besser Manipulatoren oder die folgende Elementfunktion benutzen.

```
fmtflags setf(fmtflags fmtfl, fmtflags mask) {
    fmtflags old = formatflags;
    formatflags &= ~mask;
    formatflags |= fmtfl & mask;
    return old;
}
```

Löscht zuerst die Flags, die im Parameter mask gesetzt sind, und setzt anschließend die Flags, die im Ausdruck fmtfl & mask gesetzt sind. Die vorherige Einstellung aller Flags wird zurückgegeben. Für den zweiten Parameter mask sind die folgenden drei Bitmasken definiert.

adjustfield	left | right | internal
basefield	dec | oct | hex
floatfield	scientific | fixed

Die rechte Spalte gibt jeweils die Flags an, die in der Bitmaske gesetzt sind. Damit sind Einstellungen steuerbar, die durch mehrere Bits repräsentiert werden, von denen sinnvollerweise aber immer nur eines gesetzt sein kann. Die Tabelle auf Seite 299 enthält Beispiele für den Aufruf der Funktion.

```
streamsize width() const;
```

Liefert die *Feldbreite*, das ist die minimale Anzahl der Zeichen, die für die nächste formatierte Ausgabe eines Zeichens, einer Zahl oder einer Zeichenkette verwendet werden. Die Voreinstellung beträgt 0, d. h. für Ausgaben „so viele Zeichen wie nötig“.

```
streamsize width(streamsize wide);
```

Setzt die minimale Anzahl der Zeichen, die für die *nächste* Ausgabe eines Zeichens, einer Zahl oder einer Zeichenkette verwendet werden, und gibt den alten Wert zurück. Sollen mehrere Werte nacheinander mit derselben Feldbreite ausgegeben werden, ist die Einstellung vor jeder Ausgabe zu wiederholen. Ist die Feldbreite nicht ausreichend, wird sie ignoriert. Es werden also niemals Zeichen abgeschnitten.

Die Feldbreite kann auch für die nächste formatierte Eingabe einer Zeichenkette eingestellt werden, um zu verhindern, dass mehr Zeichen eingelesen werden, als Speicher zur Verfügung steht (siehe Seite 291).

```
streamsize precision() const;
```

Liefert die Anzahl der Gesamtstellen beziehungsweise Nachkommastellen, mit der Gleitkommazahlen ausgegeben werden. Die Voreinstellung beträgt 6.

```
streamsize precision(streamsize prec);
```

Setzt die Anzahl der Gesamtstellen beziehungsweise Nachkommastellen, mit der Gleitkommazahlen ausgegeben werden, auf den Wert des Parameters prec. Der alte Wert wird zurückgegeben.

Wenn weder scientific noch fixed gesetzt sind, entscheidet das System, welche der beiden Darstellungen bei der Ausgabe von Gleitkommazahlen im Rahmen des zur Verfügung stehenden Platzes mehr Information bietet. In dem Fall gibt precision die Anzahl aller signifikanten Stellen (vor und nach dem Komma) an. Zum Beispiel wird für 0.01234 mit precision(2) der Wert 0.012 ausgegeben. Ist dagegen scientific oder fixed gesetzt, steuert precision die Anzahl der Nachkommastellen – im Beispiel lautet das Ergebnis dann 0.01 beziehungsweise 1.23e-002. Das Ergebnis wird gegebenenfalls gerundet.

Das folgende Beispielprogramm demonstriert Formatierungsmöglichkeiten für die Ausgabe.

streams/formatierung.cpp

```
#include <iostream>
using namespace std;

int main() {
   const ios_base::fmtflags standard_flags = cout.flags();
   cout << "Voreinstellung für bool: " << true << " und " << false << endl;
   cout.setf(ios_base::boolalpha);
   cout << "mit boolalpha: " << true << " und " << false << endl;

   const double d = 123.456;
   cout << "Voreinstellung für Gleitkommazahlen: " << d << endl;
   cout.setf(ios_base::showpoint);
   const streamsize standard_precision = cout.precision(8);
   cout << "8 Stellen: " << d << endl;
   cout.precision(2);
   cout << "2 Stellen: " << d << endl;

   cout.setf(ios_base::scientific, ios_base::floatfield);
   cout << "scientific mit 2 Nachkommastellen: " << d << endl;
   cout.setf(ios_base::fixed, ios_base::floatfield);
   cout << "fixed mit 2 Nachkommastellen: " << d << " (gerundet!)\n";

   const long x = 107187;
   cout << "Voreinstellung für ganzzahlige Werte: " << x << endl;

   cout.setf(ios_base::showbase);
   cout.setf(ios_base::hex, ios_base::basefield);
   cout << "hexadezimal: " << x << endl;
   cout.setf(ios_base::oct, ios_base::basefield);
   cout << "oktal: " << x << endl;
   cout.setf(ios_base::dec, ios_base::basefield);
   cout << "dezimal: " << x << endl;

   cout.setf(ios_base::showpos);
   cout << "mit positivem Vorzeichen: " << x << ", " << 0 << endl;

   cout.setf(ios_base::unitbuf);
   cout.setf(ios_base::right, ios_base::adjustfield);
   cout.width(10);
   cout << x << " (right)\n";
   cout.setf(ios_base::internal, ios_base::adjustfield);
   cout.width(10);
   cout << x << " (internal)\n";
```

```
    cout.setf(ios_base::left, ios_base::adjustfield);
    cout.width(10);
    cout << x << " (left)\n";

    cout.flags(ios_base::uppercase | ios_base::hex | ios_base::scientific);
    cout << "uppercase, hex und scientific: " << x << ", " << d << endl;

    cout.flags(standard_flags);
    cout.precision(standard_precision);
    cout << "nochmal mit Voreinstellung: " << x << ", " << d << endl;
}
```

Die Ausgabe des Programms lautet:

```
Voreinstellung für bool: 1 und 0
mit boolalpha: true und false
Voreinstellung für Gleitkommazahlen: 123.456
8 Stellen: 123.45600
2 Stellen: 1.2e+002
scientific mit 2 Nachkommastellen: 1.23e+002
fixed mit 2 Nachkommastellen: 123.46 (gerundet!)
Voreinstellung für ganzzahlige Werte: 107187
hexadezimal: 0x1a2b3
oktal: 0321263
dezimal: 107187
mit positivem Vorzeichen: +107187, +0
   +107187 (right)
+   107187 (internal)
+107187    (left)
uppercase, hex und scientific: 1A2B3, 1.23E+002
nochmal mit Voreinstellung: 107187, 123.456
```

Mit Hilfe von Manipulatoren (siehe Abschnitt 12.9) lassen sich Einstellungen eleganter vornehmen. Statt cout.setf(ios_base::hex, ios_base::basefield); cout << 123; kann man dann z. B. einfach cout << hex << 123; schreiben.

Das folgende Programm demonstriert, was passiert, wenn *White-space* bei der Eingabe nicht ignoriert wird.

streams/skipws.cpp

```
#include <iostream>
using namespace std;

int main() {
    cout << "Eingabe: ";
    char c1, c2, c3, c4;
    cin >> c1 >> c2;
    cin.unsetf(ios_base::skipws);
    cin >> c3 >> c4;
    cout << "Gelesen: (" << c1 << ") (" << c2 << ") (" << c3 << ") (" << c4 << ")\n";
```

```
}
```

Gibt man z. B. die vier Buchstaben a, b, c und d jeweils durch ein Leerzeichen getrennt ein, produziert das Programm folgende Ausgabe:

```
Eingabe: a b c d
Gelesen: (a) (b) ( ) (c)
```

12.2.2 Streamstatus

Streamobjekte verwalten Statusinformationen über die Integrität des zugrunde liegenden Puffers.

typedef *implementierungsspezifisch* **iostate;**

Der Typ iostate ist wie fmtflags ein Bitmaskentyp. Es gibt vier Konstanten des Typs iostate.

static const iostate **badbit;**

badbit zeigt an, dass die Integrität nicht mehr gewährleistet ist. Das zugehörige Streamobjekt ist dann meist „jenseits von gut und böse".

static const iostate **eofbit;**

eofbit wird gesetzt, wenn ein Eingabestream das Ende erreicht. Wird zeichenweise aus einem Stream gelesen, wird eofbit erst bei dem Versuch gesetzt, nach dem letzten Zeichen noch ein weiteres, nicht mehr vorhandenes Zeichen zu lesen. In diesem Fall wird gleichzeitig auch failbit gesetzt, weil kein Zeichen mehr gelesen werden konnte. Beim Lesen von Werten des Typs int aus einer Datei, die beispielsweise mit den Zeichen ...123<eof> endet, wird eofbit dagegen schon beim Lesen des letzten int-Objekts gesetzt; denn um zu erkennen, wo die Zahl endet, wird über das letzte Zeichen – hier 3 – hinausgelesen. Hier wird failbit jedoch nicht gesetzt, weil das Lesen eines int-Objekts erfolgreich war.

static const iostate **failbit;**

Ein gesetztes failbit bedeutet, dass eine Eingabeoperation erwartete Zeichen nicht lesen konnte oder dass eine Ausgabeoperation gewünschte Zeichen nicht ausgeben konnte. Die Integrität des zugehörigen Streamobjekts ist aber noch gewährleistet, so dass nach Behebung des Problems weitergearbeitet werden kann.

static const iostate **goodbit;**

goodbit steht für den Wert 0, d. h., es ist kein Fehlerbit gesetzt, und das zugehörige Streamobjekt befindet sich in einem ordnungsgemäßen Zustand.

Elementfunktionen zum Abfragen und Setzen des Streamstatus sind in der Klasse basic_ios definiert (siehe Abschnitt 12.3.1).

12.2.3 Initialisierung

Für ein C++-Programm, das sich aus mehreren getrennt übersetzten Programmdateien zusammensetzt, ist die Reihenfolge, in der globale Objekte aus unterschiedlichen Programmdateien initialisiert werden, nicht definiert. Damit stellt sich das Problem, wie für die globalen Streamobjekte cout, cin, cerr und clog gewährleistet werden kann, dass sie vor ihrem ersten Einsatz initialisiert und erst nach ihrem letzten Einsatz zerstört werden.

Eine Möglichkeit, dieses Problem zu lösen, basiert darauf, dass jede Programmdatei, die eines der vier Streamobjekte benutzen möchte, die Header-Datei <iostream> einbinden muss. In dieser Header-Datei wird (lokal zur jeweiligen Übersetzungseinheit) ein Objekt der Hilfsklasse ios_base::Init definiert, so dass gezählt werden kann, wie oft die Header-Datei <iostream> insgesamt in ein Programm eingebunden wird.

```
class ios_base::Init {
public:
        Init();
        ~Init();
private:
        static int init_cnt;
};

namespace { ios_base::Init dummy; }
```

Das static Datenelement init_cnt wird außerhalb der Header-Datei mit 0 initialisiert und zählt die Anzahl der Objekte der Klasse, indem init_cnt im Konstruktor um 1 inkrementiert und im Destruktor entsprechend dekrementiert wird.

Wenn beim Aufruf des Konstruktors der Klasse Init der Wert von init_cnt gleich 0 ist, werden die vier Streamobjekte initialisiert. Sonst wird lediglich der Wert von init_cnt um 1 erhöht.

Der Destruktor vermindert den Wert von init_cnt um 1. Erreicht init_cnt dabei den Wert 0, wird für die vier Streamobjekte jeweils die Elementfunktion flush aufgerufen.

Somit werden die Objekte für die Standardein- und -ausgabe einerseits so früh wie möglich konstruiert, so dass globale static-Objekte, die vor der Ausführung der Funktion main erzeugt werden, sie bereits im Konstruktor für Ein- und Ausgaben einsetzen können. Andererseits wird ihre Zerstörung so lange wie möglich hinausgezögert, damit globale static-Objekte sie auch im Destruktor noch verwenden können.

12.2.4 Nationale Einstellungen

Die beiden folgenden Elementfunktionen sind Teil eines Mechanismus, mit dem Streams an lokale Gegebenheiten angepasst werden können.

```
locale imbue(const locale& loc);
locale getloc() const;
```

Um z. B. einen ganzzahligen Wert – wie im deutschen Sprachraum üblich – mit Tausenderpunkten auszugeben, kann man Folgendes tun:

```
cout.imbue(locale(""));
cout << 1234567;
```

Auf einem System, das auf den deutschen Sprachraum eingestellt ist, lautet die Ausgabe dann 1.234.567 statt 1234567. Mittels locale("") wird hier ein Objekt der Klasse locale erzeugt, das die vom Betriebssystem präferierten Einstellungen enthält. Dieses Objekt wird mit Hilfe der Elementfunktion imbue dem Stream cout für Formatierungen zur Verfügung gestellt.

Die Klasse locale ist in der Header-Datei <locale> definiert. Es ist möglich, die Bezeichnung einer Sprachumgebung anzugeben, allerdings sind die Bezeichnungen systemspezifisch. Für Deutschland kann man es mit "de_DE" oder "Germany_Germany" versuchen. Wenn die Bezeichnung nicht gültig ist, wird eine Ausnahme des Typs runtime_error ausgeworfen. Außer "" ist nur noch die „klassische" Umgebung "C", die per Voreinstellung in C++-Programmen aktiv ist, auf allen Systemen vorhanden. Mit Hilfe der Elementfunktion name kann die Bezeichnung eines locale-Objekts abgefragt werden. Damit gibt das folgende Codefragment die Bezeichnung der vom System präferierten Umgebung aus:

```
locale loc("");
cout << loc.name();
```

Das folgende Codefragment liest Zahlen im gleichen Format ein, wie sie mit cout ausgegeben werden:

```
cin.imbue(cout.getloc());
long x;
cin >> x;
```

Die Elementfunktion getloc liefert das von cout benutzte locale-Objekt. Wenn cout wie oben auf den deutschen Sprachraum eingestellt ist, wird die Eingabe 12.345 als 12345 interpretiert und nicht etwa, weil das Einlesen beim Punkt stoppt, als 12. Für Gleitpunktzahlen werden zwar keine Tausenderpunkte verarbeitet, aber ein Dezimalkomma statt eines Punktes.

```
cout << 12345.67;
```

Für das Beispiel lautet die deutsche Ausgabe 12345,67 statt 12345.67.

Der locale-Mechanismus beinhaltet auch ein Grundgerüst zur Verarbeitung von Datums-, Zeit- und Währungswerten. Da die Standardbibliothek aber keine entsprechenden Klassen (etwa Date, Time und Currency) definiert, lässt sich dies nicht unmittelbar nutzen.

12.2.5 Synchronisation

C- und C++-Code kann innerhalb eines Programms gemeinsam benutzt werden. In solchen Fällen, die in der Praxis nicht nur bei der Umstellung von alten C-Programmen auf C++ auftreten, werden Ein- und Ausgaben mittels C++-Streams unter Umständen mit Aufrufen von C-Funktionen der Art scanf und printf aus der Header-Datei <cstdio> gemischt. Damit dabei die internen Zeichenpuffer aufeinander abgestimmt werden, muss vor der ersten Ein-/Ausgabeoperation eines Programms die Funktion sync_with_stdio aufgerufen werden, z. B.

```
ios_base::sync_with_stdio();
cout << "Hello, ";
printf("world!\n");
```

Die Funktion ist in der Klasse ios_base wie folgt deklariert:

```
static bool sync_with_stdio(bool sync = true);
```

Die Funktion liefert den alten Wert für die Synchronisation, d. h. true, wenn synchronisiert wurde und sonst false. Beim ersten Aufruf innerhalb eines Programms wird true zurückgegeben.

Je nach Implementierung kann der Aufruf ios_base::sync_with_stdio(false); vor der ersten Ein-/Ausgabeoperationen die Performance von Ein- und Ausgaben etwas steigern, weil der Aufwand für die Synchronisation entfällt. Dies ist insbesondere in C++-Programmen, die die C-Funktionen nicht nutzen, sinnvoll.

Erfolgt der erste Aufruf der Funktion sync_with_stdio nachdem bereits Ein-/Ausgaben getätigt wurden, ist der Effekt nicht definiert. Das liegt daran, dass die Synchronisation typischerweise dadurch realisiert wird, dass C++-Streams und C-Funktionen intern auf dieselben Zeichenpuffer zugreifen.

12.3 basic_ios

Die Klasse basic_ios ist im Gegensatz zur Klasse ios_base abhängig vom Zeichentyp und deshalb als Template-Klasse implementiert. Sie stellt Informationen und Operationen zur Verfügung, die an die abgeleiteten Streamklassen vererbt werden. Die Definition befindet sich in der Header-Datei <ios>.

```
template<class charT, class traits = char_traits<charT> >
class basic_ios : public ios_base {
public:
	typedef charT char_type;
	typedef typename traits::int_type int_type;
	typedef typename traits::pos_type pos_type;
	typedef typename traits::off_type off_type;
	typedef traits traits_type;
```

```
        basic_ostream<charT, traits>* tie() const;
        basic_ostream<charT, traits>* tie(basic_ostream<charT, traits>* tiestr);
        char_type fill() const;
        char_type fill(char_type ch);
        basic_ios& copyfmt(const basic_ios& rhs);
        iostate rdstate() const;
        void clear(iostate state = goodbit);
        void setstate(iostate state);
        bool good() const;
        bool eof() const;
        bool fail() const;
        bool bad() const;
        operator void*() const;
        bool operator!() const;
        iostate exceptions() const;
        void exceptions(iostate except);
        // die restlichen Elemente nur der vollständigkeithalber
        explicit basic_ios(basic_streambuf<charT, traits>* sb);
        virtual ~basic_ios();
        basic_streambuf<charT, traits>* rdbuf() const;
        basic_streambuf<charT, traits>* rdbuf(basic_streambuf<charT, traits>* sb);
        locale imbue(const locale& loc);
        char narrow(char_type c, char default_char) const;
        char_type widen(char c) const;
    protected:
        basic_ios();
        void init(basic_streambuf<charT, traits>* sb);
    private:
        basic_ios(const basic_ios& );                    // ohne Definition
        basic_ios& operator=(const basic_ios&);          // ohne Definition
    };
```

Der Template-Parameter charT wird für die Typen istream, ostream usw. mit char instanziert, so dass auch char_type dann für char steht.

```
basic_ostream<charT, traits>* tie() const;
basic_ostream<charT, traits>* tie(basic_ostream<charT, traits>* tiestr);
```

Mit Hilfe der Elementfunktion tie kann ein Stream mit einem Ausgabestream verbunden werden. Beim Aufruf ohne Argument wird ein Zeiger auf das Ausgabestreamobjekt geliefert, mit dem der Stream verbunden ist. Mit der zweiten Funktion wird der Stream an den Parameter tiestr gebunden, und der alte Wert wird zurückgegeben.

Beispielsweise wird per Vorgabe cin mit cout durch cin.tie(&cout); synchronisiert, damit vor Eingaben jeweils der Ausgabepuffer geleert wird, so dass Eingabeaufforderungen vor der Eingabe sichtbar werden, z. B.

```
string name;
cout << "Name: ";
cin >> name;    // implizit wird vorher cout.flush(); ausgeführt
```

Entsprechend liefert cin.tie() den Wert &cout. (Laut C++-Standard werden cerr und clog per Vorgabe nicht an cout gebunden. Die meisten Bibliotheksimplementierung binden cerr und clog jedoch trotzdem an cout. Auf der sicheren Seite ist man, wenn man sich darauf nicht verlässt.)

cin.tie(0); löst die Verbindung zwischen cin und cout. Es ist auch möglich, zwei Ausgabestreams zu synchronisieren, z. B. sorgt cerr.tie(&cout); dafür, dass der Puffer für „normale“ Ausgaben geleert wird, bevor Fehlerausgaben erscheinen.

```
char_type fill() const;
char_type fill(char_type ch);
```

Die Elementfunktion fill dient zum Abfragen beziehungsweise Festlegen des Zeichens, mit dem bei Ausgaben aufgefüllt wird, um die eingestellte Feldbreite zu erreichen. Per Vorgabe werden Leerzeichen zum Füllen benutzt.

```
cout.width(5);
const char old_fill = cout.fill('*');
cout << 100 << endl;
cout.width(5);
cout.fill(old_fill);
cout << 100 << endl;
```

Das Programmfragment gibt "**100" und " 100" aus.

```
basic_ios& copyfmt(const basic_ios& rhs);
```

Mit dieser Funktion kann ein Streamobjekt sämtliche Formatierungseinstellungen – inklusive der Fehlerbits (siehe Seite 283) – eines anderen Streamobjekts übernehmen. Der Wert von rdstate() bleibt dabei unverändert. Der Rückgabewert ist *this. Ein Beispiel für den Einsatz ist auf Seite 336.

12.3.1 Statusfunktionen

Ergänzend zu den Statusbits der Klasse ios_base aus Abschnitt 12.2.2 stellt die Klasse basic_ios Elementfunktionen für den Zugriff auf die Statusbits zur Verfügung.

```
iostate rdstate() const;
```

Liefert den aktuellen Zustand des Streamobjekts.

```
void clear(iostate state = goodbit);
```

Setzt den Zustand auf state. Das Standardargument bewirkt, dass alle Bits gelöscht werden. Wenn (rdstate() & exceptions()) != 0 ist, wird ein Objekt der Klasse ios_base::failure ausgeworfen (siehe unten).

void **setstate**(iostate state) *{ clear(rdstate() | state); }*

Setzt zusätzlich zu den bereits gesetzten Bits die Bits in state.

bool **good**() const *{ rdstate() == goodbit; }*

Liefert true, wenn das Streamobjekt sich in einem guten Zustand befindet. Operationen auf einem Streamobjekt, für das good() nicht true liefert, werden ignoriert. Sobald ein behebbarer Fehler auftritt, müssen die Fehlerbits also erst mit clear() gelöscht werden, bevor der Stream wieder sinnvoll benutzbar ist.

bool **eof**() const *{ return rdstate() & eofbit; }*

Liefert true, wenn das Ende des Eingabestreams erreicht ist (siehe Seite 277).

bool **fail**() const *{ return rdstate() & (failbit | badbit); }*

Liefert true, wenn ein Fehler aufgetreten ist, der behoben werden kann. (Eigentlich sollte die Funktion nur prüfen, ob failbit gesetzt ist. Aus historischen Gründen wird jedoch auch badbit untersucht.)

bool **bad**() const *{ return rdstate() & badbit; }*

Liefert true, wenn die Integrität nicht mehr gewährleistet werden kann.

operator void*() const;

Liefert einen Nullzeiger, wenn fail() == true ist, sonst einen Zeiger ungleich 0. Damit sind Konversionen eines Streamobjekts über den Umweg eines Zeigertyps in den Typ bool möglich, so dass z. B. if (cin) statt if (!cin.fail()) geschrieben werden kann. Besonders praktisch ist dies bei Schleifen, z. B. while (cin >> x) ...

bool **operator!**() const *{ return fail(); }*

Der überladene Negationsoperator ermöglicht für Streamobjekte z. B. Formulierungen der Art if (!cin) statt if (cin.fail()).

12.3.2 Ausnahmen

Die einzige Elementfunktion, die den Status eines Streams direkt ändert, ist clear. Mit der Elementfunktion exceptions der Klasse basic_ios kann man clear veranlassen, beim Setzen bestimmter Fehlerbits eine Ausnahme des Typs ios_base::failure beziehungsweise einer davon abgeleiteten Klasse auszuwerfen. Die Klasse failure ist in die Klasse ios_base eingebettet und wie folgt definiert.

```
class ios_base::failure : public exception {
public:
	explicit failure(const string& msg);
	virtual ~failure();
	virtual const char* what() const throw();
};
```

Wie üblich erzeugt der Konstruktor ein Ausnahmeobjekt, das durch den Stringparameter msg beschrieben wird. Ein Aufruf der Funktion what liefert msg.c_str(). Von der Basisklasse exception werden alle C++-Ausnahmeklassen abgeleitet. Sie ist in der Header-Datei <exception> deklariert.

```
void exceptions(iostate except);
```

Mit dem Parameter except wird eine Bitmaske mit den Bits angegeben, die Ausnahmen auslösen sollen. Anschließend wird die Anweisung clear(rdstate()) ausgeführt, so dass umgehend eine Ausnahme ausgeworfen wird, falls bereits gesetzte Bits auch in except gesetzt sind. Die Voreinstellung ist exceptions(0), d. h., es werden keine Ausnahmen ausgeworfen.

```
iostate exceptions() const;
```

Gibt eine Bitmaske zurück, die angibt, welche Bits in rdstate() das Auswerfen einer Ausnahme verursachen.

Mit Hilfe der Statusfunktionen kann man prinzipiell nach jeder Streamoperation den Zustand eines Streams auf Fehler prüfen. Dies kann jedoch recht lästig werden. Anstatt in solchen Fällen überhaupt nicht zu prüfen und sich von Laufzeitfehlern überraschen zu lassen, kann man die entsprechenden Ausnahmen aktivieren, z. B.

```
try {
	cin.exceptions(ios_base::badbit | ios_base::failbit);
	int i;
	cin >> i;    // geht schief, wenn keine Zahl eingegeben wird
	// ... weitere Operationen auf cin
} catch(const exception& x) {
	cerr << "Ausnahme: " << x.what() << endl;
}
```

Da failbit unter Umständen (siehe Seite 277) zusammen mit eofbit gesetzt wird, hängt es vom Einzelfall ab, ob eine Ausnahmebehandlung für failbit günstiger ist als Zustandsabfragen per Statusfunktionen. Für badbit ist das Auswerfen von Ausnahmen dagegen zu empfehlen.

12.4 basic_ostream

Für Ausgaben definiert die Standardbibliothek in der Header-Datei <ostream> die Klasse basic_ostream.

```
template<class charT, class traits = char_traits<charT> >
class basic_ostream : virtual public basic_ios<charT, traits> {
public:
    typedef charT char_type;
    typedef typename traits::int_type int_type;
    typedef typename traits::pos_type pos_type;
    typedef typename traits::off_type off_type;
    typedef traits traits_type;
    class sentry;
    basic_ostream& operator<<(bool b);
    basic_ostream& operator<<(short n);
    basic_ostream& operator<<(unsigned short n);
    basic_ostream& operator<<(int n);
    basic_ostream& operator<<(unsigned int n);
    basic_ostream& operator<<(long n);
    basic_ostream& operator<<(unsigned long n);
    basic_ostream& operator<<(float f);
    basic_ostream& operator<<(double f);
    basic_ostream& operator<<(long double f);
    basic_ostream& operator<<(const void* p);
    basic_ostream& operator<<(basic_ostream& (*pf)(basic_ostream&));
    basic_ostream&
        operator<<(basic_ios<charT, traits>& (*pf)(basic_ios<charT, traits>&));
    basic_ostream& operator<<(ios_base& (*pf)(ios_base&));
    basic_ostream& put(char_type c);
    basic_ostream& write(const char_type* s, streamsize n);
    basic_ostream& flush();
    pos_type tellp();
    basic_ostream& seekp(pos_type);
    basic_ostream& seekp(off_type, ios_base::seekdir);
    // die restlichen Elemente nur der vollständigkeithalber
    explicit basic_ostream(basic_streambuf<char_type, traits>* sb);
    virtual ~basic_ostream();
    basic_ostream& operator<<(basic_streambuf<char_type, traits>* sb);
};

typedef basic_ostream<char> ostream;
```

Alle Funktionen, die einen Rückgabewert des Typs basic_ostream& beziehungsweise basic_ostream<char, traits>& besitzen, liefern *this beziehungsweise das Ausgabestreamobjekt, für das die Funktion aufgerufen wurde.

12.4.1 sentry

Die Ausgabefunktionen der Standardbibliothek arbeiten nach dem folgenden Schema:

```
void ausgabe() {
    if (vorbereiten()) {
```

```
        // ... eigentliche Ausgabe
    }
    aufraeumen();
}
```

Problematisch dabei ist, dass die Funktion aufraeumen nicht aufgerufen wird, falls die eigentliche Ausgabe das Auswerfen einer Ausnahme verursacht. Eine elegante Lösung dieses Problems besteht darin, in der Funktion ausgabe ein lokales Objekt zu definieren, dessen Konstruktor die Vorbereitungen übernimmt und dessen Destruktor die Aufräumarbeiten erledigt. Gleichgültig, ob eine Ausgabefunktion auf regulärem Weg oder aufgrund des Auswurfs einer Ausnahme verlassen wird, in jedem Fall wird der Destruktor für das lokal konstruierte Objekt ausgeführt. Die Klasse, die zu diesem Zweck von der Standardbibliothek bereitgestellt wird, heißt sentry. Damit kann die Ausgabefunktion wie folgt geschrieben werden:

```
void ausgabe() {
    sentry s;    // Konstruktor bereitet vor
    if (s) {     // Vorbereitung erfolgreich?
        // ... eigentliche Ausgabe
    }
}   // Destruktor räumt auf
```

Wenn die Vorbereitungen erfolgreich abgeschlossen wurden, liefert die Konversion des sentry-Objekts s in den Typ bool den Wert true. Die Klasse sentry ist wie folgt definiert.

```
template<class charT, class traits = char_traits<charT> >
class basic_ostream<charT, traits>::sentry {
public:
    explicit sentry(basic_ostream<charT, traits>& os);
    ~sentry();
    operator bool() const { return ok; }
private:
    sentry(const sentry&);                      // ohne Definition
    sentry& operator=(const sentry&);           // ohne Definition
    bool ok;
};
```

Der Konstruktor trifft Vorbereitungen für nachfolgende Ausgaben, vorausgesetzt os.good() liefert true. Falls os.tie() != 0 ist, wird os.tie()->flush() aufgerufen. Zuletzt erhält das Datenelement ok den Wert von os.good(). Treten zwischenzeitlich Probleme auf, kann os.setstate(failbit) aufgerufen werden.

Da Copy-Konstruktor und Zuweisungsoperator private deklariert sind und keine Definitionen für sie bereitgestellt werden, sind sentry-Objekte nicht kopierbar.

Der Destruktor ruft os.flush() auf, wenn ((os.flags() & ios_base::unitbuf) && !uncaught_exception()) == true ist.

Bemerkung: Die Funktion uncaught_exception liefert true, wenn sich ein Programm infolge des Auswurfs einer Ausnahme in der Phase des *Stack-unwindings* befindet und die Ausnahme noch nicht durch einen entsprechenden Ausnahmehandler aufgefangen wurde. In dieser Phase führt das Auswerfen einer Ausnahme durch einen Destruktor unweigerlich zum Programmabbruch. Deshalb sollten Destruktoren generell keine Ausnahmen auswerfen.

Selbst definierte Ausgabeoperatoren sollten auch nach dem beschriebenen Schema arbeiten, sofern sie „unformatierte" Ausgabefunktionen (siehe Seite 288) einsetzen. Wenn sie dagegen ausschließlich auf formatierte Ausgabefunktionen zugreifen, ist das nicht notwendig, weil diese sich selbst an das Schema halten.

12.4.2 Formatierte Ausgaben

Jede der hier aufgeführten Funktionen konstruiert zuerst ein Objekt der Klasse sentry. Wenn das sentry-Objekt nach seiner Konstruktion true liefert, wird versucht, die eigentliche Ausgabe durchzuführen. Sonst wird setstate(ios::failbit) aufgerufen. Der Ausgabeoperator ist für alle vordefinierten Typen überladen, damit der Compiler automatisch in Abhängigkeit vom Typ die passende Funktion aufruft.

```
basic_ostream& operator<<(short n);
basic_ostream& operator<<(unsigned short n);
basic_ostream& operator<<(int n);
basic_ostream& operator<<(unsigned int n);
basic_ostream& operator<<(long n);
basic_ostream& operator<<(unsigned long n);
basic_ostream& operator<<(float f);
basic_ostream& operator<<(double f);
basic_ostream& operator<<(long double f);
basic_ostream& operator<<(bool b);
basic_ostream& operator<<(const void* p);
```

Damit Ausgaben in der Form cout << x << y; verkettet werden können, wird jeweils *this zurückgegeben, also eine Referenz auf das Streamobjekt, für das der Operator aufgerufen wurde. Die produzierte Ausgabe hängt von den konkreten Formatierungseinstellungen ab.

```
template<class charT, class traits> basic_ostream<charT, traits>&
    operator<<(basic_ostream<charT, traits>& out, charT c);
template<class charT, class traits> basic_ostream<charT, traits>&
    operator<<(basic_ostream<charT, traits>& out, char c);
template<class traits> basic_ostream<char, traits>&
    operator<<(basic_ostream<char, traits>& out, char c);
template<class traits> basic_ostream<char, traits>&
    operator<<(basic_ostream<char, traits>& out, signed char c);
template<class traits> basic_ostream<char, traits>&
    operator<<(basic_ostream<char, traits>& out, unsigned char c);
```

Jede der fünf globalen Funktionen schreibt das Zeichen c in den Ausgabestream out, wobei gegebenenfalls Formatierungseinstellungen berücksichtigt werden.

```
template<class charT, class traits> basic_ostream<charT, traits>&
      operator<<(basic_ostream<charT, traits>& out, const charT* s);
template<class charT, class traits> basic_ostream<charT, traits>&
      operator<<(basic_ostream<charT, traits>& out, const char* s);
template<class traits> basic_ostream<char, traits>&
      operator<<(basic_ostream<char, traits>& out, const char* s);
template<class traits> basic_ostream<char, traits>&
      operator<<(basic_ostream<char, traits>& out, const signed char* s);
template<class traits> basic_ostream<char, traits>&
      operator<<(basic_ostream<char, traits>& out, const unsigned char* s);
```

Zur Ausgabe von C-Strings gibt es fünf globale Funktionen. Der Parameter s darf kein Nullzeiger sein. Es werden alle Zeichen von s ausgegeben, bis ein Nullzeichen kommt. Formatierungseinstellungen werden berücksichtigt.

12.4.3 Unformatierte Ausgaben

Die folgenden drei Elementfunktionen nehmen Ausgaben unformatiert vor.

```
basic_ostream& put(char_type c);
```

Schreibt das Zeichen c in den Ausgabestream. Falls dies misslingt, wird setstate(badbit) aufgerufen. Die Funktion ist nicht für signed char und unsigned char überladen.

```
basic_ostream& write(const char_type* s, streamsize n);
```

Schreibt die ersten n Zeichen des Feldes, auf das s zeigt, in den Ausgabestream. Falls dies misslingt, wird setstate(badbit) aufgerufen. Die Funktion ist nicht für signed char und unsigned char überladen.

```
basic_ostream& flush();
```

Leert den Ausgabepuffer. Falls dies misslingt, wird setstate(badbit) aufgerufen.

12.5 basic_istream

Zum Einlesen und Interpretieren von Eingaben ist in der Header-Datei <istream> die Klasse basic_istream definiert.

```
template<class charT, class traits = char_traits<charT> >
class basic_istream : virtual public basic_ios<charT, traits> {
public:
      typedef charT char_type;
      typedef typename traits::int_type int_type;
```

```
    typedef typename traits::pos_type pos_type;
    typedef typename traits::off_type off_type;
    typedef traits traits_type;
    class sentry;
    basic_istream& operator>>(basic_istream& (*pf)(basic_istream&));
    basic_istream&
        operator>>(basic_ios<charT, traits>& (*pf)(basic_ios<charT, traits>&));
    basic_istream& operator>>(ios_base& (*pf)(ios_base&));
    basic_istream& operator>>(bool& b);
    basic_istream& operator>>(short& n);
    basic_istream& operator>>(unsigned short& n);
    basic_istream& operator>>(int& n);
    basic_istream& operator>>(unsigned int& n);
    basic_istream& operator>>(long& n);
    basic_istream& operator>>(unsigned long& n);
    basic_istream& operator>>(float& f);
    basic_istream& operator>>(double& f);
    basic_istream& operator>>(long double& f);
    basic_istream& operator>>(void*& p);
    streamsize gcount() const;
    int_type get();
    basic_istream& get(char_type& c);
    basic_istream& get(char_type* s, streamsize n);
    basic_istream& get(char_type* s, streamsize n, char_type delim);
    basic_istream& getline(char_type* s, streamsize n);
    basic_istream& getline(char_type* s, streamsize n, char_type delim);
    basic_istream& read(char_type* s, streamsize n);
    streamsize readsome(char_type* s, streamsize n);
    basic_istream& ignore(streamsize n = 1, int_type delim = traits::eof());
    int_type peek();
    basic_istream& putback(char_type c);
    basic_istream& unget();
    pos_type tellg();
    basic_istream& seekg(pos_type);
    basic_istream& seekg(off_type, ios_base::seekdir);
    // die restlichen Elemente nur der vollständigkeithalber
    basic_istream& operator>>(basic_streambuf<char_type, traits>* sb);
    basic_istream& get(basic_streambuf<char_type, traits>& sb);
    basic_istream& get(basic_streambuf<char_type, traits>& sb, char_type delim);
    explicit basic_istream(basic_streambuf<charT, traits>* sb);
    virtual ~basic_istream();
    int sync();
};

typedef basic_istream<char> istream;
```

Wird bei einer Leseoperation das Streamende erreicht, führt dies zum Aufruf von setstate(eofbit). Tritt ein Fehler bei einer Leseoperation auf, wird setstate(failbit) aufgerufen.

12.5.1 sentry

Wie für Ausgabestreams wird auch für Eingabestreams zum Vorbereiten von Ausgaben und zum Aufräumen danach eine Klasse sentry definiert.

```
template<class charT, class traits = char_traits<charT> >
class basic_istream<charT, traits>::sentry {
public:
    explicit sentry(basic_istream<charT, traits>& is, bool noskipws = false);
    ~sentry() { }
    operator bool() const { return ok; }
private:
    sentry(const sentry&);   // ohne Definition
    sentry& operator=(const sentry&);   // ohne Definition
    typedef traits traits_type;
    bool ok;
};
```

Der Konstruktor wird in der Regel dazu benutzt, *White-space* zu überlesen.

12.5.2 Formatierte Eingaben

Per Vorgabe wird *White-space* ignoriert und trennt einzelne Eingaben. Alle Funktionen dieses Abschnitts geben eine Referenz auf das Streamobjekt zurück, für das die Funktion aufgerufen wurde. Die Parameter sind jeweils als Referenz deklariert, damit der eingelesene Wert gespeichert werden kann.

```
basic_istream& operator>>(short& n);
basic_istream& operator>>(unsigned short& n);
basic_istream& operator>>(int& n);
basic_istream& operator>>(unsigned int& n);
basic_istream& operator>>(long& n);
basic_istream& operator>>(unsigned long& n);
basic_istream& operator>>(float& f);
basic_istream& operator>>(double& f);
basic_istream& operator>>(long double& f);
basic_istream& operator>>(bool& b);
basic_istream& operator>>(void*& p);
```

Ganzzahlige Werte können auch oktal oder hexadezimal eingelesen werden. Wenn keine Basis eingestellt ist, was man mittels cin.setf(0, ios_base::basefield); erreicht, kann die Interpretation der Eingabe mit dem entsprechenden Präfix 0 beziehungsweise 0x kontrolliert werden. Außerdem kann man das Eingabeformat explizit z. B. mit cin >> hex >> n; steuern. Gleitkommazahlen werden in den üblichen Formen verarbeitet, z. B. 1234.56 oder 1.23456e3. Werte des Typs bool können als 0 und 1 oder z. B. mit cin >> boolalpha >> b; auch als false und true eingegeben werden. Für Zeiger wird eine Hexadezimalzahl eingelesen, die als Adresse interpretiert wird, auf die der Zeiger anschließend verweist. Ob auf eine so eingelesene Adresse sinnvoll zugegriffen werden kann, ist zumindest dann fraglich, wenn die Adresse von einem vorhergehenden Programmlauf stammt.

Die Funktionen zum Einlesen von Zeichenketten und einzelnen Zeichen sind global deklariert.

```
template<class charT, class traits> basic_istream<charT, traits>&
    operator>>(basic_istream<charT, traits>&, charT&);
template<class traits> basic_istream<char, traits>&
    operator>>(basic_istream<char, traits>&, unsigned char&);
template<class traits> basic_istream<char, traits>&
    operator>>(basic_istream<char, traits>&, signed char&);
```

Diese drei Funktionen lesen jeweils ein Zeichen ein.

```
template<class charT, class traits> basic_istream<charT, traits>&
    operator>>(basic_istream<charT, traits>& in, charT* s);
template<class traits> basic_istream<char, traits>&
    operator>>(basic_istream<char, traits>& in, unsigned char* s);
template<class traits> basic_istream<char, traits>&
    operator>>(basic_istream<char, traits>& in, signed char* s);
```

Der Zeiger s gibt dabei an, ab welcher Speicheradresse gelesene Zeichen nacheinander abzulegen sind. Wenn in.width() > 0 ist, werden höchstens in.width() - 1 Zeichen gelesen. Das Einlesen stoppt, wenn das Streamende erreicht wird oder wenn das nächste Zeichen *White-space* ist. Abschließend wird in.width(0) aufgerufen, und die Zeichenkette wird mit einem Nullzeichen terminiert. Wenn kein Zeichen gelesen wurde, wird in.setstate(failbit) aufgerufen.

Beim Einlesen von Zeichenketten in Felder ist darauf zu achten, dass nicht mehr Zeichen eingelesen werden als das Feld aufnehmen kann. (Setzt man Strings statt Zeichenfelder ein, braucht man sich darum nicht zu kümmern.) Sicherheitshalber sollte man die Anzahl der maximal einzulesenden Zeichen auf die Feldgröße beschränken, z. B.

```
char s[10];
cin >> setw(sizeof s) >> s;    // statt cin >> s;
```

Im Beispiel werden höchstens neun Zeichen eingelesen, damit am Feldende noch Platz für den Terminator '\0' ist. Falls mehr als neun Zeichen eingegeben werden, stehen die überschüssigen Zeichen für die nächste Einleseoperation zur Verfügung.

12.5.3 Unformatierte Eingaben

Die Elementfunktionen für nicht formatierte Eingaben berücksichtigen auch *White-space*. Die Anzahl gelesener Zeichen wird gespeichert und kann mit der Elementfunktion gcount abgefragt werden.

```
streamsize gcount() const;
```

Liefert die Anzahl der bei der letzten unformatierten Eingabe gelesenen Zeichen. Damit keine Missverständnisse aufkommen, sollte gcount am besten direkt nach der zugehörigen Leseoperation aufgerufen werden.

```
int_type get();
```

Liest ein Zeichen und liefert dessen Wert. Bei Streamende wird traits::eof() zurückgegeben. Damit das Streamende von einem Zeichen unterschieden werden kann, ist der Rückgabetyp int_type und nicht char_type.

```
basic_istream& get(char_type& c);
```

Liest ein Zeichen und speichert es in c. Wie alle Elementfunktionen der Klasse basic_istream, deren Rückgabetyp basic_istream& ist, liefert die Funktion *this, also das Streamobjekt, für das die Funktion aufgerufen wurde. Der Streamstatus gibt dann Auskunft darüber, ob die Leseoperation erfolgreich war.

Ebenso wie die noch folgenden Funktionen ist diese Funktion im Gegensatz zum Eingabeoperator >> nicht für signed char und unsigned char überladen.

```
basic_istream& get(char_type* s, streamsize n, char_type delim);
basic_istream& get(char_type* s, streamsize n) { return get(s, n, widen('\n')); }
```

Der Zeiger s gibt an, ab welcher Speicheradresse gelesene Zeichen nacheinander abzulegen sind. Dort muss ausreichend Speicherplatz zur Verfügung stehen. Es werden höchstens n - 1 Zeichen gelesen. Das Einlesen stoppt, wenn das Streamende erreicht wird oder wenn das nächste Zeichen gleich delim ist, was per Vorgabe dem Zeilenende entspricht. Im zweiten Fall wird das Zeichen delim weder gelesen noch in s gespeichert. Abschließend wird die Zeichenkette mit einem Nullzeichen terminiert. Wenn kein Zeichen gelesen wurde, wird setstate(failbit) aufgerufen.

```
basic_istream& getline(char_type* s, streamsize n, char_type delim);
basic_istream& getline(char_type* s, streamsize n)
    { return getline(s, n, widen('\n')); }
```

Der Zeiger s gibt an, ab welcher Speicheradresse gelesene Zeichen nacheinander abzulegen sind. Das Einlesen stoppt, wenn

- das Streamende erreicht wird oder
- das nächste Zeichen gleich delim ist oder
- n - 1 Zeichen gelesen wurden.

Im zweiten Fall wird – im Unterschied zur vorhergehenden Funktion get – das Zeichen delim zwar gelesen, aber nicht in s gespeichert. Die Anzahl der gelesenen Zeichen gcount() ist dann um Eins größer als die Anzahl der in s gespeicherten Zeichen.

Im dritten Fall wird setstate(failbit) aufgerufen. Da die drei Fälle in der angegebenen Reihenfolge untersucht werden, wird failbit nicht gesetzt, wenn eine Eingabezeile das Feld s genau füllt.

Abschließend wird die Zeichenkette mit einem Nullzeichen terminiert. Wenn kein Zeichen gelesen wurde, wird setstate(failbit) aufgerufen. Da für eine leere Eingabezeile das Zeilenendezeichen gelesen wird, wird failbit dann nicht gesetzt, obwohl keine Zeichen in s gespeichert werden.

Das folgende Beispielprogramm verarbeitet seine Eingabe zeilenweise mit getline und demonstriert dabei die Behandlung der möglichen Fälle.

streams/getline.cpp

```
#include <iostream>
#include <iomanip>
using namespace std;

int main() {
   char puffer[52];
   int zeilennr = 0;
   while (cin.getline(puffer, sizeof puffer, '\n') || cin.gcount()) {
      int anz = cin.gcount();
      if (cin.eof())
         cout << "Letzte Zeile";   // cin.fail() == false
      else if (cin.fail()) {
         cout << "Lange Zeile ";
         cin.clear(cin.rdstate() & ~ios::failbit);
      } else {
         --anz;   // Zeilenendezeichen wieder abziehen
         cout << "Zeile " << setw(6) << ++zeilennr;
      }
      cout << " (" << setw(2) << anz << " Zeichen): " << puffer << endl;
   }
}
```

Zeilen, die mehr Zeichen enthalten als das Feld puffer aufnehmen kann, werden mit mehreren Aufrufen von getline abschnittsweise verarbeitet.

```
basic_istream& read(char_type* s, streamsize n);
```

Der Zeiger s gibt an, ab welcher Speicheradresse gelesene Zeichen nacheinander abzulegen sind. Es werden genau n Zeichen gelesen, sofern nicht vorher das Streamende erreicht wird. Bei Erreichen des Streamendes wird setstate(failbit | eofbit) aufgerufen. Im Unterschied zu den vorangegangenen Funktionen get und getline wird kein abschließendes Nullzeichen in s gespeichert.

```
streamsize readsome(char_type* s, streamsize n);
```

Der Zeiger s gibt an, ab welcher Speicheradresse gelesene Zeichen nacheinander abzulegen sind. Es wird versucht, n Zeichen einzulesen. Ist das Streamende bereits erreicht, bevor ein Zeichen gelesen wird, ruft die Funktion setstate(eofbit) auf. Sonst werden die verfügbaren Zeichen bis zur maximalen Anzahl n eingelesen. Die Funktion liefert die Anzahl der gelesenen Zeichen. Wie read speichert readsome kein abschließendes Nullzeichen in s.

```
basic_istream& ignore(streamsize n = 1, int_type delim = traits::eof());
```

Liest n Zeichen und verwirft sie, so dass sie für nachfolgende Eingabeoperationen nicht mehr zur Verfügung stehen. Der Vorgang stoppt vorzeitig, wenn das Streamende erreicht wird oder das letzte gelesene Zeichen gleich delim ist. Mit cin.ignore(numeric_limits<streamsize>::max(), '\n'); kann man beispielsweise den Rest einer Zeile ignorieren.

```
int_type peek();
```

Liefert das nächste Zeichen, ohne es zu lesen, so dass es für nachfolgende Eingabeoperationen noch zur Verfügung steht. Falls good() == false ist, also kein Zeichen mehr vorhanden ist, wird traits::eof() zurückgegeben.

```
basic_istream& putback(char_type c);
```

Legt das Zeichen c in den Stream, so dass es als nächstes Zeichen gelesen werden kann. Mit mehreren aufeinander folgenden Aufrufen können nicht mehr Zeichen zurückgelegt werden, als vorher gelesen wurden.

```
basic_istream& unget();
```

Legt das zuletzt gelesene Zeichen wieder zurück in den Stream, so dass es nochmals gelesen werden kann. Mit mehreren aufeinander folgenden Aufrufen können nicht mehr Zeichen zurückgelegt werden, als vorher gelesen wurden.

12.6 basic_iostream

Die Klasse basic_iostream ist wie basic_istream in der Header-Datei <istream> definiert.

```
template<class charT, class traits = char_traits<charT> >
class basic_iostream
        : public basic_istream<charT, traits>, public basic_ostream<charT, traits> {
public:
        typedef charT char_type;
        typedef typename traits::int_type int_type;
        typedef typename traits::pos_type pos_type;
        typedef typename traits::off_type off_type;
        typedef traits traits_type;
        explicit basic_iostream(basic_streambuf<charT, traits>* sb);
        virtual ~basic_iostream();
};
```

```
typedef basic_iostream<char> iostream;
```

Indem die Klasse basic_iostream von den Klassen basic_istream und basic_ostream erbt, kann sie sowohl für Ein- als auch für Ausgaben verwendet werden. Da die Typdefinitionen von beiden Basisklassen geerbt werden, müssen sie in dieser Klasse wiederholt werden, damit keine Mehrdeutigkeiten bei der Benutzung auftreten.

12.7 Ein- und Ausgabe von Objekten benutzerdefinierter Klassen

Das Design der Streamklassen ermöglicht auf einfache Weise die Ein- aus Ausgabe von Objekten benutzerdefinierter Klassen, indem man analog zum folgenden Beispiel den Ein- und den Ausgabeoperator überlädt. In der Regel werden die beiden Operatoren als friend-Funktionen deklariert, weil sie auf die internen Daten der zugehörige Klassen zugreifen. Syntaktisch handelt es sich zwar um globale Funktionen, dem Wesen nach gehören sie aber zur Klasse.

streams/artikel.cpp

```
#include <iostream>
#include <limits>
#include <string>
using namespace std;

class Artikel {
public:
   Artikel(const string& bez, double p) : bezeichnung(bez), preis(p) { }
   friend ostream& operator<<(ostream& os, const Artikel& a)
      { return os << a.bezeichnung << '\t' << a.preis << " EUR"; }
   friend istream& operator>>(istream& is, Artikel& a) {
      getline(is, a.bezeichnung, '\t');
      is >> a.preis;
      return is.ignore(numeric_limits<streamsize>::max(), '\n');
   }
private:
   string bezeichnung;
   double preis;
};

int main() {
   Artikel a("Zeitung", 2.53);
   cout << "Artikel: " << a << endl;
   cout << "Bitte einen Artikel eingeben (Bezeichnung, Tabulator, Preis):\n";
   cin >> a;
   // ...
}
```

Der Eingabeoperator liest einen Artikel in dem Format ein, in dem ihn der Ausgabeoperator ausgibt. Da die Artikelbezeichnung aus mehreren Wörtern bestehen kann, werden mit getline alle Zeichen bis zum nächsten Tabulator gelesen. Dann wird der Preis eingelesen, und zum Schluss werden mit ignore die restlichen Zeichen bis zum Zeilenende verworfen, damit sie das Einlesen weiterer Artikel nicht stören. Die gezeigte Implementierung ist vergleichsweise simpel, dürfte aber trotzdem in vielen Fällen ausreichen. (Für eine perfekte Definition ist erheblich mehr Aufwand zu treiben.)

Wenn Ein- und Ausgaben nicht nur für den Zeichentyp char, sondern für beliebige Zeichentypen definiert werden sollen, können die beiden Operatoren für eine Klasse X beispielsweise wie folgt überladen werden:

```
class X { /* ... */ };
template<class charT, class traits> basic_ostream<charT, traits>&
      operator<<(basic_ostream<charT, traits>&, const X&);
template<class charT, class traits> basic_istream<charT, traits>&
      operator>>(basic_istream<charT, traits>&, X&);
```

Ein konkretes Beispiel dafür ist auf Seite 336 zu finden.

Dank der Vererbungshierarchie, in der die Streams angeordnet sind, arbeiten die beiden definierten Operatoren auch für Datei- und Stringstreams korrekt.

12.8 Namensdeklarationen

Zur Reduzierung der Übersetzungszeiten von Programmen sollten die Abhängigkeiten zwischen Header-Dateien minimiert werden, indem – sofern möglich – das Einbinden von Header-Dateien durch Namensdeklarationen der in ihnen definierten Klassen ersetzt wird. Dies ist z. B. für ostream und istream (wie auch für string) nicht ohne weiteres möglich, weil es sich bei ihnen um per typedef eingeführte Namen handelt. Die Standardbibliothek bietet mit der Header-Datei <iosfwd> einen Ausweg aus dem Dilemma, so dass in der Header-Datei für eine Klasse Artikel wie folgt verfahren werden kann:

```
#include <iosfwd>;    // statt: class ostream; o. Ä.

class Artikel {
public:
      friend std::ostream& operator<<(std::ostream& os, const Artikel& a);
      friend std::istream& operator>>(std::istream& is, Artikel& a);
      // ...
};
```

Die Header-Datei <iosfwd> beinhaltet unter anderem die folgenden Deklarationen:

```
template<class charT> class char_traits;
template<> class char_traits<char>;
template<class T> class allocator;
template<class charT, class traits = char_traits<charT> > class basic_ios;
template<class charT, class traits = char_traits<charT> > class basic_istream;
template<class charT, class traits = char_traits<charT> > class basic_ostream;
template<class charT, class traits = char_traits<charT> > class basic_iostream;
template<class charT, class traits = char_traits<charT>,
      class Allocator = allocator<charT> > class basic_istringstream;
template<class charT, class traits = char_traits<charT>,
      class Allocator = allocator<charT> > class basic_ostringstream;
template<class charT, class traits = char_traits<charT>,
      class Allocator = allocator<charT> > class basic_stringstream;
template<class charT, class traits = char_traits<charT> > class basic_ifstream;
template<class charT, class traits = char_traits<charT> > class basic_ofstream;
template<class charT, class traits = char_traits<charT> > class basic_fstream;
typedef basic_ios<char> ios;
typedef basic_istream<char> istream;
typedef basic_ostream<char> ostream;
typedef basic_iostream<char> iostream;
typedef basic_istringstream<char> istringstream;
typedef basic_ostringstream<char> ostringstream;
typedef basic_stringstream<char> stringstream;
typedef basic_ifstream<char> ifstream;
typedef basic_ofstream<char> ofstream;
typedef basic_fstream<char> fstream;
```

Darüber hinaus sind Deklarationen für die verschiedenen Streampuffer und Instanzierungen für wchar_t enthalten.

12.9 Manipulatoren

Die Standardbibliothek unterstützt zwei Arten von Manipulatoren, die sich in Bezug auf die Programmierung unterscheiden: Manipulatoren ohne Parameter und Manipulatoren mit mindestens einem Parameter.

12.9.1 Manipulatoren ohne Parameter

In der Header-Datei <ios> sind die Manipulatoren ohne Parameter als Funktionen definiert, z. B.

```
inline ios_base& boolalpha(ios_base& str) {
      str.setf(ios_base::boolalpha);
```

```
        return str;
}
```

Bei einem Aufruf der Form

```
cout << boolalpha;
```

wird boolalpha automatisch in einen Zeiger auf die Funktion boolalpha konvertiert. Dieser Zeiger wird dem als Elementfunktion definiertem Ausgabeoperator der Klasse basic_ostream als Argument übergeben.

```
basic_ostream& operator<<(ios_base& (*pf)(ios_base&))
        { pf(*this); return *this; }
```

Im Rumpf des Ausgabeoperators wird die Funktion boolalpha dann aufgerufen, was wiederum zum Aufruf der Elementfunktion setf für das Ausgabestreamobjekt cout führt. Nacheinander werden demnach die folgenden Funktionsaufrufe generiert:

- cout.operator<<(boolalpha);
- boolalpha(cout);
- cout.setf(ios_base::boolalpha);

Wie üblich wird das Ausgabestreamobjekt, für das der Ausgabeoperator aufgerufen wurde, im Beispiel cout, zurückgegeben, so dass mehrere Ausgabeoperationen verkettet werden können. Der Rumpf der Funktion

```
void ausgeben(double d) {
        cout.setf(ios_base::showpoint);
        cout.setf(ios_base::fixed, ios_base::floatfield);
        cout << d;
}
```

vereinfacht sich unter Verwendung von Manipulatoren zu einer Anweisung:

```
cout << showpoint << fixed << d;
```

Insgesamt bilden jeweils drei Elementfunktionen der Klassen basic_ostream und basic_istream die Schnittstelle für den Aufruf von Manipulatoren. Außer der oben bereits vorgestellten Elementfunktion definiert die Klasse basic_ostream noch zwei weitere:

```
basic_ostream&
        operator<<(basic_ios<charT, traits>& (*pf)(basic_ios<charT, traits>&))
                { pf(*this); return *this; }
basic_ostream& operator<<(basic_ostream& (*pf)(basic_ostream&))
        { return pf(*this); }
```

Die drei Elementfunktionen der Klasse basic_istream sind entsprechend definiert:

```
basic_istream& operator>>(ios_base& (*pf)(ios_base&))
        { pf(*this); return *this; }
basic_istream&
        operator>>(basic_ios<charT, traits>& (*pf)(basic_ios<charT, traits>&))
            { pf(*this); return *this; }
basic_istream& operator>>(basic_istream& (*pf)(basic_istream&))
        { return pf(*this); }
```

Die folgende Tabelle listet die Manipulatoren ohne Parameter aus der Header-Datei <ios> zusammen mit ihrer Wirkung auf.

Manipulator	Wirkung
boolalpha	setf(ios_base::boolalpha);
noboolalpha	unsetf(ios_base::boolalpha);
showbase	setf(ios_base:: showbase);
noshowbase	unsetf(ios_base:: showbase);
showpoint	setf(ios_base::showpoint);
noshowpoint	unsetf(ios_base::showpoint);
showpos	setf(ios_base::showpos);
noshowpos	unsetf(ios_base::showpos);
skipws	setf(ios_base::skipws);
noskipws	unsetf(ios_base::skipws);
uppercase	setf(ios_base::uppercase);
nouppercase	unsetf(ios_base::uppercase);
unitbuf	setf(ios_base::unitbuf)
nounitbuf	unsetf(ios_base::unitbuf)
internal	setf(ios_base::internal, ios_base::adjustfield);
left	setf(ios_base::left, ios_base::adjustfield);
right	setf(ios_base::right, ios_base::adjustfield);
dec	setf(ios_base::dec, ios_base::basefield);
hex	setf(ios_base::hex, ios_base::basefield);
oct	setf(ios_base::oct, ios_base::basefield);
fixed	setf(ios_base::fixed, ios_base::floatfield);
scientific	setf(ios_base::scientific, ios_base::floatfield);

In der Header-Datei <ostream> sind zusätzlich drei Manipulatoren speziell für Ausgabestreams definiert. Am häufigsten dürfte endl eingesetzt werden.

```
template<class charT, class traits> inline
    basic_ostream<charT, traits>& endl(basic_ostream<charT, traits>& os)
        { os.put(os.widen('\n')); return os.flush(); }
```

endl schreibt ein Zeilenendezeichen und leert den Ausgabepuffer. Wenn es nur darum geht, eine Zeile zu beenden, ist die Ausgabe des Zeichens '\n' effizienter.

```
template<class charT, class traits> inline
    basic_ostream<charT, traits>& ends(basic_ostream<charT, traits>& os)
        { return os.put(charT()); }
```

ends schreibt ein „Nullzeichen". Für den Typ char ist dies das Zeichen '\0'.

```
template<class charT, class traits> inline
    basic_ostream<charT, traits>& flush(basic_ostream<charT, traits>& os)
        { return os.flush(); }
```

flush leert den Ausgabepuffer.

Ferner ist in der Header-Datei <istream> der Manipulator ws speziell für Eingabestreams definiert.

```
template<class charT, class traits>
    basic_istream<charT, traits>& ws(basic_istream<charT, traits>& is);
```

ws entfernt solange *White-space*, bis ein Zeichen kommt, das kein *White-space* ist, oder bis das Streamende erreicht wird. Letzteres führt dazu, dass failbit gesetzt wird. Der Rückgabewert ist is.

12.9.2 Manipulatoren mit einem Parameter

In der Header-Datei <iomanip> sind sechs Manipulatoren mit einem Parameter definiert. Die folgende Tabelle führt die Namen der Manipulatoren, deren Parametertyp und die Wirkung auf. Wobei die Wirkung als Aufruf von Elementfunktionen für Ein- beziehungsweise Ausgabestreams beschrieben wird.

Manipulator	Argument	Wirkung
resetiosflags	ios_base::fmtflags mask	setf(ios_base::fmtflags(0), mask)
setiosflags	ios_base::fmtflags mask	setf(mask)
setbase	int base	setf(n == 8 ? ios_base::oct : n == 10 ? ios_base::dec : n == 16 ? ios_base::hex : ios_base::fmtflags(0), ios_base::basefield)
setfill	charT c	fill(c)
setprecision	int n	precision(n)
setw	int n	width(n)

Alle aufgeführten Manipulatoren sind für Ausgabestreams einsetzbar, und mit Ausnahme von setfill kann man sie auch für Eingabestreams benutzen. Der Zeichentyp charT für setfill ist ein Template-Parameter, der in den meisten Fällen mit char instanziert wird.

Einzelne Flags lassen sich mit den dafür vorgesehenen Manipulatoren ohne Parameter einstellen. Mit den Manipulatoren resetiosflags und setiosflags können dagegen mehrere Flags gleichzeitig gelöscht beziehungsweise gesetzt werden, z. B.

```
const ios_base::fmtflags myflags = ios_base::showpoint | ios_base::fixed;
cout << setiosflags(myflags) << d << resetiosflags(myflags) << d;
```

Manipulatoren mit mehreren Parametern kann man auch selbst definieren. Beispielsweise soll cout << replicate('-', 10); zehnmal das Zeichen '-' ausgeben.

```
class replicate {
public:
	replicate(char was, int wie_oft) : c(was), n(wie_oft) { }
	friend ostream& operator<<(ostream& os, const replicate& r) {
		for (int i = 0; i < r.n; ++i) os.put(r.c);
		return os;
	}
private:
	const char c;
	const int n;
};
```

Wie ein Blick in die Header-Datei <iomanip> zeigt, sind die Manipulatoren der Standardbibliothek im Vergleich zu unserem replicate etwas aufwändiger realisiert.

12.10 Positionieren von Streams

Insbesondere für Dateien (siehe Seite 303) sind Funktionen zum Positionieren eines Streams interessant. Die Klasse ios_base definiert zu diesem Zweck einen Typ und drei Konstanten.

```
typedef implementierungsspezifisch seekdir;
```

seekdir ist ein Typ für eine *Aufzählung* und kann demnach als enum oder int implementiert werden. Die Standardbibliothek verlangt von Aufzählungen, dass die zugehörigen Konstanten so definiert werden, dass ihre Werte paarweise verschieden sind. (Im Gegensatz zu Bitmaskentypen können aber zum Teil die gleichen Bits gesetzt sein.) Es gibt drei Konstanten des Typs seekdir.

```
static const seekdir beg;	// beginning
```

Der Streamzeiger wird relativ zum Dateianfang bewegt.

```
static const seekdir cur;    // current
```

Der Streamzeiger wird relativ zur aktuellen Position bewegt.

```
static const seekdir end;    // end
```

Der Streamzeiger wird relativ zum Dateiende bewegt.

Ein Ausgabestream kann mit den von der Klasse basic_ostream bereitgestellten Elementfunktionen positioniert werden. Der Buchstabe p in den Funktionsnamen steht für *„put"*.

```
pos_type tellp();
```

Liefert die aktuelle Position im Ausgabestream. Dies ist im Allgemeinen nicht einfach der Index eines Zeichens, da die logische Position von der absoluten abweichen kann. Beispielsweise wird das Zeilenende in DOS-Dateien durch zwei Zeichen (CR und LF) markiert. Wenn fail() == true ist, gibt die Funktion pos_type(-1) zurück.

```
basic_ostream& seekp(pos_type pos);
```

Positioniert den Ausgabestream auf pos.

```
basic_ostream& seekp(off_type off, ios_base::seekdir dir);
```

Positioniert den Ausgabestream relativ zu dir auf off.

Die Positionierungsfunktionen für Eingabestreams definiert die Klasse basic_istream. Der Buchstabe g in den Funktionsnamen steht für *„get"*.

```
pos_type tellg();
```

Liefert die aktuelle Position im Eingabestream. Wenn fail() == true ist, gibt die Funktion pos_type(-1) zurück.

```
basic_istream& seekg(pos_type pos);
```

Positioniert den Eingabestream auf pos. Wenn dabei etwas schief geht, wird setstate(failbit) aufgerufen.

```
basic_istream& seekg(off_type off, ios_base::seekdir dir);
```

Positioniert den Eingabestream relativ zu dir auf off. Falls dabei ein Fehler auftritt, wird setstate(failbit) aufgerufen.

Für Dateistreams haben seekp und seekg den gleichen Effekt, d. h., es wird jeweils sowohl die Eingabe- als auch die Ausgabeposition gesetzt. Für Stringstreams wird dagegen mittels seekp nur die Schreib- und mittels seekg entsprechend nur die Leseposition neu festgelegt.

Soll eine Streamposition für die spätere Bearbeitung vorgemerkt werden, ist dies z. B. folgendermaßen realisierbar:

```
fstream datei("datei.txt", ios_base::in | ios_base::out);
// ...
const fstream::pos_type p = datei.tellg();
if (p != fstream::pos_type(-1)) {
    // ...
    datei.seekg(p);
}
```

Für cin und cout sind die Positionierungsfunktionen nicht sinnvoll aufrufbar, obwohl ein Aufruf syntaktisch möglich ist. Das Design der Streamklassen ist in dieser Hinsicht nicht perfekt.

12.11 Streams für Dateien

Zum Bearbeiten von Dateien stellt die Standardbibliothek in der Header-Datei <fstream> Streams für Dateien zur Verfügung. Mit Hilfe der Klasse basic_ofstream kann man Daten in eine Datei schreiben, mit basic_ifstream aus einer Datei lesen und mit basic_fstream kann man beides. Die public Schnittstellen der drei Klassen unterscheiden sich lediglich in Bezug auf die Standardargumente für den Dateiöffnungsmodus (Parameter mode).

12.11.1 Modi zum Öffnen von Dateien

Die verschiedenen Modi zum Öffnen von Dateien sind als Konstanten des Typs openmode in der Klasse ios_base definiert.

```
typedef implementierungsspezifisch openmode;
```

Der Typ openmode ist wie fmtflags ein Bitmaskentyp.

```
static const openmode app;    // append
```

Vor jeder Ausgabeoperation wird der Streamzeiger an das Ende der Datei bewegt. Dadurch werden neue Daten an die Datei angehängt.

```
static const openmode ate;    // at end
```

Nach dem Öffnen einer Datei wird der Streamzeiger sofort an das Ende der Datei gestellt.

```
static const openmode binary;
```

Ein- und Ausgabeoperationen erfolgen im Binär- statt im Textmodus, d. h. spezielle Zeichen wie das Zeilenende werden nicht systemspezifisch konvertiert.

```
static const openmode in;    // input
```

Für Eingabeoperationen öffnen.

```
static const openmode out;    // output
```

Für Ausgabeoperationen öffnen.

```
static const openmode trunc;    // truncate
```

Beim Öffnen den alten Dateiinhalt verwerfen.

Die folgende Tabelle enthält die zulässigen Kombinationen. Zusätzlich können jeweils ate und/oder binary gesetzt werden.

in	out	trunc	app
	✓		
	✓		✓
	✓	✓	
✓			
✓	✓		
✓	✓	✓	

Es gibt keine Elementfunktion, mit der man den Modus abfragen kann, in dem ein Stream geöffnet wurde.

12.11.2 Die Header-Datei <fstream>

Die Dateistreams sind in der Header-Datei <fstream> folgendermaßen definiert.

```
template<class charT, class traits = char_traits<charT> > class basic_filebuf;

template<class charT, class traits = char_traits<charT> >
class basic_ofstream : public basic_ostream<charT, traits> {
public:
    typedef charT char_type;
    typedef typename traits::int_type int_type;
    typedef typename traits::pos_type pos_type;
    typedef typename traits::off_type off_type;
    typedef traits traits_type;
    basic_ofstream();
    explicit basic_ofstream(const char* s,
        ios_base::openmode mode = ios_base::out);
    bool is_open();
    void open(const char* s, ios_base::openmode mode = ios_base::out);
    void close();
```

```
        basic_filebuf<charT, traits>* rdbuf() const;
};

template<class charT, class traits = char_traits<charT> >
class basic_ifstream : public basic_istream<charT, traits> {
public:
        typedef charT char_type;
        typedef typename traits::int_type int_type;
        typedef typename traits::pos_type pos_type;
        typedef typename traits::off_type off_type;
        typedef traits traits_type;
        basic_ifstream();
        explicit basic_ifstream(const char* s,
                ios_base::openmode mode = ios_base::in);
        bool is_open();
        void open(const char* s, ios_base::openmode mode = ios_base::in);
        void close();
        basic_filebuf<charT, traits>* rdbuf() const;
};

template<class charT, class traits=char_traits<charT> >
class basic_fstream : public basic_iostream<charT, traits> {
public:
        typedef charT char_type;
        typedef typename traits::int_type int_type;
        typedef typename traits::pos_type pos_type;
        typedef typename traits::off_type off_type;
        typedef traits traits_type;
        basic_fstream();
        explicit basic_fstream(const char* s,
                ios_base::openmode mode = ios_base::in | ios_base::out);
        bool is_open();
        void open(const char* s,
                ios_base::openmode mode = ios_base::in | ios_base::out);
        void close();
        basic_filebuf<charT, traits>* rdbuf() const;
};

typedef basic_ofstream<char> ofstream;
typedef basic_ifstream<char> ifstream;
typedef basic_fstream<char> fstream;
```

Zum Öffnen einer Datei kann man entweder dem Konstruktor den Dateinamen übergeben oder später die Elementfunktion open aufrufen, die die gleichen Parameter besitzt. Mit der Elementfunktion is_open[1] lässt sich feststellen, ob der Stream mit einer geöffneten Datei verbunden ist. Und mit der Elementfunktion

[1] Die Elementfunktion is_open sollte unseres Erachtens ebenso wie rdbuf als const deklariert sein.

close kann man die zugehörige Datei schließen. Dies ist nur notwendig, wenn die Datei geschlossen werden muss, bevor das Streamobjekt per Destruktor zerstört wird; sonst schließt der Destruktor die Datei automatisch. Das folgende Programm demonstriert den Einsatz der Funktionen.

streams/fstreams.cpp

```
#include <fstream>
#include <iostream>
using namespace std;

int main() {
   const char*const dateiname = "datei.txt";
   ofstream out(dateiname, ios_base::out | ios_base::trunc);
   if (out.is_open()) {
      out << 123;
      out.close();
      ifstream in;
      in.open(dateiname);
      if (in) {
         int i;
         in >> i;
         cout << "In " << dateiname << " steht: " << i << endl;
      }
   } // der Effekt von in.close(); wird automatisch erzielt
}
```

Das Programm erzeugt die Ausgabe:

```
In datei.txt steht: 123
```

Wie das folgende Programm zeigt, ist die gleiche Funktionalität auch mit nur einem Dateistream des Typs fstream realisierbar.

streams/fstreams2.cpp

```
#include <fstream>
#include <iostream>
using namespace std;

int main() {
   const char*const dateiname = "datei.txt";
   fstream datei(dateiname, ios_base::in | ios_base::out | ios_base::trunc);
   if (!datei)
      cerr << "Fehler beim Öffnen der Datei " << dateiname << endl;
   else {
      datei << 123;
      datei.seekg(0, ios_base::beg); // an den Dateianfang gehen
      int i;
      datei >> i;
      cout << "In " << dateiname << " steht: " << i << endl;
   }
```

```
}
```

Wenn ein Objekt des Typs fstream wie hier zum abwechselnden Schreiben und Lesen einer Datei benutzt wird, ist häufig unklar, an welcher Position Schreib- oder Leseoperationen wirken. In solchen Fällen kann man durch Aufrufe der Elementfunktionen seekg und seekp für Klarheit sorgen, damit nicht unerwünschte Effekte auftreten.

12.12 Streams für Strings

Der Streammechanismus kann auch dazu eingesetzt werden, einzelne Zeichen in Strings zu schreiben oder aus ihnen zu lesen. Dies ist insbesondere zum Konvertieren von Zahlen in Strings und umgekehrt sowie zur zeilenweisen Bearbeitung interessant. Die Standardbibliothek definiert stringbasierte Streams in der Header-Datei <sstream>.

```
template<class charT, class traits = char_traits<charT>,
      class Allocator = allocator<charT> > class basic_stringbuf;

template<class charT, class traits = char_traits<charT>,
      class Allocator = allocator<charT> >
class basic_ostringstream : public basic_ostream<charT, traits> {
public:
      typedef charT char_type;
      typedef typename traits::int_type int_type;
      typedef typename traits::pos_type pos_type;
      typedef typename traits::off_type off_type;
      typedef traits traits_type;
      explicit basic_ostringstream(ios_base::openmode which = ios_base::out);
      explicit basic_ostringstream(const basic_string<charT, traits, Allocator>& str,
            ios_base::openmode which = ios_base::out);
      basic_string<charT, traits, Allocator> str() const;
      void str(const basic_string<charT, traits, Allocator>& s);
      basic_stringbuf<charT, traits, Allocator>* rdbuf() const;
};

typedef basic_ostringstream<char> ostringstream;
```

Üblicherweise wird ein basic_ostringstream-Objekt mit dem Standardkonstruktor erzeugt. Dann werden mit den für alle Ausgabestreams definierten Funktionen Schreiboperationen ausgeführt, und zuletzt holt man sich das Ergebnis mit einem Aufruf der const Elementfunktion str.

Es ist auch möglich, ein basic_ostringstream-Objekt mit einem String zu initialisieren oder ihm später durch einen Aufruf der nicht const Elementfunktion str einen String zuzuweisen. Mit Hilfe des Parameters which vom Typ ios_base::openmode kann man z. B. wie bei Dateien dafür sorgen, dass neue Zeichen angehängt werden.

```
template<class charT, class traits = char_traits<charT>,
        class Allocator = allocator<charT> >
class basic_istringstream : public basic_istream<charT, traits> {
public:
        typedef charT char_type;
        typedef typename traits::int_type int_type;
        typedef typename traits::pos_type pos_type;
        typedef typename traits::off_type off_type;
        typedef traits traits_type;
        explicit basic_istringstream(ios_base::openmode which = ios_base::in);
        explicit basic_istringstream(const basic_string<charT, traits, Allocator>& str,
                ios_base::openmode which = ios_base::in);
        basic_string<charT, traits, Allocator> str() const;
        void str(const basic_string<charT, traits, Allocator>& s);
        basic_stringbuf<charT, traits, Allocator>* rdbuf() const;
};

typedef basic_istringstream<char> istringstream;
```

Ein basic_istringstream-Objekt wird üblicherweise mit einem String initialisiert. Dann werden mit den für alle Eingabestreams definierten Funktionen Leseoperationen ausgeführt. Durch einen Aufruf der nicht const deklarierten Elementfunktion str kann man später einen neuen String zuweisen. Ein Aufruf der const Elementfunktion str liefert den zugrunde liegenden String. Ein mit dem Standardkonstruktor erzeugtes basic_istringstream-Objekt ist leer.

```
template<class charT, class traits = char_traits<charT>,
        class Allocator = allocator<charT> >
class basic_stringstream : public basic_iostream<charT, traits> {
public:
        typedef charT char_type;
        typedef typename traits::int_type int_type;
        typedef typename traits::pos_type pos_type;
        typedef typename traits::off_type off_type;
        typedef traits traits_type;
        explicit basic_stringstream
                (ios_base::openmode which = ios_base::out | ios_base::in);
        explicit basic_stringstream(const basic_string<charT, traits, Allocator>& str,
                ios_base::openmode which = ios_base::out | ios_base::in);
        basic_string<charT, traits, Allocator> str() const;
        void str(const basic_string<charT, traits, Allocator>& str);
        basic_stringbuf<charT, traits, Allocator>* rdbuf() const;
};

typedef basic_stringstream<char> stringstream;
```

Die Klasse basic_stringstream vereinigt die Eigenschaften der beiden Klassen basic_ostringstream und basic_istringstream, so dass der zugehörige String sowohl beschrieben als auch gelesen werden kann.

Das folgende Programm demonstriert den Einsatz von Stringstreams zum Konvertieren von Zahlen in Strings und umgekehrt.

streams/stringstreams.cpp

```
#include <iomanip>
#include <iostream>
#include <sstream>
#include <string>
using namespace std;

string EUR(double betrag) {
   ostringstream os;
   os << setprecision(2) << fixed << showpoint << betrag << " EUR";
   return os.str();
}

double EUR2Double(const string& euro) {
   double betrag;
   istringstream(euro) >> betrag;
   return betrag;
}

int main() {
   const string euro = EUR(48.5);
   cout << euro << endl;
   cout << EUR2Double(euro) << endl;
}
```

Im Beispiel wird der Wert 48.5 des Typs double mit der Funktion EUR in einen String mit dem Wert "48.50 EUR" konvertiert und anschließend mit der Funktion DM2Double wieder zurück in einen double. Entsprechend lautet die Ausgabe des Programms:

```
48.50 EUR
48.5
```

Ein weiteres Beispiel für den Einsatz von basic_ostringstream ist auf Seite 336 zu finden.

12.13 Aufgaben

1. Versuchen Sie, mit einem C++-Programm einen Text auf einem Drucker auszudrucken. Definieren Sie einen Manipulator ff, der einen Seitenvorschub („*Formfeed*“) auslöst und den Ausgabepuffer leert.

2. Entwickeln Sie ein Programm, mit dem beliebige Dateien angezeigt werden können. Benutzen Sie für die Ausgabe des Dateiinhalts z. B. das folgende Zeilenformat:

```
00000000 | 80 01 88 04 00 00 25 21 50 53 2D 41 64 6F 62 65 | Ç.ê...%!PS-Adobe
```

Die erste Spalte gibt die Position des ersten Zeichens der Zeile an. Dann folgen 16 Werte, die jeweils die Nummer eines Zeichens im ASCII-Zeichensatz mitteilen. In der letzten Spalte stehen die zugehörigen ASCII-Zeichen, wobei Steuerzeichen als Punkt dargestellt werden.

3. Wie kann man mit einer einzigen Anweisung eine komplette Datei in einen String einlesen?

4. Wie überlädt man den Ausgabeoperator für abgeleitete Klassen „virtuell"? Beispielsweise arbeitet der Ausgabeoperator für Objekte der Klasse A hier nicht wie gewünscht:

```
class B {
public:
	B(int i) : b(i) { }
	friend ostream& operator<<(ostream& os, const B& b) { return os << b.b; }
private:
	int b;
};

class A : public B {
public:
	A(int i, int j) : B(i), a(j) { }
	friend ostream& operator<<(ostream& os, const A& a)
		{ return os << B(a) << " und " << a.a; }
private:
	int a;
};

inline void test(const B& x) { cout << x << endl; }

int main() {
	A a(1, 2);
	test(a);
}
```

Das Beispiel produziert die Ausgabe 1, anstatt 1 und 2 auszugeben.

5. Schreiben Sie ein Programm, das eine Datei kopiert.

6. Wie kann man die Größe einer Datei bestimmen?

7. Versuchen Sie, einen Wert des Typs double binär in einer Datei zu speichern und anschließend wieder einzulesen.

13 Weitere Komponenten der C++-Standardbibliothek

In diesem Kapitel stellen wir die Bibliotheksklassen auto_ptr, bitset, vector<bool>, complex, numeric_limits und valarray vor.

13.1 auto_ptr

Innerhalb einer Funktion soll ein Objekt einer Klasse X mit new auf dem *Heap* erzeugt und vor Verlassen der Funktion mit delete wieder zerstört werden. Ein erster Ansatz zur Implementierung einer derartigen Funktion könnte wie folgt aussehen:

```
void test() {
	X* zx = new X;
	// ...
	delete zx;
}
```

Das Problem dabei ist, dass vor delete (bei den durch // ... angedeuteten Anweisungen) eine Ausnahme ausgeworfen werden könnte. Dies führt dazu, dass die Funktion vorzeitig verlassen wird, ohne delete aufzurufen. Es entsteht dann ein „Speicherleck", weil der Speicher für das X-Objekt nicht mehr freigegeben werden kann. Beheben lässt sich das Problem beispielsweise folgendermaßen:

```
void test() {
	X* zx = new X;
	try {
		// ... potenzielle Ausnahme
	} catch(...) {
		delete zx;
		throw;
	}
	delete zx;
}
```

Der zweifache Aufruf von delete ist allerdings nicht schön. Ein besserer Ansatz, um Ressourcen und insbesondere Zeiger ausnahmesicher zu verwalten, besteht in der Definition einer Klasse, deren Destruktor die Ressourcen automatisch wieder freigibt. Dabei wird ausgenutzt, dass für alle auf dem Stack angelegten „automatischen" Objekte der Destruktor beim Verlassen einer Funktion auf normalem Weg ebenso aufgerufen wird wie beim *Stack-unwinding* infolge einer ausgeworfenen Ausnahme.

```
template<class T>
class Zeiger {
public:
	Zeiger(T* t) : z(t) { }
	~Zeiger() { delete z; }
	// ...
private:
	T* z;
};

void test() {
	Zeiger<X> zx(new X);
	// ... potenzielle Ausnahme
}	// automatischer Aufruf des Destruktors für zx
```

Damit sich ein Zeigerobjekt wie zx wie ein gewöhnlicher Zeiger verhält, sind die Operatoren * und -> noch geeignet zu überladen. Außerdem muss man sich über das Kopieren solcher Zeigerobjekte Gedanken machen: Sollten nämlich einmal mehrere Zeiger gleichzeitig auf dasselbe Objekt verweisen, wird unter Umständen versucht, ein bereits zerstörtes Objekt nochmals zu zerstören. Eine verhältnismäßig aufwändige Lösung für das Problem stellen Referenzzähler dar (vgl. Abschnitt 11.3). Einfacher ist, Kopien durch private Deklaration von Copy-Konstruktor und Zuweisungsoperator zu unterbinden.

Die Standardbibliothek wählt bei der Definition der Klasse auto_ptr – dem Pendant zu unserer Klasse Zeiger – einen Mittelweg und lässt Kopien mit Einschränkungen zu, damit Funktionen solche Zeigerobjekte als Rückgabewert liefern können. Die Hauptaufgabe eines *Auto-Pointer* besteht darin, einen Zeiger auf ein mittels new kreiertes Objekt zu speichern und das Objekt mit delete zu zerstören, wenn der *Auto-Pointer* selbst zerstört wird. Die Definition der Klasse auto_ptr befindet sich in der Header-Datei <memory>.

```
template<class X> class auto_ptr;

template<class Y>
class auto_ptr_ref {
	friend class auto_ptr<Y>;
	auto_ptr<Y>& p;
	explicit auto_ptr_ref(auto_ptr<Y>& a) : p(a) { }
};

template<class X>
class auto_ptr {
public:
	typedef X element_type;
	explicit auto_ptr(X* p = 0) throw() : ptr(p) { }
	template<class Y> auto_ptr(auto_ptr<Y>& a) throw() : ptr(a.release()) { }
	auto_ptr(auto_ptr& a) throw() : ptr(a.release()) { }
	auto_ptr(auto_ptr_ref<X> r) throw() : ptr(r.p.release()) { }
	~auto_ptr() throw() { delete get(); }
```

```
    template<class Y> auto_ptr& operator=(auto_ptr<Y>& a) throw()
        { reset(a.release()); return *this; }
    auto_ptr& operator=(auto_ptr& a) throw()
        { reset(a.release()); return *this; }
    auto_ptr& operator=(auto_ptr_ref<X> r) throw()
        { reset(r.p.release()); return *this; }
    X& operator*() const throw() { return *get(); }
    X* operator->() const throw() { return get(); }
    X* get() const throw() { return ptr; }
    X* release() throw() { X* tmp = get(); ptr = 0; return tmp; }
    void reset(X* p = 0) throw() { if (get() != p) { delete get(); ptr = p; } }
    template<class Y> operator auto_ptr<Y>() throw()
        { return auto_ptr<Y>(release()); }
    template<class Y> operator auto_ptr_ref<Y>() throw()
        { return auto_ptr_ref<Y>(*this); }
private:
    X* ptr;
};
```

Die Klasse auto_ptr arbeitet nach dem *Highlander*-Motto: „Es kann nur einen geben!“ Das heißt, das Objekt, auf das ein *Auto-Pointer* zeigt, gehört ihm. Beim Kopieren eines *Auto-Pointer* wird der enthaltene Zeiger kopiert, und der Objektbesitz geht vom Original über an die Kopie. Der kopierte *Auto-Pointer* verliert das Objekt, indem sein Zeiger auf 0 gesetzt wird. Es gibt also wieder nur einen *Auto-Pointer*, der das Objekt referenziert.

auto_ptr<int> a(new int(5));	a ⟶ [5]
auto_ptr<int> b = a;	a ⟶ 0 b ⟶ [5]

Da der Konstruktor als explicit deklariert ist, kann ein *Auto-Pointer* nicht in der Form auto_ptr<int> a = new int(5); definiert werden. Falls zwei oder mehr *Auto-Pointer* dasselbe Objekt referenzieren, ist das Programmverhalten nicht definiert. Konstrukte der folgenden Art sind daher zu vermeiden:

```
int* z = new int;
auto_ptr<int> a1(z), a2(z);    // schlecht – siehe Text
```

Damit der als *Member-Template* definierte Konstruktor und Zuweisungsoperator korrekt arbeiten, muss Y* implizit nach X* konvertierbar sein. Mit den beiden Klassen

```
class B { /* ... */ };
class A : public B { /* ... */ };
```

sind dann die üblichen Zeigerkonversionen von der abgeleiteten Klasse auf die Basisklasse auch für die entsprechenden *Auto-Pointer* definiert:

```
auto_ptr<A> za1(new A), za2(new A);
auto_ptr<B> zb1(za1), zb2;
zb2 = za2;
```

Da operator* keine Nullreferenz liefern kann, muss bei seinem Aufruf get() einen Wert ungleich 0 liefern. Für die beiden überladenen Zuweisungsoperatoren und den Destruktor muss der Ausdruck delete get() definiert sein, mit dem das Objekt zerstört wird.

Da Copy-Konstruktor und Zuweisungsoperator der Klasse auto_ptr ihr Argument modifizieren müssen, können sie im Gegensatz zur sonst üblichen Definition nicht mit const Referenzen arbeiten. Die Folge ist, dass const *Auto-Pointer* nicht kopierbar sind. Um trotzdem Funktionsparameter und -rückgabewerte des Typs auto_ptr verwenden zu können, wird die Hilfsklasse auto_ptr_ref für implizite Konversionen benutzt. Da alle Elemente der Klasse auto_ptr_ref private deklariert sind, kann nur die friend-Klasse auto_ptr auto_ptr_ref-Objekte erzeugen. Die kritischen Fälle, die bei der Implementierung der Klasse auto_ptr so viele Probleme bereiten, sind:

```
auto_ptr<int> f() { return auto_ptr<int>(new int(1)); }
auto_ptr<int> a(f());

struct B { };
struct A : B { };
auto_ptr<A> g() { return auto_ptr<A>(new A); }
auto_ptr<B> b(g());
```

Die Rückgabe eines *Auto-Pointer* stellt einen eleganten Weg dar, Speicher für ein Objekt innerhalb einer Funktion mit new zu reservieren und sicherzustellen, dass dieser Speicher auch wieder freigegeben wird. Das funktioniert sogar, wenn der Rückgabewert ignoriert wird.

Die Definition der Klasse auto_ptr_ref kann nicht in die Klasse auto_ptr eingebettet werden, weil dann bei der Initialisierung von b versucht wird, ein Objekt des Typs auto_ptr<A>::auto_ptr_ref<B> nach auto_ptr<B>::auto_ptr_ref<B> zu konvertieren, was nicht möglich ist.

Ein *Auto-Pointer* kann nicht im üblichen Sinn kopiert werden, weil Original und Kopie nicht gleich sind. Deshalb sind *Auto-Pointer* weder *copy-constructible* noch *assignable* (siehe Seite 2). ***Auto-Pointer* eignen sich somit nicht als Elemente für Containerklassen.** Außerdem ist bei der Deklaration von Funktionsparametern Vorsicht geboten. Eine Funktion der Art

```
void f(auto_ptr<int> a) { /* ... */ }    // Vorsicht – siehe Text
```

kopiert das Argument, d. h. bei einem Aufruf der Funktion verliert der „Aufrufer" das Objekt (siehe auch Aufgabe 3). Richtig eingesetzt stellt dies eine sinnvolle Technik dar.

Auto-Pointer sind auch als Datenelemente einsetzbar. Bei einer *Handle/Body*-Implementierung entfällt so die Notwendigkeit, einen Destruktor für die *Handle*-Klasse zu definieren, z. B.

```
// Header-Datei handle.h
#include <memory>

class Handle {
public:
        Handle();
        // ...
private:
        struct Body;
        std::auto_ptr<Body> b;
};

// Implementierungsdatei handle.cpp
#include "handle.h"

struct Handle::Body { /* ... */ };

Handle::Handle() : b(new Body) { }
```

Überraschenderweise generiert der Compiler für die Klasse Handle bei Bedarf automatisch Copy-Konstruktor und Zuweisungsoperator. Dabei setzt er als Parametertyp nicht wie üblich const Handle& sondern Handle& ein. Denn nur so lässt sich der eingebettete *Auto-Pointer* kopieren, wobei das kopierte Objekt den Zeiger verliert. Wenn dieses Verhalten nicht sinnvoll ist, müssen entweder geeignete Definitionen für Copy-Konstruktor und Zuweisungsoperator bereitgestellt werden oder unbeabsichtigtem Kopieren wird mittels private-Deklaration der beiden Elementfunktionen vorgebeugt.

Bei einer Klasse mit mehreren Zeigerdatenelementen sorgen *Auto-Pointer* dafür, dass auch im Falle des Auswurfs einer Ausnahme durch einen Konstruktor (im folgenden Beispiel der von B) bereits reservierter Speicher (hier für a) korrekt freigegeben wird:

```
class X {
public:
        X() : a(new A), b(new B) { }
private:
        auto_ptr<A> a;
        auto_ptr<B> b;
};
```

Das folgende Beispielprogramm demonstriert einige Elementfunktionen der Klasse auto_ptr anhand einer benutzerdefinierten Klasse X, die mit Hilfe von Ausgabeanweisungen in Konstruktor und Destruktor das Nachvollziehen des Programmablaufs ermöglicht. Möchte man einem *Auto-Pointer* einen neuen Wert zuweisen, kann man dies nicht in der Form a = new X(3); tun, sondern muss wie im Beispiel a.reset(new X(3)); oder a = auto_ptr<X>(new X(3)); schreiben. Im Unterschied zur Elementfunktion get gibt release das Objekt auf, so dass es explizit mit delete zu zerstören ist. Die überladenen Operatoren * und -> sorgen dafür, dass ein *Auto-Pointer* wie ein gewöhnlicher Zeiger einsetzbar ist.

weitere/auto_ptr.cpp

```
#include <iostream>
#include <memory>
using namespace std;

class X {
public:
   X(int ii = 0) : i(ii) { cout << "X::X " << this << endl; }
   ~X() { cout << "X::~X " << this << endl; }
   void f() { cout << "X::f" << endl; }
   friend ostream& operator<<(ostream& os, const X& x) { return os << x.i; }
private:
   int i;
};

int main() {
   auto_ptr<X> a(new X(1)), b(new X(2));
   a->f();
   b = a;
   cout << *b << endl;
   a.reset(new X(3));
   X* x = a.get();
   x->f();
   X* y = a.release();
   delete y;
}
```

Das Programm erzeugt eine Ausgabe der folgenden Art, wobei die konkreten Speicheradressen keine Rolle spielen. Sie dienen lediglich dem Nachweis, dass alle erzeugten Objekte auch wieder zerstört werden.

```
X::X 007D34C8
X::X 007D3628
X::f
X::~X 007D3628
1
X::X 007D3628
X::f
X::~X 007D3628
X::~X 007D34C8
```

Ein const auto_ptr<int> cai(new int(1)); verhält sich wie ein konstanter Zeiger, d. h., der Wert des Objekts, auf das der *Auto-Pointer* verweist, kann beispielsweise mittels *cai = 3; modifiziert werden. Damit das Objekt nicht modifizierbar ist, muss der *Auto-Pointer* mit dem Typ const int instanziert werden. Des Weiteren besitzen konstante *Auto-Pointer* die gute Eigenschaft, dass sie nicht kopierbar sind, so führt beispielsweise auto_ptr<int> ai(cai); zu einem Übersetzungsfehler.

Bemerkung: Die Klasse auto_ptr war in der Vergangenheit des Öfteren Gegenstand heftiger Diskussionen und wurde mehrfach überarbeitet. Ältere Implementierungen unterscheiden sich daher erheblich von der aktuellen.

13.2 bitset

Zum Platz sparenden Verwalten von Statusinformationen kann man z. B. die einzelnen Bits eines unsigned long benutzen, die mit Hilfe der Bitoperatoren &, |, ^, << und >> manipuliert werden. Die Standardbibliothek unterstützt derartige Anwendungen durch die Bereitstellung der Klasse bitset. Im Gegensatz zu einem unsigned long, bei dem die Anzahl der Bits systembedingt festgelegt ist, wird die Anzahl der in einem bitset zu verwaltenden Bits mittels Template-Argument bestimmt. Außerdem stehen zahlreiche Funktionen zur Verfügung, die die Arbeit mit bitset-Objekten erleichtern. Die Klasse ist in der Header-Datei <bitset> definiert.

```
template<size_t N>
class bitset {
public:
        // ...
};
```

Die Klasse bitset verwaltet eine Menge von N Bits, wobei die Anzahl N als Template-Argument zur Übersetzungszeit festgelegt wird und somit zur Laufzeit nicht mehr geändert werden kann. (Flexibler ist in dieser Hinsicht die Klasse vector<bool>, siehe Seite 323.) Jedes Bit hat entweder den Wert 0 oder 1. Die Nummerierung der Bits beginnt rechts bei 0 und geht bis N-1.

Im Folgenden werden die Elementfunktionen beschrieben, die für // ... in den Rumpf der Klasse einzufügen sind.

```
bitset();
```

Der Standardkonstruktor initialisiert alle Bits mit 0.

```
bitset(unsigned long val);
```

Der zweite Konstruktor setzt nur die Bits auf 1, die im Argument val gesetzt sind. Beispielsweise enthält b nach der Konstruktion mittels bitset<5> b(6); die Bits 00110. Wenn N kleiner ist als die Anzahl der Bits von val, werden nur N Bits übernommen, z. B. ergibt bitset<5> a(062); die Bits 10010.

```
template<class charT, class traits, class Allocator>
explicit bitset(
    const basic_string<charT, traits, Allocator>& str,
    typename basic_string<charT, traits, Allocator>::size_type pos = 0,
    typename basic_string<charT, traits, Allocator>::size_type
        n = basic_string<charT, traits, Allocator>::npos);
```

Der dritte Konstruktor setzt die Bits gemäß der übergebenen Zeichenkette. Mit pos kann der Index des ersten Zeichens und mit n die Anzahl der Zeichen festgelegt werden. Der so bestimmte Teilstring darf nur aus Nullen und Einsen bestehen. Sind andere Zeichen als '0' und '1' enthalten, wird eine Ausnahme des Typs invalid_argument ausgeworfen. Wenn pos > str.size() ist, wird eine Ausnahme des Typs out_of_range ausgeworfen. Die folgende Tabelle gibt Beispiele an, wobei string s("11001101"); vorausgesetzt wird.

bitset<7> b1(s);	1100110
bitset<8> b2(s);	11001101
bitset<9> b3(s);	011001101
bitset<5> b4(s, 3);	01101
bitset<5> b5(s, 3, 5);	01101

Ist wie bei b1 der String zu lang, werden nur die ersten Zeichen berücksichtigt. Wenn der String dagegen wie bei b3 kürzer ist, wird links mit Nullen aufgefüllt.

Eine Initialisierung der Art bitset<5> b6("1101"); ist nicht möglich, weil der Konstruktor als *Member-Template* definiert ist und deshalb eine exakte Übereinstimmung von Parameter- und Argumenttyp vorliegen muss. Dies war sicherlich nicht beabsichtigt, und es kann damit gerechnet werden, dass die Klasse zukünftig um einen Konstruktor für den Typ const char* erweitert wird. Bis dahin muss man sich wohl oder übel mit bitset<5> b6(string("1101")); behelfen. Aus dem gleichen Grund sind Zuweisungen der Art b6 = "11010" unzulässig.

Zusätzlich zu den aufgeführten Elementfunktionen generiert der Compiler automatisch den Destruktor, den Copy-Konstruktor und den Zuweisungsoperator für die Klasse.

```
bitset& set();
```

Mit a.set() werden alle Bits des bitset-Objekts a auf 1 gesetzt. Der Rückgabewert ist *this.

```
bitset& set(size_t i, bool val = true);
```

Das Bit mit Index i erhält den Wert 0, wenn val gleich false ist und sonst den Wert 1. Wenn i einen Wert außerhalb des zulässigen Bereichs [0, N) besitzt, wird eine Ausnahme des Typs out_of_range ausgeworfen. Der Rückgabewert ist *this.

```
bitset& reset();
```

Mit a.reset() werden alle Bits von a auf 0 gesetzt. Der Rückgabewert ist *this.

```
bitset& reset(size_t i);
```

Das Bit mit Index i erhält den Wert 0. Wenn i einen Wert außerhalb des zulässigen Bereichs [0, N) besitzt, wird eine Ausnahme des Typs out_of_range ausgeworfen. Der Rückgabewert ist *this.

```
bitset& flip();
```

Negiert alle Bits, d. h. aus 1 wird 0 und aus 0 wird 1. Der Rückgabewert ist *this.

```
bitset& flip(size_t i);
```

Negiert das Bit mit Index i. Wenn i einen Wert außerhalb des zulässigen Bereichs [0, N) besitzt, wird eine Ausnahme des Typs out_of_range ausgeworfen. Der Rückgabewert ist *this.

```
bitset operator~() const { return bitset(*this).flip(); }
```

~a liefert ein bitset-Objekt, dessen Bits komplementär zu a gesetzt sind.

```
class reference {
public:
    ~reference();
    reference& operator=(bool x);                   // für b[i] = x;
    reference& operator=(const reference&);         // für b[i] = b[j];
    bool operator~() const;                         // für ~b[i]
    operator bool() const;                          // für x = b[i]; und if(b[i]) ...
    reference& flip();                              // für b[i].flip();
private:
    friend class bitset;
    reference();
    // ...
};

reference operator[](size_t i);
bool operator[](size_t i) const;
```

Weil es nicht möglich ist, ein einzelnes Bit mit einem Zeiger oder einer Referenz zu adressieren, wird zu diesem Zweck die Hilfsklasse bitset::reference definiert. Der erste Indexoperator liefert ein Objekt dieser Hilfsklasse, das als Referenz auf das Bit mit Index i fungiert. Da die Bits von rechts nach links durchnummeriert werden, entspricht b[i] dem Bit, das mit 1 << i beziehungsweise 2^i berechenbar ist. Die Kommentare innerhalb der Klassendefinition geben an, für welche Operationen die Elementfunktionen eingesetzt werden. Dabei ist b ein Objekt der Klasse bitset. Wenn i einen Wert außerhalb des zulässigen Bereichs [0, N) besitzt, wird eine Ausnahme des Typs out_of_range ausgeworfen. Für bitset-Objekte, die const sind, ist der zweite Indexoperator gedacht. Falls bei älteren

Implementierungen die const-Version noch fehlt, kann stattdessen die Elementfunktion test (siehe unten) benutzt werden.

```
unsigned long to_ulong() const;
```

Die Konversionsfunktion to_ulong ist das Gegenstück zum entsprechenden Konstruktor. Falls das Bitmuster einen Wert repräsentiert, der nicht in einem unsigned long darstellbar ist – wenn also zu viele Bits gesetzt sind –, wird eine Ausnahme des Typs overflow_error ausgeworfen.

```
template<class charT, class traits, class Allocator>
    basic_string<charT, traits, Allocator> to_string() const;
```

Die zweite Konversionsfunktion wandelt das Bitmuster in einen string um, der N Zeichen enthält, die entweder den Wert '0' oder '1' besitzen. Der Aufruf dieser als *Member-Template* definierten Elementfunktion erfordert eine spezielle Syntax, weil die Typen anzugeben sind, z. B. b.template to_string<char, char_traits<char>, allocator<char> >(). (Bei älteren Implementierungen kann man stattdessen einfach b.to_string() schreiben.)

```
size_t count() const;
```

count liefert die Anzahl der gesetzten Bits.

```
size_t size() const;
```

size liefert die Anzahl aller Bits, also den Wert des Template-Arguments N.

```
bool test(size_t i) const;
```

a.test(i) liefert true, wenn das Bit mit Index i gesetzt ist. Falls i einen Wert außerhalb des zulässigen Bereichs [0, N) besitzt, wird eine Ausnahme des Typs out_of_range ausgeworfen. (Falls bei einer älteren Implementierung noch keine const-Version des Indexoperators zur Verfügung steht, muss man cb.test(i) statt cb[i] für ein const bitset-Objekt cb aufrufen.)

```
bool any() const;
```

any gibt true zurück, wenn mindestens ein Bit gesetzt ist.

```
bool none() const;
```

none liefert true, wenn kein Bit gesetzt ist.

```
bool operator==(const bitset& rhs) const;
```

a == b ergibt true, wenn sämtliche Bits von a und b übereinstimmen.

```
bool operator!=(const bitset& rhs) const;
```

a != b ergibt true, wenn mindestens ein Bit von a und b verschieden gesetzt ist.

```
bitset& operator<<=(size_t n);
bitset operator<<(size_t n) const { return bitset(*this) <<= n; }
```

a <<= n verschiebt die Bits von a um n Stellen nach links. Dabei „fallen" die n höchsten Bits heraus und von rechts wird mit n Nullen aufgefüllt. Der Operator gibt *this zurück. Basierend auf <<= wird << für Ausdrücke der Art a << n definiert.

```
bitset& operator>>=(size_t n);
bitset operator>>(size_t n) const { return bitset(*this) >>= n; }
```

a >>= n verschiebt die Bits von a um n Stellen nach rechts. Dabei „fallen" die n niederwertigsten Bits heraus und von links wird mit n Nullen aufgefüllt. Der Operator gibt *this zurück. Basierend auf >>= wird >> für Ausdrücke der Art a >> n definiert.

```
bitset& operator&=(const bitset&);
```

a &= b setzt die Bits von a auf 0, die in b den Wert 0 besitzen. Alle anderen Bits behalten ihren Wert. Wie üblich gibt der Operator *this zurück.

```
bitset& operator|=(const bitset&);
```

a |= b setzt die Bits von a auf 1, die in b den Wert 1 besitzen. Alle anderen Bits behalten ihren Wert. Der Operator gibt *this zurück.

```
bitset& operator^=(const bitset&);
```

a ^= b negiert die Bits von a, die in b den Wert 1 besitzen. Alle anderen Bits behalten ihren Wert. Der Operator gibt *this zurück.

Basierend auf den Operatoren &=, |= und ^= werden die Operatoren &, | und ^ als globale Funktionen definiert.

```
template<size_t N> inline
bitset<N> operator&(const bitset<N>& lhs, const bitset<N>& rhs)
      { return bitset<N>(lhs) &= rhs; }
template<size_t N> inline
bitset<N> operator|(const bitset<N>& lhs, const bitset<N>& rhs)
      { return bitset<N>(lhs) |= rhs; }
template<size_t N> inline
bitset<N> operator^(const bitset<N>& lhs, const bitset<N>& rhs)
      { return bitset<N>(lhs) ^= rhs; }
```

Auch die Ein- und Ausgabeoperatoren sind für die Klasse bitset überladen.

```
template<class charT, class traits, size_t N>
basic_istream<charT, traits>&
operator>>(basic_istream<charT, traits>& is, bitset<N>& x);
```

Der Eingabeoperator liest bis zu N Zeichen vom Eingabestream is, speichert die gelesenen Zeichen in einem temporären Stringobjekt s und wertet anschließend den Ausdruck x = bitset<N>(s) aus. Der Rückgabewert ist is. Der Einlesevorgang stoppt vorzeitig, wenn das Dateiende erreicht wird oder das nächste Zeichen weder Null noch Eins ist. Falls überhaupt kein Zeichen gelesen wird, führt das zu einem Aufruf von is.setstate(ios::failbit).

```
template<class charT, class traits, size_t N> inline
basic_ostream<charT, traits>&
operator<<(basic_ostream<charT, traits>& os, const bitset<N>& x)
    { return os << x.template to_string<charT, traits, allocator<charT> >(); }
```

Der Ausgabeoperator konvertiert das bitset-Objekt x mit Hilfe der parametrisierten Elementfunktion to_string in einen String und gibt diesen dann aus.

Das folgende Beispielprogramm demonstriert den Einsatz der Klasse bitset.

weitere/bitset.cpp

```
#include <bitset>
#include <iostream>
using namespace std;

int main() {
   bitset<5> a(6), b(string("10010")), x;
   cout << "a = " << a << "\nb = " << b << "\nx = " << x << endl;
   cout << "a & b = " << (a & b) << endl;
   cout << "a | b = " << (a | b) << endl;
   cout << "a ^ b = " << (a ^ b) << endl;
   x[3] = 1;
   x.set(2).flip();
   cout << x << " = " << x.to_ulong() << endl;
   cout << x.count() << " Bit(s) gesetzt\n";
}
```

Da die Elementfunktion set eine Referenz auf *this zurückgibt, kann der Aufruf der Elementfunktion flip – wie gezeigt – einfach angehängt werden. Das Programm erzeugt die Ausgabe:

```
a = 00110
b = 10010
x = 00000
a & b = 00010
a | b = 10110
a ^ b = 10100
10011 = 19
3 Bit(s) gesetzt
```

13.3 vector<bool>

Der im vorhergehenden Abschnitt vorgestellten Klasse bitset haftet der Nachteil an, dass die Anzahl der Bits bereits zur Übersetzungszeit festgelegt werden muss. In dieser Hinsicht sind Objekte des Typs vector<bool> flexibler. Instanziert man nun einfach die Containerklasse vector mit dem Typ bool, wird allerdings in der Regel mehr Speicherplatz belegt werden, als eigentlich notwendig ist. Der Speicherplatzbedarf eines Objekts des Typs bool ist implementierungsabhängig – insbesondere gilt im Allgemeinen nicht, dass sizeof bool den Wert 1 hat. Da Objekte des Typs bool adressierbar sind, wird mindestens ein Byte reserviert. Die Standardbibliothek stellt in der Header-Datei <vector> deshalb eine Spezialisierung der Template-Klasse vector für den Typ bool zur Verfügung, die versucht, mit einem Bit pro bool-Element auszukommen. Die Implementierung ist somit optimiert in Bezug auf den Speicherplatzbedarf, wodurch sich die Performance aufgrund des Aufwands für Operationen auf Bitebene verschlechtert.

Die Spezialisierung unterscheidet sich von der Definition der Klasse vector (siehe Abschnitt 5.1 ff.) im Wesentlichen dadurch, dass der Typparameter T durch bool ersetzt wird. Wir gehen im Folgenden deshalb ausschließlich auf die Unterschiede ein.

```
template<class Allocator = allocator<bool> >
class vector<bool, Allocator> {
public:
    typedef bool value_type;                                   // S. 62
    typedef bool const_reference;                              // S. 62
    class reference { /* siehe unten */ };
    explicit vector(size_type n, const bool& t = bool(),       // S. 69
        const Allocator& = Allocator());
    void assign(size_type n, const bool& t);                   // S. 76
    void push_back(const bool& t);                             // S. 74
    iterator insert(iterator p, const bool& t);                // S. 70
    void insert(iterator p, size_type n, const bool& t);       // S. 70
    reference operator[](size_type n);                         // S. 74
    // ... weitere Elemente wie bei vector
    static void swap(reference x, reference y);
    void flip();
};
```

Zusätzlich zu den Elementfunktionen der Klasse vector definiert vector<bool> die Funktionen flip und swap. flip negiert den Wert sämtlicher Elemente, und mit swap können die Werte zweier Containerelemente vertauscht werden.[1] Im Gegensatz zur Klasse bitset gibt es keine speziellen Bitoperatoren. Analog zu bitset definiert auch vector<bool> eine eingebettete Hilfsklasse reference, mit der ein einzelnes Containerelement (Bit) referenziert wird.

---

[1] Ursprünglich war swap nicht static.

```
class reference {
public:
    ~reference();
    reference& operator=(bool x);                  // für b[i] = x;
    reference& operator=(const reference&);        // für b[i] = b[j];
    operator bool() const;                         // für x = b[i]; und if(b[i]) ...
    void flip();                                   // für b[i].flip();
private:
    friend class vector;
    reference();
    // ...
};
```

Objekte dieser Klasse werden vom Indexoperator sowie von den Elementfunktionen at, back und front zurückgegeben. Notwendig ist diese Hilfsklasse, weil es keine Zeiger und Referenzen auf Bits gibt. Kritisch ist allerdings, dass Objekte des Typs vector<bool> dadurch die Containeranforderungen nicht komplett erfüllen. Denn im Gegensatz zu „normalen" Vektoren liefert beispielsweise &vb[0] für ein Objekt vb des Typs vector<bool> keinen Zeiger des Typs bool*, sondern vector<bool>::reference*.

Das folgende Beispielprogramm demonstriert den Einsatz der Klasse.

weitere/vector_bool.cpp

```
#include <algorithm>
#include <iostream>
#include <iterator>
#include <vector>
using namespace std;

int main() {
  vector<bool> vb(5);  // fünfmal false
  vb.front().flip();  // erstes Element negieren
  vector<bool>::swap(vb.at(0), vb.back());  // Elemente vertauschen
  vb.push_back(true);
  vb.push_back(false);
  for (vector<bool>::size_type i = 0; i < vb.size(); ++i)
    cout << vb[i];
  cout << '\n';
  vb.flip();  // alle Elemente negieren
  copy(vb.begin(), vb.end(), ostream_iterator<bool>(cout));
}
```

Die Ausgabe des Programms ist:

```
0000110
1111001
```

13.4 complex

Zur Darstellung komplexer Zahlen definiert die Standardbibliothek in der Header-Datei <complex> die Template-Klasse complex. Wir geben im Folgenden eine typische Implementierung an, bei der wie üblich mit r beziehungsweise i der Real- beziehungsweise Imaginärteil einer komplexen Zahl (r, i) bezeichnet wird.

```
template<class T>
class complex {
public:
	typedef T value_type;
	complex(const T& re = T(), const T& im = T()) : r(re), i(im) { }
	complex(const complex& c) : r(c.r), i(c.i) { }
	template<class X>
		complex(const complex<X>& cx) : r(cx.real()), i(cx.imag()) { }
	T real() const { return r; }
	T imag() const { return i; }
	complex& operator=(const T& x) { r = x; i = T(0); return *this; }
	complex& operator+=(const T& x) { r += x; return *this; }
	complex& operator-=(const T& x) { r -= x; return *this; }
	complex& operator*=(const T& x) { r *= x; i *= x; return *this; }
	complex& operator/=(const T& x) { r /= x; i /= x; return *this; }
	complex& operator=(const complex& c) { r = c.r; i = c.i; return *this; }
	template<class X> complex& operator=(const complex<X>& cx)
		{ r = cx.real(); i = cx.imag(); return *this; }
	template<class X> complex& operator+=(const complex<X>& cx)
		{ r += cx.real(); i += cx.imag(); return *this; }
	template<class X> complex& operator-=(const complex<X>& cx)
		{ r -= cx.real(); i -= cx.imag(); return *this; }
	template<class X> complex& operator*=(const complex<X>& cx) {
		const T r0 = r;
		r = r0 * cx.real() - i * cx.imag();
		i = r0 * cx.imag() + i * cx.real();
		return *this;
	}
	template<class X> complex& operator/=(const complex<X>& cx) {
		const T r0 = r, d = cx.real() * cx.real() + cx.imag() * cx.imag();
		r = (r0 * cx.real() + i * cx.imag()) / d;
		i = (i * cx.real() - r0 * cx.imag()) / d;
		return *this;
	}
private:
	T r, i;	// Real- und Imaginärteil
};
```

Mit Hilfe der *Member-Templates* werden Initialisierungen, Zuweisungen und mathematische Operationen zwischen komplexen Zahlen verschiedener Basistypen ermöglicht. Für die Gleitpunkttypen float, double und long double existieren Spezialisierungen der Klasse, um implizite Konversionen zwischen den Typen complex<float>, complex<double> und complex<long double> analog zu den Gleitpunkttypen einzuschränken. Außerdem werden dadurch unter Umständen optimierte Implementierungen ermöglicht.

```
template<> class complex<double> {
public:
	typedef double value_type;
	complex(double re = 0.0, double im = 0.0);
	complex(const complex<float>&);
	complex(const complex<double>&);
	explicit complex(const complex<long double>&);
	double real() const;
	double imag() const;
	complex& operator=(double);
	complex& operator+=(double);
	complex& operator-=(double);
	complex& operator*=(double);
	complex& operator/=(double);
	complex& operator=(const complex&);
	template<class X> complex<double>& operator=(const complex<X>&);
	template<class X> complex<double>& operator+=(const complex<X>&);
	template<class X> complex<double>& operator-=(const complex<X>&);
	template<class X> complex<double>& operator*=(const complex<X>&);
	template<class X> complex<double>& operator/=(const complex<X>&);
private:
	double r, i;
};
```

Wie man sieht, erhält man die Spezialisierung complex<double> im Wesentlichen einfach dadurch, dass man T durch double ersetzt. Um eine implizite Konversion von complex<long double> nach complex<double>, die genauso wie eine Konversion von long double nach double unsicher ist, zu verhindern, wird der entsprechende Konstruktor explicit deklariert. Ebenso werden für complex<float> die beiden Konstruktoren, mit denen implizite Konversionen von complex<double> und complex<long double> möglich wären, explicit spezifiziert. Unsichere Zuweisungen sind aufgrund des als *Member-Template* deklarierten Zuweisungsoperators aber weiterhin möglich.

```
template<> class complex<float> {
public:
	typedef float value_type;
	complex(float re = 0.0F, float im = 0.0F);
	complex(const complex<float>&);
	explicit complex(const complex<double>&);
	explicit complex(const complex<long double>&);
	// ... weitere Elemente analog zu complex<double>
};
```

Für complex<long double> sind implizite Konversionen von complex<float> und complex<double> zulässig, deshalb ist keiner der beiden Konstruktoren explicit deklariert.

```
template<> class complex<long double> {
public:
        typedef long double value_type;
        complex(long double re = 0.0L, long double im = 0.0L);
        complex(const complex<float>&);
        complex(const complex<double>&);
        complex(const complex<long double>&);
        // ... weitere Elemente analog zu complex<double>
};
```

Die Instanzierung der Template-Klasse complex für einen anderen Typ als float, double oder long double wird durch den Standard nicht spezifiziert, ist aber prinzipiell möglich. Zusätzlich zu den Elementfunktionen stehen zahlreiche globale Funktionen für komplexe Zahlen zur Verfügung.

```
template<class T> inline complex<T> operator+(const complex<T>& c)
        { return c; }

template<class T> inline complex<T> operator-(const complex<T>& c)
        { return complex<T>(-c.real(), -c.imag()); }
```

Die einstelligen Vorzeichenoperatoren erlauben für eine komplexe Zahl c Ausdrücke der Art +c und -c. Die zweistelligen Operatoren +, -, * und / sind basierend auf den Elementfunktionen +=, -=, *= und /= jeweils in drei Versionen definiert.

```
template<class T> inline
complex<T> operator+(const complex<T>& lhs, const complex<T>& rhs)
        { return complex<T>(lhs) += rhs; }

template<class T> inline
complex<T> operator+(const complex<T>& lhs, const T& rhs)
        { return complex<T>(lhs) += rhs; }

template<class T> inline
complex<T> operator+(const T& lhs, const complex<T>& rhs)
        { return complex<T>(lhs) += rhs; }

// analog für operator-, operator* und operator/
```

Damit sind dann z. B. Ausdrücke der folgenden Art möglich:

```
double d;
complex<double> x, y, z;
z = x + y;
z = x + d;
z = d + x;
```

Für Vergleiche sind die Operatoren == und != jeweils in drei Versionen überladen.

```
template<class T> inline
bool operator==(const complex<T>& lhs, const complex<T>& rhs)
    { return lhs.real() == rhs.real() && lhs.imag() == rhs.imag(); }

template<class T> inline
bool operator==(const complex<T>& lhs, const T& rhs)
    { return lhs.real() == rhs && lhs.imag() == T(0); }

template<class T> inline
bool operator==(const T& lhs, const complex<T>& rhs)
    { return lhs == rhs.real() && rhs.imag() == T(0); }

template<class T> inline
bool operator!=(const complex<T>& lhs, const complex<T>& rhs)
    { return lhs.real() != rhs.real() || lhs.imag() != rhs.imag(); }

template<class T> inline
bool operator!=(const complex<T>& lhs, const T& rhs)
    { return lhs.real() != rhs || lhs.imag() != T(0); }

template<class T> inline
bool operator!=(const T& lhs, const complex<T>& rhs)
    { return lhs != rhs.real() || rhs.imag() != T(0); }
```

Die anderen Vergleichsoperatoren sind aus mathematischer Sicht nicht sinnvoll und fehlen deshalb. Dadurch können komplexe Zahlen nicht ohne Weiteres mit assoziativen Containern verwaltet werden.

Damit komplexe Zahlen ein- und ausgegeben werden können, sind der Ein- und Ausgabeoperator überladen.

```
template<class T, class charT, class traits>
basic_istream<charT, traits>&
operator>>(basic_istream<charT, traits>&, complex<T>&);
```

Komplexe Zahlen können auf drei Arten eingelesen werden: r, (r) und (r, i). Dabei steht wieder r für den Realteil und i für den Imaginärteil. Beide Werte müssen in den Typ T konvertierbar sein.

```
template<class T, class charT, class traits>
basic_ostream<charT, traits>&
operator<<(basic_ostream<charT, traits>& os, const complex<T>& c)
    { return os << '(' << c.real() << ',' << c.imag() << ')'; }
```

Ausgaben erfolgen passend zur Eingabe in der Form (r, i).

```
template<class T> inline complex<T> conj(const complex<T>& c)
    { return complex<T>(c.real(), -c.imag()); }
```

Die Funktion conj liefert zu einer komplexen Zahl $z = x + iy$ die konjugiert komplexe Zahl $\bar{z} = x - iy$.

Komplexe Zahlen lassen sich nicht nur durch Angabe von Real- und Imaginärteil beschreiben, sondern auch durch die so genannten *Polarkoordinaten*. Dabei werden ein Winkel und ein Betrag angegeben, deren Werte durch die Funktionen arg und abs berechenbar sind.

```
template<class T> inline T real(const complex<T>& c)
    { return c.real(); }
template<class T> inline T imag(const complex<T>& c)
    { return c.imag(); }
template<class T> inline T norm(const complex<T>& c)
    { return real(c) * real(c) + imag(c) * imag(c); }
template<class T> inline T abs(const complex<T>& c)
    { return sqrt(norm(c)); }
template<class T> inline T arg(const complex<T>& c)
    { return atan2(imag(c), real(c)); }
```

Die folgende Abbildung veranschaulicht den Zusammenhang der Funktionen.

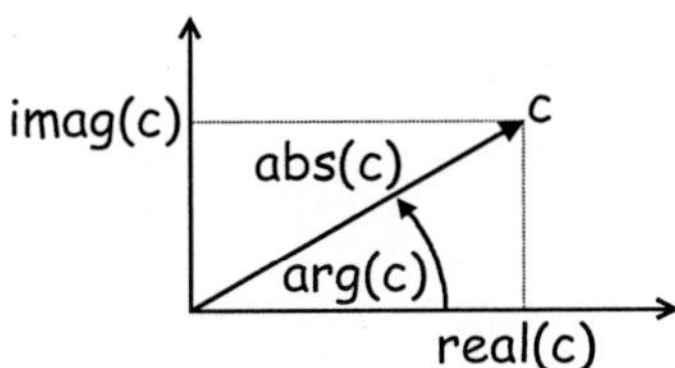

Wenn die Polarkoordinaten vorliegen, kann mit Hilfe der Funktion polar daraus eine komplexe Zahl erzeugt werden.

```
template<class T> inline complex<T> polar(const T& abs, const T& arg = 0)
    { return complex<T>(abs * cos(arg), abs * sin(arg)); }
```

Zum Potenzieren sind die folgenden Funktionen vorgesehen.

```
template<class T> complex<T> pow(const complex<T>&, int);
template<class T> complex<T> pow(const complex<T>&, const T&);
template<class T> complex<T> pow(const T&, const complex<T>&);
template<class T> complex<T> pow(const complex<T>&, const complex<T>&);
```

Außerdem werden die gängigen mathematischen Funktionen cos, cosh, exp, log, log10, sin, sinh, sqrt, tan und tanh bereitgestellt.

```
template<class T> complex<T> cos(const complex<T>&);
template<class T> complex<T> cosh(const complex<T>&);
template<class T> complex<T> exp(const complex<T>&);
template<class T> complex<T> log(const complex<T>&);
template<class T> complex<T> log10(const complex<T>&);
```

```
template<class T> complex<T> sin(const complex<T>&);
template<class T> complex<T> sinh(const complex<T>&);
template<class T> complex<T> sqrt(const complex<T>&);
template<class T> complex<T> tan(const complex<T>&);
template<class T> complex<T> tanh(const complex<T>&);
```

Wie üblich finden keine Fehlerprüfungen statt. Wenn das Resultat einer Funktion mathematisch nicht definiert ist oder außerhalb des Wertebereichs des zugrunde liegenden Typs liegt, ist das Programmverhalten demzufolge nicht definiert.

Ein Beispiel für den Einsatz komplexer Zahlen ist das Lösen quadratischer Gleichungen der Form $a \cdot x^2 + b \cdot x + c = d$. Dabei sind die reellen Zahlen a, b, c und d vorgegeben, und es werden die Lösungen x gesucht.

weitere/complex.cpp

```
#include <complex>
#include <iostream>
#include <iomanip>
using namespace std;

void gleichung_loesen(double a, double b, double c, double d) {
   cout << "Gleichung: " << a << "*x*x "
      << setiosflags(ios::showpos) << b << "*x " << c
      << " = " << resetiosflags(ios::showpos) << d;
   const double p = b / a, q = (c - d) / a;
   const complex<double> r = p * p / 4 - q;
   const complex<double> x1 = -p / 2 + sqrt(r), x2 = -p / 2 - sqrt(r);
   if (x1 != x2)
      cout << "\nLösungen: x1 = " << x1 << " und x2 = " << x2 << endl;
   else
      cout << "\nLösung: x = " << x1 << endl;
}

int main() {
   gleichung_loesen(2, 2, -3, 1);
   gleichung_loesen(1, -2, 1, 0);
   gleichung_loesen(1, 2, 2, 0);
}
```

Das Beispielprogramm löst drei Gleichungen, wobei die beiden komplexen Zahlen $-1 + i$ und $-1 - i$ die Lösungen der dritten Gleichung $x^2 + 2x + 2 = 0$ darstellen. Wie man sieht, kann mit komplexen Zahlen auf die gleiche Weise gerechnet werden wie mit vordefinierten Zahlentypen.

```
Gleichung: 2*x*x +2*x -3 = 1
Lösungen: x1 = (1,0) und x2 = (-2,0)
Gleichung: 1*x*x -2*x +1 = 0
Lösung: x = (1,0)
Gleichung: 1*x*x +2*x +2 = 0
```

Lösungen: x1 = (-1,1) und x2 = (-1,-1)

13.5 numeric_limits

C++ räumt Compilerherstellern einige Freiheiten in Bezug auf die Implementierung der vordefinierten Datentypen ein. So ist beispielsweise nicht festgelegt, wie viele Bits ein unsigned int besitzt. Für Situationen, in denen solche Informationen eine Rolle spielen, definiert die Standardbibliothek die Template-Klasse numeric_limits, die implementierungsspezifische Angaben über die vordefinierten Datentypen zur Verfügung stellt. Als Vorteile bietet numeric_limits Typsicherheit und den Zugriff in Abhängigkeit vom Typ, was insbesondere innerhalb von Templates eine Rolle spielt. Dazu wird die Klasse numeric_limits für die Typen bool, char, signed char, unsigned char, wchar_t, short, int, long, unsigned short, unsigned int, unsigned long, float, double und long double spezialisiert. Die Anzahl der Bits für einen unsigned int lässt sich dann mit numeric_limits<unsigned int>::digits in Erfahrung bringen. Bevor es die Klasse numeric_limits gab, benutzte man Konstanten wie CHAR_BIT und musste den Wert mittels sizeof(unsigned int) * CHAR_BIT berechnen. Konstanten dieser Art befinden sich jetzt in den Header-Dateien <climits> und <cfloat>. Die Klasse numeric_limits ist zusammen mit zwei Aufzählungstypen in der Header-Datei <limits> definiert.

```
enum float_round_style {
    round_indeterminate = -1,
    round_toward_zero = 0,
    round_to_nearest = 1,
    round_toward_infinity = 2,
    round_toward_neg_infinity = 3
};

enum float_denorm_style {
    denorm_indeterminate = -1,
    denorm_absent = 0,
    denorm_present = 1
};

template<class T>
class numeric_limits {
public:
    static const bool is_specialized = false;
    static T min() throw();
    static T max() throw();
    static const int radix = 0;
    static const int digits = 0;
    static const int digits10 = 0;
    static const bool is_signed = false;
    static const bool is_integer = false;
    static const bool is_exact = false;
    static T epsilon() throw();
```

```
        static T round_error() throw();
        static const int min_exponent = 0;
        static const int min_exponent10 = 0;
        static const int max_exponent = 0;
        static const int max_exponent10 = 0;
        static const bool is_bounded = false;
        static const bool is_modulo = false;
        static const bool has_infinity = false;
        static const bool has_quiet_NaN = false;
        static const bool has_signaling_NaN = false;
        static const float_denorm_style has_denorm = denorm_absent;
        static const bool has_denorm_loss = false;
        static T infinity() throw();
        static T quiet_NaN() throw();
        static T signaling_NaN() throw();
        static T denorm_min() throw();
        static const bool is_iec559 = false;
        static const bool traps = false;
        static const bool tinyness_before = false;
        static const float_round_style round_style = round_toward_zero;
    };
```

Die Datenelemente, die als static const deklariert sind, können wie ganzzahlige konstante Ausdrücke benutzt werden, also z. B. für Feldgrößen und case-Konstanten. Die Klasse numeric_limits definiert für Konstanten lediglich die Vorgabewerte 0 und false, die bei Spezialisierungen eingesetzt werden, wenn das Element für den Typ keine Bedeutung hat. Im Folgenden stellen wir die wichtigsten Elemente der Klasse numeric_limits vor.

```
    static const bool is_specialized = false;
```

Die Template-Klasse numeric_limits kann prinzipiell mit jedem Typ instanziert werden. Die Informationen sind aber nur sinnvoll, wenn für den Typ eine Spezialisierung definiert ist. Mit dem Datenelement is_specialized kann man dies in Erfahrung bringen. Dementsprechend besitzt is_specialized für die vordefinierten Datentypentypen den Wert true. Für andere Datentypen wie z. B. complex <double> gibt es keine Spezialisierung von numeric_limits. Demzufolge liefert numeric_limits<complex<double> >::is_specialized den Wert false.

```
    static T min() throw();
```

Die Elementfunktion min liefert den kleinsten darstellbaren Wert. Der Wert hat nur eine sinnvolle Bedeutung, wenn is_bounded || (!is_bounded && !is_signed) gleich true ist. Der Wert entspricht CHAR_MIN, SCHAR_MIN, SHRT_MIN, INT_MIN, LONG_MIN, FLT_MIN, DBL_MIN beziehungsweise LDBL_MIN.

```
    static T max() throw();
```

Die Elementfunktion max liefert den größten Wert. Der Wert hat nur eine sinnvolle Bedeutung, wenn is_bounded == true ist. Der Wert entspricht CHAR_MAX, SCHAR_MAX, UCHAR_MAX, SHRT_MAX, USHRT_MAX, INT_MAX, UINT_MAX, LONG_MAX, ULONG_MAX, FLT_MAX, DBL_MAX beziehungsweise LDBL_MAX.

static const int **radix** = 0;

Liefert für Gleitpunkttypen die Basis, in der der Exponent ausgedrückt wird – entspricht FLT_RADIX. Für ganzzahlige Typen gibt radix die Basis der internen Repräsentation an. Für die vordefinierten Typen ist radix = 2.

static const int **digits** = 0;

Gibt zur Basis (normalerweise 2 – siehe radix) die Anzahl der Ziffern an, die ohne Änderung darstellbar sind. Für die ganzzahligen Typen ist dies die Anzahl der Bits ohne das Vorzeichenbit. (Der Wert lässt sich für unsigned int z. B. mittels sizeof(unsigned int) * CHAR_BIT berechnen.) Für Gleitpunkttypen liefert digits die Anzahl der Bits für die Mantisse – entspricht FLT_MANT_DIG, DBL_MANT_DIG beziehungsweise LDBL_MANT_DIG.

Den Wert von digits kann man z. B. benutzen, um die Anzahl der Bits für ein bitset-Objekt festzulegen, das ein Objekt des Typs long in binärer Darstellung ausgeben soll: cout << bitset<numeric_limits<long>::digits>(107187); erzeugt für einen long-Wert mit 31 Bits die Ausgabe 0000000000000011010001010110011.

static const int **digits10** = 0;

Gibt zur Basis 10 die Anzahl der Ziffern an, die ohne Änderung darstellbar sind. Für Gleitpunkttypen entspricht dies den Werten für FLT_DIG, DBL_DIG beziehungsweise LDBL_DIG. Der Wert hat nur eine sinnvolle Bedeutung, wenn is_bounded == true ist.

static const bool **is_signed** = false;

Ist true für vorzeichenbehaftete Typen, die auch negative Werte darstellen können.

static const bool **is_integer** = false;

Liefert true für ganzzahlige Typen.

static const bool **is_exact** = false;

Ist true, wenn Werte ohne Rundungsfehler o. Ä. repräsentiert werden, wie z. B. bei den ganzzahligen Typen. Für Gleitpunkttypen ist der Wert false.

static T **epsilon**() throw();

Gibt für alle Gleitpunkttypen die kleinste Zahl ε an, für die das System noch erkennt, dass 1 kleiner ist als $1 + \varepsilon$. Der Wert entspricht FLT_EPSILON, DBL_EPSILON beziehungsweise LDBL_EPSILON.

```
static T round_error() throw();
```

Liefert für Gleitpunkttypen ein Maß für den maximalen Rundungsfehler.

```
static const int min_exponent = 0;
```

Gibt für Gleitpunkttypen den kleinsten Wert für den Exponenten zur Basis radix an. Der Wert entspricht FLT_MIN_EXP, DBL_MIN_EXP beziehungsweise LDBL_MIN_EXP.

```
static const int min_exponent10 = 0;
```

Liefert für Gleitpunkttypen den kleinsten Exponenten zur Basis 10. Der Wert entspricht FLT_MIN_10_EXP, DBL_MIN_10_EXP beziehungsweise LDBL_MIN_10_EXP.

```
static const int max_exponent = 0;
```

Gibt für Gleitpunkttypen den größten Wert für den Exponenten zur Basis radix an. Der Wert entspricht FLT_MAX_EXP, DBL_MAX_EXP beziehungsweise LDBL_MAX_EXP.

```
static const int max_exponent10 = 0;
```

Liefert für Gleitpunkttypen den größten Exponenten zur Basis 10. Der Wert entspricht FLT_MAX_10_EXP, DBL_MAX_10_EXP beziehungsweise LDBL_MAX_10_EXP.

```
static const bool is_bounded = false;
```

Liefert true, wenn der Wertebereich endlich ist, was für alle vordefinierten Typen gilt.

```
static const bool is_modulo = false;
```

Wenn es möglich ist, dass das Resultat einer Addition zweier positiver Werte kleiner ist als die Summe, hat is_modulo den Wert true. Dies ist in der Regel für ganzzahlige Typen aber nicht für Gleitpunkttypen der Fall.

Die folgenden Spezialisierungen der Klasse numeric_limits sind vorhanden:

```
template<> class numeric_limits<bool>;
template<> class numeric_limits<char>;
template<> class numeric_limits<signed char>;
template<> class numeric_limits<unsigned char>;
template<> class numeric_limits<wchar_t>;
template<> class numeric_limits<short>;
template<> class numeric_limits<int>;
template<> class numeric_limits<long>;
template<> class numeric_limits<unsigned short>;
template<> class numeric_limits<unsigned int>;
template<> class numeric_limits<unsigned long>;
template<> class numeric_limits<float>;
```

```
template<> class numeric_limits<double>;
template<> class numeric_limits<long double>;
```

Jede Spezialisierung muss alle Elemente von numeric_limits definieren. Elemente, die für einen Typ keine Bedeutung haben, werden mit 0 beziehungsweise false initialisiert. Als Beispiel geben wir eine mögliche Definition für numeric_limits<float> aus dem C++-Standard an.

```
template<> class numeric_limits<float> {
public:
    static const bool is_specialized = true;
    inline static float min() throw() { return 1.17549435E-38F; }
    inline static float max() throw() { return 3.40282347E+38F; }
    static const int digits = 24;
    static const int digits10 = 6;
    static const bool is_signed = true;
    static const bool is_integer = false;
    static const bool is_exact = false;
    static const int radix = 2;
    inline static float epsilon() throw() { return 1.19209290E-07F; }
    inline static float round_error() throw() { return 0.5F; }
    static const int min_exponent = -125;
    static const int min_exponent10 = -37;
    static const int max_exponent = 128;
    static const int max_exponent10 = 38;
    static const bool has_infinity = true;
    static const bool has_quiet_NaN = true;
    static const bool has_signaling_NaN = true;
    static const float_denorm_style has_denorm = denorm_absent;
    static const bool has_denorm_loss = false;
    inline static float infinity() throw() { return entsprechenden_Wert; }
    inline static float quiet_NaN() throw() { return entsprechenden_Wert; }
    inline static float signaling_NaN() throw() { return entsprechenden_Wert; }
    inline static float denorm_min() throw() { return min(); }
    static const bool is_iec559 = true;
    static const bool is_bounded = true;
    static const bool is_modulo = false;
    static const bool traps = true;
    static const bool tinyness_before = true;
    static const float_round_style round_style = round_to_nearest;
};
```

Wenn man z. B. eine Klasse Bruch für die Verarbeitung von rationalen Zahlen entwickelt, kann dazu eine Spezialisierung von numeric_limits bereitgestellt werden. Als Ausgangspunkt für die Implementierung kann die folgende Klassendefinition dienen.

```
class Bruch {
public:
    Bruch(int zaehler = 0, int nenner = 1) : z(zaehler), n(nenner) { }
```

```
        int zaehler() const { return z; }
        int nenner() const { return n; }
        Bruch& operator*=(const Bruch& b) { z *= b.z; n *= b.n; return *this; }
        // ...
    private:
        int z, n;
    };

    inline Bruch operator*(const Bruch& a, const Bruch& b)
        { return Bruch(a) *= b; }

    template<class charT, class traits>
    std::basic_ostream<charT, traits>&
    operator<<(std::basic_ostream<charT, traits>& os, const Bruch& b) {
        basic_ostringstream<charT, traits> s;
        s.copyfmt(os);
        s.width(0);
        s << b.zaehler() << '/' << b.nenner();
        return os << s.str();
    }
```

Angelehnt an die Klasse complex könnte auch Bruch einen Template-Parameter für den Typ von Zähler z sowie Nenner n verwenden und weitere Funktionen definieren. Der Ausgabeoperator präpariert die Ausgabe zunächst in einem Stringstream, dessen Inhalt abschließend komplett ausgegeben wird, damit sich eine eventuelle Einstellung der Feldbreite für Bruchobjekte nicht nur auf den Zähler auswirkt. Alle anderen Formatierungseinstellungen werden mittels copyfmt übernommen (siehe Seite 282).

Eine Spezialisierung von numeric_limits für die vorgestellte Klasse Bruch ist folgendermaßen möglich.

```
    template<> class numeric_limits<Bruch> {
    public:
        static const bool is_specialized = true;
        inline static Bruch min() throw() { return numeric_limits<int>::min(); }
        inline static Bruch max() throw() { return numeric_limits<int>::max(); }
        static const int digits = numeric_limits<int>::digits;
        static const int digits10 = numeric_limits<int>::digits10;
        static const bool is_signed = true;
        static const bool is_integer = false;
        static const bool is_exact = true;
        static const int radix = 2;
        static const bool is_bounded = true;
        static const bool is_modulo = true;
        // ... weitere Elemente, die für Bruch nicht relevant sind
    };
```

Die nicht angegebenen Elemente sind für Bruch nicht relevant und werden mit den Vorgaben aus numeric_limits in die Klasse aufgenommen. Das folgende Codefragment zeigt ein Beispiel für den Einsatz.

```
cout << "min = " << numeric_limits<Bruch>::min()
     << " und max = " << numeric_limits<Bruch>::max() << endl;
Bruch a, b(5), c(3, 13);
a = b * c;
cout << setfill('*') << "a = " << setw(5) << a << "\nb = " << setw(5) << b
     << "\nc = " << setw(5) << c << endl;
```

Die Ausgabe des Fragments könnte z. B. lauten:

```
min = -2147483648/1 und max = 2147483647/1
a = 15/13
b = **5/1
c = *3/13
```

13.6 valarray

Die Standardbibliothek definiert in der Header-Datei <valarray> die folgenden Klassen.

```
template<class T> class valarray;
class slice;
template<class T> class slice_array;
class gslice;
template<class T> class gslice_array;
template<class T> class mask_array;
template<class T> class indirect_array;
```

Die bedeutendste dieser sieben Klassen ist die Klasse valarray, mit der eindimensionale Felder mit Elementen eines Typs T definiert werden können. Höhere Dimensionen lassen sich mittels berechneter Indizes und Indexteilmengen simulieren, wobei die sechs Hilfsklassen zum Einsatz kommen. Das Design der Klassen ist auf höchste Effizienz in Bezug auf numerische Berechnungen ausgelegt, so dass sich die Klassen insbesondere für parallel rechnende „Vektormaschinen" eignen. Für den Typ T kommen die vordefinierten Zahlentypen float, double, int usw. sowie Klassen wie z. B. complex<double> in Frage, die die üblichen numerischen Operationen unterstützen. Objekte der Klasse valarray können mit Einschränkungen im Sinne mathematischer Vektoren benutzt werden (siehe auch Aufgabe 10).

```
template<class T>
class valarray {
public:
      typedef T value_type;
      // ... Elementfunktionen werden im Text aufgeführt
};
```

Im Folgenden werden die Elementfunktionen der Klasse erläutert.

```
valarray();
```

Der Standardkonstruktor erzeugt ein valarray ohne Elemente. Er wird insbesondere beim Anlegen von valarray-Feldern benötigt. Mit Hilfe der Elementfunktion resize (siehe unten) kann die Anzahl der Elemente nachträglich angepasst werden.

```
explicit valarray(size_t n);
```

Dieser Konstruktor erzeugt ein Feld mit n Elementen, die mittels Standardkonstruktor des Typs T initialisiert werden.

```
valarray(const T& t, size_t n);
```

Der dritte Konstruktor legt ein Feld an, das n Elemente mit dem Wert t enthält. Die Reihenfolge der Parameter ist im Vergleich zu den Containerklassen vertauscht.

```
valarray(const T* f, size_t n);
```

Mit diesem Konstruktor wird ein valarray-Objekt erzeugt, das n Elemente besitzt, die mit den ersten n Elementen des C-Feldes f initialisiert werden. Wenn das C-Feld f weniger als n Elemente enthält, ist das Verhalten nicht definiert.

```
valarray(const valarray&);
```

Der Copy-Konstruktor erzeugt wie üblich eine Kopie des Arguments.

```
valarray(const slice_array<T>&);
valarray(const gslice_array<T>&);
valarray(const mask_array<T>&);
valarray(const indirect_array<T>&);
```

Diese vier Konstruktoren definieren Konversionen vom jeweiligen Parametertyp in ein valarray.

```
~valarray();
```

Der Destruktor zerstört sämtliche Elemente.

```
valarray<T>& operator=(const valarray<T>&);
```

Der Zuweisungsoperator überschreibt alle Elemente mit denen des Arguments. Beide Felder müssen dieselbe Größe besitzen, sonst ist das Verhalten nicht definiert.

```
valarray<T>& operator=(const T& t);
```

Allen Elementen wird der Wert t zugewiesen.

```
valarray<T>& operator=(const slice_array<T>&);
valarray<T>& operator=(const gslice_array<T>&);
valarray<T>& operator=(const mask_array<T>&);
valarray<T>& operator=(const indirect_array<T>&);
```

Diese vier Zuweisungsoperatoren erlauben die Zuweisung von Objekten der vier Parametertypen, die jeweils bestimmte Elemente eines valarray-Objekts referenzieren. Falls bei einer solchen Zuweisung die Werte von Elementen auf der linken Seite der Zuweisung von Elementen des gleichen valarray-Objekts abhängen, ist das Ergebnis nicht definiert.

```
T& operator[](size_t i);
T operator[](size_t i) const;
```

Für ein const Objekt liefert der Indexoperator den Wert des entsprechenden Elements. Für nicht const Objekte wird eine Referenz auf das jeweilige Element zurückgegeben. Die Referenz ist solange gültig, bis die Elementfunktion resize (siehe unten) aufgerufen oder das Objekt zerstört wird.

Die Indizierung der Feldelemente beginnt wie üblich bei 0. Damit der Indexoperator wie gewünscht arbeitet, muss der Index i kleiner als die Anzahl der Elemente sein, sonst ist das Verhalten nicht definiert.

Für ein valarray a sowie zwei Variablen i und j des Typs size_t ist der Ausdruck &a[i + j] == &a[i] + j wahr, sofern i + j kleiner als die Anzahl der Elemente von a ist. Als „Iteratoren" für Objekte des Typs valarray können demnach normale Zeiger eingesetzt werden, die zur Kategorie der *Random-Access-Iteratoren* gehören.

Für zwei valarray-Objekte a und b sowie zwei Indizes i und j im gültigen Bereich ergibt der Ausdruck &a[i] != &b[j] immer den Wert true. Zwei verschiedene Elemente können somit nicht dasselbe Objekt referenzieren. Dies eröffnet Compilern ausgezeichnete Optimierungsmöglichkeiten.

```
slice_array<T> operator[](slice);
valarray<T> operator[](slice) const;
gslice_array<T> operator[](const gslice&);
valarray<T> operator[](const gslice&) const;
mask_array<T> operator[](const valarray<bool>&);
valarray<T> operator[](const valarray<bool>&) const;
indirect_array<T> operator[](const valarray<size_t>&);
valarray<T> operator[](const valarray<size_t>&) const;
```

Die acht Indexoperatoren ermöglichen den Zugriff auf eine Teilmenge der Elemente. Im Unterschied zur entsprechenden const Version, die ein neues valarray-Objekt zurückgibt, liefern die nicht const Versionen Objekte von Hilfsklassen, die Elemente des Feldes referenzieren. In komplexeren Ausdrücken werden so temporäre Objekte erzeugt, die im Vergleich zu den referenzierten Elementen kleiner sind, wodurch Zeit und Speicher gespart werden. Erst bei der Berechnung des Ergebnisses (und nicht schon für Zwischenergebnisse) wird auf die

Feldwerte zugegriffen. Die dabei benutzten Klassen gslice, gslice_array, indirect_array, mask_array, slice und slice_array, werden im Anschluss an die Klasse valarray vorgestellt.

```
valarray<T> operator+() const;
valarray<T> operator-() const;
valarray<T> operator~() const;
valarray<bool> operator!() const;
```

Die einstelligen Operatoren liefern jeweils ein valarray-Objekt, dessen Elemente die Ergebnisse der Anwendung des entsprechenden Operators auf die einzelnen Elemente des Objekts, für das der Operator aufgerufen wurde, beinhalten. Für eine korrekte Arbeitsweise müssen die Operatoren auf den Typ T anwendbar sein und Ergebnisse des Typs T beziehungsweise bool liefern.

```
valarray<T>& operator*=(const T&);
valarray<T>& operator/=(const T&);
valarray<T>& operator%=(const T&);
valarray<T>& operator+=(const T&);
valarray<T>& operator-=(const T&);
valarray<T>& operator^=(const T&);
valarray<T>& operator&=(const T&);
valarray<T>& operator|=(const T&);
valarray<T>& operator<<=(const T&);
valarray<T>& operator>>=(const T&);
```

Sämtliche Elemente des Feldes werden über den jeweiligen Operator mit dem Argument verknüpft. Die Operation muss für den Typ T definiert sein.

```
valarray<T>& operator*=(const valarray<T>&);
valarray<T>& operator/=(const valarray<T>&);
valarray<T>& operator%=(const valarray<T>&);
valarray<T>& operator+=(const valarray<T>&);
valarray<T>& operator-=(const valarray<T>&);
valarray<T>& operator^=(const valarray<T>&);
valarray<T>& operator|=(const valarray<T>&);
valarray<T>& operator&=(const valarray<T>&);
valarray<T>& operator<<=(const valarray<T>&);
valarray<T>& operator>>=(const valarray<T>&);
```

Alle Elemente werden mit den entsprechenden Elementen des Arguments über die zugehörige Operation verknüpft. Beide Felder müssen dieselbe Größe besitzen, und die Operation muss für den Typ T definiert sein. Falls bei einer solchen Zuweisung die Werte von Elementen auf der linken Seite der Zuweisung von Elementen des gleichen Feldes abhängen, ist das Ergebnis nicht definiert.

```
size_t size() const;
```

size liefert wie üblich die Anzahl der Elemente.

```
T sum() const;
```

Berechnet mittels operator+= für den Typ T die Summe aller Elemente. Das Verhalten ist für leere Felder nicht definiert.

```
T min() const;
T max() const;
```

min liefert das in Bezug auf operator< kleinste Element des Feldes und max sinngemäß das größte. Das Feld darf nicht leer sein.

```
valarray<T> shift(int n) const;
```

Zurückgegeben wird ein Feld derselben Größe, bei dem die Elemente gegenüber dem Original um n Stellen verschoben sind. Für valarray a = b.shift(i) gilt a[i] == b[i + n], wenn 0 <= i + n < b.size() ist und sonst a[i] == T().

```
valarray<T> cshift(int n) const;
```

cshift liefert ein Feld, bei dem die Elemente im Vergleich zum Original um n Stellen rotiert sind. Für valarray a = b.cshift(i) gilt a[i] == b[(i + n) % size()], wobei 0 <= i < b.size() ist.

```
valarray<T> apply(T func(T)) const;
valarray<T> apply(T func(const T&)) const;
```

Beide Funktionen geben ein Feld zurück, dessen Elemente durch den Aufruf der Funktion func für das entsprechende Element des Originals initialisiert werden. (Eine Version für Funktionsobjekte gibt es nicht.)

```
void resize(size_t sz, T c = T());
```

Setzt die Größe eines Feldes auf sz und initialisiert alle Elemente mit c, wobei die alten Werte verloren gehen. Zeiger und Referenzen auf Feldelemente verlieren dadurch ihre Gültigkeit. Die Funktion ist in erster Linie dazu gedacht, mittels Standardkonstruktor erzeugte Objekte auf die gewünschte Größe einzustellen. Häufige Verwendung für ein valarray-Objekt deutet unter Umständen darauf hin, dass ein „dynamisches Feld“ wie z. B. die Containerklasse vector statt valarray benutzt werden sollte.

Ergänzend zu den Elementfunktionen sind zahlreiche globale Operatoren und Funktionen jeweils in dreifacher Ausführung definiert, so dass gegebenenfalls automatische Typkonvertierungen der Argumente erfolgen können.

```
template<class T> valarray<T> operator*(const valarray<T>&, const valarray<T>&);
template<class T> valarray<T> operator*(const valarray<T>&, const T&);
template<class T> valarray<T> operator*(const T&, const valarray<T>&);

// analog /, %, +, -, ^, &, |, << und >>
```

Werden zwei Felder verknüpft, müssen sie dieselbe Größe besitzen, sonst ist das Verhalten nicht definiert. Die Elemente der beiden Feldargumente werden mit dem jeweiligen Operator verknüpft. Ist ein Argument vom Typ T, werden sämtliche Elemente des Feldes mit dem Argument verknüpft. In beiden Fällen muss die Operation für den Typ T definiert sein.

```
template<class T>
    valarray<bool> operator==(const valarray<T>& a, const valarray<T>& b);
template<class T>
    valarray<bool> operator==(const valarray<T>& a, const T& t);
template<class T>
    valarray<bool> operator==(const T& t, const valarray<T>& a);

// analog !=, <, >, <=, >=, && und ||
```

Das Ergebnis ist vom Typ valarray<bool>, wobei jedes Element für 0 <= i < a.size() mit dem Wert a[i] == b[i], a[i] == t beziehungsweise t == a[i] initialisiert wird.

```
template<class T> valarray<T> abs(const valarray<T>& a);

// analog acos, asin, atan, cos, cosh, exp, log, log10, sin, sinh, sqrt, tan, tanh
```

Das Ergebnis ist vom Typ valarray<T>, wobei jedes Element für 0 <= i < a.size() mit dem Wert abs(a[i]) initialisiert wird.

```
template<class T> valarray<T> pow(const valarray<T>& a, const valarray<T>& b);
template<class T> valarray<T> pow(const valarray<T>& a, const T& t);
template<class T> valarray<T> pow(const T& t, const valarray<T>& a);

// analog atan2
```

Das Ergebnis ist vom Typ valarray<T>, wobei jedes Element für 0 <= i < a.size() mit dem Wert pow(a[i], b[i]), pow(a[i], t) beziehungsweise pow(t, a[i]) initialisiert wird.

Das folgende Programm demonstriert den Einsatz einiger Funktionen der Klasse valarray.

weitere/valarray.cpp

```
#include <valarray>
#include <algorithm>
#include <iostream>
using namespace std;

template<class T>
ostream& operator<<(ostream& os, const valarray<T>& v) {
   for (size_t i = 0; i < v.size(); ++i)
      os << v[i] << "  ";
   return os;
}
```

```
int main() {
   const int f[] = { 1, 3, 5, 7, 9 };
   valarray<int> x(f, 5), y(5);
   for (size_t i = 0; i < y.size(); ++i)
      y[i] = i;
   cout << "x = " << x << "\ny = " << y << endl;
   reverse(&x[0], &x[x.size()]);
   x -= 1;
   cout << "x = " << x << endl;
   valarray<int> z = abs(x - y);
   cout << "z = " << z;
   cout << "\nSumme = " << z.sum() << endl;
   cout << "cshift(2) = " << z.cshift(2) << endl;
   valarray<bool> b(z > 1);
   cout << "b = " << boolalpha << b << endl;
}
```

In der Standardbibliothek ist für valarray kein Ausgabeoperator definiert, was sich aber wie im Programm leicht nachholen lässt. Wie der Aufruf des Algorithmus reverse zeigt, sind die Algorithmen der Standardbibliothek für valarray einsetzbar. Die Ausgabe des Programms ist:

```
x = 1  3  5  7  9
y = 0  1  2  3  4
x = 8  6  4  2  0
z = 8  5  2  1  4
Summe = 20
cshift(2) = 2  1  4  8  5
b = true  true  true  false  true
```

13.6.1 slice und slice_array

Mit einem Objekt der Klasse slice lässt sich ab einem Startindex jedes n-te Element eines valarray-Objekts referenzieren.

```
class slice {
public:
      slice();
      slice(size_t start, size_t size, size_t stride);
      size_t start() const;
      size_t size() const;
      size_t stride() const;
};
```

Der Standardkonstruktor erzeugt ein slice-Objekt, das keine Elemente spezifiziert. Er erlaubt das Anlegen von slice-Feldern.

Der zweite Konstruktor kreiert ein typisches slice-Objekt, z. B. spezifiziert slice(1, 4, 2) die Feldelemente mit den Indizes 1, 3, 5 und 7. Der erste Parameter steht für den Index des ersten Feldelements, der zweite für die Anzahl der Elemente und der dritte für den Abstand aufeinander folgender Elemente. Mit slice(7, 4, -2) werden beispielsweise die Feldelemente mit den Indizes 7, 5, 3 und 1 angesprochen.

Die drei Zugriffsfunktionen start, size und stride liefern die entsprechenden Werte, mit denen das slice-Objekt initialisiert wurde.

Die Klasse slice_array ist eine Hilfsklasse, die als Rückgabetyp vom Indexoperator der Klasse valarray für Argumente des Typs slice zurückgegeben wird. Ein slice_array-Objekt referenziert eine durch ein slice-Objekt beschriebene Teilmenge der Elemente eines valarray-Objekts.

```
template<class T>
class slice_array {
public:
	typedef T value_type;
	~slice_array();
	// ... weitere Elementfunktionen werden im Text erläutert
private:
	slice_array();
	slice_array(const slice_array&);
	slice_array& operator=(const slice_array&);
	// ...
};
```

Der Standardkonstruktor, Copy-Konstruktor und Zuweisungsoperator sind private deklariert und müssen nicht definiert sein. Dadurch wird verhindert, dass außerhalb der Bibliothek Objekte der Klasse slice_array erzeugt werden können.

```
void operator=(const valarray<T>&) const;
```

Dieser Zuweisungsoperator weist den zugehörigen Feldelementen die Werte der Elemente des Arguments zu, z. B.

```
valarray<int> a(1, 10), b(2, 4);       // a = 1 1 1 1 1 1 1 1 1 1 und b = 2 2 2 2
a[slice(1, 4, 2)] = b;                 // a = 1 2 1 2 1 2 1 2 1 1
```

Da dabei das slice_array-Objekt nicht modifiziert wird, ist der Zuweisungsoperator ebenso wie die folgenden Operationen, die nach dem gleichen Schema arbeiten, const spezifiziert.

```
void operator*=(const valarray<T>&) const;
void operator/=(const valarray<T>&) const;
void operator%=(const valarray<T>&) const;
void operator+=(const valarray<T>&) const;
void operator-=(const valarray<T>&) const;
void operator^=(const valarray<T>&) const;
void operator&=(const valarray<T>&) const;
```

```
void operator|=(const valarray<T>&) const;
void operator<<=(const valarray<T>&) const;
void operator>>=(const valarray<T>&) const;
```

Die zugehörigen Feldelemente werden mit denen des Arguments über den jeweiligen Operator verknüpft, z. B.

```
valarray<int> a(1, 10), b(2, 4);    // a = 1 1 1 1 1 1 1 1 1 1 und b = 2 2 2 2
a[slice(1, 4, 2)] += b;             // a = 1 3 1 3 1 3 1 3 1 1
```

Das gleiche Ergebnis wie im Beispiel lässt sich auch mit dem folgenden Operator erzielen.

```
void operator=(const T&);
```

Dieser Zuweisungsoperator versieht die zugehörigen Feldelemente mit dem Wert des Arguments, z. B.

```
valarray<int> a(1, 10);             // a = 1 1 1 1 1 1 1 1 1 1
a[slice(1, 4, 2)] = 3;              // a = 1 3 1 3 1 3 1 3 1 1
```

Kombinierte Zuweisungsoperatoren der Art *= für den Typ const T& sind für slice_array – und auch die anderen, noch folgenden Hilfsklassen von valarray – (noch) nicht definiert.

Ein valarray hat nur eine Dimension. Trotzdem kann man mit den Klassen slice und slice_array eine zweidimensionale Matrix simulieren, wie das folgende Programm demonstriert.

weitere/slice.cpp

```
#include <valarray>
#include <iostream>
using namespace std;

template<class T>
ostream& operator<<(ostream& os, const valarray<T>& v) {
   for (size_t i = 0; i < v.size(); ++i)
      os << v[i] << "  ";
   return os;
}

int main() {
   const int s = 3, z = 4;
   valarray<int> m(z * s);
   for (size_t i = 0; i < m.size(); ++i)
      m[i] = i;
   cout << "m  = " << m << endl;
   for (int i = 0; i < z; ++i)
      cout << 'z' << i << " = "
         << valarray<int>(m[slice(i * s, m.size() / z, 1)]) << '\n';
   for (int j = 0; j < s; ++j)
```

```
        cout << 's' << j << " = "
            << valarray<int>(m[slice(j, m.size() / s, s)]) << '\n';
}
```

Das Programm definiert ein valarray m, das wie eine 4×3 Matrix eingesetzt wird. Dazu wird auf die i-te Zeile mit m[slice(i * s, m.size() / z, 1)] und die j-te Spalte mit m[slice(j, m.size() / s, s)] zugegriffen.

```
m  = 0  1  2  3  4  5  6  7  8  9  10  11
z0 = 0  1  2
z1 = 3  4  5
z2 = 6  7  8
z3 = 9  10  11
s0 = 0  3  6  9
s1 = 1  4  7  10
s2 = 2  5  8  11
```

13.6.2 gslice und gslice_array

Die Klasse gslice ermöglicht die Spezifikation mehrerer slice-Objekte. Mit ihrer Hilfe können mehrdimensionale Felder basierend auf einem eindimensionalen valarray gebildet werden.

```
class gslice {   // "generalized slice"
public:
    gslice();
    gslice(size_t start, const valarray<size_t>& sizes,
        const valarray<size_t>& strides);
    size_t start() const;
    valarray<size_t> size() const;
    valarray<size_t> stride() const;
};
```

Der Standardkonstruktor erzeugt ein gslice-Objekt, das keine Elemente spezifiziert. Er erlaubt das Anlegen von gslice-Feldern.

Der zweite Konstruktor kreiert ein typisches gslice-Objekt, mit dem n zusammenhängende slice-Objekte ersetzt werden können. Der erste Parameter steht für den Index des ersten Feldelements, der zweite für ein Feld mit n Werten für die Anzahl der Elemente und der dritte für ein Feld mit n Werten für den Abstand aufeinander folgender Elemente. Sehen wir uns dazu ein Beispiel an:

```
const int f[] = { 0, 1, 2, 3, 4, 5, 6, 7, 8, 9, 10, 11 };
valarray<int> m(f, 12);
```

Das valarray m wird als 4×3 Matrix interpretiert. Eine 3×2 Teilmatrix kann dann mit Hilfe zweier slice-Objekte beschrieben werden, z. B. slice(1, 3, 3) und slice(2, 3, 3). Damit ergibt sich je nach Interpretation die linke oder rechte Seite der folgenden Abbildung, in der die Teilmatrix grau unterlegt ist.

0	1	2
3	4	5
6	7	8
9	10	11

0	3	6	9
1	4	7	10
2	5	8	11

Die gleiche Teilmatrix lässt sich mit nur einem gslice-Objekt g wie folgt spezifizieren:

```
const size_t sz[] = { 3, 2 }, str[] = { 3, 1 };
const valarray<size_t> sizes(sz, 2), strides(str, 2);
gslice g(1, sizes, strides);
```

Die Indizes der Feldelemente, die zu dem gslice-Objekt gehören und die Teilmatrix bilden, lassen sich folgendermaßen berechnen:

```
size_t k[sizes[0], sizes[1]];   // Pseudo-Code
for (size_t i = 0; i < sizes[0]; ++i)
        for (size_t j = 0; j < sizes[1]; ++j)
                k[i][j] = start + (i * strides[0]) + (j * strides[1]);
```

Die Ergebnisse sind in der folgenden Tabelle aufgeführt.

i	0	0	1	1	2	2
j	0	1	0	1	0	1
k[i][j]	1	2	3	5	7	8

Es ist auch möglich, „degenerierte" gslice-Objekte, bei denen einzelne Indizes mehrfach referenziert werden, zu bilden. Wenn man im obigen Beispiel str[0] = 1 setzt, ergibt sich:

```
const size_t sz[] = { 3, 2 }, str[] = { 1, 1 };
const valarray<size_t> sizes(sz, 2), strides(str, 2);
gslice g(1, sizes, strides);
```

Die Tabelle der Indizes lautet damit:

i	0	0	1	1	2	2
j	0	1	0	1	0	1
k[i][j]	1	2	2	3	3	4

Die Verwendung degenerierter gslice-Objekte als Argument für die const Version des Indexoperators der Klasse valarray führt zu nicht definiertem Programmverhalten.

Die drei Zugriffsfunktionen start, size und stride liefern die entsprechenden Werte, mit denen das gslice-Objekt initialisiert wurde.

Die Klasse gslice_array ist eine Hilfsklasse, die als Rückgabetyp vom Indexoperator der Klasse valarray für Argumente des Typs gslice zurückgegeben wird. Ein gslice_array-Objekt referenziert eine durch ein gslice-Objekt beschriebene Teilmenge der Elemente eines valarray-Objekts.

```
template<class T>
class gslice_array {
public:
    typedef T value_type;
    ~gslice_array();
    void operator=(const valarray<T>&) const;
    void operator*=(const valarray<T>&) const;
    void operator/=(const valarray<T>&) const;
    void operator%=(const valarray<T>&) const;
    void operator+=(const valarray<T>&) const;
    void operator-=(const valarray<T>&) const;
    void operator^=(const valarray<T>&) const;
    void operator&=(const valarray<T>&) const;
    void operator|=(const valarray<T>&) const;
    void operator<<=(const valarray<T>&) const;
    void operator>>=(const valarray<T>&) const;
    void operator=(const T&);
private:
    gslice_array();
    gslice_array(const gslice_array&);
    gslice_array& operator=(const gslice_array&);
    // ...
};
```

Sämtliche Elementfunktionen arbeiten analog zu denen der Klasse slice_array (siehe Seite 344), die Beschreibung kann deshalb dort entnommen werden und wird hier nicht wiederholt.

13.6.3 mask_array

Die Klasse mask_array ist eine Hilfsklasse, die als Rückgabetyp vom Indexoperator der Klasse valarray für Argumente des Typs valarray<bool> zurückgegeben wird. Ein mask_array-Objekt referenziert die Elemente eines valarray-Objekts, die im valarray<bool>-Objekt den Wert true besitzen.

```
template<class T>
class mask_array {
public:
    typedef T value_type;
    ~mask_array();
    void operator=(const valarray<T>&) const;
    void operator*=(const valarray<T>&) const;
    void operator/=(const valarray<T>&) const;
    void operator%=(const valarray<T>&) const;
```

```
        void operator+=(const valarray<T>&) const;
        void operator-=(const valarray<T>&) const;
        void operator^=(const valarray<T>&) const;
        void operator&=(const valarray<T>&) const;
        void operator|=(const valarray<T>&) const;
        void operator<<=(const valarray<T>&) const;
        void operator>>=(const valarray<T>&) const;
        void operator=(const T&);
    private:
        mask_array();
        mask_array(const mask_array&);
        mask_array& operator=(const mask_array&);
        // ...
    };
```

Sämtliche Elementfunktionen arbeiten analog zu denen der Klasse slice_array (siehe Seite 344), die Beschreibung kann deshalb dort entnommen werden und wird hier nicht wiederholt.

Im folgenden Beispielprogramm werden alle Elemente des valarray-Objekts v, die einen negativen Wert besitzen, mit Hilfe des mittels v[b] gelieferten mask_array-Objekts auf 0 gesetzt.

weitere/mask_array.cpp

```
#include <valarray>
#include <iostream>
using namespace std;

template<class T>
ostream& operator<<(ostream& os, const valarray<T>& v) {
   for (size_t i = 0; i < v.size(); ++i)
      os << v[i] << "  ";
   return os;
}

int main() {
   const int f[] = { 1, -3, -5, 7, -9, 2 };
   valarray<int> v(f, 6);
   cout << "v = " << v << endl;
   valarray<bool> b(v < 0);
   cout << "b = " << boolalpha << b << endl;
   cout << "v[b] = " << valarray<int>(v[b]) << endl;
   v[b] = 0;
   cout << "v = " << v << endl;
}
```

Die Ausgabe des Programms ist:

```
v = 1  -3  -5  7  -9  2
b = false  true  true  false  true  false
```

```
v[b] = -3 -5 -9
v = 1 0 0 7 0 2
```

13.6.4 indirect_array

Die Klasse indirect_array ist eine Hilfsklasse, die als Rückgabetyp vom Indexoperator der Klasse valarray für Argumente des Typs valarray<size_t> zurückgegeben wird. Ein indirect_array-Objekt referenziert die Elemente eines valarray-Objekts, deren Indexwerte es enthält. Kein Index sollte in einem indirect_array mehrfach auftreten.

```
template<class T>
class indirect_array {
public:
    typedef T value_type;
    ~indirect_array();
    void operator=(const valarray<T>&) const;
    void operator*=(const valarray<T>&) const;
    void operator/=(const valarray<T>&) const;
    void operator%=(const valarray<T>&) const;
    void operator+=(const valarray<T>&) const;
    void operator-=(const valarray<T>&) const;
    void operator^=(const valarray<T>&) const;
    void operator&=(const valarray<T>&) const;
    void operator|=(const valarray<T>&) const;
    void operator<<=(const valarray<T>&) const;
    void operator>>=(const valarray<T>&) const;
    void operator=(const T&);
private:
    indirect_array();
    indirect_array(const indirect_array&);
    indirect_array& operator=(const indirect_array&);
    // ...
};
```

Sämtliche Elementfunktionen arbeiten analog zu denen der Klasse slice_array (siehe Seite 344), die Beschreibung kann deshalb dort entnommen werden und wird hier nicht wiederholt.

Das folgende Beispielprogramm setzt ein indirect_array ein, um bestimmte Elemente eines valarray mit -1 zu multiplizieren.

weitere/indirect_array.cpp

```
#include <valarray>
#include <iostream>
using namespace std;

template<class T>
ostream& operator<<(ostream& os, const valarray<T>& v) {
```

```
    for (size_t i = 0; i < v.size(); ++i)
        os << v[i] << "  ";
    return os;
}

int main() {
    const int f[] = { 10, 11, 12, 13, 14, 15, 16 };
    valarray<int> v(f, 7);
    cout << "v = " << v << endl;
    const size_t indizes[] = { 1, 2, 4, 6 };
    valarray<size_t> ind(indizes, 4);
    cout << "ind = " << ind << endl;
    cout << "v[ind] = " << valarray<int>(v[ind]) << endl;
    v[ind] *= valarray<int>(-1, ind.size());
    cout << "v = " << v << endl;
}
```

v[ind] *= -1 kann nicht geschrieben werden, weil kein entsprechender Operator für die Klasse indirect_array existiert. Deshalb wird ein temporäres valarray-Objekt angelegt. Das Programm erzeugt die Ausgabe:

```
v = 10  11  12  13  14  15  16
ind = 1  2  4  6
v[ind] = 11  12  14  16
v = 10  -11  -12  13  -14  15  -16
```

13.7 Aufgaben

1. Was ist hier schlecht?

```
int i = 5;
auto_ptr<int> a(&i);
```

2. Eignen sich *Auto-Pointer* für Felder?

```
auto_ptr<int> a(new int[10]);
```

3. Welchen Fehler enthält das folgende Programm? Wie kann man solche Fehler vermeiden? Korrigieren Sie das Programm entsprechend.

```
inline void ausgabe(auto_ptr<int> a) { cout << *a << endl; }

int main() {
        auto_ptr<int> a(new int(77));
        ausgabe(a);
        cout << *a << endl;
}
```

4. Warum ist operator== für *Auto-Pointer* nicht definiert?

5. Was bewirkt das folgende Programmfragment?

```
auto_ptr<int> x(new int(1)), y(new int(2)), z(new int(3));
x = y = z;
```

6. Weshalb wird das folgende Programmfragment nicht übersetzt?

```
bitset<10> x(123);
bitset<12> y(456);
x &= y;
```

7. Definieren Sie zwei Funktionen, mit denen aus einem Objekt des Typs bitset<N> ein vector<bool>-Objekt gemacht werden kann und umgekehrt.

8. Warum wird complex<float> z = polar(1.2, 3.4); nicht übersetzt? Wie kann man dem Realteil einer komplexen Zahl einen neuen Wert zuweisen? Warum geht das mit z.real() = 5.6; nicht?

9. Prüfen Sie, ob numeric_limits für string spezialisiert ist. Ist der von Ihrem System verwendete Zeichentyp (char) signed oder unsigned? Wie viele Bits werden für bool benötigt?

10. Der Einsatz der Klasse valarray im Sinne mathematischer Vektoren kann zu Überraschungen führen, wie das folgende Beispiel zeigt.

```
const double vv[] = { 1.1, 2.2, 3.3 }, ww[] = { 0.1, 0.2, 0.3 };
valarray<double> v(vv, 3), w(ww, 3);
valarray<double> summe = v + w, produkt = v * w;
```

Wie lässt sich das *Skalarprodukt* der beiden Vektoren v und w berechnen?

11. Warum wird das folgende Programmfragment nicht übersetzt? Was kann man tun, um die offensichtlich gewünschte Wirkung zu erzielen?

```
const int f[] = { 1, -3, -5, 7, -9, 2 };
valarray<int> v(f, 6);
valarray<bool> b(v < 0);
v[b] *= -1;
```

12. Warum wird die folgende Funktion test nicht übersetzt? Was kann man tun, um die offensichtlich gewünschte Wirkung zu erzielen?

```
void test(valarray<double>& va) {
      va[slice(0,4,3)] = va[slice(1,4,3)] * va[slice(2,4,3)];
}
```

13. Schreiben Sie eine Funktion, die eine komplexe Zahl c = (x, y) in der Form x + yi ausgibt.

14 Zeiger in Containern verwalten

In einem Container können nicht nur Objekte einer einzigen Klasse, sondern auch Objekte verschiedener Klassen verwaltet werden. Voraussetzung ist dabei, dass die Klassen eine gemeinsame Basisklasse besitzen, so dass der Container Zeiger auf die Basisklasse speichert. (Darüber hinaus lassen sich mittels void* sogar Objekte, die überhaupt keine Gemeinsamkeiten aufweisen, in einem Container ablegen. Allerdings wird in dem Fall die Typprüfung außer Kraft gesetzt, und polymorphe Aufrufe virtueller Elementfunktionen sind nicht mehr möglich.)

14.1 Beispielklassen

Als Beispiel bei der Vorstellung verschiedener Ansätze zur Verwaltung von Zeigern in Containern der Standardbibliothek benutzen wir die beiden Klassen Aktie und Anleihe mit der gemeinsamen Basisklasse Wertpapier. Die folgende Abbildung enthält die zugehörige Vererbungsstruktur und führt die Datenelemente der Klassen auf.

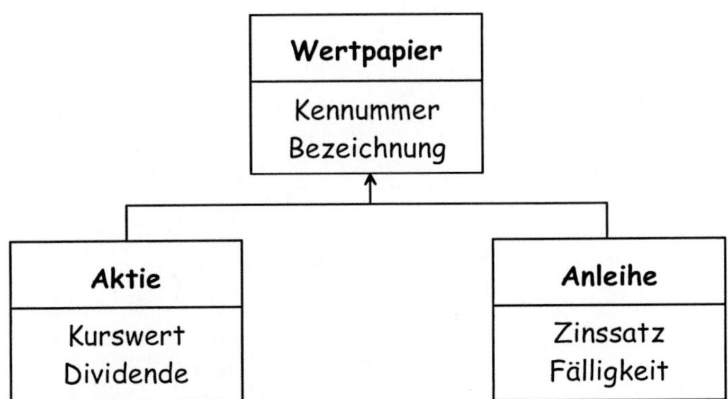

Wir werden die Klassen im Folgenden nur in dem Umfang definieren, der für die Beispiele erforderlich ist.

einsatz/wertpapier.h

```
#ifndef WERTPAPIER_H
#define WERTPAPIER_H

#include <iostream>
#include <string>
```

```
class Wertpapier {
public:
   virtual ~Wertpapier() { }
   std::string gibKennNr() const { return kennNr; }
   std::string gibBezeichnung() const { return bezeichnung; }
   friend std::ostream& operator<<(std::ostream& os, const Wertpapier& w)
      { return w.ausgabe(os); }
   friend bool operator<(const Wertpapier& x, const Wertpapier& y)
      { return x.kennNr < y.kennNr; }
protected:
   Wertpapier(const std::string& kn, const std::string& b)
      : kennNr(kn), bezeichnung(b) { }
   virtual std::ostream& ausgabe(std::ostream& os) const = 0;
private:
   Wertpapier(const Wertpapier&);
   Wertpapier& operator=(const Wertpapier&);
   const std::string kennNr, bezeichnung;
};

inline std::ostream& Wertpapier::ausgabe(std::ostream& os) const
   { return os << kennNr << ", " << bezeichnung; }

inline bool operator==(const Wertpapier& x, const Wertpapier& y)
   { return &x == &y; }

#endif
```

Wie für Basisklassen üblich, definiert die Klasse Wertpapier einen virtuellen Destruktor, damit Objekte abgeleiteter Klassen mittels Zeigern auf die Basisklasse korrekt zerstört werden können. Da friend-Funktionen nicht virtual deklarierbar sind, ruft der Ausgabeoperator eine virtuelle Hilfsfunktion auf, die von den abgeleiteten Klassen geeignet zu überschreiben ist. Mit Hilfe der rein virtuellen Funktion ausgabe wird aus der Klasse Wertpapier eine abstrakte Klasse. Jedes Wertpapier ist durch eine eindeutige Kennnummer gekennzeichnet. Weil das Kopieren von Wertpapierobjekten nicht sinnvoll ist, werden Copy-Konstruktor und Zuweisungsoperator private deklariert und nicht definiert. Ein Vergleich zweier Wertpapierobjekte kann nur true liefern, wenn ein Objekt mit sich selbst verglichen wird, weil nur in diesem Fall die Kennnummer übereinstimmen kann. Über die Kennnummer lässt sich eine Ordnung für Wertpapiere festlegen.

einsatz/aktie.h

```
#ifndef AKTIE_H
#define AKTIE_H

#include "wertpapier.h"

typedef double EUR;

class Aktie : public Wertpapier {
public:
```

```
    Aktie(const std::string& kn, const std::string& b, EUR kw, EUR d)
        : Wertpapier(kn, b), kurswert(kw), dividende(d) { }
    EUR gibDividende() const { return dividende; }
    EUR gibKurswert() const { return kurswert; }
protected:
    std::ostream& ausgabe(std::ostream& os) const {
        return Wertpapier::ausgabe(os) << ", Kurswert: " << kurswert
            << " EUR, Dividende: " << dividende << " EUR";
    }
private:
    EUR kurswert, dividende;
};

#endif
```

Die Klasse Aktie weist ebenso wie die folgende Klasse Anleihe keine programmiertechnischen Besonderheiten auf. Die mittels typedef eingeführten Typen EUR, Prozent und Datum sollen die Lesbarkeit fördern und potenzielle Änderungen erleichtern. Für Datum wäre statt string auch eine Klasse denkbar, was für unser Beispiel aber unerheblich ist.

einsatz/anleihe.h

```
#ifndef ANLEIHE_H
#define ANLEIHE_H

#include "wertpapier.h"

typedef double Prozent;
typedef std::string Datum;

class Anleihe : public Wertpapier {
public:
    Anleihe(const std::string& kn, const std::string& b, Prozent zs, const Datum& f)
        : Wertpapier(kn, b), zinssatz(zs), faelligkeit(f) { }
    Prozent gibZinssatz() const { return zinssatz; }
    Datum gibFaelligkeit() const { return faelligkeit; }
protected:
    std::ostream& ausgabe(std::ostream& os) const {
        return Wertpapier::ausgabe(os) << ", Zinssatz: " << zinssatz
            << "%, Fälligkeit: " << faelligkeit;
    }
private:
    const Prozent zinssatz;
    const Datum faelligkeit;
};

#endif
```

Zum Testen legen wir ein Feld von Zeigern auf Wertpapiere an. Der Einfachheit halber verlassen wir uns darauf, dass bei Beendigung des Programms der Speicher automatisch freigegeben wird und zerstören die mit new erzeugten Aktien- und Anleiheobjekte nicht mittels delete (siehe Aufgabe 2).

einsatz/wp_objekte.h

```
#ifndef WP_OBJEKTE_H
#define WP_OBJEKTE_H

class Wertpapier;
const int n = 8;
extern Wertpapier*const wp[n];

#endif
```

einsatz/wp_objekte.cpp

```
#include "wp_objekte.h"
#include "aktie.h"
#include "anleihe.h"

Wertpapier*const wp[n] = {
   new Aktie("515100", "BASF", 41.05, 2.54),
   new Aktie("514000", "Deutsche Bank", 72.75, 1.30),
   new Aktie("555750", "Deutsche Telekom", 18.93, 0.62),
   new Aktie("716460", "SAP", 129.60, 0.57),
   new Aktie("723610", "Siemens", 57.30, 2.40),
   new Anleihe("113518", "Bds.Rep.Dt.Anl.V.01", 5.00, "04.07.2011"),
   new Anleihe("114139", "Bds.Rep.Dt.Bds.Obl.S.139", 4.00, "16.02.2007"),
   new Anleihe("110597", "Bds.Rep.Dt.SchatzA.V.01", 4.25, "01.11.2007")
};
```

Nachdem die Vorarbeiten abgeschlossen sind, werden wir als Nächstes daran gehen, Zeiger auf die Wertpapierobjekte mit der Containerklasse set zu verwalten.

14.2 Ein set-Objekt verwaltet Zeiger

Als ersten Ansatz zum Verwalten von Aktien und Anleihen in einem Container definiert das folgende Programm ein Objekt des Typs set<Wertpapier*>, das mit den Wertpapierobjekten des Feldes wp gefüllt wird.

einsatz/set_zeiger.cpp

```
#include <algorithm>
#include <iterator>
#include <set>
#include "wertpapier.h"
#include "wp_objekte.h"
using namespace std;

int main() {
```

```
    typedef set<Wertpapier*> WPSet;
    WPSet zeigermenge(wp, wp + n);
    copy(zeigermenge.begin(), zeigermenge.end(),
        ostream_iterator<WPSet::value_type>(cout, "\n"));
    WPSet::iterator iter = zeigermenge.find(wp[3]);
    if (iter != zeigermenge.end())
        cout << "\nGefunden: " << **iter << endl;
}
```

Da der Container Zeiger enthält, werden diese intern nach Adressen sortiert. Bei der Ausgabe mit Hilfe des Algorithmus copy werden lediglich die Zeigeradressen und nicht die Wertpapiere ausgegeben. Möchte man mit der Elementfunktion find nach einem Wertpapier suchen, so benötigt man seine Adresse; im Beispiel wp[3]. Hat man bereits die Adresse eines gesuchten Wertpapierobjekts, so erübrigt sich jedoch die Suche. Eine mögliche Ausgabe des Programms ist:

```
007B3D68
007B3DD4
007B3E48
007B3EC0
007B3F2C
007B3F9C
007B403C
007B40E0

Gefunden: 716460, SAP, Kurswert: 129.6 EUR, Dividende: 0.57 EUR
```

Insgesamt ist dieser Ansatz in der vorliegenden Form unbefriedigend.

14.3 Smart-Pointer

Eine Möglichkeit die aufgetretenen Probleme zu lösen, besteht darin, statt gewöhnlicher Zeiger so genannte *Smart-Pointer* einzusetzen, die sich weitestgehend wie gewöhnliche Zeiger verhalten, aber bei Operationen wie z. B. Vergleichen die Objekte statt der Adressen vergleichen. Wir definieren dazu eine auf diesen Zweck zugeschnittene Klasse smart_ptr.

einsatz/smartptr.h

```
#ifndef SMARTPTR_H
#define SMARTPTR_H

template<class X>
class smart_ptr {
public:
    smart_ptr(X* x = 0) throw() : p(x) { }
    smart_ptr(const smart_ptr& y) throw() : p(y.p) { }
    smart_ptr& operator=(const smart_ptr& y) throw() { p = y.p; return *this; }
    ~smart_ptr() throw() { }
```

```
    X& operator*() const throw() { return *p; }
    X* operator->() const throw() { return p; }
    X* get() const throw() { return p; }
    operator X*() const throw() { return p; }
    friend bool operator==(const smart_ptr& x, const smart_ptr& y)
       { return *x.p == *y.p; }
    friend bool operator<(const smart_ptr& x, const smart_ptr& y)
       { return *x.p < *y.p; }
    // ...
private:
    X* p;
};

#endif
```

In Anlehnung an die Klasse auto_ptr kann man die Klasse smart_ptr beispielsweise noch um Typdefinitionen und Member-Templates für Konversionen erweitern. Des Weiteren könnte der Destruktor mittels delete das Objekt zerstören, auf das der Zeiger verweist. Analog zu Iteratoren wird für const Objekte eine zweite Klasse wie z. B. const_smart_ptr benötigt. Darüber hinaus wäre unter Umständen auch ein Mechanismus zum Referenzenzählen (vgl. Abschnitt 11.3) nützlich. Es hängt also vom jeweiligen Einsatzzweck ab, welche Funktionalität ein *Smart-Pointer* unterstützen sollte. Deshalb stellt die Standardbibliothek keine Klasse für *Smart-Pointer* zur Verfügung. Im Internet existieren dagegen frei verfügbare Klassen wie beispielsweise shared_ptr von *Boost* (www.boost.org).

14.4 Ein set-Objekt verwaltet Smart-Pointer

Im folgenden Programm werden nun smart_ptr<Wertpapier> statt Wertpapier* in einem set-Objekt gespeichert. Die interne Sortierung der Wertpapiere erfolgt so nach ihren Kennnummern.

einsatz/set_smart_ptr.cpp

```
#include <set>
#include <algorithm>
#include <iterator>
#include <iostream>
#include "smartptr.h"
#include "wp_objekte.h"
#include "wertpapier.h"
using namespace std;

template<class T> inline
ostream& operator<<(ostream& os, smart_ptr<T> sp) { return os << *sp; }

int main() {
   typedef set<smart_ptr<Wertpapier> > WPSet;
   WPSet zeigermenge(wp, wp + n);
```

```
    copy(zeigermenge.begin(), zeigermenge.end(),
        ostream_iterator<WPSet::value_type>(cout, "\n"));
    WPSet::iterator iter = zeigermenge.find(smart_ptr<Wertpapier>(wp[3]));
    if (iter != zeigermenge.end())
        cout << "\nGefunden: " << *iter << endl;
}
```

Für die Ausgabe von smart_ptr-Objekten haben wir den Ausgabeoperator so überladen, dass das Objekt, auf das der *Smart-Pointer* verweist, ausgegeben wird. Das Programm gibt jetzt die einzelnen Wertpapiere nach Kennnummern sortiert aus.

```
110597, Bds.Rep.Dt.SchatzA.V.01, Zinssatz: 4.25%, Fälligkeit: 01.11.2007
113518, Bds.Rep.Dt.Anl.V.01, Zinssatz: 5%, Fälligkeit: 04.07.2011
114139, Bds.Rep.Dt.Bds.Obl.S.139, Zinssatz: 4%, Fälligkeit: 16.02.2007
514000, Deutsche Bank, Kurswert: 72.75 EUR, Dividende: 1.3 EUR
515100, BASF, Kurswert: 41.05 EUR, Dividende: 2.54 EUR
555750, Deutsche Telekom, Kurswert: 18.93 EUR, Dividende: 0.62 EUR
716460, SAP, Kurswert: 129.6 EUR, Dividende: 0.57 EUR
723610, Siemens, Kurswert: 57.3 EUR, Dividende: 2.4 EUR

Gefunden: 716460, SAP, Kurswert: 129.6 EUR, Dividende: 0.57 EUR
```

Gegenüber dem ersten Ansatz, bei dem wir ein Objekt des Typs set<Wertpapier*> benutzten, sind die Probleme bezüglich der Sortierung und der Ausgabe gelöst. Zum Suchen mittels find wird allerdings nach wie vor ein Zeigerobjekt benötigt, was noch zu verbessern ist.

14.5 Ein set-Objekt verwaltet Zeiger mittels Funktionsobjekten

In Fällen, in denen das vordefinierte Verhalten von Algorithmen oder Containern nicht die gewünschte Leistung erbringt, helfen Funktionsobjekte weiter. Wir kehren deshalb zum ersten Ansatz aus Abschnitt 14.2 zurück und lassen das set-Objekt wieder Zeiger auf Wertpapiere verwalten. Im Unterschied zum ersten Ansatz werden wir jetzt Funktionsobjekte einsetzen, um die aufgezeigten Defizite zu beheben.

Zum Sortieren definieren wir das Funktionsobjekt ptr_less und für die Ausgabe das Funktionsobjekt const_ptr_deref. Die Funktionsobjekte WKN und WPBez dienen zum Suchen von Wertpapieren anhand der Kennnummer beziehungsweise der Bezeichnung. Im Gegensatz zu WKN ist WPBez zu Demonstrationszwecken als zweistelliges Funktionsobjekt realisiert.

einsatz/set_funktionsobjekte.cpp

```
#include <algorithm>
#include <functional>
#include <iostream>
```

```
#include <iterator>
#include <set>
#include "wertpapier.h"
#include "wp_objekte.h"

#include <memory>
#include "aktie.h"

using namespace std;

template<class T>
struct ptr_less : binary_function<const T*, const T*, bool> {
   bool operator()(const T* x, const T* y) const { return *x < *y; }
};

template<class T>
struct const_ptr_deref : unary_function<const T*, T> {
   const T& operator()(const T* w) const { return *w; }
};

class WKN : public unary_function<const Wertpapier*, bool> {
public:
   WKN(const string& s) : wkn(s) { }
   bool operator()(const Wertpapier* w) const { return w->gibKennNr() == wkn; }
private:
   const string wkn;
};

struct WPBez : binary_function<const Wertpapier*, string, bool> {
   bool operator()(const Wertpapier* w, const string& bez) const
      { return w->gibBezeichnung() == bez; }
};

int main() {
   typedef set<Wertpapier*, ptr_less<Wertpapier> > WPSet;
   WPSet zeigermenge(wp, wp + n);
   transform(zeigermenge.begin(), zeigermenge.end(),
      ostream_iterator<Wertpapier>(cout, "\n"), const_ptr_deref<Wertpapier>());

   WPSet::iterator iter
      = find_if(zeigermenge.begin(), zeigermenge.end(), WKN("716460"));
   if (iter != zeigermenge.end())
      cout << "\nGefunden: " << **iter << endl;

   iter = find_if(zeigermenge.begin(), zeigermenge.end(),
      bind2nd(WPBez(), "SAP"));
   if (iter != zeigermenge.end())
      cout << "Gefunden: " << **iter << endl;
}
```

Für die Ausgabe verwenden wir jetzt den Algorithmus transform statt copy, damit das Funktionsobjekt angegeben werden kann. Eine Suche nach Kennnummer beziehungsweise Bezeichnung ist aus dem gleichen Grund nur mittels des Algorithmus find_if zu bewerkstelligen, was deutlich ineffizienter als eine Suche mittels Elementfunktion ist; *O(n)* im Vergleich zu *O(log(n))*. Die Ausgabe des Programms ist:

```
110597, Bds.Rep.Dt.SchatzA.V.01, Zinssatz: 4.25%, Fälligkeit: 01.11.2007
113518, Bds.Rep.Dt.Anl.V.01, Zinssatz: 5%, Fälligkeit: 04.07.2011
114139, Bds.Rep.Dt.Bds.Obl.S.139, Zinssatz: 4%, Fälligkeit: 16.02.2007
514000, Deutsche Bank, Kurswert: 72.75 EUR, Dividende: 1.3 EUR
515100, BASF, Kurswert: 41.05 EUR, Dividende: 2.54 EUR
555750, Deutsche Telekom, Kurswert: 18.93 EUR, Dividende: 0.62 EUR
716460, SAP, Kurswert: 129.6 EUR, Dividende: 0.57 EUR
723610, Siemens, Kurswert: 57.3 EUR, Dividende: 2.4 EUR

Gefunden: 716460, SAP, Kurswert: 129.6 EUR, Dividende: 0.57 EUR
Gefunden: 716460, SAP, Kurswert: 129.6 EUR, Dividende: 0.57 EUR
```

Da die Wertpapiere nur nach dem Datenelement kennNr sortiert werden, kann man auch die effiziente Elementfunktion find zum Suchen einsetzen, indem man ein temporäres Objekt einer von Wertpapier abgeleiteten Klasse mit der gesuchten Nummer erzeugt, z. B.

```
auto_ptr<Aktie> tmp(new Aktie("716460", "", 0, 0));
WPSet::iterator iter = zeigermenge.find(tmp.get());
```

Nach der Wertpapierbezeichnung kann in dieser Form jedoch nicht gesucht werden. Außerdem ist die Konstruktion temporärer Suchobjekte nicht sonderlich elegant. Auch mit diesem Ansatz können wir somit nicht zufrieden sein. Im nächsten Abschnitt wählen wir deshalb eine andere Containerklasse.

14.6 Ein map-Objekt verwaltet Zeiger

Da Wertpapiere anhand ihrer Kennnummer oder Bezeichnung gesucht werden sollen, legen wir im folgenden Programm zwei map-Objekte an, die als Schlüssel jeweils einen String verwenden, der die Kennnummer beziehungsweise Bezeichnung speichert.

einsatz/map_zeiger.cpp

```
#include <iostream>
#include <map>
#include <string>
#include "wertpapier.h"
#include "wp_objekte.h"
using namespace std;

int main() {
```

```
    typedef map<string, Wertpapier*> WPMap;
    WPMap wmKNr, wmBez;
    for (int i = 0; i < n; ++i) {
        wmKNr[wp[i]->gibKennNr()] = wp[i];
        wmBez[wp[i]->gibBezeichnung()] = wp[i];
    }
    WPMap::iterator iter = wmKNr.begin();
    for (; iter != wmKNr.end(); ++iter)
        cout << iter->first << '\n';
    iter = wmKNr.find("716460");
    if (iter != wmKNr.end())
        cout << "\nGefunden: " << *iter->second << "\n\n";
    for (iter = wmBez.begin(); iter != wmBez.end(); ++iter)
        cout << iter->first << '\n';
    iter = wmBez.find("SAP");
    if (iter != wmBez.end())
        cout << "\nGefunden: " << *iter->second << endl;
}
```

Wie das Programm zeigt, sind Objekte über Zeiger von mehreren Containern aus manipulierbar. Im Beispiel sind auf jedes Wertpapierobjekt insgesamt drei Zeiger gerichtet.

Das Programm gibt zuerst eine Liste der Kennnummern aus. Anschließend wird mittels der Elementfunktion find nach einem Wertpapier mit der Kennnummer "716460" gesucht. Sofern die Suche erfolgreich verläuft, wird das Wertpapier ausgegeben. Im zweiten Teil des Programms wird analog zum ersten Teil mit Bezeichnungen verfahren.

```
110597
113518
114139
514000
515100
555750
716460
723610

Gefunden: 716460, SAP, Kurswert: 129.6 EUR, Dividende: 0.57 EUR

BASF
Bds.Rep.Dt.Anl.V.01
Bds.Rep.Dt.Bds.Obl.S.139
Bds.Rep.Dt.SchatzA.V.01
Deutsche Bank
Deutsche Telekom
SAP
Siemens

Gefunden: 716460, SAP, Kurswert: 129.6 EUR, Dividende: 0.57 EUR
```

Es ist wichtig, dass an den in einem assoziativen Container gespeicherten Elementen keine Änderungen vorgenommen werden, durch die die Sortierung beeinträchtigt wird. Im Beispiel sind die Datenelemente kennNr und bezeichnung konstant, so dass derartige Aktionen ausgeschlossen sind.

Je nach vorgegebenem Einsatzzweck wird man einen der vorgestellten Ansätze – abgesehen vom ersten aus Abschnitt 14.2 – verwenden können. Damit Umstellungen der Implementierung keine größeren Programmänderungen nach sich ziehen, ist es oft besser, eine spezielle Klasse (im Beispiel etwa Wertpapiercontainer) zu definieren, anstatt direkt mit Containern der Standardbibliothek zu arbeiten.

14.7 Aufgaben

1. Speichern Sie Objekte der Klassen Aktie und Anleihe in einem vector-Objekt v.

2. Wie können im folgenden Beispiel alle im Container gespeicherten Objekte gelöscht werden?

   ```
   list<Wertpapier*> x;
   x.push_back(new Aktie("515100", "BASF", 41.05, 2.54));
   // ... weitere Wertpapiere einfügen
   ```

   Lässt sich das Problem mit Hilfe der Klassen smart_ptr aus Abschnitt 14.3 oder auto_ptr aus Abschnitt 13.1 eleganter lösen?

3. Entwickeln Sie eine geeignet parametrisierte Iteratorklasse TypIter, die z. B. Iterationen über die im vector aus Aufgabe 1 gespeicherten Aktien oder Anleihen erlaubt. Für zwei TypIter-Objekte a und b für Aktien, die den Anfang und das Ende eines Bereichs markieren, soll beispielsweise copy(a, b, ostream_iterator<Aktien>(cout, "\n")) sämtliche Aktien, aber keine Anleihen ausgeben.

4. Inwiefern können mit void* instanzierte Containerklassen dazu beitragen, durch Templates verursachte Codeduplizierung zu vermeiden? Wie kann man in dem Fall die Typsicherheit gewährleisten?

15 Lösungen

In diesem Kapitel präsentieren wir unsere Lösungsvorschläge zu den jeweils an den Kapitelenden gestellten Aufgaben. Wie im Vorwort beschrieben, können Sie den Sourcecode zu sämtlichen Lösungen und Programmen erhalten.

2-1 Damit die Klassen Feld und Liste sinnvoll eingesetzt werden können, sind zusätzlich zu den im Text vorgestellten Elementfunktionen zumindest noch Copy-Konstruktor, Zuweisungsoperator, Destruktor sowie Elementfunktionen zum Einfügen und Entfernen von Elementen zu definieren. Für eine benutzerdefinierte Klasse X sind dann Standardkonstruktor, Destruktor, Copy-Konstruktor, Zuweisungsoperator sowie die Operatoren > und != bereitzustellen.

```
class X {
public:
        X();
        ~X();
        X(const X&);
        X& operator=(const X&);
        bool operator>(const X&) const;
        bool operator!=(const X&) const;
        // ...
};
```

Im Zusammenhang mit der STL ist es allerdings gebräuchlicher, die Vergleichsoperatoren < und == zur Verfügung zu stellen (siehe Abschnitte 1.3 und 4.1).

2-2 Ob der Aufwand zum Kopieren der Argumente ins Gewicht fällt, hängt davon ab, was zu kopieren ist. Bei einem Iterator ist typischerweise lediglich ein Zeiger zu kopieren, und auch Funktionsobjekte beinhalten in der Regel keine größeren Daten. Referenzparameter bieten hier deshalb keinen Vorteil und können sich sogar negativ auswirken, weil bei jedem Zugriff dereferenziert werden muss. Kopien sind außerdem mit dem kleinen Vorteil verbunden, dass direkt mit der Kopie gearbeitet werden kann und so keine lokale Laufvariable benötigt wird. (Siehe auch Aufgabe 9-3.)

2-3 Die Klasse Const_Iter kann für Liste wie folgt definiert werden:

```
template<class T>
class Liste {
public:
        // ...
        class Const_Iter {
        public:
                Const_Iter(const Elem* cc) : c(cc) { }
```

```
        Const_Iter(Iter i) : c(i.c) { }
        const T& operator*() const { return c->t; }
        friend bool operator==(Const_Iter i, Const_Iter j) { return i.c == j.c; }
        friend bool operator!=(Const_Iter i, Const_Iter j) { return i.c != j.c; }
        Const_Iter& operator++() { c = c->n; return *this; }
        Const_Iter operator++(int) {
            Const_Iter tmp(*this);
            c = c->n;
            return tmp;
        }
    private:
        const Elem* c;
    };
    Const_Iter start() const { return kopf; }
    Const_Iter ende() const { return 0; }
};
```

Für die Konversion eines Iter in einen Const_Iter muss die Klasse Const_Iter als friend der Klasse Iter deklariert werden, um den Zugriff auf das private Datenelement c zu erlauben. Eine Konversion in umgekehrter Richtung ist analog zu Zeigern nicht sinnvoll. Die Funktion vgl aus der Aufgabenstellung wird übersetzt, wenn die Vergleichsoperatoren als friend-Funktionen definiert werden, was generell zu empfehlen ist.

2-4 Zur Beschreibung einer Position innerhalb eines Containers spielt es keine Rolle, ob Elemente des Containers über einen solchen Iterator modifiziert werden können; deshalb sollte als Parameter Const_Iter verwendet werden.

```
template<class T>
void Liste<T>::einfuegen(Const_Iter ci, const T& x) { /* ... */ }
```

Die Standardbibliothek benutzt stattdessen als Parametertypen nicht konstante Iteratoren, was dazu führt, dass Code der folgenden Art nicht fehlerfrei übersetzt wird.

```
void test(Liste<int> li) {
    Liste<int>::Const_Iter ci = li.start();
    li.einfuegen(ci, 1);
}
```

2-5 Eine mögliche Lösung, die in const Containern mittels Const_Iter und nicht const Containern mittels Iter sucht, ist:

```
template<class Container, class T>
typename Container::Const_Iter suchen(const Container& c, const T& x) {
    typename Container::Const_Iter start = c.start();
    while (start != c.ende() && *start != x) ++start;
    return start;
}
```

```
template<class Container, class T>
typename Container::Iter suchen(Container& c, const T& x) {
    typename Container::Iter start = c.start();
    while (start != c.ende() && *start != x) ++start;
    return start;
}
```

Für vordefinierte Felder sind die Funktionen allerdings nicht zu gebrauchen.

Sowohl suchen als auch suchen_f benutzen drei Template-Parameter. Hätten beide Funktionen denselben Namen, wäre beim Aufruf für den Compiler nicht klar, welche der beiden Funktionen aufzurufen ist, da er den Funktionsrumpf nicht untersucht. **2-6**

Eine mögliche Definition für zaehlen_f ist: **2-7**

```
template<class Iter, class Funktion>
typename IterHilf<Iter>::Abstandstyp
zaehlen_f(Iter start, Iter ende, Funktion f) {
    typename IterHilf<Iter>::Abstandstyp n = 0;
    while (start != ende) {
        if (f(*start))
            ++n;
        ++start;
    }
    return n;
}
```

Die Funktion kann für Feld<int> fi(10); beispielsweise wie folgt aufgerufen werden:

```
int x = zaehlen_f(fi.start(), fi.ende(), binden(Groesser<int>(), 25));
```

Funktionsobjekte können im Gegensatz zu „normalen" Funktionen Datenelemente besitzen, die mittels Konstruktor initialisiert werden. Damit verfügen sie über einen Zustand, d. h., sie können Informationen transportieren (siehe z. B. Summe auf Seite 157). Ein zweiter Vorteil ist, dass sie für den Compiler einfacher inline umsetzbar sind als Funktionszeiger, bei denen im Allgemeinen zur Übersetzungszeit nicht bekannt ist, auf welche Funktion sie zur Laufzeit zeigen werden (siehe auch Abschnitt 2.12). Des Weiteren besitzt jede Klasse, die für Funktionsobjekte definiert wird, einen eigenständigen Typ. Bei Funktionszeigern ist das nur der Fall, wenn die Signatur unterschiedlich ist. **2-8**

2-9 Die Klasse BinBaum kann intern z. B. die folgende Struktur verwenden:

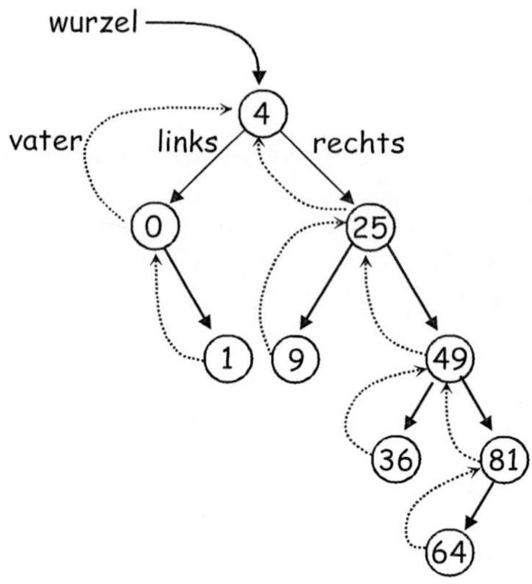

Die Implementierung eines Iterators für die Klasse BinBaum gestaltet sich aufwändiger als für Feld und Liste, weil die Anordnung der Elemente komplizierter ist. Ein Gerüst für eine mögliche Implementierung der Klassen BinBaum und Const_Iter kann wie folgt aussehen:

loesungen/konzeption/binbaum.h

```
template<class T>
class BinBaum {
    struct Element {
        Element(const T& s, Element* v, Element* l = 0, Element* r = 0)
            : schluessel(s), vater(v), links(l), rechts(r) { }
        T schluessel;
        Element* vater;    // wird für den Weg nach "oben" benötigt
        Element* links, *rechts;
    } *wurzel;
public:
    BinBaum() : wurzel(0) { }
    class Const_Iter {
    public:
        Const_Iter(const Element* cc) : c(cc) { }
        bool operator==(Const_Iter i) const { return c == i.c; }
        bool operator!=(Const_Iter i) const { return c != i.c; }
        Const_Iter& operator++() {
            c = naechster(c);
            return *this;
        }
        Const_Iter operator++(int) {
            Const_Iter tmp(*this);
            operator++();
```

```
                return tmp;
            }
            const T& operator*() const { return c->schluessel; }
            // ...
        private:
            const Element* c;    // Cursor auf das aktuelle Element
        };
        friend class Const_Iter;
        Const_Iter start() const { return erster(); }
        Const_Iter ende() const { return 0; }
        Const_Iter suchen(const T& x) const { return suche(x); }
        // ...
    private:
        static const Element* naechster(const Element*);
        const Element* erster() const;
        const Element* suche(const T&) const;
    };

    template<class T>
    const typename BinBaum<T>::Element* BinBaum<T>::naechster(const Element* z) {
        if (z->rechts != 0) {
            z = z->rechts;
            while (z->links != 0)
                z = z->links;
        } else if (z->vater->links == z)
            z = z->vater;
        else {
            while (z->vater != 0 && z->vater->rechts == z)
                z = z->vater;
            z = z->vater;
        }
        return z;
    }

    template<class T>
    const typename BinBaum<T>::Element* BinBaum<T>::erster() const {
        const Element* z = wurzel;
        while (z->links != 0)
            z = z->links;
        return z;
    }
```

Da ein binärer Baum die in ihm enthaltenen Elemente gemäß einer internen Sortierung ablegt, kann eine Elementfunktion, die das Wissen um die Sortierung ausnutzt, erheblich effizienter suchen (logarithmisches Zeitverhalten), als ein Algorithmus, der linear vorgeht.

```
    template<class T>
    const typename BinBaum<T>::Element* BinBaum<T>::suche(const T& x) const {
        const Element* z = wurzel;
        while (z != 0) {
```

```
            if (x < z->schluessel)
                z = z->links;
            else if (z->schluessel < x)
                z = z->rechts;
            else    // weder kleiner noch größer, dann gefunden
                return z;
        }
        return 0;    // nicht gefunden
    }
```

Im Gegensatz zur Elementfunktion kann ein allgemeiner Suchalgorithmus für jeden Container eingesetzt werden, der geeignete Iteratoren zur Verfügung stellt.

3-1 ptr_fun ist für ein- und zweistellige Funktionen überladen. Bei not1 und not2 kann dagegen nicht überladen werden, weil beide Funktionen nur ein Template-Argument besitzen.

3-2 strcmp ist eine zweistellige Funktion des Typs int()(const char*, const char*). ptr_fun erzeugt deshalb ein Objekt der Klasse pointer_to_binary_function. bind2nd bindet das zweite Argument an "Rudi". Daraus resultiert in find_if für die erste Feldkomponente der Aufruf strcmp("Lothar", "Rudi"), der einen Wert ungleich 0, d. h. true liefert. Um "Rudi" zu finden, müsste not1(bind2nd(ptr_fun(strcmp), "Rudi")) eingesetzt werden.

Die Funktion strcmp gehört zur C-Bibliothek. Der C++-Standard legt nicht fest, ob solche Funktionen mit extern "C" oder extern "C++" deklariert werden. Die Benutzung kann deshalb zu einem Fehler führen, weil hier unter Umständen nicht kompatible Funktionszeiger unterschiedlicher *Linkage* verwendet werden.

3-3 Wegen der return-Anweisung in mem_fun_ref_t::operator() kann der Typ S nicht void sein.

3-4 Am Beispiel von Klassen, die ein Sortierkriterium als Template-Parameter vereinbaren, kann man zeigen, dass sich mittels Adaptern auf Funktionszeiger Codeduplizierung vermeiden lässt, z. B.

loesungen/funktionsobjekte/ptr_fun.cpp

```
template<class Vergleich>
class X {
public:
    explicit X(int ii, Vergleich v = Vergleich()) : i(ii), vgl(v) { }
    bool operator<(const X& x) const { return vgl(i, x.i); }
private:
    int i;
    Vergleich vgl;
};
```

```
X<less<int> > x1(1);
X<greater<int> > x2(2);
```

Die Objekte x1 und x2 besitzen unterschiedliche Typen, d. h., der Compiler muss die Klasse X zweimal generieren – der Code wird dupliziert.

```
inline bool kleiner(int x, int y) { return x < y; }
inline bool groesser(int x, int y) { return x > y; }

typedef X<pointer_to_binary_function<int, int, bool> > XX;
XX x3(3, ptr_fun(kleiner));
XX x4(4, ptr_fun(groesser));
```

Hier haben die Objekte x3 und x4 denselben Typ, obwohl sie wie x1 und x2 unterschiedliche Vergleichsfunktionen einsetzen. Der Compiler muss die Klasse X nur einmal für x3 und x4 generieren, dadurch wird Codeduplizierung vermieden. Allerdings ist der Aufwand beim Vergleich von X-Objekten größer, weil ein Funktionszeiger dereferenziert wird. Darüber hinaus kann es verwirrend sein, dass zwei Objekte zwar denselben Typ besitzen, aber unterschiedlichen Sortierkriterien unterliegen.

Ein kleiner Vorteil ist, dass Optimierungen des Compilers durch const erleich- **3-5**
tert werden. Allerdings wird ein guter Compiler auch ohne const effizienten Code produzieren.

Ein Nachteil ist, dass Zuweisungen nicht möglich sind, da das const Datenelement seinen Wert nach der Initialisierung nicht mehr ändern kann. Dadurch geht unter Umständen Flexibilität verloren.

Eine mögliche Implementierung ist: **3-6**

```
template<class T>
struct Schaltjahr : public unary_function<T, bool> {
	bool operator()(T jahr) const {
		return (jahr % 4 == 0) && ((jahr % 100 != 0) || (jahr % 400 == 0));
	}
};
```

Eine Basisklasse muss einen virtuellen Destruktor definieren, wenn mit new **3-7**
angelegte Objekte abgeleiteter Klassen über einen Zeiger auf die Basisklasse mit delete gelöscht werden. Ein Einsatz von Basisklassen der Art unary_function und binary_function ist in dieser Form allerdings nicht vorgesehen. Sie sollen lediglich Typdefinitionen bereitstellen. Ein virtueller Destruktor ist hier folglich nicht sinnvoll.

Im Beispiel wird for_each als modifizierender Algorithmus eingesetzt (siehe Ab- **3-8**
schnitt 9.2.1). Da der Funktionsaufrufoperator der Klasse binder2nd const ist, wird versucht, die nicht const Elementfunktion erhoeheGehalt für ein const Objekt aufzurufen, was nicht zulässig ist. (Einige Compiler übersetzen das Beispiel

fälschlicherweise trotzdem.) Um das Problem zu beheben, könnte der Funktionsaufrufoperator der Klasse binder2nd mit einer nicht const Version überladen werden. Dies wird derzeit vom Standardisierungskomitee diskutiert.

4-1 Aus !(a < b) && !(b < a) folgt im Allgemeinen nicht, dass a == b ist. Wenn z. B. Stringobjekte ohne Unterscheidung von Klein- und Großbuchstaben verglichen werden, sind "TEST" und "test" zwar äquivalent, aber nicht gleich (vgl. auch Seite 4).

4-2 Ja, die angegebene Definition für make_pair funktioniert wie erwartet. Mit älteren Implementierungen, die make_pair in der Form

```
pair<T1, T2> make_pair(const T1& x, const T2& y)
```

deklarieren, gibt es Schwierigkeiten, denn bei der Instanzierung der Template-Funktion resultiert im Beispiel für den ersten Parameter der Typ const char (&)[5], der nicht kopierbar ist.

4-3 Sofern für die Template-Parameter X und Y ein geeigneter Ausgabeoperator definiert ist, können mit der folgenden Template-Funktion beliebige pair-Objekte ausgegeben werden.

```
template<class X, class Y> inline
ostream& operator<<(ostream& os, const pair<X, Y>& p) {
    return os << p.first << ' ' << p.second;
}
```

5-1 Die Parameter a und b der Funktion vgl haben unterschiedliche Typen. Es ist allerdings möglich, die Containerobjekte mit dem Algorithmus equal (siehe Abschnitt 9.2.8) zu vergleichen, wobei int nach double konvertiert wird.

```
bool vgl(const vector<int>& a, const vector<double>& b) {
    return a.size() == b.size() && equal(a.begin(), a.end(), b.begin());
}
```

5-2 Der Iterator i wird zunächst um eine Position vorwärts bewegt. Die Funktion erase wird anschließend mit dem alten Wert des Iterators aufgerufen. Für vector und deque behalten nur Iteratoren vor dem gelöschten Element ihre Gültigkeit. Da i hinter dem gelöschten Element steht, ist seine weitere Benutzung nicht definiert. Für list bleiben alle Iteratoren gültig, die nicht auf das gelöschte Element verweisen. Die Formulierung c.erase(i); i++; führt demnach auch für list zu undefiniertem Verhalten, während c.erase(i++); für list, aber nicht für vector und deque, korrekte Ergebnisse liefert. In der folgenden Formulierung arbeitet die Funktion für alle drei Containerklassen korrekt.

```
template<class Container, class T>
void loeschen(Container& c, const T& x) {
    typename Container::iterator i = c.begin();
    while (i != c.end() && *i == x)
```

```
        i = c.erase(i);
}
```

Ein Ausgabeoperator mit einem Template-Argument, z. B. in der Form **5-3**

```
template<class Container>
ostream& operator<<(ostream& os, const Container& c) {
    for (typename Container::const_iterator i = c.begin(); i != c.end(); ++i)
        os << *i << ' ';
    return os;
}
```

wird vom Compiler auch für die Ausgabe von Objekten, die keine Container sind und für die kein eigener Ausgabeoperator definiert ist, benutzt.

Da die interne Struktur einer deque komplizierter als die eines vectors aufgebaut ist, sind Indexzugriffe für vector geringfügig schneller. **5-4**

Es sind zwei Funktionen zu definieren. Eine für vector und deque sowie eine für list. Die erste Funktion nutzt aus, dass vector und deque über *Random-Access-Iteratoren* verfügen. Es ist zu beachten, dass hier durch den Aufruf der Elementfunktion insert alle Iteratoren ihre Gültigkeit verlieren. Die zweite Funktion baut dagegen darauf, dass die Elementfunktion insert der Klasse list die Gültigkeit von Iteratoren nicht beeinflusst. **5-5**

loesungen/container/insert.cpp

```
template<class Vektor, class InputIterator>
typename Vektor::iterator
insert(Vektor& v, typename Vektor::iterator vor,
        InputIterator von, InputIterator bis) {
    const typename Vektor::difference_type i = vor - v.begin();
    v.insert(vor, von, bis);
    return v.begin() + i;
}

template<class List, class InputIterator>
typename List::iterator
list_insert(List& l, typename List::iterator vor,
        InputIterator von, InputIterator bis) {
    bool erstes = (vor == l.begin());
    List::iterator i = vor;
    if (!erstes) --i;
    l.insert(vor, von, bis);
    if (erstes)
        i = l.begin();
    else
        ++i;
    return i;
}
```

Die Funktionen können wie folgt aufgerufen werden:

```
vector<int> v;
deque<int> d;
list<int> l;
// ... Container mit Werten füllen
const int g[] = { 10, 20, 30, 40, 50 };
vector<int>::iterator vi = insert(v, v.begin() + 3, g, g + 5);
deque<int>::iterator di = insert(d, d.begin() + 3, g, g + 5);
list<int>::iterator li = list_insert(l, l.begin(), g, g + 5);
```

5-6 Da die Klasse vector nicht über virtuelle Elementfunktionen verfügt, die bounded_vector überschreiben könnte, ist eine public Ableitung nicht sinnvoll (siehe auch Abschnitt 2.15). Das größte Manko einer public Ableitung demonstriert das folgende Codefragment:

```
bounded_vector<int> bv(-100, 100);
vector<int>& vr = bv;
vr[10] = 1;   // Oops, Indexoperator von vector und nicht bounded_vector!
```

Es ist allerdings möglich, bounded_vector private von vector abzuleiten oder in bounded_vector ein Datenelement des Typs vector aufzunehmen. Bei einer private Ableitung kann man benötigte Elementfunktionen von vector mittels using (früher Zugriffsdeklaration) wieder zugreifbar machen, ohne sie neu definieren zu müssen.

```
template<class T>
class bounded_vector : private vector<T> {
public:
    bounded_vector(int u, int o) : vector<T>(o - u + 1), unten(u), oben(o) { }
    T& operator[](int i) { return vector<T>::operator[](i - unten); }
    const T& operator[](int i) const { return vector<T>::operator[](i - unten); }
    using vector<T>::size;   // oder ohne using als Zugriffsdeklartion
    // ...
private:
    int unten, oben;
};
```

Nimmt man in bounded_vector ein Datenelement für den vector auf, sind benötigte Elementfunktionen basierend auf den Definitionen für vector neu zu definieren.

```
template<class T>
class bounded_vector {
public:
    bounded_vector(int u, int o) : v(o - u + 1), unten(u), oben(o) { }
    T& operator[](int i) { return v[i - unten]; }
    const T& operator[](int i) const { return v[i - unten]; }
    vector<T>::size_type size() const { return v.size(); }
    // ...
```

```
private:
        vector<T> v;
        int unten, oben;
};
```

Bei vector<X> v(n); werden n X-Objekte per Standardkonstruktor erzeugt und in v abgelegt. v.size() liefert dann den Wert n. Dagegen erzeugt vector<X> v; einen leeren Container, für den v.size() den Wert 0 liefert. Anschließend wird mit v.reserve(n); Speicher für n Elemente reserviert. Der Container ist allerdings immer noch leer. Im zweiten Fall wird also kein X-Objekt erzeugt. Wenn nur Speicher zu reservieren ist, der anschließend mit Objekten gefüllt wird, ist die zweite Vorgehensweise demnach effizienter als die erste. **5-7**

Der Aufruf ist in der Form f(&v[0], v.size()) möglich, wobei v nicht leer sein sollte. Nicht zu empfehlen ist dagegen f(v.begin(), v.size()), weil ein Iterator im Allgemeinen kein Zeiger sein muss. Mit f(&*v.begin(), v.size()) funktioniert es dagegen. Die Funktion f sollte auf die Elemente des Vektors nur lesend zugreifen. **5-8**

Aufgrund ihres Umfangs befindet sich die vollständige Definition der Klasse slist im Anhang. **5-9**

Die Typen von a und b stimmen nicht überein, weil a per Vorgabe das Vergleichsobjekt less<int> benutzt und b stattdessen greater<int>. Demgegenüber haben c und d denselben Typ. Folglich wird die Template-Klasse priority_queue für sie nur einmal instanziert. Sie setzen jedoch zur Sortierung ihrer Elemente verschiedene Funktionsobjekte (hier Zeiger auf Funktionen) ein. Bei einer Zuweisung der Art c = d; kopiert der compilergenerierte Zuweisungsoperator sowohl die im Container enthaltenen Elemente als auch das Funktionsobjekt. Somit kann anschließend sinnvoll mit c gearbeitet werden. Trotzdem kann es verwirrend sein, dass zwei Container zwar denselben Typ besitzen, aber mit unterschiedlichen Sortierkriterien arbeiten. **6-1**

Keiner der drei Containeradapter kann mit slist zusammenarbeiten, weil slist unter anderem die Elementfunktion push_back fehlt, die von allen Containeradaptern vorausgesetzt wird. Grundsätzlich könnte slist jedoch für eine Stackimplementierung benutzt werden, die auf push_front, pop_front und front basiert. **6-2**

Es gibt zwei Möglichkeiten für die Festlegung des Vergleichsobjekts: als Template- oder Konstruktorargument. **7-1**

```
map<string, int> m1;   // benutzt Standardargument less<string>
map<string, int, greater<string> > m2;   // benutzt greater<string>
```

Beim Konstruktorargument ist darauf zu achten, dass der Typ passt. Interessant ist diese Möglichkeit, wenn es zu einem Typ, der als Template-Argument eingesetzt wird, Objekte mit unterschiedlichem Verhalten gibt (siehe Aufgabe 3-4).

```
less<string> lt;
map<string, int> m3(lt);
greater<string> gt;
map<string, int> m4(gt);    // Fehler
```

Die Kurzform map<string, int> m(less<string>()); wird als Funktionsdeklaration interpretiert!

7-2 Die Elementfunktion find nutzt zur effizienten Suche die durch ein Funktionsobjekt gesteuerte Sortierung der Elemente aus. Möchte man mit Hilfe eines anderen Funktionsobjekts suchen, bringt die interne Sortierung keinen Vorteil.

7-3 Eine simple Möglichkeit besteht darin, eine Schleife zu programmieren, die über alle Elemente iteriert und nach dem gewünschten Wert sucht. Eine andere Möglichkeit, die mehr dem Geist der Bibliothek entspricht, benutzt den Algorithmus find_if. Dazu ist zuvor ein geeignetes Funktionsobjekt zu definieren, z. B.

```
template<class Pair>
class WertGleich : public unary_function<Pair, bool> {
public:
    WertGleich(const typename Pair::second_type& x) : x(x) { }
    bool operator()(const Pair& v) const { return v.second == x; }
private:
    const typename Pair::second_type x;
};

VokMap::iterator i = find_if(vokabeln.begin(), vokabeln.end(),
    WertGleich<VokMap::value_type>("Vier"));
```

7-4 Unter der Voraussetzung, dass geeignete Ausgabeoperatoren für die Template-Argumente X und Y existieren, gibt der folgende Ausgabeoperator beliebige map-Objekte aus.

```
template<class X, class Y>
ostream& operator<<(ostream& os, const map<X, Y>& m) {
    for (map<X, Y>::const_iterator i = m.begin(); i != m.end(); ++i)
        os << i->first << ' ' << i->second << '\n';
    return os;
}
```

7-5 Eine kompakte Lösung basiert auf einer map.

loesungen/assoziative_container/woerter_zaehlen.cpp

```
#include <iostream>
#include <map>
#include <string>
using namespace std;
```

```
int main() {
   typedef map<string, int> maptype;
   maptype woerter;
   string s;
   while (cin >> s)
      ++woerter[s];
   for (maptype::iterator i = woerter.begin(); i != woerter.end(); ++i)
      cout << i->first << "  " << i->second << '\n';
}
```

Ja! Da die assoziativen Container eine Implementierung basierend auf Binär- **7-6**
bäumen benutzen (vgl. Seite 102), lässt sich ein Binärbaum so definieren, dass er die Anforderungen an einen assoziativen Container erfüllt. Der Klasse BinBaum entspricht in der STL die Klasse multiset.

Der Operator < wird nur von *Random-Access-Iteratoren* zur Verfügung gestellt. **8-1**
Der Operator != ist dagegen mit Ausnahme von *Output-Iteratoren* für alle Iteratorkategorien definiert. Die Verwendung von < statt != würde den Einsatzbereich der Funktion deshalb unnötig einschränken.

Über den Rückgabewert des Algorithmus copy wird versucht, einen Iterator des **8-2**
Typs back_insert_iterator<vector<int> > einem vector<int>::iterator zuzuweisen. Zwischen diesen beiden Iteratortypen ist jedoch keine Konversion definiert.

Die vollständige Definition der Klasse slist befindet sich im Anhang. **8-3**

Für *Bidirectional-Iteratoren* könnte das Ergebnis auch negativ sein, allerdings **8-4**
ist nicht klar, in welche Richtung (Inkrement oder Dekrement) man mit first laufen muss, da first < last für *Bidirectional-Iteratoren* im Allgemeinen nicht definiert ist.

```
template<class InputIterator>
typename iterator_traits<InputIterator>::difference_type
distance(InputIterator first, InputIterator last, input_iterator_tag) {
      typename iterator_traits<InputIterator>::difference_type n = 0;
      while (first != last) {
            ++n;
            ++first;
      }
      return n;
}

template<class RandomAccessIterator> inline
typename iterator_traits<RandomAccessIterator>::difference_type
distance(RandomAccessIterator first, RandomAccessIterator last,
      random_access_iterator_tag)
      { return last - first; }
```

```
template<class InputIterator> inline
typename iterator_traits<InputIterator>::difference_type
distance(InputIterator first, InputIterator last) {
	return distance(first, last, iterator_traits<InputIterator>::iterator_category());
}
```

8-5 operator- ist für *Bidirectional-Iteratoren* im Allgemeinen nicht definiert.

8-6 Iteratoren sollen sich wie Zeiger verhalten. Analog zu einem konstanten Zeiger T*const, mit dem das Objekt modifiziert werden kann, auf das der Zeiger verweist, kann auch mit einem konstanten Iterator das Objekt geändert werden, das der Iterator referenziert. (Siehe auch Seite 12.)

8-7 Aufgrund der Beziehung &*(reverse_iterator(i)) == &*(i - 1) liefert *r den Wert des Elements vor i.

8-8 Der Iterator der Klasse list ist ein *Bidirectional-Iterator*. Deshalb ist der Ausdruck r += 5 nicht definiert.

8-9 Da die Klasse vector nicht über eine Elementfunktion push_front verfügt, kann mit front_inserter kein front_insert_iterator konstruiert werden.

8-10 Für assoziative Container kann ein *Insert-Iterator* namens insert_iterator_x definiert werden, der ohne Iteratordatenelement auskommt.

loesungen/iteratoren/inserter_multiset.cpp

```
template<class Container>
class insert_iterator_x
	: public iterator<output_iterator_tag, void, void, void, void> {
public:
	typedef Container container_type;
	explicit insert_iterator_x(Container& x) : container(x) { }
	insert_iterator_x&
		operator=(const typename Container::value_type& value)
			{ container.insert(value); return *this; }
	insert_iterator_x& operator*() { return *this; }
	insert_iterator_x& operator++() { return *this; }
	insert_iterator_x& operator++(int) { return *this; }
protected:
	Container& container;
};
```

Die Hilfsfunktion inserter wird einfach überladen.

```
template<class Container> inline
insert_iterator_x<Container> inserter(Container& x)
	{ return insert_iterator_x<Container>(x); }
```

Die folgende Funktion main demonstriert den Einsatz.

```
int main() {
      const int f[] = { 1, 3, 5, 1, 2, 4, 3 };
      multiset<int, greater<int> > ms;
      copy(f, f + 7, inserter(ms));
      copy(ms.begin(), ms.end(), ostream_iterator<int>(cout, "  "));
}
```

Der gleiche Effekt lässt sich auch mit multiset<int, greater<int> > ms(f, f + 7); erzielen.

Es werden drei Werte des Typs int von cin eingelesen und ignoriert. Mit einem *Output-Iterator* kann man advance nicht aufrufen, weil die Funktion für diese Iteratorkategorie nicht überladen ist. **8-11**

Die Anweisung wird vom Compiler als Funktionsdeklaration betrachtet! Den gewünschten Effekt kann man wie folgt erzielen: **8-12**

```
istream_iterator<int> von(cin), bis;
vector<int> v(von, bis);
```

Aber nicht mit:

```
istream_iterator<int> von(cin), bis();
```

Das würde bis als Funktion deklarieren.

Für das Beispiel ist eine einfache Schleife am effizientesten. **8-13**

```
void test(set<int>& s, set<int>::const_iterator ci) {
      set<int>::iterator i = s.begin();
      while (ci != i)
            ++i;
      s.erase(i);
}
```

Für *Random-Access-Iteratoren* ist advance(i, distance<set<int>::const_iterator>(i, ci)); effizienter. Im Beispiel benötigt diese Lösung jedoch doppelt so viel Zeit, weil die Elemente zweimal durchlaufen werden. Am besten ist daher die Definition einer Funktion, die in Abhängigkeit von der Iteratorkategorie den effizientesten Weg wählt.

```
template<class Container>
typename Container::iterator
reach(Container& c, typename Container::const_iterator ci, forward_iterator_tag) {
      typename Container::iterator i = c.begin();
      while (ci != i)
            ++i;
      return i;
}
```

```
template<class Container>
typename Container::iterator
reach(Container& c, typename Container::const_iterator ci,
        random_access_iterator_tag) {
    typename Container::iterator i = c.begin();
    advance(i, distance<typename Container::const_iterator>(i, ci));
    return i;
}

template<class Container>
typename Container::iterator
reach(Container& c, typename Container::const_iterator ci) {
    return reach(c, ci,
        iterator_traits<typename Container::const_iterator>::iterator_category());
}
```

Damit vereinfacht sich der Rumpf der Funktion test zu:

```
void test(set<int>& s, set<int>::const_iterator ci) {
    s.erase(reach(s, ci));
}
```

Bemerkung: Bei nachlässigen Bibliotheksimplementierungen wird die Abbruchbedingung der while-Schleife nur in der angegebenen Form while (ci != i), aber nicht als i != ci übersetzt.

8-14 Eine kompakte Lösung kann die Klasse set benutzen.

loesungen/iteratoren/woerter_zaehlen.cpp

```
#include <iostream>
#include <iterator>
#include <set>
#include <string>
using namespace std;

int main() {
  istream_iterator<string> von(cin), bis;
  set<string> woerter(von, bis);
  copy(woerter.begin(), woerter.end(), ostream_iterator<string>(cout, "\n"));
}
```

8-15 Da ein Fibonacci-Iterator nur gelesen werden kann, definieren wir ihn als *Input-Iterator*.

loesungen/iteratoren/fibonacci.cpp

```
#include <iostream>
#include <iterator>
#include <algorithm>
using namespace std;
```

```
template<class T>
class FibIter : public iterator<input_iterator_tag, const T> {
public:
   explicit FibIter(T idx = 0) : z1(0), z2(1) {
      while (idx-- > 0)
         ++ *this;
   }
   FibIter& operator++() {
      const T z3(z1 + z2);
      z1 = z2;
      z2 = z3;
      return *this;
   }
   FibIter operator++(int) {
      FibIter tmp(*this);
      ++ *this;
      return tmp;
   }
   const T& operator*() const { return z2; }
   bool operator==(const FibIter& x) const { return z1 == x.z1 && z2 ==
x.z2; }
   bool operator!=(const FibIter& x) const { return !(*this == x); }
private:
   T z1, z2;
};

int main() {
   copy(FibIter<unsigned int>(0), FibIter<unsigned int>(7),
      ostream_iterator<unsigned int>(cout, "  "));
}
```

Mit Hilfe von transform wird nur eine Anweisung benötigt. **9-1**

```
void ausgabe(const vector<double>& a, const vector<double>& b) {
      transform(a.begin(), a.end(), b.begin(),
            ostream_iterator<double>(cout, "  "), plus<double>());
}
```

Der dritte Parameter von for_each ist keine Referenz. Deshalb wirken sich Änderungen innerhalb der Funktion nicht auf das übergebene Argument aus. Das Objekt sum behält den mittels Standardkonstruktor erzeugten Wert 0. **9-2**

Um aus dem dritten Parameter eine Referenz zu machen, kann man folgenden Funktionsaufruf benutzen: for_each<const int*, Summe<int>&>(f + 1, f + 5, sum);

Für diese Definition von for_each könnte wie in Aufgabe 9-2 die Summe berechnet werden. Generell sind für das Funktionsobjekt f drei verschiedene Parametertypen denkbar: Bei const Function& muss operator() als const deklariert sein, damit er aufrufbar ist. Bei Function& können keine const Funktionsobjekte übergeben werden, und Aufrufe der Form for_each(x.begin(), x.end(), Print()); mit ei- **9-3** nem temporären Funktionsobjekt sind nicht zulässig. Für die dritte Möglichkeit Function gelten beide Restriktionen nicht. Allerdings sind in seltenen Fällen Einschränkungen bezüglich abgeleiteter Funktionsobjekte mit virtuellem operator() zu beachten. (Zum Thema „Kopie versus Referenz“ siehe auch Aufgabe 2-2.)

9-4 Der Funktionsrumpf für remove_if kann mit Hilfe von find_if und remove_copy_if formuliert werden?

```
template<class ForwardIterator, class Predicate> inline
ForwardIterator
remove_if(ForwardIterator first, ForwardIterator last, Predicate pred) {
    first = find_if(first, last, pred);
    return remove_copy_if(first, last, first, pred);
}
```

9-5 Wie bei find und find_if muss eine Version von find_end, die mit Prädikat sucht, einen anderen Namen besitzen, z. B. find_end_if.

loesungen/algorithmen/find_end.cpp

```
template<class ForwardIterator, class Predicate>
ForwardIterator
find_end_if(ForwardIterator first, ForwardIterator last, Predicate pred) {
    ForwardIterator i(last);
    while (first != last) {
        if (pred(*first))
            i = first;
        ++first;
    }
    return i;
}
```

Die Performance für *Bidirectional-Iteratoren* lässt sich durch eine Suche in umgekehrter Richtung noch verbessern. Dazu sind analog zur Funktion advance (siehe Abschnitt 8.8.3.1) geeignete Hilfsfunktionen zur Verfügung zu stellen, damit der Compiler die passende Version für einen Aufruf automatisch auswählt.

9-6 Mit Standardargument würde die Deklaration von adjacent_find wie folgt aussehen:

```
template<class ForwardIterator, class BinaryPredicate>
ForwardIterator
adjacent_find(ForwardIterator first, ForwardIterator last,
    BinaryPredicate pred
        = equal_to<typename iterator_traits<ForwardIterator>::value_type>());
```

Der Unterschied zu zwei Funktionen würde sich bei der Verwendung von Funktionszeigern bemerkbar machen, z. B. könnte dann zwar noch der Funktionszeigertyp Iter(*)(Iter, Iter, equal_to<int>) verwendet werden, aber nicht mehr

Iter(*)(Iter, Iter), weil sich Standardargumente nicht auf den Funktionstyp auswirken.

Um entsprechend zu find_first_of das letzte passende Element zu finden, kann man in umgekehrter Richtung mit einem *Reverse-Iterator* suchen, z. B. **9-7**

```
const int s[] = { 3, 7, 5, 2 }, f[] = { 4, 6, 2, 4, 7 };
vector<int> v(f, f + 5);
vector<int>::reverse_iterator ri = find_first_of(v.rbegin(), v.rend(), s, s + 4);
if (ri != v.rend())
    cout << *ri << " ist das letzte Element in v, das auch in s enthalten ist.\n";
```

Ein Algorithmus find_last_of könnte für *Bidirectional-Iteratoren* entsprechend mit Hilfe der Klasse reverse_iterator und dem Algorithmus find_first_of wie folgt definiert werden:

```
template<class BidirectionalIterator, class ForwardIterator>
BidirectionalIterator
find_last_of(BidirectionalIterator first1, BidirectionalIterator last1,
    ForwardIterator first2, ForwardIterator last2) {
    typedef reverse_iterator<BidirectionalIterator> revIter;
    revIter rbegin(last1), rend(first1);
    revIter r(find_first_of(rbegin, rend, first2, last2));
    if (r != rend)
        return (++r).base();
    return last1;
}
```

---

copy_if entspricht einem remove_copy_if (siehe Abschnitt 9.3.11) mit negiertem Prädikat. **9-8**

```
template<class InputIterator, class OutputIterator, class Predicate> inline
OutputIterator
copy_if(InputIterator first, InputIterator last, OutputIterator result, Predicate pred)
    { return remove_copy_if(first, last, result, not1(pred)); }
```

Nicht schön bei dieser Lösung ist jedoch, dass das Funktionsobjekt pred „adaptierbar" sein muss, damit der Adapter not1 korrekt arbeitet. Ein Aufruf mit einem Funktionszeiger ist somit nur über den Umweg ptr_fun möglich, z. B.

```
bool test(int i);
const int f[] = { 0, 1, 3, 5, 2, 4, 6 };
copy_if(f, f + 7, ostream_iterator<int>(cout, "  "), ptr_fun(test));
```

Um dies zu beheben, kann man copy_if so definieren:

```
template<class InputIterator, class OutputIterator, class Predicate>
OutputIterator
copy_if(InputIterator first, InputIterator last, OutputIterator result,
        Predicate pred) {
```

```
        while (first != last) {
                if (pred(*first))
                        *result++ = *first;
                ++first;
        }
        return result;
}
```

Damit ist der Aufruf copy_if(f, f + 7, ostream_iterator<int>(cout, " "), **test**); möglich.

9-9 Es wurde kein Speicher für die zu kopierenden Elemente reserviert. Passend zum Kapitel lässt sich das Problem mit einem *Insert-Iterator* umgehen:

```
const int f[] = { 0, 1, 2, 3, 4, 5, 6 };
vector<int> v;
copy(f, f + 7, back_inserter(v));
```

Effizienter ist allerdings: vector<int> v(f, f + 7);

9-10 Ein ostream_iterator ist nur ein *Output-* und kein *Bidirectional-Iterator*.

copy(v.rbegin(), v.rend(), ostream_iterator<int>(cout, " ")); leistet das Gewünschte.

9-11 Für fill lautet die Abbruchbedingung der while-Schleife first != last, wobei der operator!= benutzt wird, der zwar für einen *Forward-*, aber nicht für einen *Output-Iterator* definiert ist. Bei fill_n lautet die Abbruchbedingung dagegen n-- > 0, wobei die Kategorie des Iterators keine Rolle spielt.

9-12 Ein Lösungsversuch könnte wie folgt aussehen:

```
const int a[] = { 1, 2, 3 }, b[] = { 0, 4, 1 };
transform(a, a+3, b, ostream_iterator<int>(cout, " "), ptr_fun(max<int>));
```

Dies wird von den meisten Compilern jedoch nicht übersetzt. Definiert man zur Funktion max ein entsprechendes Funktionsobjekt, etwa

```
template<class T>
struct Max : binary_function<T, T, T> {
        T operator()(const T& x, const T& y) const { return max(x, y); }
};
```

so lautet der Aufruf:

```
transform(a, a+3, b, ostream_iterator<int>(cout, " "), Max<int>());
```

Derartige Funktionsobjekte für max und min stellen sinnvolle Ergänzungen zur Standardbibliothek dar.

9-13 Die Typen der beiden Argumente, mit denen die Template-Funktion max (siehe Seite 222) aufgerufen wird, stimmen nicht überein. Das Problem kann dadurch gelöst werden, dass man den Typ, mit dem max instanziert werden soll, explizit angibt.

```
void test(int i, long l) { cout << max<long>(i, l) << endl; }
```

Die Ausgabe des folgenden Programmfragments stimmt mit den Werten des **9-14**
Feldes kurs überein.

```
const double kurs[] = { 490, 520, 480, 515 };
double diff[4];
adjacent_difference(kurs, kurs + 4, diff);
partial_sum(diff, diff + 4, ostream_iterator<double>(cout, "  "));
```

Der Typ zur Berechnung der Zwischenergebnisse und des Endergebnisses wird **9-15**
durch den dritten Parameter bestimmt. Im Beispiel ist dies 0 mit dem Typ int. Der Typ der zu summierenden Elemente ist jedoch double, so dass die Nachkommastellen verloren gehen. Richtig ist:

```
cout << "Summe = " << accumulate(f, f + 6, 0.0F) << endl;
```

Damit der folgende Ausgabeoperator beliebige map-Objekte ausgeben kann, wird **9-16**
ein geeigneter Ausgabeoperator für map<X, Y>::value_type, d. h. pair<const X, Y> benötigt – siehe Lösung zu Aufgabe 4-3.

```
template<class X, class Y>
ostream& operator<<(ostream& os, const map<X, Y>& m) {
    copy(m.begin(), m.end(),
        ostream_iterator<map<X, Y>::value_type>(os, "\n"));
    return os;
}
```

Da die Klasse slist nur *Forward-Iteratoren* unterstützt, können alle Algorith- **9-17**
men, die *Bidirectional-* oder *Random-Access-Iteratoren* voraussetzen, nicht eingesetzt werden.

In der folgenden Tabelle sind die Iteratorkategorien zu den Algorithmen und **9-18**
Containern angegeben. Gültige Kombinationen sind durch ✓ gekennzeichnet.

Algorithmen	**Container**	deque *Random*	set *Bidirectional*	multimap *Bidirectional*
find	*Input*	✓	✓	✓
find_end	*Forward*	✓	✓	✓
copy	*Input / Output*	✓	✓ / –	✓ / –
reverse	*Bidirectional*	✓	–	–
random_shuffle	*Random*	✓	–	–

Algorithmen / Container		deque *Random*	set *Bidirectional*	multimap *Bidirectional*
binary_search	*Bidirectional*	✓	✓	✓
sort	*Random*	✓	–	–

Da die Container set und multimap über eine interne Ordnung verfügen, können die Werte ihrer Elemente beziehungsweise Schlüssel nicht einfach modifiziert werden. Aus diesem Grund liefern die Iteratoren für set ausschließlich nicht modifizierbare Werte. Obwohl die Iteratorkategorien beispielsweise bei reverse passen, ist der Algorithmus hier trotzdem nicht anwendbar.

10-1 Da Zeigerarithmetik für void* aufgrund der fehlenden Typinformation nicht zulässig ist, gibt es keine Zeigerdifferenzen und damit keine sinnvolle Definition für difference_type.

10-2 Die vollständige Definition der Klasse slist befindet sich im Anhang.

10-3 Die Definition der Klasse LogAllocator befindet sich in Anhang B. Ohne reserve wird die Kapazität des vector-Objekts typischerweise nach Bedarf verdoppelt, wobei jedes Mal zunächst neuer Speicher reserviert wird, dann die Objekte umkopiert werden und zuletzt der alte Speicher freigegeben wird. Dagegen entfällt dieser Aufwand, wenn mit reserve zuvor ausreichend Speicher reserviert wird.

11-1 Der C-String wird zuerst mit dem Konstruktor basic_string(const charT*, const Allocator& = Allocator()) in einen string konvertiert. Danach wird der Konstruktor basic_string(const basic_string&, size_type = 0, size_type = npos, const Allocator& = Allocator()) zum Erzeugen des Stringobjekts s aufgerufen, wobei die Werte des Typs int implizit nach size_type konvertiert werden.

11-2 Die Elementfunktion at prüft im Gegensatz zum Indexoperator, ob der Index im gültigen Bereich ist. Im Beispiel liefert s[3] das Zeichen '\0', weil s const ist, und s.at(3) wirft die Ausnahme out_of_range aus. s[4] ist nicht definiert.

11-3 Mit at oder dem Indexoperator ermittelte Adressen (z. B. char& r = s[0]) sind ebenso wie Zeiger, die mit c_str oder data initialisiert wurden, nur solange gültig, bis für das Stringobjekt eine nicht const Elementfunktion aufgerufen wird (siehe Seite 259).

11-4 Da string::size_type normalerweise für unsigned int steht, liefert die Bedingung i >= 0 immer true, weil i keinen negativen Wert annehmen kann. Die Abbruchbedingung muss deshalb als i > 0 formuliert werden.

```
void umgekehrt(const string& s) {
    for (string::size_type i = s.length(); i > 0; )
        cout << s[--i];
}
```

Eleganter lässt sich das gleiche Ergebnis mit Hilfe von *Reverse-Iteratoren*

```
copy(s.rbegin(), s.rend(), ostream_iterator<string::value_type>(cout));
```

oder dem Algorithmus reverse_copy erzielen:

```
reverse_copy(s.begin(), s.end(), ostream_iterator<string::value_type>(cout));
```

Es werden Ausnahmen (length_error und out_of_range) ausgeworfen. Im Beispiel **11-5**
out_of_range, weil -3 implizit nach size_type (in der Regel unsigned int) konvertiert wird und dann einen Wert darstellt, der größer als s.size() ist.

---

string ist lediglich ein typedef für basic_string<char> und keine Klasse. Bei der De- **11-6**
finition des Konstruktors der Klasse Kunde in der Datei kunde.cpp müssen die beiden Header-Dateien kunde.h und <string> eingebunden werden. Dabei ergibt sich ein Konflikt, weil string in der Header-Datei "kunde.h" als Klasse und in <string> als typedef deklariert ist.

Davon abgesehen, dass implizite Konversionen generell Gefahren bergen, kön- **11-7**
nen sie auch Mehrdeutigkeiten verursachen. Explizite Konversionen sind als solche deutlich erkennbar und reduzieren deshalb das Risiko unliebsamer Überraschungen. Wenn die Elementfunktion c_str in einem Programm sehr häufig aufgerufen wird, ist dies meist ein Zeichen dafür, dass zu viele der alten C-Funktionen benutzt werden. Stattdessen sollte Ausschau nach besseren Möglichkeiten basierend auf den neuen Strings gehalten werden. Bedauerlicherweise sind einige der Bibliotheksfunktionen (noch) nicht für Strings überladen, obwohl dies sinnvoll wäre.

Im Gegensatz zu vector ist für Strings nicht garantiert, dass die Zeichen in ei- **11-8**
nem zusammenhängendem Speicherbereich abgelegt sind. Des Weiteren muss am Ende kein Nullterminator stehen. Am besten ruft man die Funktion f daher in der Form f(s.c_str()) auf.

Hier sind mögliche Definitionen für die geforderten Funktionen. **11-9**

```
inline string left(const string& s, string::size_type n)
	{ return s.substr(0, n); }

string right(const string& s, string::size_type n) {
	if (s.empty())
		return s;
	return s.substr(n <= s.size() ? s.size() - n : 0);
}

string replicate(const string& s, unsigned int n) {
	string r;
	while (n-- > 0)
		r += s;
```

```
        return r;
}

inline string stuff(string s, string::size_type i, string::size_type n, const string& t)
        { return s.replace(i, n, t); }

inline string ltrim(const string& s)
        { return s.empty() ? s : s.substr(s.find_first_not_of(' ')); }

inline string trim(const string& s)
        { return s.substr(0, s.find_last_not_of(' ') + 1); }

string lower(string s) {
        for (string::size_type i = 0; i < s.length(); ++i)
                if (isupper(s[i]))
                        s[i] = static_cast<char>(tolower(s[i]));
        return s;
}

string upper(string s) {
        for (string::size_type i = 0; i < s.length(); ++i)
                if (islower(s[i]))
                        s[i] = static_cast<char>(toupper(s[i]));
        return s;
}
```

12-1 Mit einem C++-Programm kann man drucken, indem direkt auf die entsprechende Schnittstelle zugegriffen wird. Unter MS-DOS und Windows ist dies z. B. lpt1:.

loesungen/streams/drucken.cpp

```
#include <fstream>
#include <iostream>
using namespace std;

inline ostream& ff(ostream& os) { return os << '\f' << flush; }

int main() {
   ofstream drucker("lpt1:");     // entsprechende Schnittstelle einsetzen
   if (!drucker)
      cerr << "Drucker konnte nicht geöffnet werden.\n";
   else {
      drucker << "Dieser Text wird gedruckt!" << ff;
      if (!drucker)
         cerr << "Fehler beim Drucken!\n";
   }
}
```

12-2 Das folgende Programm zeigt die Datei, deren Name als Kommandozeilenparameter übergeben wird, an.

loesungen/streams/anzeige.cpp

```
#include <fstream>
#include <iostream>
#include <iomanip>
using namespace std;

int main(int argc, char* argv[]) {
  if (argc != 2) {
    cerr << "Aufruf: " << argv[0] << " dateiname\n";
    return 1;
  }
  ifstream datei(argv[1], ios::in | ios::binary);
  if (!datei) {
    cerr << "Die Datei " << argv[1] << " konnte nicht geöffnet werden.\n";
    return 2;
  }
  cout << hex << uppercase << setfill('0');
  const unsigned int anz = 16;
  char puffer[anz];
  do {
    cout << setw(8) << datei.tellg() << " | ";
    datei.read(puffer, anz);
    if (const streamsize n = datei.gcount()) {
      for (int i = 0; i < n; ++i)
        cout << setw(2) << static_cast<unsigned int>(puffer[i] & 0xff) << ' ';
      for (int j = n; j < anz; ++j)
        cout << "   ";
      cout << "| ";
      for (int k = 0; k < n; ++k)
        cout << ((static_cast<unsigned int>(puffer[k]) >= ' ') ? puffer[k] : '.');
      cout << "\n";
    }
  } while (datei);
  return 0;
}
```

Bei der Ausgabe wird ausgenutzt, dass im ASCII-Zeichensatz das Leerzeichen das erste Zeichen ist, das nicht zu den Steuerzeichen gehört.

Mit Hilfe der globalen Funktion getline lässt sich ein String mit dem Inhalt einer Datei füllen, indem man bis zum Dateiende liest. **12-3**

loesungen/streams/string.cpp

```
ifstream datei("string.cpp");
string s;
getline(datei, s, static_cast<ifstream::char_type>(ifstream::traits_type::eof()));
```

Eine weitere Möglichkeit basiert auf istream_iterator oder auf dem in diesem Fall effizienteren istreambuf_iterator. Damit ein istream_iterator auch *White-space* liest, ist das entsprechende Flag zu löschen.

```
datei.unsetf(ios::skipws);
istream_iterator<char> start(datei), ende;
string s(start, ende);
```

Ein istreambuf_iterator liest im Gegensatz zu istream_iterator unformatiert, insbesondere also auch *White-space*.

```
istreambuf_iterator<char> start(datei), ende;
string s(start, ende);
```

Binärdateien müssen mit ios::binary geöffnet werden (siehe Seite 303), damit das Einlesen in einen String klappt.

12-4 Damit sich der Ausgabeoperator „virtuell" verhält, ruft er die virtuelle Hilfsfunktion ausgeben auf, die in der abgeleiteten Klasse A überladen wird.

loesungen/streams/virtuell.cpp

```
#include <iostream>
using namespace std;

class B {
public:
   B(int i) : b(i) { }
   friend ostream& operator<<(ostream& os, const B& b) { return b.ausgeben(os); }
protected:
   virtual ostream& ausgeben(ostream& os) const { return os << b; }
private:
   int b;
};

class A : public B {
public:
   A(int i, int j) : B(i), a(j) { }
protected:
   ostream& ausgeben(ostream& os) const {
      B::ausgeben(os);
      return os << " und " << a;
   }
private:
   int a;
};

inline void test(const B& x) { cout << x << endl; }

int main() {
   A a(1, 2);
   test(a);
}
```

Die abgeleitete Klasse braucht den Ausgabeoperator nun nicht mehr selbst zu definieren.

Am elegantesten kann man eine Datei kopieren, indem der Streampuffer der Eingabedatei in die Ausgabedatei geschrieben wird. **12-5**

loesungen/streams/kopieren.cpp

```
int main(int, char* argv[]) {
        ifstream in(argv[1], ios::in | ios::binary);
        ofstream out(argv[2], ios::out | ios::binary);
        out << in.rdbuf();   // oder: in >> out.rdbuf();
        if (out && in) cout << "ok\n";
}
```

Eine Fehlerbehandlung ist gegebenenfalls noch zu ergänzen. Eine simple Lösung kopiert zeichenweise:

```
char c;
while (in.get(c)) out.put(c);
```

Die Größe einer Datei liefert die Elementfunktion tellg, wenn der Stream das Dateiende erreicht hat. **12-6**

loesungen/streams/dateigroesse.cpp

```
int main(int argc, char* argv[]) {
        ifstream in(argv[1], ios::in | ios::ate);
        cout << "Die Datei " << argv[1] << " enthält " << in.tellg() << " Bytes.\n";
}
```

Im Beispiel wird mit Hilfe von ios::ate bereits beim Öffnen der Datei das Dateiende angesteuert. Eine andere Möglichkeit stellt der Aufruf in.seekg(0, ios::end); dar.

Eine Variable d des Typs double kann wie folgt binär in einer Datei gespeichert werden: **12-7**

```
ofstream out("test.dat", ios::out | ios::binary);
out.write(reinterpret_cast<char*>(&d), sizeof d);
```

Entsprechend funktioniert das Wiedereinlesen:

```
ifstream in("test.dat", ios::in | ios::binary);
in.read(reinterpret_cast<char*>(&d), sizeof d);
```

Dabei ist jeweils ein reinterpret_cast notwendig, weil die Elementfunktionen write und read mit dem Typ double* nichts anfangen können.

Auto-Pointer können sinnvollerweise nur auf *Heap*-Objekte zeigen. Hier würde der Destruktor von a versuchen, das Objekt i mittels delete zu zerstören. **13-1**

13-2 Nein, *Auto-Pointer* sind für Felder nicht geeignet, weil der Destruktor den Speicher mittels delete und nicht delete[] freigibt.

13-3 Beim Aufruf der Funktion ausgabe wird der *Auto-Pointer* a kopiert, wobei er sein Objekt verliert. In main wird so in der letzten Zeile ein Nullzeiger dereferenziert. Um das unbeabsichtigte Kopieren des Funktionsarguments zu vermeiden, sollte die Funktion ausgabe einen Parameter des Typs const auto_ptr<int>& benutzen und a.get() != 0 prüfen.

13-4 Der Vergleich zweier *Auto-Pointer* mittels operator== muss immer false liefern, weil der Fall, dass zwei oder mehr *Auto-Pointer* dasselbe Objekt referenzieren, nicht definiert ist. Daher ist es nicht sinnvoll, Vergleichsoperatoren für *Auto-Pointer* bereitzustellen.

13-5 Nur x verweist auf den int-Wert 3. y und z haben ihre Zeiger verloren.

13-6 Die Typen von x und y stimmen nicht überein, weil das Argument für den Template-Parameter unterschiedlich ist.

13-7 Zur Umwandlung eines Objekts des Typs bitset<N> in ein vector<bool>-Objekt kann man folgende Funktion verwenden.

```
template<size_t N>
vector<bool> bs2vb(const bitset<N>& bs) {
      vector<bool> vb(N);
      for (size_t i = 0; i < N; ++i)
            vb[i] = bs.test(i);
      return vb;
}
```

Da der Parameter bs const ist, muss bs.test(i) statt bs[i] benutzt werden, weil der Indexoperator der Klasse bitset nicht const ist. Die Funktion kann z. B. wie folgt aufgerufen werden.

```
bitset<5> bs5("10110");
vector<bool> vb = bs2vb(bs5);
```

Wenn die Ausgaben von bs5 und vb übereinstimmen sollen, sind die Elemente von vb in umgekehrter Reihenfolge auszugeben, z. B.

```
cout << "bs5 = " << bs5 << "\nvb = ";
copy(vb.rbegin(), vb.rend(), ostream_iterator<bool>(cout));
```

Die Konvertierung in der anderen Richtung kann mit der folgenden Funktion bewerkstelligt werden.

```
template<size_t N>
bitset<N> vb2bs(const vector<bool>& vb) {
      bitset<N> bs;
```

```
        for (size_t i = 0; i < min(vb.size(), N); ++i)
            bs[i] = vb[i];
        return bs;
    }
```

Beim Aufruf der Funktion ist der Template-Parameter N explizit anzugeben, weil er nicht anhand der Argumentliste der Funktion bestimmt werden kann, z. B.

```
bitset<6> bs6 = vb2bs<6>(vb);
```

---

polar(1.2, 3.4) liefert ein Objekt des Typs complex<double>. Mittels polar(1.2F, 3.4F) kann man beispielsweise dafür sorgen, dass der Typ passt. **13-8**

z.real() gibt keine Referenz zurück, so dass der Wert nur gelesen werden kann. Der Realteil kann z. B. mittels z = complex<float>(5.6F, z.imag()); geändert werden.

Wie das folgende Programm zeigt, lassen sich die gestellten Fragen mit Hilfe von numeric_limits beantworten. **13-9**

loesungen/weitere/numeric_limits.cpp

```
#include <limits>
#include <iostream>
#include <string>
using namespace std;

int main() {
    if (!numeric_limits<string>::is_specialized)
        cout << "Es gibt keine Spezialisierung von numeric_limits für string.\n";
    else
        cout << "Seltsam, numeric_limits ist für string spezialisiert.\n";
    cout << "Der Typ char ist auf diesem System "
        << (numeric_limits<char>::is_signed ? "" : "un") << "signed.\n";
    cout << "bool benötigt " << numeric_limits<bool>::digits << " Bit(s).\n";
}
```

Die systemabhängige Ausgabe des Programms kann z. B. lauten:

```
Es gibt keine Spezialisierung von numeric_limits für string.
Der Typ char ist auf diesem System signed.
bool benötigt 1 Bit(s).
```

Das Skalarprodukt lässt sich mit (v * w).sum() oder dem entsprechenden Algorithmus inner_product(&v[0], &v[v.size()], &w[0], 0.0) berechnen. Für das Beispiel ergeben sich die folgenden Werte: **13-10**

```
v = 1.1  2.2  3.3
w = 0.1  0.2  0.3
v + w = 1.2  2.4  3.6
```

```
v * w = 0.11  0.44  0.99
Skalarprodukt = 1.54
```

13-11 Für mask_array<T> ist operator*=(const T&) nicht definiert, deshalb wird v[b] *= -1 nicht übersetzt. Stattdessen kann v[b] *= valarray<int>(-1, 3) eingesetzt werden – oder allgemein v[b] *= valarray<int>(-1, valarray<int>(v[b]).size()).

13-12 va[slice(1,4,3)] liefert ein Objekt des Typs slice_array<double>. Für diesen Typ ist operator* jedoch nicht definiert. Das gewünschte Ergebnis lässt sich z. B. folgendermaßen erzielen:

```
va[slice(0,4,3)] = valarray<double>(va[slice(1,4,3)])
      * valarray<double>(va[slice(2,4,3)]);
```

13-13 Im Stil eines Manipulators für Streams kann man sich gemäß dem folgenden Vorschlag eine „schönere" Ausgabe selbst definieren.

loesungen/weitere/complex.cpp

```
template<class T>
class Z {
public:
      explicit Z(const complex<T>& cc) : c(cc) { }
      friend ostream& operator<<(ostream& os, const Z& z) {
            const double eps = 1E-10;
            os << z.c.real();
            if (fabs(z.c.imag()) > eps) {    // z.c.imag() != 0
                  os << ((z.c.imag() > 0) ? '+' : '-');
                  const T i = fabs(z.c.imag());
                  if (fabs(i - 1.0) > eps)     // z.c.imag() != 1
                        os << i;
                  os << 'i';
            }
            return os;
      }
private:
      const complex<T> c;
};

template<class T> inline
Z<T> z(const complex<T>& c) { return Z<T>(c); }
```

Bei Ausgaben von komplexen Zahlen ist dann die Hilfsfunktion z aufzurufen, z. B.

```
complex<double> c(1.2, -1.0)
cout << "c = " << z(c) << endl;
```

Im Beispiel lautet die Ausgabe:

```
c = 1.2-i
```

Die n Aktien und Anleihen, die vom Feld wp referenziert werden, können z. B. mit der folgenden Initialisierung in einem vector-Objekt v gespeichert werden: **14-1**

```
vector<Wertpapier*> v(wp, wp + n);
```

Ein erster Ansatz zum Zerstören aller Objekte, die von im Container gespeicherten Zeigern referenziert werden, ist: **14-2**

```
for(list<Wertpapier*>::iterator i = x.begin(); i != x.end(); ++i)
    delete *i;
```

Etwas eleganter lässt sich der gleiche Effekt mit einem Funktionsobjekt erzielen:

```
template<class T>
struct DeletePtr : unary_function<T*, void> {
    void operator()(T* z) const { delete z; }
};
```

Der Aufruf lautet damit:

```
for_each(x.begin(), x.end(), DeletePtr<Wertpapier>());
```

Die Klasse smart_ptr aus Abschnitt 14.3 eignet sich in der vorgestellten Form nicht zum automatischen Zerstören von Objekten, etwa indem einfach in den Destruktor die Anweisung delete p; aufgenommen wird. Denn beim Einfügen von Objekten in den Container werden diese kopiert. Da smart_ptr lediglich den Zeiger kopiert, verweisen anschließend zwei smart_ptr-Objekte auf dasselbe Objekt, so dass später zwei Mal versucht wird, das referenzierte Objekt zu löschen. Um solche Fehler zu vermeiden, müsste die Klasse um einen Mechanismus zum Referenzenzählen erweitert werden. Das wäre dann die beste Lösung, weil der Speicher im Gegensatz zu den beiden oben gezeigten Lösungen auch korrekt freigegeben wird, wenn Ausnahmen ins Spiel kommen.

Objekte der Klasse auto_ptr sind grundsätzlich nicht als Elemente für Container geeignet (vgl. Seite 314). Standardkonforme C++-Compiler mit aktueller Definition der Klasse auto_ptr quittieren solche Versuche mit Fehlermeldungen.

Das folgende Programm definiert eine Klasse TypIter als *Forward-Iterator* und demonstriert den Einsatz zur Ausgabe der im Container v enthaltenen Aktien beziehungsweise Anleihen. **14-3**

loesungen/einsatz/typiter.cpp

```
#include <algorithm>
#include <iostream>
#include <iterator>
#include <typeinfo>
#include <vector>
#include "../../einsatz/aktie.h"
#include "../../einsatz/anleihe.h"
```

```
#include "../../einsatz/wertpapier.h"
#include "../../einsatz/wp_objekte.h"
using namespace std;

template<class Typ, class Iter>
class TypIter : public iterator<forward_iterator_tag, Typ> {
public:
   TypIter(Iter first, Iter last) : cur(first), end(last)
      { if (cur != end && !ok()) next(); }
   explicit TypIter(Iter last) : cur(last), end(last) { }
   TypIter& operator++() { next(); return *this; }
   TypIter operator++(int) { TypIter tmp(*this); next(); return tmp; }
   Typ& operator*() const { return dynamic_cast<Typ&>(**cur); }
   Typ* operator->() const { return &**this; }
   bool operator==(const TypIter& x) const { return cur == x.cur; }
   bool operator!=(const TypIter& x) const { return cur != x.cur; }
   TypIter() { }   // um Anforderungen an Forward-Iteratoren zu erfüllen
   // Destruktor, Copy-Konstruktor und Zuweisungsoperator werden generiert
private:
   bool ok() const { return typeid(**cur) == typeid(Typ); }
   void next() { do ++cur; while(cur != end && !ok()); }
   Iter cur, end;   // end ist nur wegen operator= nicht const
};

int main() {
   typedef vector<Wertpapier*> WPVec;
   WPVec v(wp, wp + n);
   TypIter<Aktie, WPVec::iterator> a(v.begin(), v.end()), b(v.end());
   cout << "Aktien:\n";
   copy(a, b, ostream_iterator<Aktie>(cout, "\n"));
   cout << "\nAnleihen:\n";
   copy(TypIter<Anleihe, WPVec::iterator>(v.begin(), v.end()),
      TypIter<Anleihe, WPVec::iterator>(v.end()),
      ostream_iterator<Anleihe>(cout, "\n"));
}
```

14-4 Der Code einer parametrisierten Containerklasse wird vom Compiler für jeden Typ, für den die Klasse instanziert wird, einmal generiert. Bei Zeigertypen genügt eine Instanzierung für den Typ `void*`, weil alle Zeiger implizit nach `void*` konvertierbar sind. Auf diese Weise wird Codeduplizierung vermieden. Beim Zugriff auf die im Container enthaltenen Zeiger ist allerdings eine explizite Konversion von `void*` in den entsprechenden Zeigertyp erforderlich. Durch eine so genannte *Wrapper-Klasse*, die parametrisiert ist, kann man die Typsicherheit wieder herstellen. Dazu definiert die *Wrapper-Klasse* `inline` Funktionen, die Funktionsaufrufe an einen eingebetteten Container für `void*` durchreichen und dabei die Typkonversionen vornehmen. Die folgende Klasse demonstriert diese Technik.

loesungen/einsatz/codeduplizierung.cpp

```
template<class T>
class ZgrVector {
public:
	void push_back(T* z) { v.push_back(z); }
	const T* back() const { return static_cast<const T*>(v.back()); }
	// ...
private:
	vector<void*> v;
};
```

Ein Einsatz der Klasse gestaltet sich wie folgt:

```
ZgrVector<Aktie> aktien;
aktien.push_back(new Aktie("514000", "Deutsche Bank", 72.75, 1.30));
cout << *aktien.back() << endl;
```

Es ist auch möglich, die Klasse vector der Standardbibliothek für void* zu spezialisieren und darauf aufbauend eine teilweise Spezialisierung für Zeiger bereitzustellen (vgl. Seite 25). In dem Fall würden die speziellen Versionen automatisch verwendet werden, ohne dass ein anderer Klassenname anzugeben wäre.

Anhang

A Die Containerklasse slist

Als Übung zum Entwurf und Einsatz von eigenen Containerklassen haben wir uns in den Aufgaben 5-9, 6-2, 8-3, 9-17 und 10-2 mit einer einfach verketteten Listenklasse namens slist (für „*single linked list*") beschäftigt. Unsere vollständige Klassendefinition, mit der alle Implementierungsaufgaben gelöst werden, geben wir hier an.

Die Klasse slist soll möglichst einfach aufgebaut sein, weil für anspruchsvolle Aufgaben mit der Bibliotheksklasse list bereits eine mächtige Alternative zur Verfügung steht. Gemäß der folgenden Abbildung soll unsere Klasse slist mit nur einem Datenelement – einem Zeiger auf das erste Listenelement – auskommen.

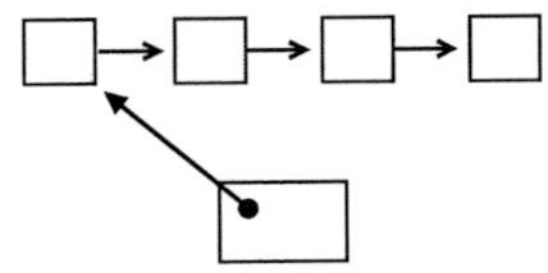

Die in Abschnitt 5.2 formulierten Anforderungen an alle Container kann slist mit einer Ausnahme erfüllen. Ohne ein zusätzliches Datenelement zum Mitzählen der Anzahl der Listenelemente ist die Elementfunktion size mit linearem statt konstantem Aufwand verbunden. Andererseits würde ein solcher Zähler dazu führen, dass die Elementfunktion splice_after (siehe unten) zum effizienten Transferieren von mehreren, zusammenhängenden Elementen von einer Liste in eine andere linearen Aufwand zur Bestimmung der Anzahl der verschobenen Elemente verursachen würde.

Aufgrund der einfachen Verkettung der Listenelemente kann slist lediglich einen *Forward-Iterator* bereitstellen. Deshalb sind die Anforderungen an reversible Container aus Abschnitt 5.3 nicht erfüllbar.

Die Anforderungen an sequenzielle Container (siehe Abschnitt 5.4) werden teilweise erfüllt. Die Elementfunktionen zum Einfügen (insert) und Entfernen (erase) von Listenelementen sind nur mit linearem Aufwand realisierbar, weil ein Zeiger auf das vorhergehende Listenelement fehlt. Die Klasse slist definiert deshalb die speziellen Funktionen insert_after und erase_after.

Von den optionalen Anforderungen für sequenzielle Container (siehe Abschnitt 5.5) sind front, push_front und pop_front mit konstantem Aufwand für slist realisierbar. Mit einem zusätzlichen Zeiger auf das letzte Listenelement wären ferner back und push_back mit Komplexität *O(1)* implementierbar; allerdings würde das Löschen des letzten Listenelements dann linearen Aufwand verursachen, weil der Zeiger über die komplette Liste iterieren müsste, um wieder auf das letzte Element zu verweisen. Auf den Indexoperator sowie die Elementfunktionen at und pop_back ist jedoch in jedem Fall zu verzichten.

Als typische Funktionen für sequenzielle Container können für slist noch die Elementfunktionen assign und resize bereitgestellt werden (siehe Abschnitt 5.6).

Analog zur Bibliotheksklasse list aus Abschnitt 5.8 implementiert slist die speziellen Listenfunktionen remove, unique, merge, reverse und sort. Aus dem gleichen Grund wie für insert und erase (siehe oben) wird statt splice die Elementfunktion splice_after definiert.

Im Folgenden geben wir den Inhalt der Header-Datei slist.h an, die unsere Klasse slist enthält. Wie immer gibt es viele Wege, die zum Ziel führen, deshalb erheben wir nicht den Anspruch auf eine „perfekte" Implementierung. Falls Sie uns Verbesserungsvorschläge unterbreiten möchten, können Sie dies, wie im Vorwort beschrieben, gerne tun. Berücksichtigen Sie bitte, dass sich der Code nur mit C++-Compilern der neuesten Generation fehlerfrei übersetzen lässt.

anhang/slist.h

```
#ifndef SLIST_H
#define SLIST_H

#include <memory>
#include <cassert>

template<class T, class Allocator = std::allocator<T> >
class slist {
   struct Item;
   typedef typename Allocator::rebind<Item>::other Item_Allocator;
public:
   // Anforderungen an alle Container
   typedef typename Allocator::value_type value_type;
   typedef typename Allocator::reference reference;
   typedef typename Allocator::const_reference const_reference;
   class iterator;
   class const_iterator;
   typedef typename Allocator::difference_type difference_type;
   typedef typename Allocator::size_type size_type;
   typedef typename Allocator::pointer pointer;
   typedef typename Allocator::const_pointer const_pointer;
   typedef Allocator allocator_type;
   explicit slist(const Allocator& alloc = Allocator());
   slist(const slist& x);
   ~slist();
   slist& operator=(const slist& x);
   iterator begin() { return iterator(first); }
```

```
const_iterator begin() const { return const_iterator(first); }
iterator end() { return iterator(0); }
const_iterator end() const { return const_iterator(0); }
size_type size() const;
size_type max_size() const;
bool empty() const { return first == 0; }
bool operator==(const slist&) const;
bool operator!=(const slist& x) const { return !(*this == x); }
bool operator<(const slist&) const;
bool operator>(const slist& x) const { return x < *this; }
bool operator<=(const slist& x) const { return !(x < *this); }
bool operator>=(const slist& x) const { return !(*this < x ); }
void swap(slist&);
allocator_type get_allocator() const { return value_allocator; }
// Anforderungen an sequenzielle Container werden teilweise erfüllt
explicit slist(size_type n, const T& value = T(),
   const Allocator& alloc = Allocator());
template<class InputIterator>
   slist(InputIterator first, InputIterator last,
      const Allocator& alloc = Allocator());
void clear();
// Ersatz für insert und erase
template<class InputIterator>
   void insert_after(iterator position, InputIterator first, InputIterator last);
iterator insert_after(iterator position, const T& x = T());
void insert_after(iterator position, size_type n, const T& x);
void erase_after(iterator position);
void erase_after(iterator position, iterator last);
// optionale Anforderungen für sequenzielle Container
reference front() { return first->data; }
const_reference front() const { return first->data; }
void push_front(const T& x);
void pop_front();
// weitere typische Funktionen für sequenzielle Container
void assign(size_type n, const T& u = T());
template<class InputIterator>
   void assign(InputIterator first, InputIterator last);
void resize(size_type sz, T c = T());
// spezielle Listenfunktionen
// Ersatz für splice
void splice_after(iterator position, slist& x);
void splice_after(iterator position, slist& x, iterator i);
void splice_after(iterator position, slist& x, iterator first, iterator last);
void remove(const T& value);
template<class Predicate> void remove_if(Predicate pred);
void unique();
template<class BinaryPredicate> void unique(BinaryPredicate binary_pred);
void merge(slist& x);
template<class Compare> void merge(slist& x, Compare comp);
void reverse();
```

```
    void sort();
    template<class Compare> void sort(Compare comp);
    // Definition der Iteratorklassen
    class iterator : public std::iterator<std::forward_iterator_tag, value_type> {
    public:
        iterator() : current(0) { }
        bool operator==(const iterator& x) const { return current == x.current; }
        bool operator!=(const iterator& x) const
            { return current != x.current; }
        const_reference operator*() const { return current->data; }
        reference operator*() { return current->data; }
        pointer operator->() { return &current->data; }
        const_pointer operator->() const { return &current->data; }
        iterator& operator++() { current = current->next; return *this; }
        iterator operator++(int) { iterator tmp(*this); ++*this; return tmp; }
    private:
        friend class slist<T, Allocator>;
        friend class const_iterator;
        explicit iterator(typename Item_Allocator::pointer p) : current(p) { }
        typename Item_Allocator::pointer current;
    };
    class const_iterator : public std::iterator<std::forward_iterator_tag, value_type> {
    public:
        const_iterator() : current(0) { }
        const_iterator(const iterator& i) : current(i.current) { }
        bool operator==(const const_iterator& x) const
            { return current == x.current; }
        bool operator!=(const const_iterator& x) const
            { return current != x.current; }
        const_reference operator*() const { return current->data; }
        const_pointer  operator->() const { return &current->data; }
        const_iterator& operator++() { current = current->next; return *this; }
        const_iterator operator++(int)
            { const_iterator tmp(*this); ++*this; return tmp; }
    private:
        friend class slist<T, Allocator>;
        explicit const_iterator(typename Item_Allocator::const_pointer p)
            : current(p) { }
        typename Item_Allocator::const_pointer current;
    };
private:
    typename Item_Allocator::pointer new_item(const T& x,
        typename Item_Allocator::pointer p);
    void delete_item(typename Item_Allocator::pointer);
    struct Item {
        explicit Item(const_reference d, typename Item_Allocator::pointer n = 0)
            : data(d), next(n) { }
        value_type data;
        typename Item_Allocator::pointer next;
    };
```

```
    typename Item_Allocator::pointer first;
    Allocator value_allocator;
    Item_Allocator item_allocator;
};

template<class T, class Allocator>
typename slist<T, Allocator>::Item_Allocator::pointer
slist<T, Allocator>::new_item(const T& x, typename Item_Allocator::pointer p) {
    typename Item_Allocator::pointer tmp = item_allocator.allocate(1);
    item_allocator.construct(tmp, Item(x, p));
    return tmp;
}

template<class T, class Allocator>
void slist<T, Allocator>::delete_item(typename Item_Allocator::pointer p) {
    item_allocator.destroy(p);
    item_allocator.deallocate(p, 1);
}

template<class T, class Allocator> inline
void swap(slist<T, Allocator>& x, slist<T, Allocator>& y) { x.swap(y); }

template<class T, class Allocator> inline
slist<T, Allocator>::slist(const Allocator& alloc)
    : first(0), value_allocator(alloc), item_allocator(alloc) { }

template<class T, class Allocator> inline
slist<T, Allocator>::~slist() { clear(); }

template<class T, class Allocator> inline
slist<T, Allocator>::size_type slist<T, Allocator>::max_size() const
    { return value_allocator.max_size(); }

template<class T, class Allocator> inline
void slist<T, Allocator>::swap(slist& x) { std::swap(first, x.first); }

template<class T, class Allocator> inline
void slist<T, Allocator>::push_front(const T& x)
    { first = new_item(x, first); }

template<class T, class Allocator> inline
void slist<T, Allocator>::pop_front() {
    Item_Allocator::pointer tmp = first;
    first = first->next;
    delete_item(tmp);
}

template<class T, class Allocator>
void slist<T, Allocator>::clear() { while (first != 0) pop_front(); }
```

```
template<class T, class Allocator>
slist<T, Allocator>::size_type slist<T, Allocator>::size() const {
   size_type n = 0;
   for (Item_Allocator::const_pointer p = first; p != 0; p = p->next) ++n;
   return n;
}

template<class T, class Allocator>
slist<T, Allocator>::slist(size_type n, const T& value, const Allocator& alloc)
   : first(0), value_allocator(alloc), item_allocator(alloc) {
   while (n-- > 0)
      push_front(value);
}

template<class T, class Allocator>
slist<T, Allocator>::slist(const slist& x)
   : first(0), value_allocator(x.value_allocator),
   item_allocator(x.item_allocator) {
   if (!x.empty()) {
      push_front(*x.begin());
      insert_after(begin(), ++x.begin(), x.end());
   }
   assert(*this == x);
}

template<class T, class Allocator>
template<class InputIterator>
slist<T, Allocator>::slist(InputIterator f, InputIterator l,
   const Allocator& alloc) : first(0), value_allocator(alloc), item_allocator(alloc) {
   if (f != l) {
      push_front(*f);
      insert_after(begin(), ++f, l);
   }
}

template<class T, class Allocator>
slist<T, Allocator>& slist<T, Allocator>::operator=(const slist& x) {
   if (this == &x) return *this;
   Item_Allocator::const_pointer p = x.first;
   Item_Allocator::pointer q = first, r = 0;
   while (p != 0 && q != 0) {
      q->data = p->data;
      r = q;
      q = q->next;
      p = p->next;
   }
   if (q != 0)  // alte Liste länger als die neue
      erase_after(iterator(r), end());
   else if (p != 0) {  // alte Liste kürzer als die neue
      if (r == 0) { // alte Liste ist leer
```

```
            push_front(p->data);
            r = first;
            p = p->next;
        }
        insert_after(iterator(r), const_iterator(p), x.end());
    }
    assert(*this == x);
    return *this;
}

template<class T, class Allocator>
template<class InputIterator>
void slist<T, Allocator>::assign(InputIterator f, InputIterator l) {
    Item_Allocator::pointer q = first, r = 0;
    while (f != l && q != 0) {
        q->data = *f++;
        r = q;
        q = q->next;
    }
    if (q != 0)  // alte Liste länger als die neue
        erase_after(iterator(r), end());
    else if (f != l) {  // alte Liste kürzer als die neue
        if (r == 0) { // alte Liste ist leer
            push_front(*f++);
            r = first;
        }
        insert_after(iterator(r), f, l);
    }
}

template<class T, class Allocator>
void slist<T, Allocator>::assign(size_type n, const T& u) {
    // in die vorhandenen Listenelemente den Wert u kopieren
    Item_Allocator::pointer p = first,
        q = 0;  // zum Merken des letzten Elements mit dem Wert u
    while (p != 0 && n-- > 0) {
        p->data = u;
        q = p;
        p = p->next;
    }
    if (p != 0) {  // ggf. überzählige Listenelemente nach q also ab p löschen
        if (q == 0)  // gleichbedeutend mit n == 0 und p == first
            first = 0;
        else
            erase_after(iterator(q), end());
    } else              // ggf. fehlende Listenelemente vorne einfügen
        while (n-- > 0)  // nutzt aus, daß alle Elemente denselben Wert erhalten
            push_front(u);
}
```

```
template<class T, class Allocator>
void slist<T, Allocator>::resize(size_type n, T c) {
   Item_Allocator::pointer p = first, q = 0;  // zum Merken des letzten Elements
   while (p != 0 && n-- > 0) {
      q = p;
      p = p->next;
   }
   if (p != 0) {  // ggf. überzählige Listenelemente nach q also ab p löschen
      if (q == 0)  // gleichbedeutend mit n == 0 und p == first
         first = 0;
      else
         erase_after(iterator(q), end());
   } else {         // ggf. fehlende Listenelemente anhängen
      if (q == 0) {  // alte Liste ist leer
         push_front(c);
         q = first;
         --n;
      }
      iterator i(q);
      while (n-- > 0)
         i = insert_after(i, c);
   }
}

template<class T, class Allocator>
void slist<T, Allocator>::remove(const T& value) {
   // Solange das jeweils erste Element löschen, wie der Wert gleich value ist.
   while (!empty() && front() == value)
      pop_front();
   // Jetzt ist die Liste entweder leer oder das erste Element ist ungleich
   // value und bleibt deshalb in der Liste.
   if (!empty()) {  // Liste nicht leer
      // Ausgehend von einem Listenelement wird jeweils das nächste untersucht
      // und ggf. gelöscht, so wird kein zusätzlicher Zeiger benötigt.
      Item_Allocator::pointer p = first;
      while (p->next != 0)
         if (p->next->data == value)
            erase_after(iterator(p));
         else
            p = p->next;
   }
}

template<class T, class Allocator>
void slist<T, Allocator>::unique() {
   // Das erste Listenelement bleibt in jedem Fall erhalten.
   Item_Allocator::pointer p = first;
   while (p != 0 && p->next != 0)
      if (p->data == p->next->data)
         erase_after(iterator(p));
```

```
        else
            p = p->next;
}

template<class T, class Allocator>
void slist<T, Allocator>::reverse() {
    Item_Allocator::pointer p0 = 0, p1 = first;
    while (p1 != 0) {
        Item_Allocator::pointer p2 = p1->next;
        p1->next = p0;
        p0 = p1;
        p1 = p2;
    }
    first = p0;
}

template<class T, class Allocator> inline
void slist<T, Allocator>::erase_after(iterator position) {
    // entfernt das Element hinter position
    Item_Allocator::pointer tmp = position.current->next;
    position.current->next = tmp->next;
    delete_item(tmp);
}

template<class T, class Allocator>
void slist<T, Allocator>::erase_after(iterator position, iterator l) {
    // entfernt die Elemente des Bereichs (position, l)
    while (position.current->next != l.current)
        erase_after(position);
}

template<class T, class Allocator> inline
slist<T, Allocator>::iterator
slist<T, Allocator>::insert_after(iterator position, const T& x) {
    // fügt ein neues Element mit dem Wert x hinter position ein
    position.current->next = new_item(x, position.current->next);
    return iterator(position.current->next);
}

template<class T, class Allocator>
void
slist<T, Allocator>::insert_after(iterator position, size_type n, const T& x) {
    // fügt hinter position n Elemente mit dem Wert x ein
    while (n-- > 0)
        insert_after(position, x);
}

template<class T, class Allocator>
template<class InputIterator>
void slist<T, Allocator>::insert_after(iterator pos, InputIterator f,
```

```
    InputIterator l) {
    // fügt die Elemente des Bereichs [f, l) hinter pos ein
    while (f != l)
        pos = insert_after(pos, *f++);
}

template<class T, class Allocator>
void slist<T, Allocator>::splice_after(iterator position, slist& x) {
    // alle Elemente von x aus x entfernen und hinter position einfügen
    assert(position.current != 0);
    if (!x.empty()) { // wenn x keine Elemente enthält, gibt es nichts zu tun
        Item_Allocator::pointer p = x.first; // letztes Element von x ermitteln
        while (p->next != 0) p = p->next;
        p->next = position.current->next;
        position.current->next = x.first;
        x.first = 0; // x besitzt keine Elemente mehr
    }
}

template<class T, class Allocator>
void
slist<T, Allocator>::splice_after(iterator position, slist& /*x*/, iterator i) {
    // das Element aus x, das nach i kommt, aus x entfernen
    // und hinter position einfügen
    assert(position.current != 0 && i.current->next != 0);
    Item_Allocator::pointer tmp = i.current->next->next;
    i.current->next->next = position.current->next;
    position.current->next = i.current->next;
    i.current->next = tmp;
}

template<class T, class Allocator>
void slist<T, Allocator>::splice_after(iterator position, slist& /*x*/,
    iterator f, iterator l) {
    // die Elemente des Bereichs (f, l] aus x entfernen
    // und hinter position einfügen
    Item_Allocator::pointer tmp = l.current->next;
    l.current->next = position.current->next;
    position.current->next = f.current->next;
    f.current->next = tmp;
}

template<class T, class Allocator>
bool slist<T, Allocator>::operator==(const slist<T, Allocator>& x) const {
    // gleich, wenn gleiche Anzahl von Elementen mit gleichen Werten
    if (this == &x) return true;
    Item_Allocator::const_pointer q = first, p = x.first;
    while (q != 0 && p != 0 && p->data == q->data) {
        p = p->next;
        q = q->next;
```

```
    }
    return q == 0 && p == 0;
}

template<class T, class Allocator>
bool slist<T, Allocator>::operator<(const slist<T, Allocator>& x) const {
    if (this == &x) return false;
    return lexicographical_compare(begin(), end(), x.begin(), x.end());
}

template<class T, class Allocator>
void slist<T, Allocator>::sort() {  // O(n*n)
    slist s;
    for (iterator i = begin(); i != end(); ++i) {
        iterator j = s.begin(), k = s.end();
        while (j != s.end() && *j < *i)
            k = j++;
        if (k == s.end())
            s.push_front(*i);
        else
            s.insert_after(k, *i);
    }
    swap(s);
}

template<class T, class Allocator>
void slist<T, Allocator>::merge(slist& x) {
    if (empty()) {
        swap(x);
        return;
    }
    Item_Allocator::pointer p = first;
    while (x.first != 0) {
        // in *this solange laufen, bis  q < x.first < p gilt
        Item_Allocator::pointer q = 0;
        while (p != 0 && p->data < x.first->data) {
            q = p;
            p = p->next;
        }
        if (p != 0) {
            // in x solange laufen, bis r < p < r->next gilt
            Item_Allocator::pointer r = x.first;
            while (r->next != 0 && r->next->data < p->data)
                r = r->next;
            // q < x.first < ... < r < p < r->next
            if (q != 0)
                q->next = x.first;
            else  // das erste Element von x ist das kleinste
                first = x.first;
            x.first = r->next;
```

```
            r->next = p;
        } else { // am Ende von *this
            q->next = x.first;
            x.first = 0;
        }
    }
}

template<class T, class Allocator>
template<class Predicate>
void slist<T, Allocator>::remove_if(Predicate pred) {
    // Solange das jeweils erste Element löschen, wie der Wert gleich value ist.
    while (!empty() && pred(front()))
        pop_front();
    // Jetzt ist die Liste entweder leer oder das erste Element ist ungleich
    // value und bleibt deshalb in der Liste.
    if (!empty()) {
        // Ausgehend von einem Listenelement wird jeweils das nächste untersucht
        // und ggf. gelöscht, so wird kein zusätzlicher Zeiger benötigt.
        Item_Allocator::pointer p = first;
        while (p->next != 0)
            if (pred(p->next->data))
                erase_after(iterator(p));
            else
                p = p->next;
    }
}

template<class T, class Allocator>
template<class BinaryPredicate>
void slist<T, Allocator>::unique(BinaryPredicate binary_pred) {
    // Das erste Listenelement bleibt in jedem Fall erhalten.
    Item_Allocator::pointer p = first;
    while (p != 0 && p->next != 0)
        if (binary_pred(p->data, p->next->data))
            erase_after(iterator(p));
        else
            p = p->next;
}

template<class T, class Allocator>
template<class Compare>
void slist<T, Allocator>::merge(slist& x, Compare comp) {
    if (empty()) {
        swap(x);
        return;
    }
    Item_Allocator::pointer p = first;
    while (x.first != 0) {
        // In *this solange laufen, bis  q < x.first < p gilt.
```

```
        Item_Allocator::pointer q = 0;
        while (p != 0 && comp(p->data, x.first->data)) {
            q = p;
            p = p->next;
        }
        if (p != 0) {
            // In x solange laufen bis r < p < r->next gilt.
            Item_Allocator::pointer r = x.first;
            while (r->next != 0 && comp(r->next->data, p->data))
                r = r->next;
            // q < x.first < ... < r < p < r->next
            if (q != 0)
                q->next = x.first;
            else  // Das erste Element von x ist das kleinste.
                first = x.first;
            x.first = r->next;
            r->next = p;
        } else {  // am Ende von *this
            q->next = x.first;
            x.first = 0;
        }
    }
}

template<class T, class Allocator>
template<class Compare>
void slist<T, Allocator>::sort(Compare comp) {
    slist s;
    for (iterator i = begin(); i != end(); ++i) {
        iterator j = s.begin(), k = s.end();
        while (j != s.end() && comp(*j, *i))
            k = j++;
        if (k == s.end())
            s.push_front(*i);
        else
            s.insert_after(k, *i);
    }
    swap(s);
}

#endif
```

Zum Prüfen von Bedingungen, die für eine korrekte Funktionsweise erfüllt sein müssen, wird das Makro assert aus der Header-Datei <cassert> verwendet. Liefert der als Argument an assert übergebene Ausdruck den Wert false, wird das Programm sofort mit einer entsprechenden Fehlermeldung abgebrochen. Nach der Testphase können die Prüfungen mittels #define NDEBUG beziehungsweise einer entsprechenden Compileroption (meist -DNDEBUG) abgeschaltet werden.

An mehreren Stellen (wie z. B. beim Zuweisungsoperator, assign und resize) wird ausgenutzt, dass es effizienter ist, bereits vorhandene Listenelemente mit neuen Werten zu überschreiben anstatt Listenelemente erst zu löschen und anschließend wieder neu anzulegen.

Die Konstruktion des Typs Item_Allocator wurde auf Seite 242 erläutert. Für Aufrufe der Form new Item(x, p) definieren wir die Hilfsfunktion new_item, die mit Hilfe der Allokatoren zunächst Speicher reserviert und anschließend ein Objekt konstruiert. Entsprechend wird für Anweisungen der Art delete p; die Hilfsfunktion delete_item definiert, die ein Objekt erst zerstört und dann den Speicher wieder freigibt.

B Die Klasse LogAllocator

Als Beispiel für einen einfachen, selbst definierten Allokator stellen wir hier die Klasse LogAllocator vor, die das Reservieren und Freigeben von Speicher auf clog protokolliert und zur Lösung der Aufgabe 10-3 gehört.

anhang/logallocator.h

```
#include <cstddef>
#include <iostream>
#include <limits>

namespace SK {
   template<class T> class LogAllocator;

   template<> class LogAllocator<void> {
   public:
      typedef void value_type;
      typedef void* pointer;
      typedef const void* const_pointer;
      template<class U> struct rebind { typedef LogAllocator<U> other; };
   };

   template<class T>
   class LogAllocator {
   public:
      typedef T value_type;
      typedef T* pointer;
      typedef const T* const_pointer;
      typedef T& reference;
      typedef const T& const_reference;
      typedef std::size_t size_type;
      typedef std::ptrdiff_t difference_type;

      template<class U> struct rebind { typedef LogAllocator<U> other; };

      LogAllocator() throw() { }
      ~LogAllocator() throw() { }
      template<class U> LogAllocator(const LogAllocator<U>&) throw() { }
      LogAllocator(const LogAllocator&) throw() { }

      pointer address(reference x) const { return &x; }
      const_pointer address(const_reference x) const { return &x; }

      size_type max_size() const throw()
         { return std::numeric_limits<size_type>::max() / sizeof(value_type); }

      pointer allocate(size_type n,
            typename LogAllocator<void>::const_pointer hint = 0) {
         pointer p = static_cast<pointer>(::operator new(n * sizeof(value_type)));
```

```
        std::clog << "allocate: " << n << " Objekte an Adresse " << p << endl;
        return p;
    }

    void deallocate(pointer p, size_type n) {
        std::clog << "deallocate: " << n << " Objekte an Adresse " << p << endl;
        ::operator delete(p);
    }

    void construct(pointer p, const_reference val) {
        std::clog << "construct: Objekt an Adresse " << p
            << " mit dem Wert " << val << endl;
        new(p) T(val);
    }

    void destroy(pointer p) {
        std::clog << "destroy: Objekt an Adresse " << p << endl;
        p->~T();
    }
  };

  template<class T, class U> inline
  bool operator==(const LogAllocator<T>&, const LogAllocator<U>&) throw()
    { return true; }

  template<class T, class U> inline
  bool operator!=(const LogAllocator<T>&, const LogAllocator<U>&) throw()
    { return false; }
}
```

C Literatur

Bei der Erstellung dieses Buchs haben wir uns hauptsächlich auf den aktuellen C++-Standard (siehe Vorwort) gestützt. Darüber hinaus waren für uns die folgenden Werke hilfreich.

British Standards Institute und Bjarne Stroustrup: *The C++ Standard*, 2nd Edition, Incorporating Technical Corrigendum 1, John Wiley & Sons, 2003

Meyers, Scott: *Effective STL – 50 Specific Ways to Improve Your Use of the Standard Template Library*, Addison Wesley, 2001.

Musser, David R., Gillmer J. Derge und Atul Saini: *STL Tutorial and Reference Guide – C++ Programming with the Standard Template Library*, 2nd Edition, Addison Wesley, 2001.

Stepanov, Alexander und Meng Lee: *The Standard Template Library*, Technical Report HPL-94-34, April 1994, revised July 7, 1995.

Stroustrup, Bjarne: *The C++ Programming Language*, Special Edition, Addison-Wesley, 2000.

Index

Falls sich von mehreren Seitenzahlen eine durch **Fettschrift** hervorhebt, ist dort eine ausführliche Erklärung zu finden. Einträge, die *kursiv* gesetzt sind, gehören nicht zur Standardbibliothek, sondern sind Beispiele.

– T –